743 - 53 - 106

00

L'Article 23

Jacqueline Blay

L'Article 23

Les péripéties législatives et juridiques
du fait français au Manitoba
1870 - 1986

Les Éditions du Blé
1987

Les Éditions du Blé
remercient chaleureusement
le Conseil des Arts du Canada,
le Conseil des Arts du Manitoba
et Francofonds
de l'appui financier qu'ils ont donné
à la publication de cet ouvrage.

Maquette de la couverture: Roger Lafrenière

Caricatures: Cayouche-La Liberté

Photos: La Société Historique de St-Boniface
Hubert Pantel-La Liberté

Les Éditions du Blé
C.P.31
Saint-Boniface (Manitoba)
R2H 3B4

ISBN 0-920640-65-6

Abréviations

AANB   Acte de l'Amérique du Nord Britannique

AECFM   Association d'Éducation des Canadiens-Français
                 du Manitoba

FFHQ   Fédération des Francophones hors Québec

SFM   Société franco-manitobaine

ASHSB   Archives de la Société Historique de Saint-Boniface

Préface

C'est une étude fort dense, riche en faits et en anecdotes, mais rappelant bien les événements de l'histoire ancienne et récente des Franco-Manitobains, que nous livre ici Jacqueline Blay.

Au coeur de son histoire, la nôtre, se trouve un dilemme. C'est le dilemme d'un petit peuple, devenu fortement minoritaire sur un territoire qu'il dominait jadis, ayant à s'accomoder dorénavant à une majorité qu'il ne peut influencer, finalement, que de façon très limitée. Dilemme fabriqué du deuxième fait saillant de son existence, à savoir la réalité de la dualité canadienne, réalité même au Manitoba, *surtout* au Manitoba. Réalité qui, de son côté, n'est pas axée sur la démographie mais sur la loi, constitutionnelle d'abord, mais aussi législative, qui découle elle-même de l'histoire de notre pays.

Que de dissensions ont provoqué ce dilemme perpétuel! Que de querelles débilitantes, de scissions, de plaies ouvertes demeurées jusqu'à aujourd'hui inguérissables!

Le grand schisme, celui des Métis de la collectivité francophone, éclate au grand jour avec l'affaire Dumas. Dumas, quels qu'aient été ses motifs, avait entièrement raison sur le plan juridique; mais, sur le plan ''stratégique'' (ah! toujours cette ''stratégie'' face à la majorité, souvent béate et insensée, mais indispensable), il avait tort, du moins aux yeux des Franco-Manitobains de l'époque: la nouvelle AECFM, les Prendergast, les autres chefs francophones.

Les autres divisions, moins dramatiques peut-être mais tout aussi débilitantes, suivent au cours du 20e siècle, les plus importantes étant celles opposant la S.F.M. à Georges Forest, une deuxième, axée sur les même motifs, moins en évidence certes mais réelle tout de même, entre la S.F.M. et Roger Bilodeau. La question, au fond, était simple: comme Jacqueline Blay nous l'indique si clairement par une documentation des plus fouillées, c'était notre dilemme historique qui rebondissait par-delà des décennies, refusant de mourir. Notre meilleure ''stratégie'' est-elle de chercher avant tout la bonne entente avec nos voisins anglophones, provenant d'une multitude de groupes ethniques, chacun avec sa langue, sa culture, ses traditions; devons-nous nous accomoder finalement avec les réalités sociales et démographiques de notre province? Ou devons-nous, au contraire, revendiquer à fond nos droits les plus fondamentaux, par la voie la plus sûre, celle des tribunaux, sachant que les conflits interminables et très publics ne pourront qu'envenimer un débat et des mentalités manitobaines qui, au départ, ne veulent rien savoir du français, mentalités qui se retrouvent d'ailleurs le plus souvent chez des gens qui ont eu eux-mêmes à sacrifier, au Manitoba, leur langue et leur culture?

Ayant moi-même vécu les événements traumatiques de 1983 et 1984, parfois même y jouant un rôle actif, j'ai vécu profondément ce dilemme. L'orage se préparait dès 1976, lorsque Georges Forest a posé son premier geste juridique. Je me souviens notamment d'une réception au Collège Universitaire de Saint-Boniface où ''l'affaire Forest'' était dans l'air et causait bien des remous. Georges était présent, et je me souviens qu'un après l'autre, les Franco-Manitobains l'approchaient pour lui dire à peu près ceci: ''Georges, fais attention. Tu vas nous mettre dans un nid de guêpes dont on ne pourra plus sortir. Même si tu es sûr de ton affaire, cela pourrait avoir des retombées qu'on ne peut pas prédire.'' Personne, que je me souvienne, ne mettait en cause la justesse de sa position. Par contre, une forte majorité des gens présents avaient de graves doutes quant à sa ''stratégie'' et de fortes craintes quant aux effets de sa démarche sur l'opinion manitobaine.

Les Prendergast en 1916, les Archambault et Fréchette à la fin des années 70, ont-ils eu tort de rejeter carrément ou d'hésiter longuement face aux contestations juridiques? C'est, en fin de compte, la question fondamentale. Le dilemme se posant encore une fois, nous devons répondre à la fois ''oui et non'' à cette question. Oui, parce que, comme nous le dit Jacqueline Blay en citant Duff Roblin au chapitre II, ''From 1890 up until 1978, everyone believed that the constitutional position was OK... Everyone! No one had apparently tested that... It seems to me when looking at it now, it should be clarified because if you don't, you always get the thing ticking around...'' Du point de vue francophone, donc, il s'agit d'un cas concret où, si l'on ne se prévaut pas de ses droits de façon active, ils sont perdus.

D'autre part, le leadership francophone n'a pas eu tort d'hésiter face à la contestation juridique, pour au moins deux raisons. D'abord, le coût payé dans les contestations récentes de Forest et de Bilodeau, en termes de bonne volonté perdue, de polarisation chez les Manitobains, d'antagonismes suscités rendant les gains futurs très difficiles, est élevé, peut-être même exhorbitant. Ensuite, il faut toujours se poser la question pragmatique: les Franco-Manitobain(e)s vivent-ils mieux, en français, après Forest et Bilodeau, qu'avant? Ils ont certes remporté une grande victoire sur le plan juridique, et sur le plan historique aussi, car la Cour suprême nous a dit, clairement et en toutes lettres, que notre interprétation de l'histoire du Manitoba, et du rôle qu'y ont joué les francophones, est la bonne. Les lois, dorénavant, seront adoptées et publiées dans les deux langues, ainsi que les règlements. Mais dans la vie de tous les jours, les francophones ne vivent pas de lois et de règlements, ni d'histoire; leur langue est soit vivante, soit morte, et, sur ce plan, ce qui compte avant tout c'est un engagement ferme et non-équivoque de la part des gouvernements de faire tout en leur pouvoir pour accueillir les francophones chaleureusement, dans leur langue, partout et dans tous les domaines. Or les gains juridiques, si substantiels qu'ils soient, ne nous ont pas rapproché sensiblement de cet objectif, sauf de façon très indirecte.

De tout ceci, il faut conclure que le scepticisme initial du leadership de la S.F.M. était justifié. Pour obtenir des gains constitutionnels majeurs, mais largement symboliques, dans la vie de tous les jours des francophones manitobains, nous avons mis aux aguets tout un contingent de Manitobains qui épient dorénavant chaque geste de notre communauté. Voyant plus souvent qu'autrement une conspiration sous chaque visite d'un politicien fédéral francophone, un guet-apens sous chaque communiqué de presse de la S.F.M.

Et pourtant... le geste de Georges Forest et ensuite celui de Roger Bilodeau auront peut-être donné à une nouvelle génération de Franco-Manitobains le sentiment qu'ils ont droit de cité, en français, dans leur province, qu'ils sont ''égaux'' sur le plan linguistique, dans plusieurs domaines importants, et même, que leur province est officiellement bilingue, historiquement, constitutionnellement, et juridiquement. Tout cela aurait été impossible sans Forest.

Où en sommes-nous, en 1987? Où nous ont laissé les événements constitutionnels et juridiques d'une décennie? La réponse, pour Jacqueline Blay, est claire: ''Les Franco-Manitobains ont, comme communauté, récupéré les éléments législatifs et juridiques dont ils ont besoin pour un bilinguisme de plus en plus fonctionnel. C'est un bilinguisme qui prendra du temps à s'établir quotidiennement.'' Elle penche donc vers un scénario plutôt optimiste pour l'avenir, où l'on peut bâtir sur les ''acquis'' constitutionnels et juridiques récents. Il est loin d'être sûr que la réalité, l'histoire, se déroulera de façon si logique. Chose certaine, les nouveaux éléments constitutionnels survenus durant les années 80, notamment la Charte des droits et libertés en 1982 et l'accord du lac Meech s'il est finalement ratifié par toutes les instances, garantissent que les Franco-Manitobains devront confronter pendant longtemps encore leur éternel dilemme.

Raymond-M. Hébert
Professeur de sciences politiques
Collège Universitaire de Saint-Boniface

Août 1987

Introduction

Que se passe-t-il lorsqu'une communauté voit son influence et son importance diminuer en vingt ans, au point que ses droits garantis par la Constitution peuvent être abolis? Les résultats ne se font pas attendre: procès devant les tribunaux, pressions politiques à tous les niveaux, résistance aux lois jugées iniques, fondation d'organisations destinées à assurer la survivance, à maintenir la solidarité et l'esprit communautaires, tout cela avec comme contrepoids le repli sur soi, des revendications dans certains domaines bien spécifiques, l'espoir de voir un jour le vent politique et juridique tourner, tout en sachant qu'il sera peut-être trop tard pour une certaine partie de la communauté.

L'histoire du Manitoba répond à ce scénario. La communauté franco-manitobaine du XXᵉ siècle n'est pas celle qu'envisageaient les pionniers du siècle dernier. Les obstacles et les déboires auxquels elle devait faire face ne pouvaient pas être totalement prévus. Dans certains cas, ils ont été craints à tel point que l'Acte du Manitoba n'était plus, constitutionnellement et législativement, bilingue. Pour les francophones, le chemin à parcourir, à partir de ce moment, était tout tracé: il fallait faire rétablir les droits spoliés car les lois de 1890 étaient répressives au point de mettre en danger la survie linguistique et culturelle de la communauté. Tous les moyens possibles seront mis en jeu pour assurer cette survivance, ce qui produira une histoire fertile en événements.

Le but de cet ouvrage est de relater ces événements, les péripéties juridiques et législatives du fait français au Manitoba. Certains témoins et certains acteurs sont encore vivants, d'autres commencent à peine à prendre leur place sur la scène. Le Manitoba, francophone et anglophone, évolue selon des philosophies, des attitudes qui viennent de loin et qui, souvent, prennent leur source au siècle dernier. Cet ouvrage n'explique cependant pas tout. Il n'y a pas, par exemple, de données sociologiques ou économiques. Mon intention n'était pas de couvrir, de façon exhaustive, l'histoire de la francophonie manitobaine. Ceci reste encore à écrire.

Le projet était double: comprendre et savoir. Comprendre pourquoi un Georges Forest ou un Roger Bilodeau pouvaient, par leurs revendications juridiques, susciter tant de remous au Manitoba et au Canada. Et comprendre, c'est savoir, car le processus implique une recherche qui ne peut pas se limiter au ouïe-dire ou à l'à-peu-près, mais qui se trouve plutôt dans les articles de journaux, les textes inédits et les entrevues accordées par les témoins de ce passé extrêmement récent selon les standards de l'histoire. Observatrice de la communauté franco-manitobaine, à laquelle j'appartiens de tout coeur depuis vingt ans, je n'ai cependant pas la prétention de tout savoir et de tout comprendre. Mais, comme bien des observateurs, j'ai été fascinée par le désir de survivance de cette communauté. J'ai eu la chance de rencontrer ceux et celles qui luttent et qui ont fait cette histoire. C'est à eux que je dédie cet ouvrage. Les omissions sont miennes, en espérant qu'elles n'enlèveront rien à la valeur de leur lutte, ainsi qu'à leurs accomplissements.

Il me faut remercier également ceux qui ont eu la patience de lire et relire ce texte, Nicole Morin pour la qualité de sa recherche à un moment crucial, Maryse Souchard aux conseils linguistiques si pertinents, et les Georges Forest, Roger Bilodeau, Gilberte Proteau, Léo Robert, Réal Sabourin, Laurent Desjardins, Maxime Desaulniers et tant d'autres qui ont ouvert leurs dossiers et donné de leur temps, sans compter, pour que cet ouvrage voie le jour. A tous ceux que je ne peux nommer et à tous ceux qui ont décidé de garder l'anonymat, merci.

Chapitre I

De l'égalité à la minorité

*Force fut de nous apercevoir un beau
matin que nous ne comptions pas dans ce
pays, qu'on ne nous assimilait pas aux
sujets anglais des autres races, que nous
n'avions ni la sympathie ni la confiance
de la majorité.*
Le Manitoba, 24 septembre 1885

L'histoire de la langue française au Manitoba est liée à l'histoire de la province elle-même. Elle est reflet, parallèle, corollaire, et indépendamment de cet ensemble dont elle est partie, *elle ne peut pas être écartée ou relatée à part.* En elle, se retrouvent toutes les ambivalences et les incompréhensions, et pour quelques rares fois, les réussites que peuvent amener les tentatives de coexistence de deux peuples qui sont, à part égale, fondateurs.

En 1869-70, les événements de la Rivière-Rouge avaient mené à la fondation de la cinquième province canadienne. Même s'il y avait eu quelques incidents violents, la fondation du Manitoba reflètait la coexistence de deux groupes linguistiques et religieux ayant presque la même importance démographique. L'Acte du Manitoba de 1870, dont les intentions seront tant scrutées au XXe siècle, comportait des garanties constitutionnelles pour les francophones et les anglophones, tant du point de vue religieux que linguistique. Un article illustre plus particulièrement les préoccupations ainsi que la réalité démographique et politique:

> 23. L'usage de la langue française ou de la langue anglaise sera facultatif dans les débats de la Législature; et dans la rédaction des archives, procès-verbaux et journaux respectifs de ces chambres, l'usage de ces langues sera obligatoire; et dans toute plaidoirie ou pièce de procédure par-devant les tribunaux ou émanant des tribunaux du Canada, qui sont établis sous l'autorité de l'Acte de l'Amérique du Nord britannique, 1867, et par-devant tous les tribunaux ou émanant des tribunaux de la province, il pourra également être fait usage à faculté de l'une ou l'autre de ces langues. Les actes de la législature seront imprimés dans les deux langues.

L'Article 23, instaurant un bilinguisme, qui, à l'époque, était considéré comme institutionnel, est calqué sur l'Article 133 de l'Acte de l'Amérique du Nord britannique de 1867:

> 133. Dans les chambres du Parlement du Canada et les chambres de la Législature de Québec, l'usage de la langue française ou de la langue anglaise, dans les débats, sera facultatif; mais, dans la rédaction des registres, procès-verbaux et journaux respectifs de ces chambres, l'usage de ces deux langues sera obligatoire. En outre, dans toute plaidoirie ou pièce de procédure devant les tribunaux du Canada établis sous l'autorité du présent acte, ou émanant de ces tribunaux, et devant les tribunaux de Québec, ou émanant de ces derniers, il pourra être fait usage de l'une ou l'autre de ces langues.
>
> Les lois du Parlement du Canada et de la Législature de Québec devront être imprimées et publiées dans ces deux langues.

L'esprit confédératif qui y était reflété devait, en principe, protéger les droits constitutionnels de chaque groupe linguistique. La fondation de la Confédération trois ans plus tôt avait vu les anglophones du Bas-Canada bénéficier des mêmes garanties constitutionnelles que les francophones du Manitoba.

À la colonie de la Rivière-Rouge, il n'y avait pas de système scolaire. L'Article 22 de l'Acte du Manitoba de 1870 devait combler cette lacune. Le système scolaire serait confessionnel "... en établissant un Conseil général ou Bureau divisé en deux sections, l'une catholique, l'autre protestante. Chacune de ces sections aura son surintendant et ses membres et ce sera cet Exécutif qui administrera les écoles de sa foi religieuse".[1]

Les deux sections répondent à l'Assemblée législative manitobaine et ont des activités parallèles. Le nombre d'élèves augmente rapidement chez les protestants, moins vite chez les catholiques: 360 élèves en 1871, 841 en 1874, 3 000 en 1885. En 1888, il y avait 4 364 élèves catholiques et 18 850 élèves protestants.[2]

D'autre part, le Collège de Saint-Boniface est constitué légalement, une force provinciale est formée, le gouvernement local est assuré par les paroisses, les districts électoraux respectent scrupuleusement la dualité culturelle. Tout porte donc à croire que la coexistence peut réussir et que "le Manitoba en 1871 peut être le microcosme de la dualité des cultures canadiennes".[3]

Au début de la vie politique manitobaine il n'y a pas à proprement parler de parti politique. Il y a le Parti anglais et le Parti français, toujours en vertu de la notion de collectivité. Les francophones participent de façon active à plusieurs niveaux de cette vie politique. Le 15 mars 1871, le discours inaugural de la toute première session de l'Assemblée législative manitobaine est bilingue. Par la suite, les francophones sont régulièrement élus et font partie du gouvernement qui a la tâche d'organiser une vie quotidienne et législative selon des critières administratifs différents de ce qui a été, dans le passé, la coutume.

En avril 1875, un député du Parti anglais suggère, par mesure d'économie et parce que c'est plus commode, que seul l'anglais soit utilisé dans les avis de lois électorales, notamment dans les comtés de Marquette-Ouest et de Lisgar. Joseph Royal, chef du Parti français en Chambre, accède à la demande, mais Joseph Martin, député de Sainte-Agathe, refuse pour des questions de principe. Royal accuse son collègue de manquer de générosité et de faire preuve d'arrogance. Royal estime, en effet, que si les francophones refusent de céder sur des questions aussi triviales, là où leurs intérêts ne sont pas sérieusement affectés, comment pourraient-ils s'attendre à un traitement généreux de la part des anglophones lorsqu'il s'agit de questions qui auront de sérieuses conséquences pour la population francophone?[4] La modification sera faite. Royal a réagi en politicien pragmatique, ne voulant pas être plus doctrinaire qu'il ne le faut.

Sans accorder une importance indue à cet épisode, il faut admettre qu'il donne le ton des futurs événements: une proposition est faite par un anglophone, au nom de la démographie ou des finances, mais toujours marquée au sceau du bon sens. Il s'agit, en général, d'un changement à la structure législative ou juridique, un changement qui affecte directement les francophones. Ces derniers, en général, acceptent, au nom du bons sens ou du pragmatisme, le changement. Ces attitudes, de part et d'autre, ne s'entourent pas de grands principes, philosophiques ou politiques. Chacun des deux partis songe à appliquer le principe de la coexistence pacifique, tout en gardant une certaine vigilance. Les deux partis représentent deux communautés bien distinctes dont les intérêts risquent parfois de s'opposer. Mais n'est-ce pas ainsi que l'on bâtit une province?

Au cours de la même séance qui a vu le changement approuvé au sujet des avis électoraux, le premier ministre Davis laisse entendre qu'il est en faveur de l'abolition de l'usage de la langue française tel qu'il est spécifié dans l'Article 23 de l'Acte du Manitoba. Il ajoute qu'il aimerait voir aussi des changements apportés à la loi scolaire, à cause notamment du manque de qualifications des enseignants dans les écoles confessionnelles. John Norquay, membre du gouvernement, fait remarquer au premier ministre Davis que la langue et la religion dans les écoles sont deux domaines protégés par l'Acte du Manitoba. Paradoxalement d'ailleurs, Norquay est convaincu qu'Ottawa désavouerait ce genre de changements législatifs,[5] ce qui cependant ne l'empêchera pas, de donner le premier coup de canif.

Un mois plus tard, soit en mai 1875, c'est le même John Norquay qui propose l'abolition du Conseil législatif, la Chambre haute ayant le pouvoir d'invalider les lois promulguées par les députés. Le gouvernement met en doute la valeur des services rendus, partant du principe qu'il est normal d'avoir deux Chambres lorsqu'il y a des droits minoritaires à protéger, ce qui n'est pas le cas, dit-il, au Manitoba. Norquay estimait que la Chambre basse pouvait traiter de toutes les questions affectant la population francophone qui, petit à petit, devient une minorité. Et s'il y a tentative de toucher aux droits des francophones, ces derniers peuvent faire appel aux autorités fédérales.[6] La discussion laisse voir plusieurs points de vue qui seront souvent entendus au cours de l'histoire des Franco-Manitobains. Le député Girard partage l'avis de son collègue Norquay. Selon lui, le Conseil législatif restreint le droit des peuples. Le premier ministre Davis estime que la minorité francophone n'a pas besoin d'être protégée contre des législations hâtives ou contraires au bien général. Le député Cornish fait preuve de prémonition lorsqu'il déclare qu'un jour, la minorité aura besoin de protection et qu'une majorité n'a pas le droit d'opprimer une minorité. Évidemment, l'aspect économique est invoqué: le Conseil législatif coûte 37 000,00 $ annuellement, ce qui n'est pas négligeable pour l'époque. Norquay n'obtiendra pas satisfaction.

Six mois plus tard, en janvier 1876, les demandes d'abolition se font de plus en plus précises. Le Parti anglais fait des promesses au Parti français: la coexistence se poursuivra sans menace pour les francophones si les mesures d'abolition sont appuyées, au nom du patriotisme et de l'économie. Le Parti anglais affirme être capable de reconnaître un geste de générosité et de ne pas l'oublier[7]. En réponse, le Parti français se montre conciliant. Royal met ses collègues en garde contre les luttes constitutionnelles. Le député Lemay estime que le Conseil législatif est devenu une charge publique inutile. Son collègue Nolin appuie également l'abolition qui sera finalement votée à la presqu'una-nimité: vingt contre un. Les francophones donnent deux raisons pour expliquer leur vote. D'une part, ils admettent avoir été rassurés par leurs collègues anglophones. D'autre part, ne répondant pas à leurs attentes, le Conseil législatif s'est révélé inutile. Le gouvernement provincial sort d'un mauvais pas financier avec cette abolition. En effet, le gouvernement fédéral avait imposé la disparition du Conseil législatif comme condition préalable à des subsides supplémentaires dont le Manitoba avait grand besoin. Les circonstances avaient bien servi les buts des deux paliers de gouvernement. Les francophones, quant à eux, n'avaient pas vraiment voulu être un obstacle à une coexistence fédérale-provinciale. Ce faisant, cependant, et à leur insu, ils avaient accepté de ne plus avoir de protection législative ou juridique. L'avenir devait prouver que les promesses faites à cette occasion ne seraient pas tenues et que la vigilance aurait été de mise.

Car, à la lumière des événements des vingt premières années d'existence provinciale, il faut constater que le Manitoba de 1890 ne ressemble pas du tout à celui de 1870. Les francophones voient leur vie

quotidienne affectée par des gestes législatifs posés par une majorité
anglophone qui, petit à petit, modèle un Manitoba totalement différent
de celui envisagé vingt ans plus tôt. Le Conseil législatif en était le
premier exemple, l'impression de documents gouvernementaux en
français est le deuxième exemple.

En 1879, l'impression des documents gouvernementaux en français est remise en question. L'idée de supprimer ce service avait germé
au cours d'une réunion extraordinaire du caucus du Parti anglais. John
Norquay et son caucus laissent entrevoir des sentiments anti-francopho-
phones. Norquay offre de prendre la tête d'un ministère qui s'engage-
rait à réduire ou à abolir l'impression en français des documents
gouvernementaux et à redistribuer les districts électoraux en faveur
des anglophones. Le caucus du Parti anglais accepta le plan. Mais,
heureusement pour les francophones, il y a plus d'un pas entre les
intentions et les actions. Lorsque le projet de loi concernant l'impression en français des documents gouvernementaux est présenté, les
francophones peuvent constater que tout n'est pas aboli: les statuts
seraient publiés en français, mais les ordres du jour, les débats et les
journaux de session seraient unilingues anglais.[8]

Ce projet de loi était-il constitutionnellement valide? La question,
débattue avec tant d'ardeur au XXe siècle, trouve ses premiers échos
en Chambre en juin 1879. Le gouvernement Norquay a été le premier
à se pencher sur cet épineux problème. Le procureur général Walker
rapporte, après enquête, un avis qui lui est, bien sûr, favorable. Il va
même jusqu'à prévoir qu'Ottawa ne s'opposerait pas à un projet de
loi semblable[9] (ce qui est le contraire de ce que prévoyait Norquay en
1875). Le gouvernement Norquay invoque un point habituel: il faut
faire des économies. Les francophones ne réagissent pas de la même
façon que lors de l'abolition du Conseil législatif. Royal mène la lutte
à la législature. Il demande au Président de la Chambre de statuer sur
la constitutionnalité du projet de loi. Le président refuse et Royal
s'incline, tout en étant de plus en plus convaincu que la question de
l'économie n'est qu'un prétexte, comme trois ans plus tôt. D'ailleurs
Royal rappelle les promesses qui ont été faites à cette époque. Il n'hésite
pas à dire que les francophones ont été dupés par le parti au pouvoir.

Norquay ne s'en tient pas qu'au domaine de l'impression en
français des documents gouvernementaux, puisqu'il présente un projet

de loi portant sur la révision des districts électoraux. Royal proteste, affirmant que les francophones ont été constamment ignorés, notamment au stade de la préparation du projet de loi. Il porte des accusations de discrimination, ce dont Norquay se défend. Les craintes des francophones ne sont cependant pas sans fondements car la redistribution des districts électoraux leur ferait perdre une représentativité significative en Chambre, c'est-à-dire deux sièges. De plus, ils constatent avec amertume qu'après huit ans au pouvoir, huit ans d'entente cordiale, l'Assemblée législative semble divisée par le concept le plus offensant, celui de la nationalité.

Le 25 juin 1879, la Chambre est prorogée. Le Lieutenant-gouverneur Cauchon refuse de sanctionner le projet de loi concernant l'impression en français des documents gouvernementaux. Il remet la question entre les mains d'Ottawa.[10] Le cabinet Norquay ne s'émeut pas outre mesure. Le geste était attendu. Les francophones sont amers devant l'attitude des anglophones. Néanmoins, on peut constater que les propos tenus reflètent le fait que Royal et ses collègues, ne se tiennent pas pour battus: ils estiment que le gouvernement fédéral ne permettrait pas que l'on porte atteinte à leurs droits constitutionnels. Cependant, ils sont extrêmement conscients du fait que les anglophones ont semblé oublier les sacrifices passés, faits au nom d'une saine économie.

Les francophones ont également le pressentiment que les droits constitutionnels leur seront enlevés, petit à petit. Dès cette époque, la comparaison avec les anglophones du Québec se fait: il s'agit donc d'une question de race. La presse du pays le remarque, tout au moins du côté canadien-français. Les appels à l'unité sont lancés:

> Il s'agit de l'avenir de notre race dans ce vaste territoire. En face d'une telle question les préjugés et les haines politiques doivent s'effacer pour faire place aux sentiments élevés d'un pur et noble patriotisme et d'une amitié inviolable pour les nôtres partout où ils se trouvent et, particulièrement, quand ils sont menacés d'un grand danger et que la persécution les atteint.[11]

Malheureusement pour Royal et les siens, cet appel ne sera pas entendu, ni d'un côté ni de l'autre de l'univers linguistique du pays. Les francophones du Manitoba ne voient pas leurs rangs grossir autant qu'ils le désireraient. La Société de Colonisation, fondée en 1874, n'obtient pas les résultats escomptés (en dépit de quelques primes d'indemnité), si l'on compare avec le côté anglophone. Le Québec, tout en ayant un préjugé favorable pour ces francophones du bout du Canada, n'envoie pas beaucoup de renforts. L'insurrection de 1885 et la suite des événements n'encourageront pas à l'immigration au Manitoba.

En 1885, l'insurrection de Louis Riel, ''Père du Manitoba'', et sa pendaison à cause de son rôle dans cette insurrection du Nord-Ouest, bouleverseront l'équilibre, déjà fragile, des relations interraciales. Les conséquences de ''la corde de Régina'' ont hanté les partis et les hommes politiques, et affecté le destin d'au moins une province pendant des années. Louis Riel a symbolisé, aux yeux de certains, l'échec d'une politique de dualité nationale. Il a, dans certains cas, inspiré des prises de positions sans retour. À bien des niveaux, il a défini des situations. Le Parti conservateur à Ottawa, en refusant de le gracier, (même pour des raisons médicales), ne veut pas céder devant les pressions de la province de Québec qui voit dans ce chef métis, d'abord et avant tout, un catholique et un francophone. Quant aux francophones du Manitoba, en-dehors du fait que leur compatriote et coreligionnaire ne pourra être sauvé de l'échafaud, ils tireront une autre conclusion, pleine d'amertume:

> Force fut de nous apercevoir un beau matin que nous ne comptions pas dans ce pays, qu'on ne nous assimilait pas aux sujets anglais des autres races, que nous n'avions ni la sympathie ni la confiance de la majorité; que sans avoir à nous plaindre encore de l'opinion anglaise comme ensemble, nous constations à tous moments, et avec une surprise toujours nouvelle des efforts individuels, des menées sourdes de quelques exaltés pour nous exclure des avantages les plus légitimes.[12]

Les francophones serreront les rangs car certains journaux, tel le *Mail* de Toronto, n'hésitent pas à lancer périodiquement des campagnes contre le catholicisme et l'élément français du Canada. Isolés, les francophones du Manitoba se réjouissent des appuis anglophones qu'ils reçoivent parfois publiquement.

En 1886, les votes francophones du Manitoba vont au Parti conservateur sur la scène fédérale et *Le Manitoba* ne se prive pas d'afficher une couleur partisane, tout en prônant très fortement l'unité à tous les niveaux:

... nous n'abandonnerons point les grandes lignes tracées par le parti conservateur, c'est-à-dire que nous sommes conservateurs, mais retenons le droit d'apprécier les événements comme ils nous paraissent, bien décidés que nous sommes de ne mettre notre feuille à aucun autre service qu'à celui de la vérité...

Unité d'origine, unité de langue, unité de moeurs et d'habitudes, rien ne nous manque pour faire une nationalité forte, et comme secret de la force, nous ne cesserons pas de la prêcher à nos concitoyens.

Ici à Manitoba plus qu'ailleurs dans l'Ouest, il est de la plus haute importance pour nous de rester unis si nous voulons conserver l'influence que nous ont acquise ceux qui marchent à la tête de la nationalité.[13]

La tenue d'élections et les prises de positions qui sont manifestées inquiètent les francophones. *Le Manitoba* y consacre de nombreux articles, reflets des programmes politiques offerts par les uns et les autres, notamment l'opposition:

En vérité, pouvons-nous attendre quelque chose de raisonnable des Messieurs de l'opposition? La ligne de conduite qu'ils ont tenue autrefois et celle qu'ils tiennent encore aujourd'hui, ne nous fournit-elle pas un enseignement précieux dont nous devons profiter? Sont-ils soucieux de ce qui nous est cher, ces hommes qui comme M. Fisher, par exemple, le président de l'Association de Réforme dont le programme est adopté par le *Free Press*, prêche dans sa campagne électorale l'abolition de la langue française, et prétend que nous n'avons aucun droit constitutionnel à son usage dans la législature et les cours de justice? Sont-ils soucieux de ce qui nous est cher, ces hommes qui trouvent qu'ici, à Manitoba, nous avons plus que ce que nous méritons?[14]

Le Manitoba répond au *Free Press* de Winnipeg qui s'est lancé dans des attaques contre le trésorier provincial, Alphonse Larivière:

Nous n'aurions jamais cru que le *Free Press* soulèverait la question de religion dans cette campagne. N'avait-il pas assez de la malheureuse question de race qu'il agite avec la plupart des candidats de son parti?

Nous ne le suivrons point sur le terrain où il est descendu: les instruments que l'on pourrait y manier sont trop dangereux;

les querelles de races et surtout de religion sont trop fécondes en conséquences désastreuses pour nous faire oublier que la paix sociale ne subsistera qu'en autant que les droits de chacun seront sauvegardés.[15]

Toutes ces inquiétudes ne se concrétiseront pas avant 1890 avec le gouvernement libéral de Thomas Greenway. Pendant la campagne électorale de 1888, le Parti libéral avait cherché à s'attirer le vote francophone qui allait traditionnellement au Parti conservateur. Pour ce faire, il avait fait des promesses aux catholiques par l'entremise de Mgr Taché: les statuts juridique et législatif de la langue française et des écoles confessionnelles ne seraient pas touchés. Par contre, Greenway a, pour la première fois dans l'histoire du Manitoba, l'appui des protestants et des Manitobains originaires de l'Ontario. De plus, la philosophie politique de l'époque prône fermement l'exercice des droits provinciaux.

Greenway remportera ses élections. Pendant l'été 1889, embarassé par un scandale ferroviaire, il cherche à détourner l'attention publique. Dalton McCarthy, porte-parole de l'*Equal Rights Association* et grand partisan des écoles nationales (unilingues et laïques), offrira, avec le procureur-général Joseph Martin, la diversion nécessaire. Dalton McCarthy est, fondamentalement, anti-catholique et anti-francophone. Le 5 août 1889, à Portage-la-Prairie, il prononce un discours extrêmement patriotique. Joseph Martin, également présent, promet que lors de la prochaine session législative, le gouvernement provincial se penchera sur les questions des écoles confessionnelles et du statut législatif de la langue française. James Prendergast, député de Woodlands, ministre francophone et membre du Cabinet provincial, n'a pas été consulté. Il proteste énergiquement mais la vague de nationalisme unilingue, anglophone et laïc, qui déferle sur le Manitoba cet été-là, ne s'arrêtera pas aux protestations de Prendergast qui démissionnera. Au mois de septembre, le gouvernement cessera d'imprimer *La Gazette du Manitoba* en français. Les intentions sont claires:

> Depuis dix-neuf ans que Manitoba est érigé en province, c'est la première fois que nous subissons pareille injustice. [...] C'est encore notre petit martinet politique, le procureur-général, qui est l'auteur de ce coup d'état. Mais cette fois-ci, dans sa précipitation inconsidérée, M. Martin traite d'une manière bien cavalière notre législature. Pour lui, enlever des droits inaliénables

à toute une population, n'est qu'une affaire de pure administration. Il n'a pas cru que la chambre avait besoin d'être consultée
au préalable sur une mesure aussi importante.[16]

Que la Chambre ait besoin d'être consultée ou non, n'a plus de
pertinence. En février et en mars 1890, les francophones affrontent les
pires adversités législatives depuis la fondation de la province du
Manitoba. Les craintes, exprimées depuis tant de mois, se concrétisent.
Le projet de loi 64, présenté le 11 février 1890, abolit la langue française
comme langue officielle: l'Article 23 de la Loi du Manitoba disparaît
des textes législatifs, pour être remplacé par le *Manitoba Official Language
Act (1890)*. Le libellé en est bref et sans ambages:

> AN ACT TO PROVIDE THAT THE ENGLISH LAN-
> GUAGE SHALL BE THE OFFICIAL LANGUAGE OF
> THE PROVINCE OF MANITOBA. HER MAJESTY, by and
> with the advice and consent of the Legislative Assembly of
> Manitoba, enacts as follows: English language in assembly and
> courts. (1) Any statute or law to the contrary not withstanding,
> the English language only shall be used in the records and jour-
> nals of the Legislative Assembly of Manitoba, and in any plead-
> ings or process in or issuing from any court in the Province of
> Manitoba. Statutes. (2) The Acts of the Legislature of Manitoba
> need be printed and published only in the English language.
> R.S.M. c.187 s.l. Act to apply only within the jurisdiction of this
> Legislature.
>
> This Act applies only so far as the Legislature has jurisdiction
> to enact.

Ces quelques lignes effacent tout le travail d'une collectivité bilingue et biculturelle qui avait parié sur une coexistence pacifique. Les
francophones y perdent non seulement une égalité devant la loi mais
aussi tout ce qui en découle au niveau institutionnel: une fonction
publique bilingue, des publications gouvernementales bilingues, des
tribunaux provinciaux bilingues, y compris le droit à un jury francophone pour un accusé francophone. La législature approuvera la
mesure le 22 mars 1890.

Les mesures législatives ne s'arrêtent pas là. Les projets de lois 12
et 13 touchent le secteur scolaire dans un de ses principes de base: la
religion. Le 5 mars 1890, par un vote de 26 contre 10, la loi 12 est

adoptée: il n'y a plus deux sections d'éducation, mais un Conseil exécutif formé à même les secteurs publics et professionnels, y compris religieux. Au lieu de répondre directement à l'Assemblée législative, le Conseil répondra au ministère de l'Éducation. Le 19 mars 1890, par un vote de 25 contre 11, la Loi 13 est adoptée: il n'y a plus de districts scolaires religieux; les écoles ne devront plus être d'orientation religieuse mais d'orientation laïque. Le français, comme langue d'enseignement, n'est pas touché par ces mesures. Le lieutenant-gouverneur, John Christian Schultz, signe le tout le 31 mars 1890.

Plus que jamais, les francophones du Manitoba réagissent collectivement. Le journal *Le Manitoba* publie, le 2 avril 1890, sa première page encadrée de noir. La rédaction fait un bilan de ces "mesures odieuses". C'est un réquisitoire contre le gouvernement Greenway. Envahis par un sentiment de persécution, les francophones craignent pour leur race et leur religion:

> Si l'on parcourt les journaux de la session qui vient de finir, et qu'on y note les avis, les 1ère, 2nde et 3ème lectures, et les rapports des comités spéciaux ou généraux, en rapport avec les bills et procédés ci-haut énumérés, on trouvera à peine une séance qui ne relate pas une phase quelconque de la croisade anti-catholique et anti-française que le gouvernement a poussé sans relâche depuis deux mois.
>
> Le mot du *Free Press* est le mot juste, et nous le répétons: NOT LEGISLATION BUT PERSECUTION.[17]

Ces "mesures odieuses" ont frappé les francophones là où cela compte le plus à leurs yeux: dans le domaine scolaire, donc religieux. C'est un domaine qui reflète une philosophie de vie et de culture. Ils ne croient pas aux arguments avancés par le gouvernement voulant que la qualité de l'enseignement dispensé dans les écoles confessionnelles laissât à désirer. Ils pressentent, avec juste raison, que les Lois 12 et 13 veulent changer le tissu social de la province, le changer au point que les catholiques ne pourront plus bâtir le Manitoba tel qu'ils l'avaient envisagé en 1870. Pour les francophones catholiques du Manitoba, l'ennemi a un double visage: protestant et anglais. Ils estimaient qu'un seul domaine pouvait garantir l'avenir: le domaine scolaire.

La lutte est donc ouverte et bien délimitée: elle prendra place dans le domaine scolaire d'abord et avant tout. Car les francophones du

Manitoba ont de la difficulté à croire que les Lois 12 et 13 puissent être appliquées. Si elles le sont, et s'ils veulent demeurer fidèles aux idéaux de 1870 et faire leur vie au Manitoba, il leur faudra lutter. Les professions de foi, de courage et de détermination ne manqueront pas au cours des mois qui suivent:

> On s'est étrangement trompé si l'on a cru qu'il suffirait d'un acte de la Législature pour nous déconcerter. La paix si profonde dont nous jouissions depuis tant d'années, nous avait remplis d'illusions; nous nous croyions véritablement à l'abri de pareils orages. Les illusions sont dissipées; mais le courage et la volonté restent; chacun de nous apportera dans l'inévitable lutte le dévouement qu'inspirent toutes les causes sacrées.

> Ce n'est point caprice ni mauvais vouloir de notre part. Le contrôle de l'éducation de nos enfants est à nos yeux un devoir absolu, un droit naturel. Ne pas défendre ce droit, ne pas revendiquer la liberté d'accomplir ce devoir serait une apostasie. À Dieu ne plaise qu'on ne puisse jamais nous reprocher cette couardise!...

> On veut révolutionner l'enseignement dans cette province. De chrétien qu'il a été jusqu'à présent, on veut le faire athée. La tentative est audacieuse, anti-nationale, insensée, pleine de périls. Elle viole la conscience et la liberté. C'est un retour au paganisme. C'est un défi jeté à l'expérience des siècles. C'est troubler inutilement la paix du pays. C'est comme toujours, l'abus de la force contre les plus légitimes aspirations.[18]

L'opinion publique n'est pas toujours en leur faveur. Par exemple, dans le cas de l'abolition de l'Article 23, donc du bilinguisme, il est plus question d'argent que de principes. La publication bilingue de documents gouvernementaux "is nothing more than a question of convenience and expense. If the convenience is great enough to justify the expense, then it should be retained as it is; if not great enough, it must go".[19]

Une question d'économie donc, une question de philosophie, de style de vie et de culture surtout, une question en somme de vision de l'avenir. Il n'aura pas fallu plus de vingt ans pour que les lois manitobaines reflètent une réalité bien différente de celle de 1870. Le rêve bilingue et biculturel avait fondu comme neige au soleil avec l'immigration, laquelle avait surtout amené des anglophones protestants. Les

valeurs culturelles changent profondément, ne laissant plus de place
à la minorité francophone et catholique du Manitoba. En 1870, pourtant, les francophones avaient cherché à s'intégrer le plus possible à
la vie politique et sociale du Manitoba, sans pour autant abdiquer une
partie de leur identité culturelle, nationale et religieuse. Le mode de
vie, bien que différent, s'inscrivait dans le courant principal de l'ensemble des Manitobains. Les compromis politiques étaient recherchés
et conclus en fonction du bien-être économique de la majorité, du bon
sens ou d'une certaine vision de l'avenir du Manitoba.

Tout cela change avec l'avènement des partis politiques d'une part,
et d'autre part avec l'arrivée de politiciens qui n'ont pas participé à
la fondation du Manitoba. De plus, lorsque Louis Riel est pendu,
beaucoup d'hommes politiques, soucieux de l'ordre public, ne veulent
plus voir ce genre de confrontations violentes opposant une minorité
à une majorité. L'une des façons les plus rapides d'éviter ce genre de
protestations est de promulguer des législations qui nivellent les différences. Au Manitoba, la différence est linguistique et religieuse.

Thomas Greenway et son cabinet ne souscrivent pas, en 1890, au
même Manitoba qu'Alfred Boyd, nommé en 1870 secrétaire provincial
du Conseil exécutif du Manitoba par le Lieutenant-gouverneur
Archibald. Boyd avait été choisi parce que les anglophones et les francophones s'accordaient à son sujet; ou encore, en 1872, Henry James
Clarke membre du barreau du Québec, conservateur, catholique irlan-
dais, invité au Manitoba par l'abbé Joseph-Noël Ritchot, partisan de
la politique de conciliation du gouverneur Archibald et capable de se
concilier les deux races pendant quelque temps; ou encore Marc-
Amable Girard, le 'premier' Premier ministre du Manitoba, en 1874,
francophone, catholique, député de Saint-Boniface et portant la couleur
conservatrice, compagnon de voyage à la Rivière-Rouge de Joseph
Royal. Greenway et son Cabinet commencent à souscrire au Manitoba
de Robert Atkinson Davis, anglophone du Québec, membre du Cabinet Girard qui formera son propre gouvernement (1874-1878), le
premier à chercher à avoir des liens financiers avec Ottawa et à commencer à changer le caractère bilingue du Manitoba de 1870. Ils souscrivent certainement au Manitoba de John Norquay, Métis, premier
ministre de 1878 à 1887, d'obédience conservatrice, qui a profondément changé sa province natale: c'est durant son mandat que les partis
politiques ont vu le jour et que les premières tentatives d'abolition de

la langue française ont été faites ouvertement. Après son départ de la vie politique, son successeur David Howard Harrison, originaire du Haut-Canada, restera si peu de temps au pouvoir (1887-1888) que Thomas Greenway n'aura aucune difficulté à être élu. Le Parti libéral du Manitoba dirigera les destinées de la province jusqu'en 1900.

Ce que Davis, Norquay et Greenway changent au Manitoba, c'est la perspective que les Manitobains ont face à leur gouvernement, lequel cherche, de plus en plus, à jouer un rôle dans la vie législative et politique de la province. Or, si les anglophones (protestants) n'ont aucune difficulté devant cette attitude, il n'en est pas de même pour les francophones (catholiques). Royal, Taché et Girard, entre autres, sont très attachés à leur langue et à leur foi. Leur culture et leur conception de la vie représentent une façon de vivre différente de leurs voisins anglophones (protestants). Le concept de la langue gardienne de la foi, qui n'est pas encore totalement en vigueur au Manitoba, commence à prendre racine. Le domaine scolaire n'est pas laïc mais reflète, du côté francophone, un style de vie bien particulier. Lorsque Greenway promulgue les lois scolaire et linguistique, il altère profondément ce mode de vie et cette vision.

De plus, Davis, Norquay et Greenway ne font que refléter les désirs de leurs électeurs qui, de plus en plus, sont anglophones et protestants et sont décidés à se bâtir un avenir au Manitoba, donc à façonner la province à l'image de leur philosophie, leur culture, leur vision politique. Si, dans le processus, les francophones perdent leur système scolaire et un bilinguisme juridique et législatif, le gouvernement provincial n'a pas l'intention de revenir sur ses législations. Tout se passe comme si Greenway et ceux qui l'appuient rejettaient le Manitoba fondé en 1870 et décidaient d'en façonner un plus conforme à leur conception. Cependant, étant donné la troublante similitude entre l'Article 23 et l'Article 133, les législateurs semblent avoir légèrement hésiter devant le pas qu'ils franchissaient. Ils ajouteront en effet un alinéa qui reflète ce doute: ''This Act applies only so far as the Legislature has jurisdiction to enact''.

Les francophones n'aborderont pas le problème constitutionnel du côté linguistique mais du côté scolaire. Or, le gouvernement fédéral, respectueux des juridictions provinciales, n'interviendra pas autant que les francophones (catholiques) l'auraient voulu, et trop au goût du gouvernement provincial. Les luttes scolaires occuperont toutes les énergies de la communauté francophone qui, à cause de cela, verra ses espoirs d'immigration ou de colonisation francophone s'évanouir. Comment attirer des coreligionnaires lorsque les garanties constitutionnelles n'ont pas résisté devant des législations provinciales? Il est certain que ces luttes voient alors naître chez les francophones un sentiment d'unité, un sentiment communautaire très fort, mais aussi un sentiment de repli, de méfiance, d'antagonisme parfois, un sentiment de différence le plus souvent. Les luttes contre les lois scolaires seront menées avec la plus grande ardeur car ce sont ces lois qui importent le plus, philosophiquement et culturellement, mais les gains remportés sur le plan linguistique ne seront pas, malheureusement, revendiqués.

NOTES

1. D'Eschambault Antoine, in Lionel Dorge, *Introduction à l'étude des Franco-Manitobains*, 1979, p. 26.

2. *Ibid.* p. 40-41, Aussi Lovell Clark, *The Manitoba school question. Majority rule or minority rights*, 1968, p. 57.

3. Jaenen, Cornelius, *Regards sur les Franco-Manitobains*, a Manitoba Centennial lecture, University of Winnipeg, 26 February 1970, Winnipeg, the university of Winnipeg Press, 1973.

4. *Daily Free Press*, April 9, 1975.

5. *Ibid.*

6. *Daily Free Press*, May 1, 1875.

7. *Daily Free Press*, January 26, 1876.

8. Friesen Gerald, *Homeland to Hinterland; Political transition in Manitoba, 1870 to 1879*, Historical papers/Communications historiques, 1979, 193-211.

9. *Winnipeg Free Press*, June 23, 1879

10. *Le Métis*, 26 juin 1879.

11. Le Courrier du Canada, in *Le Métis*, 3 juillet 1879.

12. *Le Manitoba*, 24 septembre 1885.

13. *Le Manitoba*, 14 octobre 1886.

14. *Le Manitoba*, 28 octobre 1886.

15.   *Le Manitoba*, 11 novembre 1886.

16.   *Le Manitoba*, 12 septembre 1889.

17.   *Le Manitoba*, 2 avril 1890.

18.   *Le Manitoba*, 12 septembre 1889.

19.   *Winnipeg Free Press*, August 17, 1890.

Chapitre II

La force prime le droit

*Je suis d'opinion que le C.14,53 Vict. est
ultra vires de la Législature du Manitoba,
et que la clause 23, de l'Acte du Manitoba,
ne peut pas être changée et encore moins
abrogée par la Législature de cette
province.*
Juge L.A. Prud'homme, 9 mars 1892

Aussitôt que la question de nos écoles aura été réglée, il
faudra de toute nécessité poursuivre le règlement de la question
de la langue française, et ce ne sera pas long.[1]

Telle est la ligne de conduite que se tracent les francophones dès
qu'ils réalisent que le gouvernement Greenway ne fera pas marche
arrière et qu'il faudra la force des tribunaux pour qu'il y ait un changement quelconque dans leur situation.

Les péripéties juridiques de la question scolaire du Manitoba ont
fait vivre les catholiques en dents de scie pendant six ans. La question
est perçue comme étant une question religieuse d'abord, linguistique
ensuite. La minorité considère qu'accepter la législation Greenway sans
lutter *"serait une apostasie"*. Il y a donc urgence et les procédures judiciaires seront immédiatement entamées. Le sentiment d'unité, de

solidarité religieuse est fort. La législation scolaire sera combattue avec la dernière énergie. À cette époque aux communications relativement lentes, le francophone du Manitoba doit se fier à son clergé, son conseiller, son député ou son journal local (qui appartient à un parti politique) pour obtenir des nouvelles des procédures judiciaires interminables. Toutes les parties impliquées font l'apprentissage de la patience dans les antichambres des tribunaux. Et parce que la question scolaire prend tellement de temps, d'énergie et d'argent, la question linguistique sera reléguée à l'arrière-plan. Chaque procès, chaque décision scolaire ou linguistique s'inscrira dans un chassé-croisé de décisions, de tribunaux et d'intervenants à tous les niveaux.

En octobre 1891, la Cour suprême du Canada décrète à l'unanimité que la législation scolaire de 1890 est *ultra vires* (inconstitutionnelle). Première victoire sans lendemain, car le gouvernement Greenway en appelle auprès du conseil judiciaire britannique. La question linguistique allait-elle connaître le même sort?

En 1892, le juge Louis-Arthur Prud'homme couvrait six comtés. Il s'agissait des comtés de LaVérendrye, d'Iberville, Carillon, Morris, Marquette et Saint-Boniface. Dans ses notes, retrouvées bien des années plus tard, les faits suivants sont notés. La cause Hébert est un litige dans une affaire d'élections municipales, à La Broquerie.

Hébert tentait de se présenter comme maire de municipalité. Pellant contestait ce droit, déclarant que Hébert était à moitié analphabète et, qu'à ce titre, il ne pouvait représenter de façon convenable les électeurs. L'avocat de Pellant était J.E. Prendergast. Il avait déposé des documents rédigés en français et en anglais remettant en question la candidature de Hébert, l'avocat de ce dernier contesta alors ce dépôt de documents, déclarant qu'il était contraire à la Loi de 1890 faisant de l'anglais la seule langue officielle de la province, le juge Prud'homme, se basant sur l'Acte de 1870, rendit un jugement qui donnait raison à Prendergast et son client, Pellant. Selon lui, la Loi de 1890 était anticonstitutionnelle.

> Il n'y a pas de doute que la s. 23 de l'Acte de Manitoba, et la s. 133 de l'Acte de l'Amérique Britannique du Nord sont analogues. Le mot Manitoba est substitué au mot Québec, et c'est tout.''[2]

Evidemment la clause 92 de l'Acte de l'Amérique du Nord britannique est invoquée dans ce cas-ci, mais le juge Prud'homme ne trouve pas de raisons constitutionnelles en sa faveur:

> La conséquence est que la législature n'a pas le droit de légiférer sur le sujet...

> "... La délégation de pouvoir accordée par l'AANB est limitée et elle est rendue permanente. La législature provinciale, bien que souveraine lorsqu'elle agit dans sa sphère, ne peut l'agrandir au gré des fluctuations d'opinions du corps législatif. Elle peut remodeler ou modifier son *modus operandi*, mais elle est sans pouvoir de légiférer sur les questions en dehors de sa juridiction.

> Les législatures provinciales ne possèdent aucun pouvoir inhérent en dehors de ceux que leur accorde le statut.

> Je suis donc d'opinion que le c. 14, 53 Vict, est *ultra vires* de la législature de Manitoba, et que la clause 23, de l'Acte de Manitoba, ne peut pas être changée et encore moins abrogée par la législature de cette province.[3]

La décision demeure lettre morte, parce que d'une part le gouvernement Greenway ne porte pas cette décision en appel, et d'autre part, parce que les francophones ne réussissent pas à trouver "l'astuce" qui pourrait relancer la poursuite en cour supérieure pour forcer le gouvernement à faire modifier la loi et respecter le jugement. D'ailleurs, le gouvernement n'a pas intérêt à reconnaître la décision Prud'homme car elle condamne sans ambages sa législation d'il y a deux ans. Porter la décision en appel aurait éclairci la question une fois pour toutes, mais le gouvernement Greenway voulait-il que le dossier soit remis au premier plan? Il faut croire que non et, étant donné les poursuites entamées dans le domaine scolaire, tout porte à croire que le gouvernement ne désirait pas plus que cela élargir les revendications devant les tribunaux. Ce genre de procès, d'ailleurs, coûte cher et les francophones, occupés par le dossier scolaire, ne peuvent pas aller sur deux fronts à la fois.

En juillet 1892, le Conseil privé de la Chambre des Lords donnera tort aux catholiques. La ligne de conduite, prise en 1890, de s'occuper de la question scolaire en priorité doit être maintenue même s'il y a victoire sur l'autre front. C'est pourquoi la cause Brophy est initiée et la Cour suprême du Canada refuse cette fois d'entendre les catholiques en appel.

Tous ces procès, cette agitation, donnent mauvaise presse au Manitoba. Or, les francophones ont un besoin pressant de renforts en provenance du Québec ou de la France, et ces renforts n'arrivent pas à cause des incertitudes face aux lois de 1890.

> La loi sur l'abolition de la langue française ne blesse pas seulement les colons français, mais aussi les colons belges et suisses, et par-dessus tout, la plus grande partie des habitants du Bas-Canada que l'on cherche tant à attirer au Manitoba.[4]

> Il est incontestable qu'actuellement l'immigration subit un moment d'arrêt; on réfléchit, on attend, on désire savoir avant de se décider, si ces nouvelles lois deviendront définitives. Quant aux lois sur les écoles, elles nuisent à tous les immigrants catholiques de toutes les parties du monde.[5]

L'incertitude durera encore des mois. En janvier 1895, le Conseil privé de la Chambre des Lords à Londres juge les lois scolaires de 1890 constitutionnelles mais lésant les droits et les privilèges de la minorité catholique. Le gouvernement fédéral est autorisé à remédier à la situation en vertu de l'Article 22 de l'Acte du Manitoba. En mai 1895, le gouvernement Greenway reçoit l'ordre de restaurer ces écoles confessionnelles. En juin 1895, le gouvernement refuse en raison de la "piètre" qualité de l'enseignement dispensé dans ces écoles. En juillet 1895, Ottawa réitère la demande et le Manitoba réitère son refus. Les catholiques sont amers.

> Si la minorité protestante de Québec était sous le coup d'une injustice comme celle qui a été perpétrée contre les catholiques manitobains, vous seriez étourdis par le concert de malédictions qui s'élèveraient de toutes parts parmi l'élément anglais. Il leur faudrait un remède et cela sans retard.[6]

En février 1896, le gouvernement fédéral présente en Chambre un projet de loi réparatrice au sujet de la question scolaire manitobaine. Un filibuster (campagne d'obstruction en Chambre) des libéraux de Wilfrid Laurier empêche la loi de se rendre en troisième lecture.

Élu premier ministre du Canada, le 23 juin 1896, Laurier conclut, en novembre 1896, un accord avec Greenway: la solution politique avait prévalu sur les décisions judiciaires. *Le Manitoba* titre:

Trahis - Pas d'écoles catholiques - Le gouvernement fédéral capitule devant McCarthy, Greenway, Sifton et Cie - McCarthy se déclare satisfait - *L'Orange Sentinel* approuve le compromis - On lui soumet le compromis mais Mgr Langevin est ignoré - L'oeuvre infâme de Tarte.[7]

Les catholiques sont amers, déçus et divisés. Rome complète la cassure en parlant de scinder en deux le diocèse de Saint-Boniface. L'évêque anglophone de Winnipeg répondrait directement à Rome. Les francophones seraient seuls. La publication de l'encyclique *Affari Vos* mettra fin à la querelle publique mais pas aux ressentiments ni à l'amertume. Les francophones se considèrent comme doublement trahis par Laurier, qui est francophone et catholique. La lutte les a laissés épuisés moralement, mais solidaires. Chacun sent confusément que c'est dans le nombre que réside la victoire, et qui dit nombre dit immigration:

Ce qu'il nous faut, ce dont le pays a besoin, ce n'est pas de mains d'oeuvres (sic), mais de bons cultivateurs, laborieux, économes, connaissant leur métier, surtout de ceux qui peuvent venir avec une certaine somme d'argent qui leur assurera une position indépendante et augmentera le capital de notre province.[8]

Les espoirs des francophones ne seront pas comblés. En 1891, le Manitoba comptait 150,000 habitants; 225,000 en 1901 et 365,000 en 1906.[12] La vague d'immigration initiée par le gouvernement fédéral amenait surtout des anglophones ou des ressortissants de pays autres que francophones qui devaient donc s'assimiler à la langue de la majorité: l'anglais.

Après douze ans au pouvoir, les libéraux de Greenway cèdent la place aux conservateurs de Hugh Macdonald d'abord et ensuite de Rodmond P. Roblin qui, en 1890, avait farouchement défendu les catholiques contre les lois Greenway. La province est riche sur le plan agricole et les francophones se sentent aussi fiers que leurs compatriotes de leur coin de terre:

Une province qui produit au-delà de cent millions de boisseaux de grains dans une seule saison... Les domaines de l'Ouest, ils sont grands comme deux ou trois royaumes... Si beau que soit votre ciel étoilé, le nôtre le surpasse encore en pureté, en éclat et en majesté.[9]

Pourtant les francophones ne viendront presque pas et ceux qui sont sur place ne comprennent pas:

> Pourquoi donc alors n'est-on pas venu? Pourquoi? Pourquoi nos invitations sont-elles donc restées presque sans réponses... Il y a eu sans cesse des efforts faits par les Canadiens du Manitoba pour attirer des colons de notre race.[10]

La province de Québec et la France feront la sourde oreille aux appels pressants et ceux qui y répondront ne viendront jamais en nombre suffisant pour contrecarrer les efforts d'assimilation.

Le 30 janvier 1909, le juge Louis-Arthur Prud'homme a l'occasion de statuer de nouveau sur la loi faisant de l'anglais la seule langue officielle du Manitoba. Il s'agit de la cause Bertrand C. Dussault et Bertrand C. Lavoie. (Peu de faits sont connus à ce sujet et le jugement n'a été ''découvert'' que 68 ans après avoir été rendu, au cours de l'Affaire Forest, lors du premier jugement en Cour d'appel.)

Là encore les documents originaux de l'une des parties avaient été déposés en français et le juge envisage immédiatement la similitude des Articles 23 de la Loi du Manitoba de 1870 et 133 de l'Acte de l'Amérique du Nord britannique. Sa conclusion est simple et rapide: ils sont le calque exact l'un de l'autre.[11] Les assemblées législatives provinciales ne peuvent pas légiférer de façon à entrer en conflit avec l'Article 133.[12]

Comme tant d'autres hommes de loi après lui, le juge Prud'homme cherche à savoir pourquoi les législateurs auraient déclaré, de façon aussi positive, que les deux langues pouvaient être utilisées dans les tribunaux du Manitoba, s'ils n'avaient pas l'intention de donner à cette législation un caractère permanent. L'Article 23 a une raison d'être aussi évidente que l'Article 133, selon Prud'homme. Il fallait conserver, au Québec et au Manitoba, l'usage des deux langues et, si l'on change cette caractéristique, on irait à l'encontre des désirs des législateurs.

Les assemblées législatives provinciales, bien que souveraines lorsqu'elles agissent dans leurs domaines, ne peuvent pas élargir cette sphère et légiférer sur des points qui ne sont pas de leur ressort. L'Article 23 ne pouvait donc pas être modifié de façon unilatérale par l'un ou l'autre des niveaux de gouvernement. Toute modification devait être approuvée par les deux niveaux de gouvernement avant d'entrer en vigueur.[13] Cette deuxième décision favorable aux francophones resta aussi lettre morte.

Dans ces jugements de 1892 et 1909, il y a le fondement de tous les arguments utilisés dans l'Affaire Forest: la pertinence de l'Article 23 de l'Acte du Manitoba de 1870 face à l'Article 133 de l'Acte de l'Amérique du Nord britannique, les pouvoirs et les restrictions des législatures provinciales, les intentions des Pères de la Confédération. Et la conclusion est la même: il y a eu spoliation des droits d'une minorité par une majorité.

Le 27 septembre 1911, Robert Borden succède à Laurier accusé de manquer de loyauté envers la Grande-Bretagne. La vague de prospérité qui durait depuis quelques années commence à ralentir. Le gouvernement Borden n'applique pas les mêmes politiques que les libéraux et s'entend au Manitoba avec les conservateurs de Rodmond P. Roblin. La question des frontières, un point de contention entre les deux gouvernements, sera rapidement réglée. Le Manitoba reçoit 179,020 milles carrés et 6,000 nouveaux habitants.[14] Ces nouvelles frontières, évidemment, suscitent l'espoir de voir arriver d'autres immigrants. Dans le cas des francophones, le juge Prud'homme se rend dans la province de Québec et plaide le cas des francophones de l'Ouest:

Il est temps que les nôtres soient en éveil et se hâtent de prendre leur part des riches domaines découverts et évangélisés par des hommes de notre sang et de notre foi.

Ce sera le moyen de conserver l'influence de l'élément français au Canada. Quoique séparés de la province de Québec par des centaines de milles, n'oubliez pas que nous sommes toujours de la famille et que nous avons conservé la fierté de notre race. Nous sommes ici solidement constitués au point de vue religieux, politique et social. Nous sommes représentés partout, dans la magistrature, dans les parlements, dans les professions libérales, dans le commerce, dans l'industrie, mais surtout dans la noble carrière de l'agriculture. Nous comptons aujourd'hui plus de 60 000 âmes dans l'Ouest: c'est-à-dire que nous sommes numériquement plus forts que nous ne l'étions dans la province de Québec, lorsque le Canada passa sous la domination anglaise. Laissez-moi vous le dire, et sans amertume: dans cette oeuvre nationale, nous n'avons pas toujours reçu l'aide dont nous avons tant besoin.[15]

Les espoirs du juge Prud'homme ne seront pas vraiment comblés. Le Manitoba commence à traverser une période de dépression. Pour la première fois dans l'histoire de la province, le chômage fait son apparition dans les villes et le prix du blé est en baisse. L'attraction vers les grandes villes, Winnipeg plus particulièrement, donne un caractère ethnique à la société manitobaine. Saint-Boniface, cependant, conserve son cachet et son caractère francophones.

De plus en plus, l'opinion publique se préoccupe de l'image publique du Manitoba. En 1913, le *Manitoba Free Press* publie une série de 64 articles portant sur la qualité de l'enseignement dispensé dans les écoles bilingues, ce qui a pour effet de reporter la question scolaire à l'avant-scène des questions politiques, le gouvernement est jugé coupable d'inaction dans ce dossier comme dans bien d'autres.

Le clergé francophone, d'ailleurs, s'inquiète des liens politiques assez forts qui existent entre les partis politiques, libéral et conservateur, et la presse francophone: *Le Nouvelliste* financé par le député libéral de Saint-Boniface Horace Chevrier et *Le Manitoba* (héritier du *Métis*) avec Joseph Bernier, député conservateur de Saint-Boniface, donc adversaire politique de Chevrier. Mgr Langevin avait suscité la naissance de journaux catholiques en allemand, en polonais et en ukrainien. En 1913, il veut donner aux francophones du Manitoba un journal libre de toute allégeance politique et capable, grâce à cette indépendance, de parer les coups, de quelque côté qu'ils viennent. Le nouveau journal s'appellera *La Liberté* et sera dirigé par les Pères Oblats de Marie Immaculée.

En 1914, le gouvernement Roblin entame ce qui sera sa dernière campagne électorale. De nombreux reproches lui sont adressés et ils couvrent l'éventail des préoccupations sociales de cette époque: inaction dans les dossiers de la tempérance, du vote des femmes et des insuffisances du système scolaire. Les libéraux de T.C. Norris prônent le contrôle des ressources naturelles, la scolarité obligatoire et le maintien des droits constitutionnels des catholiques. Les nouvelles frontières ne changent pas les intentions de vote. Les conservateurs remportent les élections. Le vote francophone a donné quatre sièges aux conservateurs: Préfontaine, Hamelin, Bénard, Parent et deux aux libéraux, Dumas et Talbot.

Le climat politique national change petit à petit. La Première Guerre mondiale a éclaté. Le gouvernement Roblin, secoué par un scandale immobilier sérieux, démissionne et est remplacé par les libéraux de T.C. Norris. Le Manitoba, tout en faisant son effort de guerre, vit des problèmes totalement éloignés des préoccupations du reste du monde.

Néanmoins, le désir de se joindre à la Grande-Bretagne stimule un sentiment d'unité nationale pour le présent mais aussi pour l'avenir. Or, une des clauses de l'accord Laurier-Greenway a encouragé le système scolaire à ressembler à une tour de Babel. L'enseignement bilingue est sévèrement critiqué car il encourage la langue des immigrants mais pas nécessairement l'anglais. *Le Manitoba Free Press* avait reconnu, cependant, une position spéciale à la langue française. À la fin de 1915, le ministre de l'éducation Thornton reçoit un rapport lui indiquant qu'il faut agir et que, pour éviter toute controverse, il faudrait abolir totalement le système scolaire bilingue. L'allemand et le français qui, en 1897, étaient les langues concernées, se retrouvaient, fin 1915, en compagnie de l'ukrainien et du polonais. Le gouvernement décide de faire table rase: il provoque ainsi une crise profonde au sein de la communauté francophone.

Dès le début du mois de février 1916, *La Liberté* alertait ses lecteurs en réfutant les allégations du *Manitoba Free Press*. *La Liberté* ne s'oppose pas à une amélioration de l'efficacité des écoles

> pourvu que l'essence même de notre droit à l'enseignement du français dans des écoles soutenues directement et indirectement de nos derniers ne soit pas atteinte. [16]

Les francophones pressentent, d'après les discours prononcés en Chambre, que l'anglais va devenir la seule langue d'enseignement. Ils attribuent cet élan de nationalisme à un ressentiment contre la province de Québec, ''la citadelle du français dans le Canada''. Si la langue anglaise devient obligatoire dans les écoles, c'est que le gouvernement a décidé d'assimiler tous ceux qui revendiquent une différence linguistique. Cela comprend les francophones qui considèrent que ''la langue est gardienne de la foi''. Or, assimiler les francophones équivaudrait à la disparition d'un des partenaires de la Confédération. Les francophones ne peuvent accepter ni les prémisses ni les conséquences d'un tel postulat:

> On luttera jusqu'à épuisement de toutes nos ressources, avec
> la conviction que nous luttons pour le droit et la justice: droit de
> premier occupant, reconnu et légalisé par les traités et les consti-
> tutions d'un bout à l'autre de l'océan, sans distinction; droit violé
> par des lois arbitraires, mais qui en justice demeure le droit à la
> reconnaissance du français comme langue officielle du Canada
> au même titre que l'anglais. [17]

En attendant le gouvernement Norris dépose un projet de loi qui
abolit la clause de l'accord Laurier-Greenway permettant l'enseignement bilingue dans la province.

Norris a plus particulièrement piqué les francophones qui le quali-
fient de parjure puisqu'il avait promis, lors de la campagne électorale
de 1914, de ne pas toucher aux droits constitutionnels des francophones.
Les promesses ne sont pas tenues et cela suffit pour qu'une réunion
spéciale de la population soit tenue le 9 février 1916:

> Mercredi soir, répondant à un appel parti on ne sait au juste
> d'où et qui se répandit comme une traînée de poudre, des délé-
> gués de presque tous les centres français de la province se réunis-
> saient à Saint-Boniface pour y étudier les moyens à adopter pour
> la défense de nos droits... Un comité de vigilance a été formé.
> Très bien. Pour le moment, il n'y a pas de lutte à faire. Mais qui
> sait ce que sera demain? L'atmosphère est lourde de menaces. [18]

Le comité de vigilance est formé des six députés francophones de
l'Assemblée législative: Albert Préfontaine, Aimé Bénard, Joseph
Hamelin, Jacques Parent, conservateurs; Adjutor Talbot et Joseph
Dumas, libéraux. Tout ce qui a un nom à Saint-Boniface est présent
ce soir-là à l'hôtel de ville: Fortunat Lachance, Joseph et Noël Bernier,
Horace Chevrier, Jean-Baptiste Lauzon, Léon Benoît, Jules Collon,
Louis-Philippe Roy, Edmond Beaudry, Alexandre Beaupré et J.P.
Tremblay. Neuf jours plus tard, soit le 18 février 1916, les libéraux
présentent en première lecture la loi abolissant l'article 258 de la loi
résultant de l'accord Laurier-Greenway: la loi prévoit la scolarité
obligatoire; l'instruction religieuse après les heures de classe demeure;
l'anglais devient la seule langue d'enseignement.

Les francophones apprennent que leurs représentants à la législature ont tenté un dernier effort pour faire changer d'avis leurs collègues,
mais en vain. Les deux députés libéraux du Manitoba, Dumas et

Talbot, rompent publiquement avec leur parti. *La Liberté* reproduit presqu'*in extenso* les discours prononcés le 23 février 1916 et il s'avère évident que l'opposition à l'amendement de la loi scolaire est une opposition nationale et religieuse. Le gouvernement Norris est sérieusement mis en garde:

> Jamais la population française ne s'est opposée à une loi qui pouvait relever le niveau de l'éducation. Nous sommes pas prêts à nous soumettre à toutes les lois d'instruction obligatoire qu'on voudra voter, mais nous ne sommes pas prêts à nous soumettre à une loi telle que celle présentée actuellement par le gouvernement.[19]

Après le député Préfontaine, c'est au tour du député Hamelin de prendre la parole et il le fait en français, tout en faisant remarquer:

> Ce qui vous déplaît, c'est que nous vous sommes supérieurs par la connaissance des deux langues.[20]

Un des orateurs les plus admirés, ce soir-là, est le député de LaVérendrye, Talbot, qui fait ses débuts. Il prononce un discours qui va faire sensation:

> J'ai un moment cru aux déclarations de mon parti mais j'ai été grandement trompé... Des flatteurs ont dit au gouvernement que son attitude était pleine de courage. Non, c'est de la lâcheté et de la pire espèce... C'est une folie de croire que le peuple français de cette province va abandonner ce qu'il regarde comme un droit sacré... Une lettre signée de la propre main de M. Norris m'assurait personnellement qu'on ne modifierait pas le règlement Laurier-Greenway. Maintenant M. Norris ment à son engagement et à sa parole. Il jette à bas son masque d'hypocrisie et montre ce qu'il est réellement: un traître. Je ne suivrai pas un tel homme...[21]

Le lendemain, 24 février, c'est au tour du député de Saint-Boniface, Joseph Dumas, de rompre avec son parti, tout en donnant un point de vue qui laisse découvrir une partie de son action future:

> Je regrette d'avoir, après quinze ans de loyaux et fidèles services à mon parti, à me lever pour m'opposer à une loi que je considère la plus injuste qui ait jamais été soumise à cette province. Je manquerais à mon devoir vis-à-vis de mes électeurs si je ne me levais pas pour m'opposer à ce projet même en face des orateurs précédents qui ont affirmé que nous n'avions pas

de droits, et à ceux-ci je réponds en citant l'Article 23 de l'Acte du Manitoba. La législature n'avait pas le droit de rappeler cette clause. Et je dis que le français est encore langue officielle au Manitoba.[22]

Vient ensuite le tour du député d'Iberville surnommé le Sphinx, Aimé Bénard, dix ans de présence en Chambre et jamais un mot. Ce soir là, il parle longtemps:

> Aucun gouvernement n'a le droit d'agir contrairement à la Constitution anglaise et à son esprit. C'est de la part de cette Chambre une très grande injustice que de voter pour une loi qui viole les principes de la Constitution et tous les principes de l'honneur surtout quand cette Chambre n'a pas reçu du peuple le mandat d'en agir ainsi.[23]

Le dernier député francophone, Jacques Parent, laisse voir son désaccord.

Les francophones ne font pas que protester en Chambre. Ils alertent la population du Manitoba français. Le 25 février 1916, 1 500 personnes se réunissent au collège de Saint-Boniface ''pour protester contre la conduite du gouvernement et organiser la résistance.'' Le comité de vigilance a convoqué la réunion qui sera présidée par le Dr. Fortunat Lachance, le secrétaire en sera maître Henri Lacerte.

La réunion débute par un hommage au clergé. Puis, ''le président appuie sur la nécessité de l'union qui doit se faire sur le terrain des intérêts nationaux'', ce qui amène des félicitations aux députés pour ''leur courageuse attitude et leur fière revendication des droits de la race''. Le docteur Lachance fait le bilan des sympathies exprimées jusqu'à présent par des groupes de l'extérieur du Manitoba. Ensuite, Donat Baribault propose que l'assemblée adopte ''la résolution présentée en Chambe par (le député) Talbot''. À ce moment, Talbot et Dumas apparaissent à la tribune. L'enthousiasme déborde et tout l'auditoire debout salue ''ces deux courageux champions de nos droits''.[24]

Joseph Bernier prend ensuite la parole et trace un historique des francophones en terre canadienne jusqu'en 1916, et ajoute:

> Résister et résister, c'est ce qui s'impose. Nous avons fait assez d'appels aux cours. Maintenant, l'insoumission aux lois injustes.[25]

Il propose ensuite une résolution de protestation contre la législation actuelle. (Voir annexe 1)

L'orateur suivant, Victor Mager, "apporte l'appui de la vieillesse à lutter",[26] et va un peu plus loin en proposant la formation d'un comité qui devra préparer et adopter une constitution et des statuts."[27] (voir annexe II).

L'idée de résistance et de comité permanent fait son chemin dans la réflexion publique ce soir-là:

> Il est nécessaire de jeter les bases d'une organisation permanente. Il faudra un comité permanent, un comité d'études, un comité de presse, un comité d'organisation générale, un comité de finances, etc... Avec cela nous aurons la victoire. Résister, c'est la tactique qu'il faut prendre. L'histoire est là pour nous prouver que c'est le seul moyen à prendre...[28]

À l'invitation de la foule, l'abbé Portelance, curé de la paroisse du Sacré-Coeur à Winnipeg, prend la parole et jette les bases philosophiques et politiques de ce qui sera l'Association d'Éducation des Canadiens-Français du Manitoba:

> D'abord, il faut à tout prix que le clergé prenne une part active au mouvement. N'est-ce pas lui qui a fait, en grande partie, de notre nation ce qu'elle est aujourd'hui? Sa mission n'est pas finie. Ensuite il faut qu'il y ait entre toutes les paroisses françaises de la province, entente cordiale... Enfin qui que nous soyons, il faut prendre la résolution de se tenir au-dessus des partis politiques. Ni rouge ni bleu, mais catholiques et Canadiens toujours.[29]

Ensuite le Père Portelance passe au côté pratique de cette association:

> Projet de Fédération Catholique et Nationale des Canadiens-Français de la province du Manitoba. 1- Le but que se propose l'Association est la juste revendication de tous les droits des Canadiens-Français du Manitoba, et l'infatigable surveillance de tous leurs intérêts. 2- Toute personne d'origine française, domiciliée dans la province du Manitoba, acceptée par le Comité Administratif, est membre de l'Association. 3- Le Bureau de Direction se compose de deux divisions:

L'une, administrative, comprenant un président, deux vice-présidents, un secrétaire, un trésorier, les présidents, des présidents de sections et 25 membres dont 10 prêtres ayant jurisdiction.

L'autre, consultative, comprenant l'Archevêque, les prélats romains, les curés ayant juridiction, le recteur du collège, les ministres, les sénateurs, les juges et les juges en retraite, les députés et les anciens députés, et les inspecteurs des écoles bilingues.

... Toute l'efficacité de l'Association vient du fait qu'il y a un secrétariat permanent très agissant. C'est là que se trouve le secret de l'influence de l'Association.[30]

L'essentiel avait été dit. La foule se dispersa aux petites heures, "au chant des hymnes nationaux", après avoir élu le juge Prendergast président de cette association à venir.

L'idée d'une association fait son chemin en silence au sein de la communauté francophone. Elle serait le véhicule d'une résistance ayant pour but la conservation de la langue gardienne de la foi. Car, quatre jours après la réunion historique au Collège Saint-Boniface, le projet de loi amendant la Loi scolaire était adopté en deuxième lecture, et le 8 mars 1916 adopté en troisième lecture.

Le 23 mars 1916, c'est au "tour des épouses et des soeurs" d'être renseignées. Leur position est cruciale aux yeux de ceux qui planifient cette association et cette résistance. D'avance, la route est tracée:

Il faut que la femme canadienne-française demeure fidèle à la mission patriotique et si jamais il y a trahison ce seront les femmes de notre génération qui la feront... La femme est la grande gardienne de la langue... et jamais elle n'a le droit de trahir l'héritage lourd de gloire qu'elle a accepté de transmettre à ses fils et elle doit enseigner l'amour et le respect de la race. C'est au foyer que la femme doit lutter. Elle doit faire de ce foyer un autel à la langue des aïeux.[31]

Petit à petit, le travail se fait dans le silence mais pas dans l'inaction. L'Association d'Éducation s'est dotée d'une constitution. Elle a saisi les Chambres fédérales d'une résolution au sujet de la question scolaire, sur les plans juridique et constitutionnel. Des cercles locaux ont été formés dans plusieurs régions.

Le mois de juin sera un mois très fécond en événements importants pour les francophones: à la suite du refus par Ottawa de considérer la question manitobaine, les francophones savent qu'il leur faut entrer dans la résistance, un congrès est donc convoqué pour les 27 et 28 juin 1916; ensuite, Mgr Béliveau, de retour de Rome où il est allé protester contre la création du nouveau diocèse de Winnipeg, prononce son premier sermon comme Archevêque; enfin, Joseph Dumas intente des poursuites judiciaires contre Donat Baribault et, du même coup, conteste la constitutionnalité de la Loi de 1890 faisant de l'anglais la seule langue officielle du Manitoba.

Arthur Béliveau est le successeur de Mgr Langevin, mort à la tâche de la défense des écoles catholiques. Le flambeau sera repris avec intelligence et perspicacité, mais surtout avec leadership:

> Un coeur d'évêque ne peut assister impassible à l'effondrement de l'école catholique dans son pays. L'evêque doit aussi avoir une très haute idée de la justice. Il ne peut assister, sans sentir son coeur broyé, au triomphe de la force sur le droit... Aussi n'est-ce pas sans un serrement de coeur que Nous commençons notre carrière épiscopale... Nous ne repousserons pas les réparations partielles qui nous seront offertes... Nous placerons ces revendications bien au-dessus des intérêts et des préoccupations des partis... Ce groupement de nos forces en marge des organisations politiques Nous est nécessaire pour reconquérir la jouissance de droits sacrés dans le domaine religieux et dans le domaine national. Le Canada n'est-il pas un pays bilingue? Bilingue par les droits innés des deux grandes races qui l'habitent, bilingue par sa formation historique, bilingue par l'esprit de la Constitution fédérale qui le régit, bilingue encore par toutes sortes de nécessités sociales? Nous ne pouvons donc renoncer à la langue française.[32]

Deux jours après le premier mandement de Mgr Béliveau, deux francophones se présentent en Cour du banc de la Reine. Ce faisant, tout le poids moral de l'Association d'Éducation, pas encore officiellement fondée, se fera sentir.

Le demandeur était Joseph P. Dumas, membre de l'Assemblée législative du Manitoba, pour la circonscription de Saint-Boniface. Le défendeur était Donat R. Baribault qui avait signé une reconnaissance de dettes de 525 $ en mai 1916. Dumas n'ayant pas récupéré son argent, traîne en cour Baribault le 16 juin 1916. Là encore, les documents sont déposés en français par l'avocat de Dumas, Albert Dubuc. Le proto-notaire les refuse. Ce refus va créer une confrontation sur la constitu-tionnalité de la langue française au Manitoba, ce qui était à prévoir, mais aussi une vive réaction de la part de l'hebdomadaire *La Liberté.*

> Nous aurions préféré, et de beaucoup, apprendre que l'ac-tion était prise par M. Dumas de concert avec l'Association d'Éducation du Manitoba, mais c'est le contraire qui serait vrai... Le député de Saint-Boniface manque ici de la plus élémentaire discipline nécessaire au bien d'une cause comme la nôtre.

> Cette cause est tellement sacrée et la décision du Conseil privé sur le sujet sera tellement finale qu'il importe de n'aborder une telle question qu'après mûre réflexion, même quand les droits sont très clairs. Il ne faut l'aborder qu'après s'être entouré de toutes les garanties légales.

> Monsieur le député de Saint-Boniface l'a-t-il fait?

> Nous ne saurions le nier absolument, mais nous avouons en douter fort... Quand il faut combiner un plan de défense une fois la bataille engagée, on court grande chance d'être roulé. Nous craignons très fort que M. Dumas n'ait eu cette prudence. Non, nous craignons plutôt une manoeuvre pour nous diviser.[33]

Plus que jamais, les francophones veulent éviter la division et surtout une raison de se faire remarquer par le gouvernement alors qu'ils s'apprêtent à défier la loi. De plus, ils sont fidèles aux paroles de Joseph Bernier, le 25 février au soir:

> ''Nous avons fait assez d'appels aux cours. Maintenant, l'insoumission aux lois injustes''.[34]

Enfin, Dumas veut s'occuper de la question législative et linguis-tique, l'Association d'Éducation et le reste des francophones de la question des écoles, non plus dans la théorie mais plutôt dans la pratique.

Les 27 et 28 juin 1916, l'Association d'Éducation des Canadiens-Français du Manitoba est fondée. *La Liberté* titre en grosses lettres ''*La Résistance s'organise*... Près de quatre cents délégués ont pris part aux délibérations''.[35] En l'absence du juge Prendergast, le juge Pru-d'homme expose la pensée maîtresse de la convention. Des comités sont formés: finances, constitution, administration scolaire, publicité. Les comités spéciaux rendent leur rapport. La structure administrative de l'Association d'Éducation des Canadiens-Français est mise en place et ne sera que légèrement modifiée au cours des années. Il reste à déterminer exactement la philosophie qui va guider les francophones à l'avenir. Lors de la séance du soir, le juge Prendergast prend la parole et l'expose:

> Ce que nous devons faire, c'est de nous cramponner au système actuel et de nous maintenir partout en dépit de tout.[36]

Enfin, c'est au tour de Mgr Béliveau, celui que *La Liberté* appelle ''le chef de la race au Manitoba'', de prendre la parole:

> L'Association a été l'oeuvre des laïcs. Il devait en être ainsi. Ils sont les pères et les frères de ceux qu'on attaque, et ils sont résolus à se défendre... Nous sommes avec vous jusqu'au bout.[37]

Les participants mettront fin à la convention, persuadés que leur lutte devra durer des années et que la victoire ne viendra peut-être pas. L'important est que la langue française soit maintenue dans les foyers et à l'école. Cette philosophie implique donc que Dumas doit cesser ses poursuites. *La Liberté* lui consacre un éditorial le jour même où elle rend compte des délibérations de l'Association d'Éducation. L'éditorial, tout comme celui du 21 juin 1916, n'est pas signé, mais ne laisse aucun doute sur la position à prendre:

> Cette affaire ne se gâte pas à attendre et l'Association doit concentrer ses efforts sur l'école. Notre cas est très clair, mais ne perdons pas de vue qu'il faut de vingt à trente mille piastres pour le faire déclarer par les cours de justice... Si monsieur le député de Saint-Boniface n'a pas mis le côté financier de son affaire en sûreté avant de lancer son cas, il a manqué aux règles élémentaires de la prudence, et nous ne voyons pas comment en honneur, l'Association doit se risquer pour le sauver devant l'opinion. Surtout restons unis.[38]

Dumas décida de ne pas poursuivre sa cause. De son côté, l'Association d'Éducation publie un communiqué de presse en première page du journal *Le Manitoba*, un communiqué signé par James Prendergast, président de l'Association d'Education des Canadiens-Français du Manitoba. Ce dernier écrivait d'emblée:

> Nous ne connaissons rien de cette poursuite. Nous n'avons été consulté en aucune manière, et nous le regrettons profondément.[39]

Par la suite, le juge Prendergast rappelle dans quelles conditions l'Association avait vu le jour et les principes qui la guidaient, à savoir:

> un esprit de prudence et de modération.[40]

... C'est cet esprit qui fait écrire au juge ces lignes révélatrices de l'attitude des membres de l'Association d'Éducation face aux contestations juridiques quelles qu'elles soient.

> Notre but est d'abord de faire comprendre pleinement nos besoins, car nous croyons que peut-être nous ne sommes pas les seuls responsables de l'existence de ces besoins, et ensuite de faire appel à la raison, à l'esprit de droiture et au sens pratique de nos compatriotes de langue anglaise... Nous nous sommes tracés avec soin une ligne de conduite pour l'avenir... cette ligne de conduite se bornera à l'enceinte de la maison d'école, et aura surtout pour but d'assurer le fonctionnement de l'école; école que nous désirons faire aussi irréprochable que possible au point de vue du gouvernement, mais en même temps, raisonnablement capable de faire de nos enfants ce que nous sommes nous-mêmes: des citoyens canadiens-français absolument loyaux et convaincus.... Vous comprendrez facilement par conséquent que nous ne puissions pas regarder la Poursuite prise par M. Dumas comme une très déplorable diversion, et ce qui plus est, comme un acte qui, on me l'a fait comprendre, troublera d'une manière très malheureuse le courant de sympathie qui s'était déjà établi vers nous.[41]

La Liberté, qui a publié des extraits du communiqué ajoute:

> On peut compter sur nous.[42]

La politique partisane n'a presque plus sa place au sein de la presse francophone. En effet, *Le Manitoba* abonde dans le même sens que *La Liberté*:

> L'Association d'Éducation a fait coup double: elle a défini avec netteté le caractère qu'elle entend donner pour le moment à la Résistance, et elle a posé un acte de dignité personnelle.

> Nous prétendons tous assurément que la langue française est, de droit, officielle au pays. Mais ce droit ne se périme pas

même si nous ne nous en prévalons pas dans le moment. Attendons. Attendons parce que nous n'avons pas les moyens de faire
plusieurs batailles à la fois. Quand nous aurons gagné la bataille
de l'école, nous gagnerons les autres batailles nécessaires... Nous
conseillons même à M. Dumas d'en rester là dans cette aventure... On n'a pas le droit de prendre seul des initiatives qui
mettent en jeu tout un principe national. Il y a de la discipline,
ou il n'y en a pas. Le député de Saint-Boniface a voulu débuter
seul; seul il devrait finir. Et le plus sage moyen pour lui de finir,
ce serait de laisser dormir son procès dans les greffes.[43]

Joseph Dumas est Métis et des membres de la communauté
métisse font partie du comité général de Saint-Boniface et des environs
de l'Association d'Éducation. Le fait que Dumas soit repoussé avec
tant de vigueur par les francophones porte Alexandre Riel et ceux qui
participent, le 16 juillet 1916, à une ''assemblée de groupe de métis et
de Saint-Vital et des environs pour discuter et étudier les questions
touchant les intérêts métis''[44] à se dissocier publiquement de l'Association d'Éducation. Cette attitude de conformité et ce silence se
perpétueront au cours des décennies et auront des conséquences. La
première est que les Franco-Manitobains cesseront toute revendication
devant les tribunaux jusqu'en 1976, parce que les résultats des premières contestations juridiques ne seront pas revendiqués, ni par le
gouvernement, ni par la population francophone. (Dussault, impliqué
dans la poursuite de 1909, a toujours dit qu'il avait réglé ''la cause du
français'', mais il ne fut pas écouté.[45])

Le contenu des jugements devait être connu dans quelques petits
cercles. Le gouvernement devait le connaître également. En gardant
les ''causes dans les greffes'' il y a des avantages qui peuvent être retirés,
surtout du côté gouvernemental. La communauté n'a pas, semble-t-il,
les moyens, surtout financiers, pour poursuivre une cause qui, même
si elle est bien fondée, semble aléatoire dans son issue finale. Ce faisant,
l'Association d'Éducation et la communauté prennent le risque de
passer pour complices de la spoliation. Mais l'astuce qui a permis en
1976 à un Georges Forest de relancer son cas en cour et à le faire aboutir
n'est pas à la disposition de ceux qui ont entamé des tentatives de
rétablissement, qui se sont avérées n'être que des tentatives réussies,
mais non respectées ou entérinées.

Cette ''mise aux greffes'' est une attitude à double tranchant car
elle laisse les gouvernements successifs dans l'ignorance. Duff Roblin

(premier ministre du Manitoba de 1958 à 1967 et petit-fils de Rodmond P. Roblin) devait d'ailleurs noter quelques années plus tard:

> "From 1890 up until 1978, everyone believed that the constitutional position was OK... Everyone! No one had apparently tested that. It never occurred to me. It just came out of the blue as far as I was concerned... It seems to me when looking at it now, it should be clarified because if you don't, you always get the thing ticking around... For many, many years, we got along without anyone complaining about it, and I think that a lot of people probably thought that Georges Forest was being a bit fussy in complaining about it, but it appears it led to a very, very important constitutional decision.[46]

En 1916, le bilan que les Canadiens-Français du Manitoba peuvent faire ne leur permet pas d'envisager un avenir en français que ce soit dans la vie scolaire, législative ou juridique. Les années et les gouvernements avaient imprimé de plus en plus leur marque, en dépit de certains jugements favorables aux catholiques. Le compromis politique qu'est le règlement Laurier-Greenway n'avait pas tout réglé mais, en 1916, les francophones s'en accommodaient. Après la loi de Norris, il n'y a plus d'échappatoire possible, la langue d'enseignement doit être l'anglais. Les francophones ne veulent pas se soumettre et défient la loi, collectivement et individuellement, avec la complicité et l'approbation du clergé. L'Association d'Éducation est l'oeuvre des laïcs, bien sûr, mais elle n'aurait pas pu voir le jour et survivre sans la structure administrative de l'Église.

La loi de Norris a permis aux francophones du Manitoba de regrouper leurs forces dans un fort sentiment de solidarité et de communauté qui s'est concrétisé dans la naissance de l'Association d'Éducation des Canadiens-Français du Manitoba. Les principes qui y sont défendus vont au coeur d'un mode de vie, d'une philosophie, de croyances: l'éducation d'un enfant passe par les parents et l'Église, pas par l'État. Toutes les forces doivent être mises en jeu pour que cette façon de vivre et de voir soient préservée, à l'exclusion de toute autre lutte, quelle qu'elle soit. Dans ce cas-ci, la question législative et juridique doit attendre. C'est pourquoi les deux décisions Prud'homme ne seront pas revendiquées par les francophones qui ne peuvent pas trouver non plus une façon de relancer la question au niveau d'un tribunal. Le gouvernement provincial ne cherche pas non plus à savoir si le juge Prud'homme a raison ou tort et ainsi il atteint le but poursuivi par la législation: ne pas accorder à la langue française son statut officiel. Petit à petit, la question juridique et législative perdra de son importance d'un côté comme de l'autre. La question scolaire, pendant un demi-siècle, aura préséance sur les autres questions qui inquièteront les Canadiens-Français du Manitoba. Telle est la clé du comportement des Franco-Manitobains au cours des années à venir. Toutes les énergies, financières ou autres, seront uniquement consacrées à la question des écoles. Le pragmatisme l'emporte. Autant travailler dans les faits quotidiens plutôt que de revendiquer, à grands frais, devant les tribunaux et être jugés rebelles aux désirs de la majorité.

En près de vingt ans, les francophones avaient connu les années les plus difficiles depuis l'entrée du Manitoba dans la Confédération. Pourtant l'espoir, toujours présent et tenace, de voir la langue française retrouver pleinement ses droits constitutionnels, demeurait vivace au coeur de quelques-uns dont notamment le juge Prud'homme. En 1912, au congrès de la langue française à Québec, il exprimait ce voeu:

> "Sans doute on peut bien à un moment donné étouffer le droit par la violence, comprimer les consciences par des mesures arbitraires et sanctionner des législations néfastes et tyranniques; mais le droit ne meurt pas... Comme Lazare, à l'heure voulue par la Providence, le droit, méconnu et meurtri un instant, sort du tombeau scellé par les passions humaines, pour reprendre une vie nouvelle et guider les nations, vers leurs véritables destinées."[47]

Il faudra plus d'un demi-siècle pour que ces paroles prophétiques et pleines d'espoir se réalisent, mais avant l'heure de la victoire, il faudra que l'âge de la résistance se passe.

NOTES

1.   *Le Manitoba*, 25 juin 1891.

2.   *Le Manitoba*, 8 mars 1892.

3.   *Ibid.*

4.   *Le Manitoba*, 25 avril 1894.

5.   *Ibid.*

6.   *Le Manitoba*, 10 juillet 1895.

7.   *Le Manitoba*, 18 novembre 1896.

8.   *Le Manitoba*, 21 juillet 1897.

9.   *Le Manitoba*, 4 février 1903.

10.   *Le Manitoba*, 1907. Voir aussi Robert Painchaud, *Un Rêve Français dans la Prairie*, Saint-Boniface, Les Editions des Plaines, 1987.

11.   Cour de comté de Saint-Boniface, le 30 juin 1909, non rapporté mais reproduit dans *Re* Forest and Court of Appeal of Manitoba, (1977) 77 D.L.R. (3d) 445, 458-462.

12.   *Ibid.*

13.   *Ibid.*

14.   James Jackson, *The centennial History of Manitoba*, McClelland and Stewart, Toronto, 1970, p. 176.

15.   Louis-Arthur Prud'homme, *Situation juridique du français au Manitoba*, Bulletin du parler français, XI (1912), 224-225.

16.   *La Liberté*, 1 février 1916.

17.   *Ibid.*

18.   *La Liberté*, 15 février 1916.

19.   *La Liberté*, 29 février 1916.

20.   *Ibid.*

21.   *Ibid.*

22.   *Ibid.*

23.   *Ibid.*

24.   *Ibid.*

25.   *Ibid.*

26.   *Ibid.*

27.   *Ibid.*

28.   *Ibid.*

29.   *Ibid.*

30.   *Ibid.*

31.   *La Liberté*, 21 mars 1916.

32.   *La Liberté*, 14 juin 1916.

33. *La Liberté*, 21 juin 1916.

34. *La Liberté*, 29 février 1916.

35. *La Liberté*, 28 juin 1916.

36. *Ibid.*

37. *Ibid.*

38. *Ibid.*

39. *Ibid.*

40. *Ibid.*

41. *Ibid.*

42. *Ibid.*

43. *Le Manitoba*, 5 juillet 1916.

44. APM, Fonds Riel, 596, 16 juillet 1916.

45. Juge en chef Alfred Monnin, entrevue accordée à l'auteur, 13 janvier 1984.

46. Sénateur Duff Roblin, entrevue accordée à l'auteur 4 avril 1984.

47. Prud'homme, *Ibid.*, pp 224-225.

Hon. James Prendergast (1885)

Juge James Prendergast, premier président de l'Association d'Education des Canadiens-Français du Manitoba. (ASHSB).

Joseph Dumas (1915)

Joseph Dumas, député libéral de Saint-Boniface, sera le troisième à tenter de faire débouter la Loi de 1890, faisant de l'anglais la seule langue officielle du Manitoba. Il ne réussira pas et il faudra attendre soixante ans avant qu'une autre tentative soit faite. (ASHSB).

JUGE L.-A. PRUD'HOMME

Juge Louis Arthur Prud'homme. En 1892 et en 1909, il déclarera que la Loi de 1890 est anti-constitutionnelle et, chaque fois, le gouvernement provincial ignorera les décisions. (ASHSB).

Chapitre III

La traversée du désert
1916-1968

*Nos positions légales nous ne les avons pas
reprises, nos droits nous ne les avons pas
reconquis, mais nos efforts constants ont
établi un état de fait qui honore les chefs
qui nous ont guidés et qui équivaut
presque à une reconnaissance juridique.*

En 1916, le Franco-Manitobain n'est pas très différent de son compatriote canadien-français vivant au Québec. Profondément catholique, il adhère au leadership du clergé. Sa religion prime tout: c'est un rempart contre les forces représentées par son voisin anglophone et protestant; c'est aussi une source de force qui lui permet de tenir tête à l'adversité représentée par les mesures législatives des années précédentes, qui ont profondément altéré son mode de vie.

Les structures administratives, juridiques et législatives ne sont plus celles de 1870 et elles ne sont plus délimitées par la paroisse ou le diocèse. Les valeurs, cependant, demeurent les mêmes, cimentées la plupart du temps par la religion. Contrairement à son compatriote de la province de Québec, le Franco-Manitobain doit fréquenter l'anglophone plus souvent qu'il ne le désire. Et si ses droits constitutionnels ont été abolis, c'est au profit de l'autre groupe linguistique, majoritaire celui-là. Parce que les visions du pacte confédératif diffèrent, il semble évident que ces droits ne seront pas rétablis rapidement. Et, même, le seront-ils?

Au Manitoba français, ce sera le clergé dont le pouvoir ne devait être que spirituel, qui veillera à l'unité de la communauté francophone. Cette unité rendra efficace la résistance passive. La "cause par excellence" sera véhiculée par l'Association d'Éducation et toute son infrastructure, les enseignants, le clergé et la presse francophone.

Le juge James Prendergast sera le premier président de l'Association d'Éducation des Canadiens-Français du Manitoba, présidence qu'il acceptera avec hésitation, "mais en se disant heureux que l'on ait agi jusqu'à présent avec précaution."

Le mandat principal de l'AECFM sera de protéger les intérêts des francophones en matière d'éducation. En effet, la loi Thornton de 1916, tout en étant restrictive, permettait encore aux francophones de garder une partie du contrôle à un niveau administratif extrêmement important: le niveau local. La protection et le contrôle exercés par l'AECFM seront un lien entre les districts scolaires à caractère francophone. Les dirigeants de l'Association sont des bénévoles. Le système mis sur pied fonctionnera comme un ministère de l'Éducation parallèle, tout en assurant une supervision de l'enseignement donné aux jeunes générations.

Les inspecteurs gouvernementaux bilingues sont placés dans un système régional d'inspection. L'AECFM contourne les difficultés de deux façons. Tout d'abord, un programme complet d'enseignement de la première à la septième année scolaire est importé du Québec. L'Association d'Éducation donne des instructions confidentielles et précises, celles de continuer l'enseignement en français comme par le passé. Mais l'anglais sera également enseigné puisque les francophones, à l'inverse des Mennonites, touchés également par la loi de 1916, ont choisi de demeurer dans le système scolaire public. D'autre part, les religieux mandatés par l'archevêché visiteront régulièrement les écoles, rurales surtout, et feront des rapports qui seront consignés à l'archevêché. Les prêtres sont, en effet, responsables de vérifier la qualité de l'enseignement religieux qui se donne après les heures de classe. En fait, l'appui moral sera énorme pour les enseignants.

Le système des Franco-Manitobains s'appuyait sur trois facteurs: le contrôle des commissions scolaires, que rendait possible une population homogène, surtout en milieu rural; une forte emprise morale sur le personnel enseignant, ce qui dépendait implicitement d'un fort contrôle clérical; et l'attitude bienveillante et l'indifférence relative des autorités du ministère de l'Éducation.[1]

L'Association d'Éducation des Canadiens-Français sera la force motrice de bien des enseignants francophones. Ils recevront de l'aide, financière et morale. Une fois les deux visites annuelles de l'inspecteur gouvernemental passées, le rythme de l'enseignement en français s'accélère. Le salaire n'est pas très élevé par rapport à leurs homologues anglophones. Cent dollars par mois, mille par année, les deux mois de vacances n'étant pas considérés. Certains instituteurs sont même encore moins bien payés puisqu'ils ne gagnent que quarante à soixante dollars par mois. Malgré cela "la cause" est importante pour ces enseignants qui sont la pièce maîtresse de l'Association d'Éducation.

L'AECFM a un autre levier de contrôle: l'embauche d'enseignants francophones grâce aux commissaires scolaires francophones. Tout le monde adhère au concept conjoint de la langue gardienne de la foi. Le gouvernement, de son côté, ferme les yeux, car il s'avère difficile de trouver des enseignants dans certaines régions rurales.

Un programme d'études françaises, des concours de français, des cours spéciaux de pédagogie pour les normaliens, tout cela donne pendant des années une organisation bien structurée:

Un samedi avant-midi, à la mi-mai, les élèves des écoles de campagne, tous endimanchés, arrivent à l'école du village et passent avec ceux de l'école Saint-Joachim, le fameux "examen français". Après trois heures d'exercices grammaticaux, de dictées et de compositions, les élèves sortent, épuisés, mais heureux (dans la majorité des cas) d'avoir terminé cette épreuve! L'examen est suivi d'une période d'attente de quelques mois et enfin les résultats paraissent dans *La Liberté* à la joie de certains et à la consternation d'autres.[2]

En 1923, l'Église réalise que si l'Association d'Éducation a les choses bien en mains il n'en va pas de même pour *La Liberté* qui, bien qu'elle ait réussi en dix ans à éliminer ses rivaux, ne peut s'empêcher de provoquer un certain mécontentement parmi la population, surtout à cause d'un manque d'unité dans son contenu.

> Dans l'ensemble il n'y avait pas d'unité et ça ne satisfaisait pas tous les gens. Les uns accusaient *La Liberté* d'être trop politique, les autres pas assez. Les uns disaient que le journal était trop religieux, d'autres pas assez instructif.[3]

Mgr Béliveau prend la chose en mains. Il faut une stabilité au journal pour permettre de diffuser les idéaux et les objectifs de la survivance. Il ira chercher un Français, établi en Saskatchewan, Donatien Frémont qui, de 1923 à 1941, marquera à tout jamais *La Liberté* de son empreinte. Frémont s'identifiera totalement aux problèmes des Franco-Manitobains.

> L'un des problèmes, c'était certainement de contribuer à garder les Franco-Manitobains conscients du fait qu'ils avaient une cause juste à soutenir, à défendre, à appuyer, et c'était la défense du français dans les écoles.[4]

Dans les années 1920, il est évident que le gouvernement provincial ne changera pas d'avis dans sa politique scolaire. *La Liberté* a donc à jouer, dans l'information, un rôle d'unification et son rédacteur en chef s'avère à la hauteur des attentes des lecteurs et de l'archevêché.

En 1937, le Comité permanent de la Survivance française, nouvellement élu à Québec lors du deuxième congrès de la Langue Française, est le premier organisme de survivance à l'échelle nationale. Ceux qu'on n'appelle pas encore les Francophones-hors-Québec commencent à se doter d'organismes dont le rôle est bien spécifique et conforme à l'esprit de l'époque: apolitique. Le Comité permanent de la Survivance française s'occupera donc de la promotion de la culture française.

D'autre part, les années de dépression n'ont pas épargné les francophones qui vivaient dans les régions rurales. Le mouvement de migration les verra se diriger de plus en plus vers l'Ouest, là où les ressources linguistiques et culturelles sont inexistantes, mais où la vie est économiquement possible.

Le passage de la vie rurale à la vie urbaine amenait le contact avec le monde anglophone. Même si à l'école le français était enseigné, le monde du jeu était anglophone, de même que le monde du travail. Le foyer demeurait le seul lieu où la langue et la culture françaises ne connaissaient pas de rivalité. L'avènement de la radio pose donc une menace plus pernicieuse que toutes les législations passées car elle amène une philosophie, des valeurs et surtout une culture différentes. Or, les Canadiens-Français ne peuvent pas accepter cette culture qu'ils considèrent comme l'antithèse de leur mode de vie. Les associations nationales et le clergé se pencheront sur le problème très rapidement, ayant saisi toute l'importance de la menace. C'est pourquoi une chaîne de radios francophones s'impose. Les avantages en sont évidents aux yeux des chefs de file: propagation, par le biais des ondes, de la culture française dans les parties les plus éloignées de la province, renouvellement du répertoire et du langage, éducation, divertissement, etc...

En 1930, Ottawa met sur pied la commission Aird-Frigon qui recommande la radio bilingue. En 1933, la Commission canadienne de la Radiodiffusion est fondée. Le gouvernement fédéral avait alors l'intention de faire une part honorable à la langue française au Québec et dans l'Ouest. Cet objectif n'a cependant pas été atteint aussi rapidement que les Canadiens-Français l'auraient voulu. La Commission ne respectait pas le caractère bilingue du Canada. Les Canadiens-Français sont obligés de rappeler souvent au gouvernement fédéral cette caractéristique. Les francophones des trois provinces de l'Ouest décident alors d'une action commune et fondent l'Association Nationale de l'Ouest: l'ANO. De là, naît le projet de construire des postes de radio français dans l'Ouest.

La Société Radio-Canada donnait simplement les permis. Pour obtenir un permis, il fallait un édifice pour abriter un poste de radio. Or, ce n'était le cas dans aucune des provinces de l'Ouest. La Société Radio-Canada disait aux francophones: ''construisez vos propres postes.'' Ce à quoi le Dr L.O. Beauchemin, président de Radio-Ouest française, fraîchement fondée, répondait:

> Nous avons absolument besoin pour survivre de postes radiophoniques français. Nous les aurons.[5]

Mais ce genre de construction coûte cher et une campagne de souscription s'impose. La province de Québec avait promis dollar pour dollar et le clergé prend immédiatement l'initiative. La première campagne de souscription rapporte 60 000 dollars qui seront investis dans le premier poste français de radio de l'Ouest: CKSB Radio Saint-

Boniface. Le mot d'ordre: "le poste sera à nous quand il sera tout payé" permet d'avoir un écho certain dans la communauté. Le Conseil de la Vie française en Amérique mettra également la main à la pâte et récoltera 200 000 dollars. Pourtant, l'époque n'est pas des plus aisées sur le plan économique.

Le poste de radio CKSB sera inauguré le 27 mai 1946. Pour la première fois, depuis les lois de 1890 et de 1916, les Canadiens-Français du Manitoba voient la langue française presque légitimée, dans un domaine parascolaire et culturel. Il leur paraît évident que cette nouvelle invention technologique qu'est la radio aurait pu, s'ils n'avaient pas pris la chose en mains, être un instrument rapide d'acculturation.

CKSB connaîtra des difficultés financières tout au long de sa carrière privée. Pourtant il importait de maintenir le service pour une communauté qui se sentait responsable de ce poste et qui en attendait de nombreux bénéfices. Les administrateurs de CKSB engageront des pourparlers avec Radio-Canada. En 1952, Radio-Canada fournira des heures de programmation et soulagera, en termes d'heures de diffusion, le poste CKSB. La communauté anglophone n'avait pas réagi de façon hostile à une manifestation aussi ouverte de la vie d'une communauté. Il faut dire que certains francophones sont proches du gouvernement provincial de l'époque. De plus, l'abbé Antoine d'Eschambault a eu une influence primordiale et prédominante. Il savait recontrer les interlocuteurs influents en petits groupes et les convaincre du bien-fondé des revendications des Franco-Manitobains.

Donc, dès 1946, CKSB a un pied dans chaque foyer et, de ce fait, joue un rôle politique. Les administrateurs témoignaient, entre autres, aux audiences publiques de commissions royales d'enquêtes.

> Le poste était reconnu comme un organisme très puissant à l'époque.[6]

L'urbanisation progressive de la communauté franco-manitobaine aura donc des côtés positifs, comme la naissance de CKSB-Radio Saint-Boniface.

Néanmoins le domaine scolaire sera toujours un sujet de préoccupations pour les dirigeants de la communauté en général, et de l'AECFM en particulier. Les chiffres sont impressionnants: 2 758 étudiants de 109 écoles et 47 paroisses participent au concours de français.

De ces 2 758 élèves, 338 étudient au niveau secondaire et finissent leurs études au Collège de Saint-Boniface.

Les pouvoirs politiques se sont succédés. Lorsque John Bracken a accédé au pouvoir en 1922, la minorité francophone appuie le Parti des United Farmers. Albert Préfontaine, Sauveur Marcoux et Edmond Préfontaine feront, tour à tour, partie d'un cabinet qui n'affiche pas de partisanerie, ce qui leur permettra d'être actifs en politique provinciale sans compromettre les positions de 1916. Bracken restera au pouvoir pendant vingt ans, ce qui causera presque une ankylose dans certains dossiers.

Dans l'ensemble, l'Association d'Éducation des Canadiens-Français du Manitoba est satisfaite de la situation qui, même si elle ne respecte pas la constitutionnalité des droits linguistiques et scolaires des francophones, permet quand même une survivance:

> Nos positions légales nous ne les avons pas reprises, nos droits nous ne les avons pas reconquis, mais nos efforts constants ont établi un état de fait qui honore les chefs qui nous ont guidés et qui équivaut presque à une reconnaissance juridique.[7]

Il s'agit bien cependant d'un ''presque'' et les menaces ne se présentent pas que sur un seul front:

> La venue de l'électricité dans les foyers ruraux à la fin des années quarante et au début des années cinquante, l'installation du téléphone, la construction de nouvelles routes à cette même époque, contribuèrent à améliorer les réseaux de communication à l'intérieur de la province et ainsi augmentèrent la possibilité de centralisation administrative en éducation. L'ère de la télévision et des ''mass media'' vient bouleverser davantage cette minorité qui se cherche de plus en plus dans un monde en évolution rapide.[8]

A la fin des années cinquante, le Parti conservateur, avec Duff Roblin à sa tête, prend le pouvoir. C'est le début d'une période de transition, car le gouvernement prend certaines initiatives. La communauté francophone ne peut se permettre, sur le plan scolaire surtout, de voir le gouvernement prendre une initiative qui pourrait ébranler l'édifice patiemment construit depuis 1916. Or le gouvernement décide de modifier les frontières des divisions scolaires.

L'une des recommandations suggérait la création de grandes unités scolaires et le projet de loi fut approuvé en Chambre: il s'agissait du projet de loi 97. Les Franco-Manitobains ne voulaient pas que le gouvernement leur impose ce type d'unités scolaires. La tentative de consolidation, la première, sera un échec.

Une dizaine d'années plus tard, est établie la Commission MacFarlane qui a pour mandat de se pencher sur tout le système scolaire, élémentaire et secondaire, au Manitoba:

> Cette commission allait reprendre les idées de consolidation déjà avancées en 1945 et en 1952.[9]

Et ces idées ne plaisent toujours pas à la communauté francophone. Les commissaires d'écoles francophones en discutent lors de leur assemblée annuelle de 1957.

L'archevêque de Saint-Boniface, Mgr Maurice Baudoux, définira les trois conditions fondamentales d'acceptation par les francophones des grandes unités scolaires:

> Premièrement, il devait y avoir des territoires regroupant nos écoles. Deuxièmement il demandait la non-fermeture des écoles catholiques qui fonctionnaient bien, selon lui, mais qui ne voulaient pas se joindre au système public. Troisièmement, il exigeait la protection des catholiques isolés.[10]

Car les francophones savent que tant que leurs enfants sont isolés dans les écoles à dominante francophone, même illégales, les risques d'assimilation et de mariages exogamiques ultérieurs ne sont pas élevés. Ce ne sera peut-être plus le cas si les grandes unités scolaires voient le jour et ne regroupent pas les francophones autant que l'Association d'Éducation le voudrait. La population anglophone, de son côté, ne semblait pas opposée aux grandes unités scolaires.

La loi établissant les grandes divisions scolaires au niveau secondaire est acceptée à l'unanimité à la fin du mois d'octobre 1958. Le gouvernement provincial n'ignorait pas les objections et les conditions posées par les minorités ethniques et religieuses. Pour répondre à ces inquiétudes, le gouvernement avait décidé de nommer des personnes-clés dans les communautés concernées. Dans le cas des francophones, le frère Bruns avait été invité à siéger à la commission MacFarlane. Une autre nomination de poids sera celle du juge Alfred Monnin à la tête du comité qui établirait les frontières de ces nouvelles divisions scolaires.

Pour le juge Monnin, il importait ''de prendre soin de son peuple'',[11] en établissant les frontières de ces divisions scolaires. Pour cela, il fallut faire ce que le juge a qualifié de ''rapaillages''. Mais une chose était très claire pour lui et Charland Prud'homme qui travaillait avec lui dans ce dossier: il fallait respecter les divisions naturelles, l'intérêt des communautés et des langues. Après avoir reçu l'aide de l'Association d'Éducation, ils réussissent l'impossible. Ils regroupent les villages francophones entre eux et tentent de faire de même avec les minorités ethniques. Ceci a pour résultat de donner des frontières scolaires au contour assez tourmenté dans certaines divisions. Les Franco-Manitobains héritent de cinq divisions scolaires où ils sont majoritaires. C'est un premier pas vers le contrôle des institutions scolaires que les francophones tenteront toujours d'avoir au cours de leur histoire.

Grâce à la Commission des frontières, les Franco-Manitobains n'éprouvent plus de craintes face à la menace de l'éparpillement. Financièrement également, la Commission des frontières apportait une solution aux problèmes que les francophones connaissaient, notamment dans la construction d'établissements scolaires, la rémunération des enseignants, etc. Mais il faut être juste et préciser sans insister que les réactions ne furent pas unanimes en faveur des changements imposés par la Commission. Cependant, le processus était irréversiblement enclenché. L'Association des commissaires d'écoles et l'Association d'Éducation endossèrent les changements. Le gouvernement Roblin et le premier ministre lui-même ont beaucoup fait pour apaiser les craintes des Franco-Manitobains. L'attitude favorable au fait français, la volonté politique exhibée, les bonnes relations entretenues avec la communauté ont permis une alliance qui a su porter ses fruits.

En 1966, le gouvernement Roblin présente le projet de loi 16 qui amendait la loi des écoles publiques:

> A toutes fins pratiques, ce Bill mettait fin aux petits districts scolaires et les intégrait aux grandes divisions scolaires qui acceptaient de se joindre à ces grandes divisions unitaires. En plus, il y avait la création de neuf écoles régionales d'entraînement technique.[12]

C'était la consolidation scolaire que les Franco-Manitobains avaient tellement crainte.

Les plans de consolidation ne sont cependant pas terminés. Mais l'arrivée au pouvoir, en 1969, du Parti néo-démocrate d'Edward Schreyer reléguera aux oubliettes toute idée de réformes ultérieures dans ce domaine.

Le mouvement de consolidation stoppé net en 1969 avait quand même permis aux francophones de sauver certains éléments dans cette lutte qu'ils avaient si souvent trouvé inégale. En dépit des blocages et des discussions, les Franco-Manitobains approuvaient le concept des divisions scolaires unitaires. Ils estimaient possible de concilier les idéaux patriotiques, religieux et linguistiques avec les propositions de réformes du gouvernement provincial. Ce dernier, peut-être pour se concilier encore plus les Franco-Manitobains, ou peut-être pour être fidèle aux idées de tolérance qui étaient les siennes, indiquait en décembre 1966 que la loi scolaire serait changée et permettrait l'utilisation du français comme langue d'enseignement sous certaines conditions. Il s'agissait du projet de loi 59, présenté en:

> Chambre le 16 mars 1967, six jours après les résultats du référendum qui sanctionnait la consolidation. [13]

Les Franco-Manitobains vivaient, avec le projet de loi 59, un début de redressement scolaire sur le plan législatif, redressement qu'ils avaient vainement cherché à obtenir depuis 1916.

Mais, comme dans tout épisode de l'histoire des Franco-Manitobains, les temps les ont rattrapés. Le taux de natalité est en baisse et le phénomène d'urbanisation attire les francophones en ville, ce qui met en danger les écoles rurales.

> Ainsi les frontières qui avaient permis aux Franco-Manitobains d'accepter la consolidation en premier lieu et qu'ils avaient si farouchement défendues ne semblaient pas suffisantes pour leur permettre de garder le contrôle sur leur éducation à l'avenir. [14]

L'avènement du Parti conservateur, avec Duff Roblin, avait d'ailleurs signalé plus d'un changement dans le domaine scolaire pour les francophones. Le premier ministre était un francophile. Il parlait français, était bien considéré dans la communauté francophone, et avait des francophones dans son parti. Il devait déclarer à un journaliste québécois de passage au Manitoba, Pierre Laporte, du journal *Le Devoir.*

> Nous savons que le Manitoba est une province bilingue depuis sa création. Nous croyons que ce caractère bilingue doit se développer de plus en plus. Mon souhait c'est que tous les citoyens du Manitoba soient un jour en mesure de parler l'anglais et le français.[15]

Et le premier ministre conservateur révélait au journaliste ses intentions de placer la langue française dans le programme d'enseignement et ce, dès la première année. Il faisait ces déclarations en 1959.

Mais il faudra attendre 1962 pour que le ministre de l'Éducation, Stewart MacLean, envoie une lettre au Père Raymond Durocher, rédacteur en chef de l'hebdomadaire *La Liberté.* (Signe révélateur de la relation du gouvernement provincial et de la communauté). Datée du 21 juin 1962, la lettre indique:

> "The Department is going to initiate studies with a view to the organization on a standard basis of French in grades one, two and three.[16]

Le ministre, qui poursuivait en demandant que l'on soit patient, et que l'Association d'Éducation collabore à son projet, avait plusieurs atouts dans son jeu, notamment une volonté politique de la part de la Manitoba Teachers' Society et de la Manitoba School Trustees Association qui, dès 1960, avaient approuvé des résolutions en faveur du rétablissement du français comme langue d'enseignement dès la première année. *La Liberté* commentait ainsi la décision ministérielle:

> Dorénavant les petits Canadiens-Français apprendront la langue, de la première à la douzième année, comme des citoyens de première classe.[17]

Un an plus tard, le comité consultatif du ministère de l'Éducation du Manitoba recommandait l'enseignement du français dans les trois premières années au niveau primaire. Cependant, le ministre MacLean apporte des précisions à ces projets législatifs qui ne plaisent pas à tous. Dans un discours prononcé à Brandon, il indique que l'enseignement en français sera réservé aux élèves dont la langue maternelle est le français. Les réactions sont vives et viennent de partout, de l'opposition comme des groupes de pression du monde de l'éducation. Ces mesures sont nécessaires depuis longtemps, mais restent insuffisantes à cause des restrictions imposées.

Les pérégrinations de ce qui deviendra la Loi 59 seront longues et ardues, puisqu'il faudra attendre 1967 pour que ce projet de loi soit approuvé. Il n'empêche que lorsque les Franco-Manitobains voient les propositions du ministre MacLean, ils saluent "la fin de l'intolérance vague et officieuse." D'ailleurs, l'éditorial de *La Liberté* du 5 juillet 1963 titre: "Fin de l'époque 1916". L'auteur fait remarquer que les réformes du gouvernement vont plus loin qu'il n'y paraît à première vue:

> Il y a l'affirmation d'un bilinguisme historiquement canadien et manitobain. Il n'est pas simplement question de bilinguisme pédagogique, mais dans lequel le français a priorité sur toute autre langue que l'anglais. Décision qui exige des convictions dans la situation politique manitobaine.[18]

Et une autre constatation:

> C'est le début de la reconnaissance du français comme une langue maternelle.[19]

L'auteur poursuit en rappelant que si l'école va prendre une plus grande part, le foyer ne sera pas en reste et devra fournir un effort plus important pour la cause. Il n'est pas temps de se reposer sur les "lauriers législatifs". Et, conclut *La Liberté*:

> Si dans tous les autres domaines on s'applique à augmenter dans la même mesure la part du français, on commencera merveilleusement l'enterrement complet de 1916 en 1963.[20]

Enfin, le cours de français I est ouvert à tous et non plus seulement à ceux dont la langue maternelle est le français.

L'AECFM présentera par la suite au gouvernement provincial un certain nombre de revendications dont un Institut pédagogique de langue française. Le gouvernement n'accédera pas à la requête, comme le sénateur Roblin l'expliquera plus tard:

> In the French question the doors had been locked and barred for about forty or fifty years. When we made our move to restore French as a language of instruction, it had to be done on, what

someone thought was a minimum basis, and I won't argue with that description, but it was what people felt was fair and proper at the time.[21]

Le 5 décembre 1966, le gouvernement Roblin, dans le discours du Trône, annonce:

A mesure will be placed before you to authorize the use of the French language in public schools instruction under certain conditions.[22]

Après huit ans de gestation, le gouvernement Roblin promulguait la Loi 59 et redonnait à la langue française un début de reconnaissance officielle dans les écoles de la province. Duff Roblin n'était pas le seul auteur de ce projet. Un francophone avait oeuvré pour que la promulgation du projet de loi fasse l'unanimité ou presque dans tous les milieux politiques, qu'ils soient nationaux ou provinciaux.

Maurice Arpin, ami personnel du premier ministre Duff Roblin, ne croyait pas que les lois qui gouvernaient la province depuis 1890 n'étaient pas constitutionnelles. Dans un mémo envoyé au premier ministre, il affirmait d'ailleurs que la validité constitutionnelle de la Loi du Manitoba de 1890 n'avait jamais été remise en question. Selon lui, ce genre de contestation ne pourrait pas réussir à cause de l'article 92, paragraphe 1 de l'Acte de l'Amérique du Nord britannique. Il influencera la pensée juridique du gouvernement provincial dans sa correspondance avec Duff Roblin où l'on peut constater que la question linguistique et législative avait été envisagée dans le cadre de la question scolaire[23]. Quelques années plus tard, le raisonnement de Maurice Arpin sera invoqué. Mais il sera débouté comme en 1892 et en 1909.

La période de 1916 à 1968 a été souvent comparée à une traversée du désert. Démographiquement, il y a avant 1901 seize mille francophones au Manitoba qui passent en 1931 à 47 039, soit 6,7 pour cent de la population; 52 996 en 1941 soit 7,3 pour cent; 66 020 en 1951 soit 8,5 pour cent et 83 936 soit 9.1 pour cent en 1961. Si leur nombre augmente, c'est encore nettement insuffisant pour renverser la tendance et retrouver le poids politique auquel ils aspirent. La vitalité linguistique, pour présente qu'elle soit, n'en demeure pas moins aléatoire et sujette à l'environnement. L'assimilation est pernicieuse et les chefs de file lancent des cris d'alarme qui se répèteront. Le travail que l'Association d'Éducation des Canadiens-Français a fait est monumental. Si l'emprise du clergé avait été différente, les résultats n'auraient probablement pas été aussi impressionnants qu'ils le sont en 1967-68. Présente dans la vie quotidienne, sociale, économique et même technologique, l'Église remplit un rôle de guide jusqu'au moment où elle doit se retirer de la scène pour veiller à sa propre survie, devenant moins voyante, moins présente.

Les gains enregistrés démontrent combien les Franco-Manitobains ont dû lutter, pas à pas, pour obtenir un rétablissement de leurs droits. Il n'y a pas de statistiques assez précises pour dire combien d'entre-eux, lassés d'attendre, ont décidé de passer à la culture anglaise ou de partir dans l'est du pays pour vivre en français. Ces années de traversée du désert ont été les années de la patience. Les contestations juridiques, à l'exception de celle du député Dumas en 1916, n'ont pas été poursuivies car elles se sont avérées sans issue. Les Franco-Manitobains, en adoptant l'attitude de la patience, ont décidé de jouer la carte de la politique des petits pas, ceux qui ne peuvent incommoder la majorité anglophone. En cela, ils suivent les instructions très claires du premier président de l'AECFM, le juge Prendergast. L'époque ne se prête pas à la protestation et les Franco-Manitobains ne peuvent pas se permettre d'innover dans ce domaine. La hardiesse leur viendra plus tard. D'ailleurs, les contestations qui viendront dans les années qui suivent ne seront pas toujours vues d'un bon oeil par la génération en place. La naissance de la Société franco-manitobaine témoignera de ces divisions et de ces différences de pensée.

Les gouvernements successifs ont été favorables à cette politique des petits pas. S'ils n'ont pas pu ignorer les actions de l'AECFM, il n'en reste pas moins que pour eux le problème scolaire a été ''réglé'' en 1916. Il faudra attendre la venue du gouvernement de Duff Roblin pour voir un engagement politique plus substantiel dans ce domaine. Les conservateurs de cette époque prennent au sérieux leur rôle politique et gouvernemental, mais, ce faisant, ils deviennent une menace pour la communauté. Cette dernière saura pourtant utiliser ses relations pour essayer de tirer le meilleur parti des réformes qui sont, à toutes fins pratiques, inévitables, et dans bien des cas nécessaires. Le vote de la communauté francophone n'ira cependant pas massivement au gouvernement Roblin même si ce dernier ne se révèle pas être en contradiction flagrante avec la théorie des deux peuples fondateurs.

Les outils dont disposent alors les francophones du Manitoba sont imparfaits, mais ils existent. *La Liberté* continue d'être gérée par les Pères Oblats dont la présence au journal tire à sa fin. Dans le domaine audio-visuel, la radio et la télévision françaises sont présentes mais le montant de programmation locale sera un point constant de mécontentement et de friction pour la communauté. Dans le domaine des arts, il reste encore beaucoup de choses à faire, même si le Cercle Molière tient une part honorable dans la vie artistique et connaît des succès parfois nationaux. L'explosion des années soixante est sur le point de se produire et les francophones seront prêts à participer à ce mouvement de renouveau qui se fait sentir à l'échelle du pays. Dans l'ensemble, la communauté franco-manitobaine est encore fragile. Les chefs de file se posent bien des questions: ''action ou démission'', tel est le dilemme devant lequel ils se trouvent après cinquante ans de résistance organisée. Les forces vives sont là mais peuvent-elles répondre aux attentes que l'avenir va amener?

NOTES

1. Paul-Emile Leblanc, *L'enseignement français au Manitoba, 1916-1968*, thèse de maîtrise, Ottawa, 1968, p. 29. Aussi Léonie Guyot, entrevue accordée à l'auteur, 25 janvier 1984.
    Cette indifférence relative est confirmée par une enseignante de l'époque, Léonie Guyot qui a commencé sa carrière d'institutrice francophone au milieu des années 1920:
    ''Jamais durant mes années d'école Normale je n'ai entendu dire qu'on pouvait enseigner le français dans les écoles. On n'en entendait jamais parler...''
    Le sentiment de non-appartenance à la communauté anglophone est fort: ''Je m'y sentais tellement étrangère ''(à l'école Normale). Dès que j'ai commencé à enseigner j'ai été tellement soutenue par mes parents, l'association, mes amis, etc...''

2. Jean-Marie Taillefer, *La paroisse Saint-Joachim de La Broquerie*, 1883-1983, 1983, p. 8.

3. Sr. Hélène Chaput, entrevue mai 1983. *Hebdo*, Archives CBWFT.

4. *Ibid.*

5. Beauchemin in G.F. Stanley, *French and English in Western Canada, la dualité canadienne entre canadiens-français et canadiens-anglais*, edited by Mason Wade, 1960, p. 332.

6. Roland Couture, entrevue accordée à l'auteur, février 1984.

7.   Camille Fournier in Stanley G.F., *French and English in Western Canada*, Edited by Mason Wade, 1960, p. 332.

8.   Jean-Marie Taillefer, *Les Franco-Manitobains et les grandes unités scolaires*, thèse de maîtrise, université du Manitoba, 1979, p. 5.

9.   *Ibid.*, p. 32.

10.   *Ibid.*, p. 35.

11.   Alfred Monnin, juge en chef, Cour d'appel du Manitoba, entrevue accordée à l'auteur, 13 janvier 1984.

12.   Taillefer, op. cit., p. 85.

13.   *Ibid.*, p. 150.

14.   *Ibid.*, p. 168.

15.   *Le Devoir*, date inconnue, (extrait des archives personnelles de Laurent Desjardins, ministre de la santé des cabinets Schreyer et Pawley).

16.   *La Liberté*, 22 juin 1962.

17.   *Ibid.*

18.   *La Liberté*, 5 juillet 1963.

19.   *Ibid.*

20.   *Ibid.*

21.   Sénateur Duff Roblin, entrevue accordée à l'auteur, 2 avril 1984.

22.   Arpin, Maurice, *Addendun, French As a Language of Instruction in the Public Schools of Manitoba, Part 1, Constitutional Position*, May 1966, page 5.

23.   *Ibid.*

Chapitre IV

1968-1976 - Le réveil

*Nous admirons votre détermination à
demeurer francophones, en cela vous avez
aidé le Canada tout entier et, celui-ci,
aujourd'hui, vous retourne son aide en
vous donnant les moyens de ne plus penser
à survivre mais à vous épanouir dans les
cadres francophones et canadiens.*
Gérard Pelletier à Saint-Boniface en 1968.

En 1968, Saint-Boniface fête son 150ième anniversaire. Le quotidien *Winnipeg Tribune* salue l'événement par une publication de 32 pages qui retrace les origines de la francophonie sous le titre: "Saint-Boniface is a great place... Un endroit idéal"[1]. La vitalité de la communauté franco-manitobaine fait l'objet de louanges. En cela, la presse anglophone suit la tendance nationale et redécouvre le côté francophone du Canada. A Saint-Boniface, en l'occurence, il s'agit de descendants et de successeurs de pionniers, présents sur le sol manitobain depuis deux cent trente ans. Tous les aspects de la vie de la communauté y sont examinés. On sent un vent de concorde souffler. La venue sur la scène politique d'un premier ministre fédéral du nom de Pierre Elliott Trudeau n'est pas étrangère à cette découverte.

L'année 1968 sera aussi une année charnière pour l'histoire de la communauté franco-manitobaine. La Société franco-manitobaine verra le jour, le gouvernement fédéral présentera la Loi des Langues officielles, quatre jours après la fondation du Parti québécois. Ces événements sont reliés par plus que des coïncidences.

La Révolution tranquille, qui transforme petit à petit la province de Québec, attire les jeunes Franco-Manitobains qui y voient une possibilité de vivre en français sans pour autant renoncer à leur identité. Le bilinguisme inhérent des francophones de l'Ouest devient lucratif et de bon aloi. La communauté francophone connaît un exode de cerveaux et de ses forces vives, un exode qui inquiète les chefs de file. Cet exode renforce la détermination de ceux qui restent et qui ne sont pas prêts à baisser les armes. La génération montante des Franco-Manitobains est décidée à renouveler les enjeux de la survie de la francophonie.

De son côté, le leadership de l'Association d'Éducation des Canadiens-Français du Manitoba s'essouffle. Des accusations d'élitisme se font entendre et un observateur sarcastique de la communauté décrit ainsi les quatre groupes de ''Mandarins'':

> Le premier était composé de ''grands mandarins'': ceci comprenait deux Canadiens-Français, un juge et le recteur jésuite du collège local canadien-français; le deuxième groupe, les ''mandarins moyens'' comprenaient le gérant de la radio française, le rédacteur de l'hebdomadaire francophone, le curé de la paroisse la plus importante de Saint-Boniface et un grossiste, membre très actif d'organismes religieux ou patriotiques; les membres de la troisième catégorie, les ''mandarins mineurs'' comprenaient un autre juge, le nouveau président de l'Association d'Éducation, le directeur de la station de télévision française, deux médecins, et le propriétaire d'un magasin de vêtements; enfin, un groupe de protestataires et de critiques: il s'agissait d'un avocat canadien-français bien en vue qui avait fortement attaqué les chefs de la communauté politique, un ancien rédacteur du *Saint-Boniface Courier*, un professeur laïc au collège et un certain nombre de jeunes intellectuels canadiens-français.[2]

Le leadership vieillit et l'Association d'Éducation connaît des querelles internes. Les réunions générales se tiennent tous les deux ans, les décisions sont prises par l'exécutif et ratifiées par les délégués, ce qui ne plaît guère, en cette période de réveil démocratique.

L'emprise morale de l'AECFM sur les enseignants francophones est également en déclin. Certains vont enseigner dans les écoles anglaises pour monnayer un bilinguisme qui commence à être bien perçu. La ''cause'' telle que l'entendait l'Association d'Éducation n'est plus aussi urgente qu'auparavant. Les salaires sont également meilleurs pour certains professeurs. Le gouvernement provincial a commencé à combler le fossé dans le domaine de l'éducation et certains francophones relâchent leurs efforts. L'idéologie de survivance qui, à toutes fins pratiques, a obligé la communauté à se fermer sur elle-même commence à être dépassée et de nouvelles orientations se pointent à l'horizon.

D'autre part, le climat des années soixante, combiné aux travaux du Concile, donnent une toute nouvelle perspective au concept conjoint de la langue et de foi, tel qu'il est prôné par l'Association d'Éducation. Certains veulent en faire deux concepts qui n'auraient plus de relations entre eux. D'autres ne veulent en considérer qu'un à la fois. Il est certain que cette période de transition touche en plein coeur l'Association, qui, dans le processus, perd de son prestige. Elle ne peut plus articuler convenablement les désirs de la population qui, elle-même, se pose des questions au sujet du système scolaire qu'elle voudrait avoir. Veut-on des écoles catholiques et françaises ou des écoles françaises publiques pas nécessairement catholiques?

Tout cela est débattu dans les journaux. Le bureau éditorial de *La Liberté* est changé et correspond mieux à l'époque. Le père Jean-Paul Aubry, sensibilisé à tous ces nouveaux courants qui traversent la communauté et les idéologies, en fait un journal d'opinions où la controverse a sa place. Un nouvel hebdomadaire voit également le jour: *Le Courier*. Il est à l'image de la société qui monte, c'est-à-dire bilingue et anti-clérical. Il est dirigé par Raymond Hébert qui écrit en 1965: ''Tout bon chrétien se doit d'être anti-clérical''.[3] La communauté franco-manitobaine change et bouge. Les jeunes ouvrent une ''boîte à chansons'', organisme reflet de cette époque, et montent à l'assaut de l'Association d'Éducation qui est proche de son jubilé.

Les fêtes du cinquantenaire de ce bastion politique ont été splendides, mais elles furent le dernier feu d'artifice d'un organisme essoufflé qui s'était voulu un ministère parallèle de l'Éducation. Les tentatives de renouvellement avaient échoué. Un exemple: l'Association avait retiré la lettre "É" de son sigle pour "devenir l'instrument du regain d'enthousiasme des Franco-Manitobains", mais l'enthousiasme ne sera pas débordant. En pleine crise d'identité, l'Association connaît également des problèmes financiers.

> Il est également de plus en plus évident que diverses associations travaillent à des buts semblables mais tout ce travail, tous ces efforts ne sont pas coordonnés.[4]

Les bastions traditionnels, tels la famille, la paroisse et l'école s'affaiblissent. En résumé, la communauté était insatisfaite et:

> se cherchait un outil pour développer des chefs, animer la population, revendiquer ses droits, et puis on allait un peu plus loin; on allait au niveau social, économique. On dépassait le rôle qu'avait joué l'Association. On décide de mettre sur pied un organisme qui pouvait répondre aux questions.[5]

Animation sociale et organisme central, deux thèmes auxquels l'Association avait pensé. Le gouvernement fédéral viendra en aide à point. Un animateur social sera prêté et, en juin 1967, une réunion de Franco-Manitobains représentatifs sera tenue. De là, naît un plan pour un programme d'animation sociale global qui tâcherait de s'étendre à toute la population manitobaine. L'Association, voyant cela, décide de commanditer l'événement et met sur pied une commission spéciale pour organiser ce qui sera appelé le Rallye du Manitoba français. Les procès-verbaux de l'Association reflètent la perplexité de certains participants, et surtout les inconnues face à ces nouvelles données:

> Est-ce le prélude d'une nouvelle Association? — Non car cela dépasse les cadres de l'AECFM, on veut connaître le pouvoir collectif des Franco-Manitobains... Il faut que les gens disent ce qu'ils veulent... Quels que soient ceux qui ont pris l'initiative, le groupe franco-manitobain doit se mettre face à lui-même?[6]

Une commission indépendante est nommée pour organiser ce Rallye qui réunira 300 personnes, chiffre arbitraire et proportionnel à la population (70 pour cent à titre individuel, 30 pour cent à titre de représentants d'organisations existantes). Le budget est de 26 mille dollars pour une réunion de deux jours, et représente le double du budget de l'AECFM.

Le rallye se termina avec l'élection d'une commission de dix
membres ayant reçu le mandat de mettre sur pied une nouvelle
organisation qui devait représenter tous les secteurs de la communauté francophone au Manitoba. En très peu de temps,
cependant, la commission ouvrait ses rangs à cinq membres de
l'exécutif de l'Association d'Éducation. Étant donné que bien
des membres de la commission originale pouvaient facilement
être considérés comme faisant partie de l'élite traditionnelle de
la communauté, la balance du pouvoir au sein de cette commission élargie avait en effet empêché qu'il soit possible de créer une
organisation radicalement différente, basée sur une large participation populaire.[7]

La naissance de la Société franco-manitobaine sera annoncée au
mois de décembre 1968, à l'issue d'un Rallye de deux jours qui met
en lumière tous les problèmes qui affectent les Franco-Manitobains
dans tous les domaines: économique, culturel, scolaire et politique.
Une lecture rapide des publications du Rallye permet de mesurer le
chemin à parcourir pour les nouveaux dirigeants de la communauté.
En économie:

La jeunesse laisse les centres ruraux, du fait du manque
d'opportunités, des avantages économiques et culturels qu'elle
croit pouvoir trouver en ville.

- Revenus insuffisants et peu d'investissements à cause du
manque de formation et d'éducation.

- Une confiance limitée dans nos directeurs et nos gérants.

- La nécessité d'une formation technique afin de former des
unités agricoles et autres entreprises commerciales viables.[8]

Mais il y a une constatation encore plus sérieuse:

Le manque d'orientation, d'éducation académique et technique, d'initiative et parfois d'opportunités que l'on rencontre
chez les adultes sont les raisons principales pour lesquelles les
Canadiens-français du Manitoba détiennent les positions inférieures.[9]

Dans le domaine culturel, les participants décèlent un ''potentiel'' et des ''possibilités'', ''mais il est grand temps de se mettre à
l'oeuvre''.[10] Un plan d'action pour les différentes couches d'âge de la
population sera élaboré.

L'éducation est le principal domaine dont la SFM va hériter de l'Association d'Éducation. Ses délégués demandent un comité consultatif composé de représentants des divers organismes franco-manitobains traitant des questions scolaires.

> La Commission considère l'apathie de la masse franco-manitobaine, dans le domaine de la langue et de la culture françaises, comme un des plus graves problèmes devant être résolu. [11]

Enfin, le document de politique révèle des attitudes du passé qui ont causé de sérieux préjudices à la population:

> Nous avons constaté que dans tous les domaines, le politique, à cause de la partisanerie, est celui qui se prête le plus difficilement à des solutions faciles. C'est pourquoi nous recommandons la formule du 'directorat', car selon nous, c'est le moyen le plus efficace de permettre et d'assurer des discussions franches, honnêtes et libres sur des sujets qui sont presque toujours très controversés. De plus, cette formule nous permettra d'afficher un front uni et commun sans récrimination. Le domaine politique se prête aussi facilement au racisme et ce sera là le piège qu'il faudra par-dessus tout éviter afin que l'activité politique de notre Société Franco-Manitobaine ne tombe pas dans un nationalisme étroit et répugnant. Ne craignons pas d'être fiers, mais refusons d'être mesquins. [12]

A l'issue du Rallye de Gimli, le *Winnipeg Free Press* avait parlé de Révolution tranquille du Manitoba français, *La Liberté* d'un énorme travail de relèvement. Au cours du Rallye, l'idée d'une centrale regroupant les représentants de toutes les organisations avait vu le jour. Le père Jean-Paul Aubry avait demandé, dans un éditorial, l'établissement de cette centrale et exprimé quelques voeux quant à la constitution de cette nouvelle organisation:

> Personnes compétentes, souples, ouvertes au dialogue... capables, d'exercer un véritable leadership auprès de leurs concitoyens et d'être, auprès des autorités gouvernementales, des porte-paroles authentiques de la communauté franco-manitobaine. [13]

Ces voeux seront exaucés en décembre 1968. La Société franco-manitobaine naîtra devant 600 personnes qui assisteront à la passation des pouvoirs. Déjà, il y a un problème de renouvellement des chefs de file puisque c'est le dernier président de l'Association qui devient le premier président de la SFM. Il s'agit de Maurice Gauthier.

> Il n'a pas été ni difficile ni risqué de me faire élire président. J'ai posé ma candidature à la présidence et il n'y avait pas d'autres candidatures.[14]

On peut voir, qu'en dépit de la présence de 600 personnes, les inquiétudes face à l'apathie de la population franco-manitobaine sont presque justifiées. Maurice Gauthier craignait la période de transition qui allait causer forcément un peu de tension au sein de la communauté. Il fallait à tout prix éviter la scission et il pensait être le candidat du ralliement. Il y avait aussi un intérêt à vouloir donner une dimension plus grande que l'Association:

> L'évolution avait fait qu'il était temps qu'on repense les structures que nous nous étions données en 1916. L'évolution avait fait que nous avions besoin de réexaminer ce que nous avions fait par l'entremise de colloques qui ont précédé, des rallyes qui ont précédé la création de la SFM. On a voulu faire d'abord un organisme plus politique, l'autre avait été politique dans un sens, mais beaucoup restreint au domaine de l'éducation. Il y avait d'autres domaines, par contre, qui suggéraient qu'il y avait lieu d'avoir un organisme qui serait le porte-parole des francophones manitobains, dans un éventail de domaines beaucoup plus grands que l'éducation. Je pense que c'était la volonté de la grande majorité des francophones que le nouvel organisme qu'on mettait en place soit plus politique dans un plus grand nombre de domaines, qu'il ne soit pas spécialisé dans un domaine quelconque mais qu'il soit l'organisme politique pour sensibiliser les gens pour être plus dynamiques, pour essayer de faire en sorte que les gens soient plus dynamiques dans leurs revendications dans les autres domaines.[15]

Le climat est au changement. Le premier ministre Lester B. Pearson avait lancé sur les routes la commission Laurendeau-Dunton. Il était temps, à la veille du centenaire national d'enquêter sur la nature linguistique et culturelle du Canada. Les rapports de la Commission sur le Bilinguisme et le Biculturalisme commencent à paraître et redonnent espoir à tous les francophones qui vivent en dehors du Québec.

Lorsque Pierre Elliott Trudeau succède à Pearson à la tête du Parti libéral et du gouvernement fédéral, il met en vigueur la Loi des langues officielles. C'est l'aboutissement d'un étapisme en matière de bilinguisme au niveau fédéral: le français et l'anglais ont un statut, des droits et des privilèges égaux comme langues du Parlement et du gouvernement du Canada.

Les Franco-Manitobains avaient senti le vent tourner lorsque le Secrétariat d'État était devenu la responsabilité de Gérard Pelletier. On parle beaucoup à cette époque du ''French Power''. Les francophones du Manitoba ne peuvent que se réjouir de ce nouvel état de choses. Mais il faut des confirmations et des engagements concrets pour que le renouveau pressenti soit à portée de la main. Les deux mondes se rencontrent lors de cette conférence de trois jours en décembre 1968. Le secrétaire d'État, Gérard Pelletier, vient confirmer la politique d'égalité des deux peuples fondateurs du pays telle qu'elle est préconisée par le premier ministre Trudeau. Gérard Pelletier prend la parole devant les délégués et ce qu'il dit soulève beaucoup d'espoirs:

> Il faut redonner droit de cité, droit réel et vécu, à nos deux majorités linquistiques.
>
> - Si vous n'existiez pas, le Canada serait autre ou ne serait peut-être pas.
>
> - C'est à des membres de l'une de ces majorités que je m'adresse en ce moment.
>
> - C'est vous qui nous inviterez à vous prêter main forte dans les cadres que vous vous serez donnés et non pas nous qui vous fabriquerons de loin et de toutes pièces, des cadres artificiels.
>
> - La bonne volonté des pouvoirs publics vous est acquise, leur aide sera généreuse, avec discernement.
>
> - Si le gouvernement canadien subventionne l'une ou l'autre de vos associations, c'est qu'il obéit à un devoir public. Le gouvernement c'est vous.
>
> - Il n'est que juste que vous viviez aujourd'hui comme tous les membres de nos deux majorités.
>
> - Vous, Manitobains francophones, avez le droit et le devoir, dans votre vie française de vivre à la même heure que vos frères

du Québec, de vos parents d'Europe, de vivre en communion constante avec eux tous.

- Nous sommes venus pour vous dire que nous admirons votre détermination à demeurer francophones, qu'en cela vous avez aidé le Canada tout entier et que celui-ci aujourd'hui vous retourne son aide en vous donnant les moyens de ne plus penser à survivre mais a vous épanouir dans les cadres francophones et canadiens. Car c'est de vous, en dernière analyse, que dépend l'issue de cette entreprise commune.[16]

Voilà des propos qui sont très bien accueillis. Pour une minorité qui a vécu opprimée depuis si longtemps, les portes de l'avenir s'ouvrent plus que les rêves les plus fous n'avaient pu l'imaginer. "Le gouvernement c'est vous". "Il n'est que juste que vous viviez aujourd'hui comme tous les membres de nos deux majorités." "Si vous n'existiez pas, le Canada serait autre ou ne serait peut-être pas". Voilà des propos que bien des Franco-Manitobains n'ont pas l'habitude d'entendre.

Seulement voilà, ils sont peut-être aux yeux d'Ottawa un des peuples fondateurs du Canada, mais il n'ont pas pour autant les outils nécessaires pour devenir une communauté vivante jouissant pleinement de ses droits. Le travail ne manque pas et les dossiers sont tous criants d'urgence.

Le pouvoir politique provincial change de mains. Duff Roblin brigue sans succès le poste de chef du Parti conservateur fédéral et Walter Weir le remplace comme premier ministre. Pas pour longtemps car le vent de renouveau qui souffle sur le pays touche également l'électorat manitobain qui élit un gouvernement néo-démocrate, mené par Edward Schreyer dont le passé politique a déjà démontré qu'il n'était pas hostile aux Franco-Manitobains. Le gouvernement n'est pas majoritaire et la clé du pouvoir est entre les mains du député libéral de Saint-Boniface, Laurent Desjardins. Les offres d'alliance viennent des deux côtés de la Chambre et Laurent Desjardins ira vers Ed Schreyer pour lui assurer un certain contrôle sur le gouvernement de la province.

De chaque côté, les changements politiques font bouger l'actualité. Les Franco-Manitobains utilisent les méthodes d'animation sociale pour répondre aux mandats de la SFM :

> Encourager, promouvoir et faire progresser les intérêts politiques, économiques, culturels et éducationnels des Franco-Manitobains. [17]

> S'il y a une chose qu'on a essayé de faire, qui a réussi, mais qui n'a pas donné les résultats escomptés tels qu'on les avait pensé, c'est le domaine de l'animation sociale. Cela a causé beaucoup de problèmes parce que c'était une nouvelle façon de provoquer un réveil, de provoquer une sensibilisation chez les gens. Je pense qu'on n'était pas suffisamment bien outillé de spécialistes qui savaient comment utiliser ces nouvelles formules, ces nouvelles modalités de travail. Cela a créé des problèmes dans certaines communautés, mais je pense qu'au-delà de tout ça, cela a quand même donné des résultats positifs et ça a permis de continuer avec ce qu'on appelle de façon différente le développement communautaire de nos jours. [18]

Ce sont ces animateurs qui vont faire de l'animation sociale, ce qui provoquera des tensions, des démissions et des éclats. Les animateurs sociaux seront accusés d'être séparatistes, anti-cléricaux, agitateurs. Le programme d'animation sociale sera abandonné en 1971.

Le gouvernement provincial, de son côté, montre ses intentions dans l'une des premières lois visant les francophones, avec le projet de loi 113 dont les objectifs sont de rendre au français un statut plus officiel dans les écoles de la province. Les mécanismes d'implantation, par contre, ne sont pas clairs, tout au moins dans l'esprit des chefs de file identifiés par les programmes d'animation sociale de la SFM. Les francophones estiment que la loi est permissive, même s'il s'agit d'un important pas en avant. C'est cette permissivité qui va envenimer les relations entre le gouvernement Schreyer et la SFM pendant les années à venir, en dépit de la présence d'un ministre francophone aussi bien placé que Laurent Desjardins.

La Loi 113 répondait à des études faites en 1969 par Roger Fréchette, études qui démontraient que 30 pour cent des étudiants d'origine francophone ne connaissaient que l'anglais. Au cours des années, le nombre d'élèves qui suivent au moins un cours de français a chuté de 14 pour cent. Ces chiffres alarmants amènent l'administration provinciale à créer une section française des programmes d'études qui dépendait du Curriculum Branch. Le sousministre adjoint, Lionel Orlikow, comprend la position des francophones et permet que cer-

taines réalisations leur soient favorables, en endossant les recommandations du rapport Fréchette: ce sera la Loi 113. Mais il y a paradoxe dans
le comportement des Franco-Manitobains: il fallait maintenant convaincre la population francophone que l'enseignement du français était
une bonne chose pour leurs enfants. Car les francophones craignent
que leurs enfants ne sachent pas assez d'anglais pour pouvoir mener
une vie épanouie sur le plan professionnel.

Éclat '71 marquera une étape importante dans l'histoire de la
SFM. Les chefs de file rallient les francophones pour protester sur deux
plans. D'abord, ils accusent le gouvernement fédéral de distribuer des
"miettes". Sur le plan provincial ensuite, les Franco-Manitobains,
après avoir organisé une manifestation devant le Palais législatif, tentent
de rencontrer le premier ministre Schreyer pour discuter avec lui du
contenu du mémoire d'Éclat '71. Les ministres Green et Toupin
reçoivent le mémoire, sans rien promettre de concret.

Les rencontres se poursuivent à un rythme accéléré. Les Franco-
Manitobains poussent le dossier de l'Éducation française, parce qu'ils
ont en mains une étude qui recommande la nomination d'un coordonnateur dans ce secteur. Le gouvernement refuse cette demande, que
ce soit au ministère ou au Cabinet. Un fonctionnaire, Olivier Tremblay,
prêté au Manitoba par le ministère québécois des Affaires intergouver-
nementales, établira les concepts de l'éducation française, de l'immersion, etc... Sa présence débloquera ce qui aurait pu devenir une impasse
dans un dossier primordial pour le gouvernement et la communauté

Les ravages de l'assimilation sont trop inquiétants pour que les
Franco-Manitobains laissent leurs enfants y être exposés à l'intérieur
même de l'école et ils demandent au gouvernement des outils pour
implanter la Loi 113. Pour cela, ils vont revendiquer jusqu'à ce qu'ils
obtiennent gain de cause.

> C'est dans ces années-là que le gouvernement provincial a
> vraiment reconnu que quand il devait s'adresser à la commu-
> nauté francophone, il ne passait pas par un ministre dans son
> cabinet, mais il s'adressait à la SFM. C'est dans ces années-là,
> je pense, aussi que la communauté a réalisé que, de fait, ça valait
> la peine de s'impliquer puisque c'était une force qui pouvait leur
> rendre service et leur être utile même dans leurs régions. Le
> grand résultat de ce temps-là c'était vraiment de faire accepter
> que les Franco-Manitobains se sont vraiment donnés les leviers

nécessaires d'un organisme politique même si dès sa fondation c'était l'intention.[19]

Par la suite, les francophones obtiendront la création du Bureau de l'Éducation française qui permettra un développement des écoles françaises et des écoles d'immersion. Un point noir demeure quand même. Le document intitulé ''Pour un réseau d'écoles françaises'' ne sera jamais accepté par les différents titulaires du ministère de l'Éducation. Et les francophones considèrent qu'il est impératif, pour leur survie, d'avoir un réseau d'écoles françaises, sans avoir à lutter à chaque fois pour obtenir ce qui, estiment-ils, leur revient de droit.

Les néo-démocrates ont tout un plan de réformes dans bien des domaines et cela affectera les francophones. Par exemple, sur le plan municipal, le gouvernement Schreyer cherche à réunir en une seule grande ville toutes les petites communautés urbaines. Le gouvernement pilote d'autres dossiers plus chauds, dont, à l'époque, celui d'Autopac. Ce dossier est sous la responsabilité de Laurent Desjardins, qui siège comme député indépendant de Saint-Boniface. Adjoint parlementaire de Schreyer, Desjardins a quitté le caucus volontairement. À la demande du premier ministre de faire partie officiellement du caucus, il doit d'abord se déclarer en faveur du parti au pouvoir. Donnant-donnant d'ailleurs. Car s'il entre par la grande porte au Cabinet provincial, Desjardins obtient que soit inscrite dans la Charte de la ville de Winnipeg, une clause qui stipule que Saint-Boniface est une ville au bilinguisme tout-à-fait officiel. Le premier ministre accepte et convainc le responsable du dossier, Saul Cherniak.[20] Ce sera là un autre élément, mince mais primordial, qui entrera en jeu, au moment voulu, dans l'Affaire Forest.

Les luttes des Franco-Manitobains doivent se dérouler sur plusieurs plans. L'enthousiasme et la collaboration démontrés par Ottawa ne portent pas les fruits escomptés. Le départ de Gérard Pelletier du Secrétariat d'État n'augure pas d'une période fastueuse. Pelletier sera remplacé par Robert Stanbury et le dossier des francophones hors Québec devient inactif.

Dès 1972, Hugh Faulkner devient Secrétaire d'État et restructure le programme d'action socio-culturelle de son ministère. De leur côté, les associations provinciales, sous les auspices de l'Association canadienne d'Éducation de Langue française, se regroupent au sein d'un

"comité de liaison et d'action". Les Franco-Manitobains s   ⌐⌐
premier rang de ces regroupements. Les inquiétudes sont précises.

D'abord il y a la décentralisation de la direction de l'action socio-culturelle qui, à leurs yeux, isole les francophones. De plus, cette même action socio-culturelle a un budget inférieur au budget du programme de multiculturalisme. Les francophones rencontrent le premier ministre Trudeau, le 28 juin 1973, pour lui faire part de leurs inquiétudes, mais la rencontre, mal préparée de l'aveu même des francophones, n'aboutit pas aux résultats recherchés. En novembre 1974, le secrétaire d'État Hugh Faulkner invite les francophones à participer à un groupe de travail qui ne sera pas consultatif, mais analysera les programmes du Secrétariat d'État en fonction des besoins des clientèles. Ce sera le rapport "*C'est le temps ou jamais*", qui sera publié en novembre 1975 et dont le dépôt coïncidera avec la fondation de la Fédération des Francophones hors Québec.

Les escarmouches se poursuivent au cours des années, le gouvernement fédéral semblant avancer et reculer devant les revendications des francophones. Hugh Faulkner est remplacé par John Roberts, et la situation s'envenime plus encore pour des raisons philosophiques. Le fossé entre Ottawa et toutes les associations francophones hors Québec s'élargit de plus en plus, comme si le gouvernement fédéral avait mis en marche un processus qui fait boule de neige: les politiciens ne peuvent empêcher que la satisfaction des revendications entraîne de nouvelles exigences.

Les francophones, de leur côté, sont de plus en plus inquiets. Ils sentent et disent qu'ils deviennent des pions sur l'échiquier fédéral et ils ne veulent pas être utilisés à des fins politiques. Le 13 avril 1977, la Fédération des Francophones hors Québec publie le premier volume des *Héritiers de Lord Durham* qui fera l'effet d'un pavé dans la mare, ne serait-ce que par son Manifeste:

> Nos rêves sont brisés, nous vivons une crise profonde, aiguë, et qui sait, peut-être voulue et consciemment entretenue. Notre situation de francophones hors Québec, ressemble à celle d'une famille devant sa maison incendiée. Elle est sans abri, les yeux rivés sur quelques biens épars. Mais il lui reste une vie.
>
> Les francophones hors Québec sont un peuple sinistré, mais il ne veut plus céder à l'illusion dont on l'a nourri. L'illusion

d'être la raison d'être d'un pays; illusion d'être appelé par vocation à prendre une part active dans le mouvement des deux
peuples fondateurs. Mais ces mots sont vides de sens pour un
peuple qui ne se sent plus chez lui.

A notre insu, nous sommes devenus l'objet d'une manipula-
tion. La manoeuvre a été subtile au point de nous faire croire
un moment à la vanité de toute opposition.

Nous savons maintenant pourquoi nous en sommes rendus
là. Nous savons maintenant qui nous sommes, nous, les parlants
français des provinces anglophones. Remarquez, nous le soup-
çonnions depuis longtemps, mais la dignité du silence fait maintenant place à la dignité de la parole. Nous voulons nommer notre
mal, et dire pourquoi nous ne voulons plus être livrés comme une
monnaie d'échange.

Finies les paroles trompeuses pour endormir le mal. Finies
les politiques sans lendemain auxquelles nous avons naïvement
cru. Mais fini aussi le silence que nous nous imposions sur notre
propre situation, de peur d'avouer devant tout le monde ce que
nous savions de nous-mêmes. Finis enfin les remerciements
qu'on nous soutirait en nous culpabilisant.

La situation est maintenant claire et les dés sont jetés: si nous
survivons, ce sera pour avoir osé parler franchement de nous-
mêmes et du mal qui nous ronge.[21]

Le deuxième volume des *Héritiers de Lord Durham* sera publié quelques mois plus tard. Néanmoins, le gouvernement fédéral mettra du
temps à répondre. À aucun moment, la SFM ou la FFHQ ne demandent le rétablissement, sur le plan juridique ou législatif, de la langue
française au Manitoba. Les préoccupations sont soit scolaires, soit
culturelles. Les nouvelles générations, tout comme les anciennes, ne
perçoivent pas la possibilité de gains dans ce domaine.

Au cours des mois et des années qui suivront, les Franco-Manitobains entendront souvent parler du principe des deux peuples fondateurs et de leur raison d'être dans le Canada.

La communauté franco-manitobaine s'est inscrite au centre de
l'histoire de la francophonie hors Québec. Car, depuis les premiers
jours de leur histoire, les Franco-Manitobains ont communiqué avec
leurs compatriotes des autres provinces. La FFHQ est l'aboutissement

politique, mais non partisan, de décennies de solidarité hors Québec.
De plus, les Franco-Manitobains prennent une assurance qui ne cesse
de grandir, car, en moins de dix ans, les gains réalisés par la SFM sont
impressionnants. Mais, pour les chefs de file, ils restent insuffisants
à cause de l'épée de Damoclès que représente le danger pernicieux de
l'assimilation. Lorsqu'un peuple voit ses forces vives être érodées par
l'inaction et l'indifférence des différents niveaux de gouvernement,
l'impuissance n'est pas toujours le sentiment dominant. La colère peut
grandir, même si un pragmatisme élémentaire conseille, entre autres,
la patience.

D'ailleurs, les Franco-Manitobains, après la visite de Gérard
Pelletier, n'ont aucune raison de croire qu'ils ne seront pas considérés
dans le jeu politique qui dorénavant va se jouer de façon différente.
Dans le contexte national qui s'amorce, ils ne sont pas les survivants
de pages d'histoire, mais plutôt des partenaires qui sont écoutés et dont
l'attention est recherchée. Ils découvriront, avec beaucoup d'amertume, qu'ils sont aussi des pions sur un échiquier plus grand que leurs
désirs. Le cri de la Fédération des Francophones hors Québec sera
également le leur, mais, encore une fois, ils sauront en tirer le meilleur parti après quelques hésitations. Ces changements ne se sont pas
faits sans tiraillements, mais la communauté applique, elle aussi, la
politique réaliste dont on fait preuve à son égard.

La leçon sera tirée par plus d'un Franco-Manitobain et l'énergie
qui sera déployée pour obtenir les droits qui avaient été garantis lors
du centenaire de la Confédération en 1967 déchirera presque la communauté. Car, en donnant naissance à la SFM, la communauté se dote
d'un ''bras politique'', qui, parce qu'il se veut non-partisan, doit faire
face aux pressions et aux tentations inhérentes à ce genre d'organisme.
Son mandat est simple: négocier au nom d'une communauté qui veut
se respecter et être respectée, au nom de droits qui commencent à être
restaurés et qui sont nécessaires à la survie.

La SFM n'est pas le seul organisme franco-manitobain à voir le
jour durant ces années. Tous, par contre, se rallient à elle quand le
besoin s'en fait sentir. Et si la communauté, au début de 1968, se posait
la question: ''Action ou Démission'', la réponse qu'elle se donne est
évidente au début des années 70.

NOTES

1.   *Winnipeg Tribune*, July 9, 1968.

2.   Hébert, Raymond, et Vaillancourt, Jean-Guy, "*French Canadians in Manitoba: Elites and Ideologies*" in *Immigrant Groups*, ed. Elliott Jean Leonard, 1971, p. 176.

3.   Hébert in Leblanc, Paul-Emile, *l'Enseignement Français au Manitoba, 1916-1968*, thèse de maîtrise, université d'Ottawa, 1968, p. 68.

4.   *La Liberté*, 30 mars 1978.

5.   Jean-Marie Taillefer, février 1984, archives CKSB- Radio-Canada.

6.   Association d'Education des Canadiens Français du Manitoba, procès-verbal, réunion de l'Exécutif, 24 janvier 1968.

7.   Hébert, et Vaillancourt, op. cit., p. 181.

8.   Congrès Rallye 6-7-8 décembre, Comité de l'Economie, page 1.

9.   *Ibid.*

10. *Ibid.*, Comité Culturel, page 1.

11. *Ibid.*, Comité Politique, page 3.

12. *Les 10 ans de la Société franco-manitobaine*, La Liberté, 30 mars 1978.

13. Entrevue Maurice Gauthier, février 1984, Archives CKSB.

14. *Ibid.*

15. M. Gérard Pelletier devant l'Association des Canadiens Français du Manitoba, le 7 décembre 1968.

16. Congrès Rallye, 6-7-8 décembre 1968, Comité Politique.

17. Maurice Gauthier, *Ibid.*

18. Entrevue Roger Collet, février 1984, Archives CKSB.

19. Laurent Desjardins, entrevue, accordée à l'auteur janvier 1984.

20. Fédération des Francophones Hors Québec, *Les Héritiers de Lord Durham, Volume 2*, 1976, page 11.

Chapitre V

L'Affaire Forest: la contravention - la Cour de comté

Que justice soit faite même si le ciel doit nous tomber sur la tête.

Jugement du 14 décembre 1976

L'année 1976 a marqué un tournant dans les revendications linguistiques des Franco-Manitobains. C'est cette année-là, en effet, que le jugement Dureault est rendu à la suite des contestations juridiques de Georges Forest. Ce que l'homme d'affaires de Saint-Boniface demande ressemble, étrangement, aux revendications d'un Pellant, d'un Dussault ou encore d'un Dumas. Les précédents juridiques ne sont cependant presque pas connus et Georges Forest va tâtonner avant de trouver une façon d'aller plus loin que Pellant, Dussault ou Dumas. De son côté, le juge Dureault rendra une décision presque identique à celles du juge Prud'homme, 84 et 67 ans plus tôt.

En 1976, les temps, les circonstances et la conjoncture sont plus propices et le succès sera présent après trois années de péripéties et de tribulations. Mais en gagnant le rétablissement de l'Article 23, Georges

Forest fait apparaître, dans la communauté, des divisions qui pourraient compromettre toute une stratégie de revendications. La SFM, de son côté, ne semble pas accepter immédiatement l'importance du geste de Forest. Quant au gouvernement Schreyer, il adoptera une attitude qui, au départ, surprendra. Pourtant, il ne s'agissait pas d'une attitude différente de celles des gouvernements à l'époque des deux jugements Prud'homme.

Georges Forest n'est pas un inconnu dans la communauté franco-manitobaine: il est agent d'assurances, il a été le premier voyageur officiel du Festival du Voyageur, il est également connu pour avoir eu des ambitions politiques qui n'ont pas donné de résultats tangibles. Trois ans après la fusion administrative de la ville de Winnipeg et de toutes ses banlieues, Georges Forest trouvera la faille juridique qui lui permettra de réaliser un rêve caressé de longue date: voir la langue française être l'égale de la langue anglaise sur le plan juridique sinon législatif.

En mars 1975, il reçoit une contravention unilingue anglaise pour stationnement illégal. Il refuse de payer l'amende de cinq dollars à cause de cet unilinguisme. En avril 1975, il demande aux conseillers de Saint-Boniface de voir à ce que la Loi de la ville de Winnipeg soit respectée. Il fait appel à l'article 80(3), inséré à l'instance du ministre Desjardins:

> All notices, bills or statements sent or demands made to any of the residents of St. Boniface community in connection with the delivery of any service, or the payment of a tax, shall be written in English and in French.[1]

En octobre 1975, la ville réagit par la voix de son avocat maître Lennox. Ce dernier affirme que la Loi de Winnipeg et notamment l'article 80(3) ne couvrent pas la contravention de Georges Forest. L'avocat précise qu'il s'agit là d'un service de la force policière. (Le plus ironique dans toute cette affaire est qu'il existe des contraventions bilingues à Saint-Boniface.)

En novembre 1975, Georges Forest décide de revenir à la charge auprès des conseillers municipaux de Saint-Boniface. Il leur demande de s'adresser au procureur général de la province, Howard Pawley, pour obtenir une définition de l'article 80(3) de la loi de la ville de Winnipeg. Les mois passent et il n'obtient aucune réponse.

Le 6 février 1976, Georges Forest reçoit une autre contravention unilingue. Cette fois-ci, l'homme d'affaires va voir son avocat, Alain Hogue, et lui demande de faire comprendre à Lennox "qu'il faut qu'à Saint-Boniface les contraventions soient bilingues, vraiment bilingues."[2] Alain Hogue portera le dossier jusqu'au bout du parcours, c'est-à-dire en Cour suprême du Canada. C'est le début d'une alliance qui ne se démentira pas au cours des années, en dépit des problèmes financiers qu'une affaire semblable suppose.

Il faudra attendre le mois de juin pour que Lennox donne signe de vie et réitère sa position: la contravention n'est pas affectée par la Loi de la ville de Winnipeg. Forest n'ayant toujours pas payé sa contravention, il reçoit une sommation et comparaît devant le juge Walker. Alain Hogue avait demandé que l'accusation portée contre son client soit retirée parce que la contravention n'était pas bilingue. Selon lui, la contravention est un avis qui relève de la Loi de la ville de Winnipeg et doit donc être bilingue. Le juge Walker décida, au contraire, que la contravention était un document juridique et, comme tel, tombait sous le coup de la Loi de 1890 qui faisait de l'anglais la seule langue officielle du Manitoba:

> The specific provisions of the Official languages (sic) Act take precedence over the more general provisions of the City of Winnipeg Act.[3]

Ce jugement était rendu le 27 juillet 1976, et dès cette date, Georges Forest déclare avoir été prêt à partir "en croisade".

Si le juge Walker avait accédé à la demande de Forest, la ville ou la province auraient été obligées de réagir. Or, on le sait maintenant, ni la ville ni la province n'avaient l'intention de régler une question constitutionnelle de ce genre à un niveau juridique aussi inférieur. En refusant de lui donner raison, le juge Walker donnait gain de cause à Georges Forest à plus longue échéance.

Le chemin que l'homme d'affaires se dit prêt à parcourir est, pour l'instant, un chemin solitaire. Évidemment, il a reçu l'attention des journaux. Les questions linguistiques ont toujours été des points de contention sérieux partout au pays. Néanmoins, pour les Franco-Manitobains, la question du jour est une question scolaire. La Commission scolaire de Saint-Boniface a fermé l'école Taché (école désignée "française") à cause du nombre stagnant d'inscriptions et propose un transfert d'élèves. La SFM appuie tout d'abod les commissaires d'écoles. Les parents des élèves de l'école Taché protestent et organisent une telle résistance qu'ils auront finalement gain de cause. L'incident a provoqué une division qui, dans certains cas, a pris du temps à s'effacer.

Le fossé entre Georges Forest et la communauté commence à se creuser. Il est encore temps de le combler, mais cela ne sera pas fait de part et d'autre. Ce retard dans l'information et la compréhension sera difficilement rattrapé par la suite. Pourtant il eut été crucial que les Franco-Manitobains comprennent l'étape suivante: celle de la Cour de comté. D'autre part, l'isolement de Georges Forest a des aspects positifs. Étant donné qu'il ne représente que lui-même, qu'il est indépendant de toute faction, politique ou autre, il peut se permettre d'être sans compromis dans ses revendications.

En Cour de comté, le juge Armand Dureault confirmera que les revendications constitutionnelles sont fondées. Si, ce faisant, il remet en cause des principes nationaux, c'est donc que le principe confédératif n'a pas été vraiment respecté au Manitoba et qu'il faut qu'il le soit.

Le 9 septembre 1976, Georges Forest faisait appel de la décision du juge Walker et la Cour de comté de Saint-Boniface décidait de l'entendre   les 17 et 18 novembre. L'appel fut déposé en français. Lorsque la copie des documents a été remise au bureau du procureur général du Manitoba, elle a été repoussée dans un geste symbolique. Comme c'est la coutume dans ce genre de cas, une copie fut laissée au bureau provincial et une autre envoyée à Ottawa au procureur général du Canada.

Un mois après les audiences, le juge Armand Dureault rend sa décision. Il reproduira d'abord, en entier, l'intimation déposée par Georges Forest. La Couronne s'était objectée à ce dépôt en français, citant la Loi de 1890 pour étayer son argument. Le juge Dureault citera également cette loi en entier. Les avocats de Forest avaient contre-attaqué en citant l'Article 23 de la Loi de 1870.

Le juge Dureault commence par retracer la chronologie des lois affectant les droits linguistiques au Canada. Pour cela, il fera appel aux jugements du juge en chef de la Cour suprême du Canada, Bora Laskin. Car, finalement, il s'agit de savoir si la province avait le droit, constitutionnellement, d'enlever en 1890 son statut de langue officielle à la langue française. Et le juge Dureault, comme tous les juges qui se pencheront sur cette affaire, puisera dans l'Acte de l'Amérique du Nord britannique pour étayer sa position et dans les jugements Laskin en matière de bilinguisme pour se guider. Les jugements du Conseil privé de la Chambre des Lords à Londres sur la question scolaire seront même dépouillés et le juge arrive à la même conclusion que le juge Prud'homme en 1892 et 1909, et presque dans les mêmes termes.

> J'en conclus que l'Article 23 devait être un substitut de l'Article 133 et par conséquent ne pouvait pas être amendé par la législature.[4]

Le juge Dureault s'appuie sur les opinions de l'expert constitutionnaliste F.R. Scott qui, dès 1949, avait mentionné dans un de ses articles à propos de l'Article 23:

> bien que la clause ait été changée par la Législature du Manitoba afin que l'anglais soit la seule langue officielle à l'Assemblée législative, il n'en reste pas moins que la validité de cet amendement n'a jamais été testée devant les tribunaux. Il semblerait que la province soit allée au-delà de ses pouvoirs.[5]

Le juge Dureault trouvera répugnante l'attitude de la province lors de l'abrogation des protections linguistiques spécifiques. À ses yeux, les pouvoirs de la législature doivent céder le pas devant les intentions bien spécifiques de l'Article 23, surtout, ajoute-t-il, quand on réalise que l'Article 23 de l'Acte de 1870 a été enchâssé dans l'Acte de l'Amérique du Nord britannique de 1871:

> Par cette loi, le Parlement impérial avait validé la Loi du Manitoba qui est donc élevée au rang de statut impérial.[6]

Et comme si la loi ne suffisait pas, le juge Dureault va chercher des appuis dans l'histoire de la communauté franco-manitobaine, retraçant l'époque de la Rivière-Rouge, la Liste des Droits, etc., pour en arriver à la conclusion qu'il doit rejeter les arguments de la Couronne. L'éventualité d'un jugement de ce genre avait été soulevée et cela attira les commentaires suivants du juge Dureault, qui citait Lord Mansfield:

> Qu'il soit bien compris, une fois pour toutes, aucun comportement de ce genre n'influencera celui qui siège à ce tribunal.

Tant pis pour les conséquences! La Constitution ne permet pas
à la raison d'État d'influencer nos jugements. Que Dieu nous
en préserve! Nous ne devons pas envisager les conséquences,
quelles qu'elles soient! Si la rébellion doit, de façon certaine,
résulter de nos jugements, nous nous devons de dire: "Fiat
justicia, ruat caelum" (Que justice soit faite, même si le ciel doit
nous tomber sur la tête).[7]

La victoire de Georges Forest était importante pour la communauté franco-manitobaine parce qu'elle rétablissait juridiquement
l'égalité de la langue française face à la langue anglaise. La communauté allait-elle réagir comme un seul homme et le suivre dans ce
combat dont l'issue, d'un seul coup, devenait aussi large que le Canada
lui-même et les conditions dans lesquelles il avait été fondé? Non, car
il faudra du temps à toutes les parties impliquées pour s'orienter
correctement l'une par rapport à l'autre.

À la SFM, comme dans la communauté, deux écoles de pensée
percent. L'une veut que le temps ne soit pas propice à de telles revendications, que l'information fasse défaut et que les possibilités de ressac
contre la communauté francophone soient trop grandes. L'autre
voudrait voir une cause plus importante qu'une contravention. À l'issue
du jugement Dureault, la SFM n'a plus de choix et doit décider de
l'attitude à prendre face à Forest.

Ce dernier est choqué d'entendre le président de la SFM, le docteur Archambault, qualifier d'"'aventure" la poursuite juridique
entamée et gagnée. L'attitude du médecin de Sainte-Anne a de quoi
surprendre Georges Forest, mais elle est, en fait, dans la lignée de la
philosophie de l'Association d'Éducation et de la SFM. Les deux
hommes ne se comprennent pas et la divergence de points de vue va
plus loin que la querelle de chapelle.

Le débat s'enflamme rapidement lorsque le président de la SFM
déclare qu'il ne sert à rien d'avoir des lois si, dans dix ans, il ne doit
plus y avoir de Franco-Manitobains:

On a beau réclamer toutes sortes de choses, toutes sortes
d'institutions, si à un moment donné on néglige de faire un travail
d'animation dans la population, toutes ces institutions, ces lois
et ces choses qui nous sont accordées n'auront plus leur raison
d'être et c'est dans ce sens-là qu'on dit que nos priorités sont

d'abord de travailler avec la population, de l'animer, de faire du développement communautaire, de sorte qu'un jour, on bénéficie des lois et des institutions qui sont en place.[8]

Il clarifiera ses propos plus tard dans la journée, mais il ne peut pas élucider le paradoxe qui fait que la population ne pourrait pas bénéficier de lois futures si l'organisme politique qui la représente ne s'occupe pas de façon prioritaire des lois qui feront respecter, constitutionnellement parlant, les Franco-Manitobains. Le lendemain, il tentera encore une fois de préciser sa pensée sur l'avenir des Franco-Manitobains:

> Toute la question du Bill de 1890 doit être éclairée au bénéfice des Franco-Manitobains... Je trouve évidemment que la cause est valable mais ce que j'ai voulu dire, c'est que nous à la Société franco-manitobaine nous avons très peu de finances, nous préférons oeuvrer parmi nos gens, parmi la base à faire de l'animation, de la sensibilisation, renseigner nos gens, les informer, les politiser, de sorte que dans dix, quinze à vingt ans, ils seront toujours là pour réclamer justement ce qui aujourd'hui peut s'avérer intéressant.[9]

Lors d'une réunion de l'éxécutif de la SFM, il a été décidé à l'unanimité d'appuyer Georges Forest. La question des fonds est venue sur le tapis. Elle est importante parce que la SFM reçoit des fonds d'opération et d'animation du Secrétariat d'État et doit justifier ses dépenses auprès du gouvernement fédéral. Une contestation juridique ne fait pas partie du plan quinquennal de développement de la SFM. L'éxécutif a contourné la difficulté en mettant sur pied un comité de perception destiné à receuillir des fonds et ce, dès le 16 décembre 1976. D'autre part, le service de secrétariat de la SFM sera mis à la disposition de Forest. Le communiqué de presse qui suit la réunion ne tergiverse plus:

> Depuis plus de trois mois, la SFM appuie moralement la lutte engagée par M. Forest. Il est évident que cette lutte concerne directement tous les Franco-Manitobains attachés à leur langue. C'est pourquoi la SFM croit essentiel de mettre sur pied un fonds spécial qui permettra aux Franco-Manitobains d'appuyer financièrement la lutte légale (sic) engagée par M. Forest.[10]

La SFM se doit de réagir publiquement à la poursuite engagée par Forest. Le climat politique ne lui laisse pas le choix alors que le Parti québécois vient d'être porté au pouvoir depuis deux mois à peine et que les craintes d'un Québec séparatiste sont ravivées dans tout le pays.

Entretemps, le gouvernement Schreyer a des réactions qui laissent présager l'avenir. Le ministre des Mines, Sidney Green,[11] se demande si le juge Dureault ne veut pas dire que le Québec ne peut pas passer une loi qui établit le français comme la langue officielle de cette province. Le ministre de la Santé, Laurent Desjardins, suggère même que le jugement pourrait être appliqué au Québec et ailleurs.[12] Le procureur-général de la province, Howard Pawley, quant à lui, déclare que le gouvernement Schreyer portera certainement le jugement Dureault en appel.[13] Le Cabinet devra cependant avoir le dernier mot. Le premier ministre lui-même, à peine de retour d'une conférence à Ottawa, est surpris par la décision, mais ne se presse pas pour autant pour réagir, estimant que s'il avait fallu 86 ans pour arriver à une telle décision, il serait possible d'attendre 86 jours pour décider de la suite des événements.[14]

Le gouvernement décide donc d'attendre. Les deux francophones du Cabinet, Laurent Desjardins et René Toupin, écartent à ce stade la possibilité d'un service de traduction simultanée. René Toupin affirme d'ailleurs qu'il n'avait jamais pensé à la langue française comme étant l'une des deux langues officielles du Manitoba, étant donné que les francophones formaient seulement 8 pour cent de la population.[15] C'est un argument qui reviendra souvent dans cette affaire, et qui reflète une réalité bien franco-manitobaine: si au Québec on peut travailler et parler en français, au Manitoba on s'attend à parler en français, mais à travailler en anglais.

Les conservateurs, quant à eux, se refuseront à tout commentaire. Le chef tory et ancien procureur général du gouvernement Roblin, Sterling Lyon, veut lire le jugement avant de se prononcer.[16] Quant au chef libéral, Charles Huband, il estime également que le jugement pourrait avoir des implications au Québec. Il serait prêt à voir certains changements qui permettraient l'usage du français dans certaines institutions telles que les tribunaux, même s'il n'y a pas suffisamment d'avocats francophones.[17]

A la fin du mois de décembre 1976, le premier ministre Schreyer annonce que le Cabinet étudiera en janvier 1977 les recommandations du bureau du procureur général. Entre temps, le chef libéral Charles

Huband laisse entendre que son parti présentera à la nouvelle session de la législature un projet de loi pour révoquer la Loi du Manitoba de 1890. Le premier ministre Schreyer y voit une étrange manoeuvre, étant donné que la cause est toujours devant les tribunaux. Il s'aventure à évoquer la possibilité de voir la Loi de 1890 déclarée inconstitutionnelle. Évidemment, si tel était le cas, la traduction des lois devrait être envisagée. Même s'il s'agit d'une entreprise complexe, c'est une entreprise possible: l'impression des lois, les délibérations et les travaux des tribunaux dans les deux langues, tout cela, selon Schreyer, est vraisemblable.[18]

A la mi-janvier, le gouvernement publie le résultat de ses délibérations et surprend par sa position:

> 1 - The Crown is prepared to proceed to hear the merits of this particular case. We do not intend to appeal the court's ruling on the preliminary objection at this time, but do not accept the ruling of the court with respect to the constitutionality of the Official Languages (sic) Act.

> 2 - The Crown specifically indicates that it does not accept the ruling of the Court vis-à-vis the Official Languages (sic) Act and is proceeding without prejudice to its position concerning this question.

> 3 - The Crown wishes to indicate that in any case where the Act is brought into question it will not regard this ruling on a preliminary objection, which it now waives, as creating a binding precedent and reserves the right to argue the question in a case where it is material in issue.[19]

Cette position recevra un acceuil des plus frais en Cour d'appel du Manitoba, quelques mois plus tard. Les juges y verront un mépris de la justice qu'ils n'ont pas apprécié. Pourtant, le ministre Desjardins expliquera plus tard les intentions du premier ministre Schreyer:

> Ce que Schreyer voulait, c'est forcer la Cour suprême à dire quelque chose.[20]

Georges Forest ne l'a pas vu ainsi:

> Le manque d'appel de la province était pour me forcer à ne rien faire, à ne pas protester.[21]

Ces deux analyses *a posteriori* ne tiennent pas compte de la réalité des procédures à suivre dans ce genre de cas et de la détermination de Georges Forest.

Le gouvernement Schreyer n'a jamais démontré d'intentions hostiles face à la communauté franco-manitobaine. Déjà, quand ils étaient dans l'opposition, les néo-démocrates défendaient le principe d'un Canada bilingue et bi-culturel. Le passage de la Loi 59 n'avait pas suscité d'opposition de leur part, et dès leur arrivée au pouvoir, ils étaient allés plus loin avec la Loi 113. La décision du 14 décembre 1976 les plaçait au pied du mur en ce qui concernait le manque de politiques officielles face au bilinguisme dans la province. Les néo-démocrates ne sont pas contre le principe comme ils l'ont démontré dans les discours prononcés à l'occasion de l'année du Centenaire, mais de là à l'appliquer dans la pratique quotidienne, il y a plus d'un pas à franchir. Et le gouvernement décide de temporiser car c'est ce qui, politiquement, rapporte le plus. En ne faisant pas appel, il signale à une partie de la population franchement anti-francophone ou anti-bilinguisme que les principes ont des limites qui commencent à la porte des tribunaux ou de l'Assemblée législative. Il indique également qu'il n'est pas prêt à entreprendre toute une refonte du système juridique et législatif manitobain sans y être vraiment obligé. Et ce n'est pas une décision au niveau de la Cour de comté qui peut obliger le gouvernement à rétablir les droits constitutionnels spoliés 86 ans plus tôt. En temporisant, le gouvernement indique aux francophones que les changements, s'il doit y en avoir, devront vraiment être demandés par les tribunaux et par la communauté. Il ne peut pas ignorer les réactions de la francophonie manitobaine, réactions plus que mitigées devant les revendications de Forest. Ces mêmes réactions l'incitent à croire qu'il n'y a pas de volonté politique unanime dans la communauté.

La Société franco-manitobaine n'a pas la même philosophie que Georges Forest même s'il a laissé entendre qu'il avait un cas solide. La SFM et Georges Forest mènent finalement des actions parallèles qui auraient pu bénéficier d'une meilleure concertation. Car, en fait, que dit le président de la SFM?

> Même si la loi est là, c'est la majorité qui décide de l'application des lois. Alors ce qu'il faut changer c'est l'attitude des gens vis-à-vis le français. Alors, à quoi bon les lois et les politiques si

dans la pratique des choses ça ne donnera quasiment rien? C'est une victoire morale.[22]

Il faut admettre que des énoncés semblables se tiennent: une loi sans une attitude de bienveillance ne donne rien de concret à une minorité. Mais par contre, une minorité qui ne revendique pas ses droits fondamentaux ne peut pas s'attendre à être respectée par un gouvernement qui représente une majorité. Et ces droits devraient être revendiqués par un groupe porte-parole qui aurait plus de poids qu'un simple particulier, se retrouvant seul, sans appui, surtout financier, parfois même isolé de sa communauté. Les Franco-Manitobains ont toujours vécu le même dilemme dans leurs revendications: en groupe ou en solitaire?

Quoiqu'il en soit, les cartes sont sur la table. Georges Forest est attaqué par un éditorial de *La Liberté*. La querelle peut sembler mesquine, mais elle est pertinente en ce sens qu'elle reflète les remous causés par l'Affaire Forest. Il y a là des échos de 1916 et de l'Affaire Dumas.

> Personne, que nous sachions, n'a demandé à Monsieur Forest de se placer dans la situation où il se trouve présentement. Monsieur Forest ne détient aucun mandat, que nous sachions, n'a aucunement le droit non plus de prétendre que, parce qu'il s'est placé dans la situation que nous connaissons, la population franco-manitobaine doit absolument adopter sa cause, en payer les frais, n'a aucunement le droit ni la compétence de définir, disons-nous, ce qui selon lui doivent être les responsabilités de la Société Franco-Manitobaine et de *La Liberté*. Hors l'orbite de Georges Forest, semble-t-il croire, point de salut!

> Monsieur Forest croit — le croit-il vraiment? — que le seul fait de changer des lois, de faire des lois, va régler le cas des Franco-Manitobains, va freiner l'assimilation, va produire comme ça un revirement dans l'attitude de nos gens qui se mettraient, comme ça parce qu'il y a une loi, à parler français? Il suffit d'ouvrir les yeux et de voir comment les choses se passent autour de nous, dans la rue, dans la cour de l'école, au magasin, au Centre Culturel, partout.

> Le problème véritable de la francophonie manitobaine n'est pas celui de la Loi de 1870 qui reconnaissait le français et l'anglais comme langues officielles au Manitoba, ni de la Loi de 1890 qui

ne reconnaissait plus que l'anglais comme langue officielle en cette province. La survie de la francophonie [...] réside dans le vouloir, la volonté de chacun de maintenir la culture de leur père, de durer en français. Et cela, nous le redisons, commence à la maison d'abord, au foyer, et devrait se poursuivre à l'école. A l'école française. C'est pour cela que depuis longtemps nous bataillons pour l'école française.[23]

L'éditorial ne ramènera pas l'unité au sein de la communauté et ne fera que durcir les positions. La SFM ne prendra plus position pendant quelque temps dans cette affaire car elle est davantage occupée par une querelle publique avec le gouvernement Schreyer au sujet des écoles françaises et de l'application de la Loi 113. Les ponts sont rompus entre le gouvernement et la SFM et Georges Forest continue à lutter en solitaire.

NOTES

1.   The City of Winnipeg Act; 5 m c. 105, article 80 (3).

2.   Entrevue Georges Forest, mars-avril 1984.

3.   English-only parking tag ok in Saint-Boniface, judge rules, *Winnipeg Free Press*, 28 juillet 1976.

4.   Regina v. Forest, County Court of Saint-Boniface, Dureault, CCF, December 14, 1976, p. 17.

5.   *Ibid.*

6.   *Ibid.*, p. 20.

7.   *Ibid.*, p. 28.

8.   Gérard Archambault, 15 décembre 1976, Archives CKSB-Radio Canada Winnipeg.

9.   Gérard Archambault, 16 décembre 1976, Archives CKSB-Radio Canada Winnipeg.

10. Communiqué de presse, Société Franco-Manitobaine, 16 décembre 1976.

11. *Winnipeg Tribune*, December 16, 1976,

12. *Ibid.*

13. *Ibid.*

14. *Ibid.*

15. *Ibid.*

16. *Ibid.*

17. *Ibid.*

18. *Winnipeg Tribune*, December 31, 1976.

19. Communiqué de presse, Ministère du Procureur général du Manitoba, pas de date.

20. Laurent Desjardins, entrevue accordée à l'auteur, janvier 1984.

21. Georges Forest, entrevue accordée à l'auteur, mars-avril 1984.

22. Entrevue Gérard Archambault, 15 décembre 1976. Archives CKSB-Radio Canada - Winnipeg.

23. Editorial: Le Cas de Monsieur Forest, *La Liberté*, 17 février 1977.

Chapitre VI

La Cour d'appel du Manitoba - la Cour du banc de la Reine: un coup pour rien.

Je ne peux absolument pas comprendre comment le gardien des droits constitutionnels des citoyens de cette province, le procureur général, peut dire qu'il n'acceptera pas une décision émanant d'un tribunal dûment constitué...

Juge Alfred Monnin

L'Affaire Forest a des précédents juridiques qui, petit à petit, sont découverts. Le jugement Prud'homme de 1909 est notamment mis à jour et amène de l'eau au moulin de Georges Forest. Peu à peu, il devient évident que la première étape, celle de la Cour de comté, a déjà été parcourue avant Georges Forest et qu'il faut trouver un moyen de passer à l'étape suivante: la Cour du banc de la Reine.

Fort de cet appui du passé, Hogue écrit à l'Imprimeur de la Reine pour lui demander des traductions officielles de quatre lois:

1 - La Loi de la ville de Winnipeg;

2 - La Loi et les règlements de la Cour de comté;

3 - La Loi et les règlements de la Cour du banc de la Reine;

4 - La Loi des convictions sommaires.

Le ministre responsable de l'Imprimeur de la Reine, René Toupin, en reçoit une copie. L'Imprimeur de la Reine accuse réception de la lettre, ajoute que les lois n'ont pas été traduites en français et que toute la question a été référée au procureur général de la province, Howard Pawley.

Le 23 février 1977, le procureur général écrit à Georges Forest que la position gouvernementale a déjà été avancée devant les tribunaux:

> Rien dans le jugement Dureault n'empêche la poursuite du cas en langue anglaise seulement et cela incluerait l'utilisation de statuts rédigés en anglais.[1]

Néanmoins, la province se dit prête à fournir à Georges Forest une copie française des lois si ce dernier accepte de payer une somme de $17 000. Le gouvernement propose également un arrangement pour réduire les coûts, ou rembourser Georges Forest, si la demande pour les lois en français justifie une réduction. Les fonds pourraient être placés en fiducie pour une période de temps raisonnable au cas où ce type de demandes augmente. Si Georges Forest décidait de restreindre ses demandes à certaines parties des lois en cause, le gouvernement offrait la traduction à un prix réduit.[2]

Le gouvernement a, en fait, trois options devant lui: la première, de ne pas accéder à la demande, ce qui alimenterait la querelle; la deuxième, d'y accéder, ce qui créerait un précédent; la troisième, de ne traduire que certains articles pertinents à la cause. Le gouvernement choisit un peu de ces trois options et suggère à Georges Forest de tout payer pour une traduction ajustée à son cas, puisqu'il est le seul francophone à demander ce genre de services.

Le 17 mars 1977, Alain Hogue tente de déposer des documents en français au bureau du protonotaire de la Cour du banc de la Reine. Dans ces documents, Georges Forest demande à la Cour d'ordonner au procureur général du Manitoba et au ministre des Affaires au consommateur de traduire en français les lois pertinentes à son cas. Les documents sont d'abord acceptés, et inscrits au registre. Mais, après consultation avec le juge en chef de la Cour du banc de la Reine, ils sont refusés.

Il ne restait qu'un tribunal à essayer, la Cour d'appel du Manitoba. Ce qui fut fait. Là encore, après consultation avec le juge en chef de la Cour d'appel, Samuel Freedman, les documents furent refusés. Le 5 avril 1977, les avocats de Georges Forest déposent une requête pour une ordonnance de *mandamus* (ordonnance qui cherche à forcer le gouvernement à accorder satisfaction à Forest, et à appliquer le jugement Dureault) et informent la Cour qu'il y aura une question constitutionnelle.[3] La province décide alors d'engager Dale Gibson, un expert en questions constitutionnelles.

Le 13 mai 1977, le premier ministre Schreyer déclare qu'il n'a pas l'intention d'abroger la Loi de 1890 faisant de l'anglais la langue officielle de la province. Cette déclaration surprend car la cause est devant les tribunaux. Le même jour, Dale Gibson rencontre le juge en chef de la Cour d'appel, Samuel Freedman, en compagnie des protagonistes de l'Affaire Forest. À l'ordre du jour, se trouvent les procédures à suivre et les dates des audiences. En même temps, Gibson prévient le magistrat qu'il a l'intention de soulever les points suivants:

> Le procureur général du Manitoba ne demandera pas l'application stricte de la Loi de 1890 sans indiquer pour autant que cette loi n'est pas constitutionnelle. De plus, il remet en question le droit de la Cour d'appel d'entendre la demande car il s'agirait alors d'une cour de première instance. Il prie instamment la Cour de ne pas agir ainsi.[4]

Ces intentions seront confirmées par écrit dans une lettre expédiée le 27 mai 1977.

Après quelques mois de silence, le gouvernement fédéral entre en action et décide de se porter juridiquement aux côtés de Georges Forest. (Il y a un rapprochement à faire entre l'entrée en scène du gouvernement fédéral dans le cas du Manitoba et les intentions du gouvernement Lévesque de faire du français la seule langue officielle du Québec, par le biais de la Loi 101). Georges Forest se trouve donc en meilleure position, sans pour autant être certain de gagner quoi que ce soit dans cet épisode. Car, en effet, les avocats de l'homme d'affaires en sont réduits à la dernière extrémité: le gouvernement provincial ne veut pas en appeler de la décision Dureault, le procureur général offre une solution au problème de la traduction que Forest doit refuser car il ne veut pas d'une d'une solution individuelle. La seule façon de régler le problème est de demander aux tribunaux, en français, une ordonnance forçant le gouvernement à accepter le jugement Dureault.

Lorsque la Cour du banc de la Reine a refusé les documents, Hogue a préféré aller directement en Cour d'appel, ce qui dès le départ sera vu comme une erreur de parcours qui fera perdre un an. Mais en replaçant la question sur un terrain purement juridique plutôt que sur une simple question de traduction à faire payer par Georges Forest, Hogue trouvait le biais qui ferait réagir la province. Le gouvernement, en embauchant Dale Gibson, indique un changement de stratégie mais pas pour autant de ton. L'intervention du gouvernement fédéral signifie également que les enjeux de l'Affaire Forest commencent à se définir au-delà des frontières municipales et rejoignent les ambitions et les limites que Georges Forest veut donner à sa poursuite, c'est-à-dire à l'échelle du Canada. Mais, s'il réussit à obtenir des atouts et des appuis qui ne sont pas encore des victoires, la communauté se perd dans le dédale des procédures. La communauté ne suivait plus. Il n'y a pas de doute,[5] devait-il dire de cette période.

La tentative d'Alain Hogue ne réussira pas. La Cour d'appel refuse d'entendre le cas avant la Cour du banc de la Reine. Le vote est de quatre contre un. Bien que les juges aient refusé à Georges Forest ce qu'il demandait, il n'en reste pas moins qu'ils donnent un avant-goût de l'avenir.

Le juge en chef Samuel Freedman écrit la décision prise à la majorité. Il va droit au but en se penchant sur les questions constitutionnelles. Commençant par l'Article 23 de l'Acte de 1870, il remarque que cette loi est une loi canadienne et non pas uniquement manitobaine à cause de l'assentiment donné par le Parlement britannique. Il confirme ainsi une des conclusions du juge Dureault en décembre 1976. Et il va plus loin:

> Certains ont affirmé (alors que d'autres l'ont nié) que la clause linguistique contenue dans l'Article 23 et faisant de l'anglais et du français les deux langues officielles, a été enchâssée de telle façon que la province ne pouvait ni l'annuler ni la modifier. C'est pourtant exactement ce que la province du Manitoba a fait en 1890.[6]

Le juge cite ensuite l'Article 23 ''remanié'' en 1890, et s'interroge au sujet de l'alinéa 2:

> This Act applies only so far as Legislature has jurisdiction to enact.[7]

À ce point-ci, le juge Freedman livre l'essence de ce qui sera le jugement de la Cour d'appel quelques mois plus tard:

> Nous abordons une question particulièrement intéressante. À la lumière de cette clause et de la façon dont elle est rédigée, est-ce que la loi peut être vraiment jugée *ultra vires*? Si une cour devait en arriver à la conclusion que la Loi de 1890 n'aurait pas due être promulguée par la province du Manitoba, une déclaration d'inconstitutionnalité ne serait pas appropriée. Et cela parce que la loi ne s'applique pas à un domaine où la législature n'a pas de pouvoir, c'est-à-dire dans un domaine qui est *ultra vires*. Dans une situation semblable, une Cour devrait, de façon plus appropriée, déclarer que la loi est *inopérante* en ce qui concerne les paramètres délimités par l'Article 23, ou encore *inapplicable* à ces questions.[8]

Ce ne sont pas exactement les mêmes conclusions que le juge Dureault, la nuance est très importante.

Mais le juge Freedman ne rendra pas cette fois de jugement dans la question constitutionnelle, et se tournera plutôt vers les circonstances entourant la demande de Georges Forest. Il rejettera les revendications de l'homme d'affaires qui estime impératif pour lui d'avoir la traduction des lois pour la préparation et la présentation de l'appel de sa condamnation, et donc que les délibérations doivent se faire en français.

> Le jugement Dureault, en dépit de sa qualité, ne lie pas la Cour même si, en temps et lieux, il recevra toute la considération nécessaire. Mais en attendant que cette Cour, ou la Cour suprême du Canada conclut que l'alinéa 1 de de la loi dite *Official Language Act* est inopérant, les plaidoiries et les délibérations du tribunal doivent se faire en anglais.[9]

Le juge décide de ne pas se prononcer sur la question de permission accordée par le procureur général du Manitoba, mais plutôt de se pencher sur la juridiction de la Cour d'appel du Manitoba dans un cas semblable:

> J'en suis arrivé à la conclusion que, tout bien considéré, ce cas doit d'abord aller en Cour du banc de la Reine qui est, dans ce cas-ci, le forum approprié.[10]

Il est important pour le juge Freedman que chaque étape soit parcourue. Il estime qu'il serait aussi incorrect qu'arrogant de dire qu'un jugement de la Cour du banc de la Reine n'a aucune valeur, et donc qu'il peut s'en passer. C'est tout à fait le contraire. Le juge Freedman accueillerait et profiterait d'un tel jugement et, à ses yeux, cela vaudrait la peine d'attendre quelques mois. [11]

Le juge passe ensuite en revue les conséquences d'un jugement déclarant l'alinéa 1 de la Loi de 1890 inopérant. Les conséquences d'un tel jugement ont, de nos jours, un aspect familier. En 1977, cependant, la perspective est vue différemment parce qu'elle touche à presque tous les aspects de l'appareil judiciaire ou législatif: l'Assemblée législative aurait besoin de traduction simultanée, et les tribunaux de juges et de sténographes bilingues, etc.

> Le simple fait de mentionner ces conséquences évoque toute une cohorte de problèmes complexes dont la solution impliquerait non seulement d'énormes sommes d'argent mais aussi de nombreuses années. [12]

La Cour ne doit pas tenir compte des conséquences de ses jugements, poursuit le juge Freedman, mais par contre, elle est obligée de réagir si des poursuites sont intentées.

La demande de Georges Forest sera donc rejetée et renvoyée en Cour du banc de la Reine.

Le juge O'Sullivan a publié une opinion séparée et, même s'il se déclare en accord avec le juge en chef, il n'en soulève pas moins un point intéressant:

> La question de savoir si les tribunaux qui sont les représentants de la Reine, selon notre système constitutionnel, devraient émettre un ordre de *mandamus* contre les ministres de cette même Reine, est vraiment une question extrêmement difficile. [13]

Enfin, le seul juge francophone de la Cour d'appel, le juge Alfred Monnin, est en désaccord avec le reste de ses collègues et le dit dans une opinion séparée. Le juge est mécontent de plusieurs choses et le laisse savoir:

> Depuis 1890 il s'agit d'une question qui n'a jamais vraiment été examinée sauf dans deux décisions... Cette question, relativement simple fait partie d'un tel imbroglio de procédure, que la raison fondamentale de l'audience a été mise de côté. [14]

Et le juge Monnin, après avoir fait l'historique de l'Affaire Forest, s'en prend à la position du gouvernement provincial qui refuse d'en appeler du jugement Dureault. Il s'en prend plus particulièrement aux déclarations du gouvernement, en janvier 1977, qui refuse d'en appeler ou d'accepter le jugement Dureault:

> Je ne peux absolument pas comprendre comment le gardien des droits constitutionnels des citoyens de cette province, le procureur général, peut dire qu'il n'acceptera pas une décision émanant d'un tribunal dûment constitué, bien qu'étant un des tribunaux inférieurs, et comment il peut affirmer qu'il n'a pas l'intention de faire appel et qu'à l'avenir il ne se sentira pas lié par le jugement. Je n'ai jamais rencontré autant d'abus de l'autorité. De plus, c'est un manque total de courtoisie face au juge qui a rendu la décision.[15]

Le juge reprend sa chronologie en transcrivant d'abord mot pour mot le jugement Prud'homme de 1909, puis ensuite la lettre signée par Howard Pawley qui offre une traduction pour le prix de $17 000, les différentes tentatives d'inscription au registre des documents en français, la rencontre avec Gibson et les permissions accordées subséquemment par le procureur général. Selon lui, les droits constitutionnels, les droits des sujets sont en cause, et ne devraient pas être retenus ou accordés au bon plaisir d'un ou plusieurs juges, ou au bon plaisir d'un employé du tribunal.[16]

Le juge Monnin rappelle qu'au cours des audiences l'avocat du gouvernement a reçu un avertissement au sujet de ce genre de permissions: seule la législature peut les autoriser, ce que propose Gibson. Et, poursuit le juge Monnin, Gibson n'a pas su être précis dans son argumentation, déclarant qu'il était très possible que la question soit parvenue devant la Cour d'appel d'une façon bien inhabituelle. Cependant, il ne faut pas oublier que la Couronne avait refusé d'en appeler de la décision Dureault et que l'avocat de Georges Forest, en tentant de renforcer les droits constitutionnels, en vertu de l'Article 23 de l'*Acte du Manitoba*, avait trouvé toutes les issues fermées. Il est évident que la question peut être relancée en Cour du banc de la Reine, mais seulement au prix d'une nouvelle demande, avec de nouvelles plaidoiries, avec tous les coûts que cela entraîne. Le problème est réel et non pas académique. Il ne devrait plus être ignoré. Le jugement Dureault exige un examen de la chose, quelle qu'en soit la qualité. Une conduite comme celle du procureur général ne devrait pas être permise. Si un particulier s'aventurait à ignorer le tribunal lorsque le jugement lui déplaît, on se chargerait de le ramener rapidement à la réalité. Le procureur général se doit d'en faire autant.[17] En dépit des déclarations faites à la presse par le ministre fédéral de la Justice, la Couronne fédérale n'a pas fourni d'aide juridique puisque son représentant a déclaré qu'il n'avait rien à dire à ce stade-ci de la procédure. Le juge Monnin estime qu'il aurait été intéressant pour la Cour d'avoir l'opinion de ce ministère au sujet de la permission demandée, à cause de l'urgence du problème dans le contexte canadien actuel, à cause de la nécessité de la perspective historique, à cause des implications concernant les coûts et l'échéance, au cas où la loi serait trouvée *ultra vires*. Le juge insiste pour que soit consigné le manque d'aide juridique de la Couronne fédérale en Cour d'appel du Manitoba.[18]

C'est un jugement de dissidence. Le juge Monnin a déclaré que la Cour d'appel du Manitoba se devait d'entendre le cas quand il se présenterait plutôt que d'attendre plusieurs mois et peut-être des années à cause de la lenteur de la procédure judiciaire et de l'attitude du gouvernement provincial dans toute cette affaire. Mais, même en ayant l'appui du juge Monnin, Georges Forest n'est pas plus avancé et doit même reculer pour se présenter en Cour du banc de la Reine. Voilà un an que la poursuite est engagée et l'homme d'affaires perd du temps après une première étape et une première victoires éclatantes. Dans le but de se rallier un peu plus la population, il avait même tenté de se présenter à la présidence de la SFM mais cette initiative avait échoué.

Après ces échecs, certains journaux ne se priveront pas de dire que Georges Forest a une cause perdante parce qu'il veut aller se battre jusqu'en Cour suprême du Canada.[19] Et les oiseaux de mauvais augure ne se gênent pas pour dire que c'est une lutte que Georges Forest perdra probablement. Ses besoins financiers augmentent. La campagne de souscription n'a pas rapporté ce qu'il espérait. De plus, la clientèle de son bureau d'assurances ne le suit plus tout à fait: il est donc doublement affecté financièrement. Pourtant il ne rend pas les armes car, objectivement, l'actif lui semble plus important que le passif. Néanmoins l'étape suivante, celle de la Cour du banc de la Reine, sera un des épisodes les plus noirs de cette affaire.

Le gouvernement néo-démocrate d'Edward Schreyer perdait les élections à l'automne 1977 et les conservateurs, avec à leur tête Sterling Lyon, prenaient le pouvoir. L'Affaire Forest connaissait de nouveaux partenaires, puisque la Couronne décidait d'engager maître Kerr Twaddle, un ancien partenaire du cabinet d'avocat du premier ministre.

La position de la Couronne connaît un léger changement en ce sens que les documents déposés en Cour du banc de la Reine posent la question suivante: si la province révoque, ou change, ou abroge la Loi de 1890 et rend au français son statut de langue officielle, quelles en seraient les répercussions? Financièrement, elles seraient importantes car il faudrait, pour commencer, traduire les lois relatives au cas Forest pour terminer, éventuellement, par la traduction des sessions de la Législature. La province estime donc que Georges Forest n'a aucun intérêt financier à faire changer cette Loi de 1890.

Avec le changement de gouvernement, il y a aussi un changement d'attitude. De plus en plus, des articles apparaissent dans les journaux winnipegois reproduisant l'impatience d'Alain Hogue à obtenir une date pour une audience en Cour du banc de la Reine et affirmant que le gouvernement utilise des manoeuvres dilatoires, en ne pouvant pas trouver une date pour se présenter en Cour.[20]

Entre temps, Georges Forest ne reçoit pas les appuis de la communauté qu'il aimerait avoir dans cette lutte juridique en faveur du français. L'homme d'affaires de Saint-Boniface affirme que certains de ses compatriotes aimeraient le voir se taire, qu'il y a certains éléments dans la communauté qui ne veulent pas s'associer à lui. Les gens ne veulent pas le voir, poursuit-il, soulever les passions, ils s'inquiètent du ressac. C'est pourtant, selon Forest, ce genre d'attitude qui cause l'assimilation.[21]

Pourtant, la peur d'un ressac est dépassée, tout au moins selon le président de la SFM, André Fréchette. Il estime que Georges Forest se bat pour une cause valable, même si cette lutte est peut-être inutile, à cause de la rapidité de l'assimilation.[22] Selon Fréchette, il est temps que la majorité anglophone réalise ce qui se passe au pays. Il faut que les anglophones prennent conscience que les francophones ont des droits.[23]

Quoiqu'il en soit, Georges Forest est prêt à continuer sa lutte en dépit du manque de fonds. Il est profondément convaincu du bien-fondé de sa cause. Il estime que les droits des Canadiens-Français doivent être protégés, si on veut que le pays survive, de la même façon que les droits des Canadiens-Anglais doivent être protégés au Québec. Il est persuadé que, s'il vivait au Québec, il lutterait aux côtés des Anglo-Québécois, contre la Loi 101 du gouvernement Lévesque. Ces derniers ont, en effet, entamé des procédures juridiques visant à faire déclarer *ultra vires* la Loi 101 qui fait du français la langue officielle du Québec. La lutte a des échos dans tout le pays.

La Cour supérieure du Québec rend, le 24 janvier 1978, un juge-ment historique: une partie de la Loi 101 est déclaré invalide par le juge en chef Jules Deschênes. C'est à cause de l'Article 133 et de ses carac-téristiques que le juge rendra son jugement d'inconstitutionnalité. Pour le juge Deschênes, l'Article 133 de l'AANB est intangible et surtout indivisible, et le Québec ne pouvait pas, par le biais de certains articles de la loi 101, le violer.

> S'il est vrai que les circonstances ont changé, que les esprits ont évolué et que d'aucuns n'acceptent plus d'être régis par les textes qui ont présidé la naissance de ce pays, il leur appartient de faire passer leurs convictions dans la réalité politique cana-dienne; mais en attendant ce jour-là, c'est la Constitution actuelle que le tribunal doit lire, interpréter et appliquer.[25]

Evidemment, un tel jugement a des répercussions au Manitoba. Le directeur général de la Fédération des Francophones hors Québec, Hubert Gauthier, au nom de la SFM, réagit en déclarant que ce type de contestations devrait être initié au Manitoba par une association plutôt que par un particulier. Tout cela ne demeurera qu'au stade du souhait car, pour l'instant, l'action de Forest est toujours une action individuelle.

Entre temps, le procureur général du Manitoba, Gerry Mercier, convoque en réunion Kerr Twaddle, le nouvel avocat de la Couronne, Alain Hogue et son client Georges Forest. C'est une procédure qu'Alain Hogue trouve inhabituelle. Il s'agit d'un avis d'interrogation au cours duquel le bien-fondé des arguments juridiques sera discuté de part et d'autre. La rencontre a lieu le 10 février 1978 dans les bureaux de Twaddle et permet simplement aux deux camps de se mesurer, d'évaluer les stratégies respectives, sans qu'il y ait de résultats précis et tangibles.[26]

Georges Forest avait écrit au premier ministre Trudeau en lui rappelant la promesse faite au Nouveau-Brunswick selon laquelle le gouvernement fédéral appuierait financièrement les contestations constitutionnelles devant les tribunaux du pays. Ottawa avait envoyé des avocats en Cour d'appel du Manitoba et le juge Monnin avait fustigé le silence des avocats fédéraux. Le 10 mars 1978, tout cela semble changer, les cordons de la bourse sont déliés.

> Le gouvernement fédéral allait prévoir des fonds spéciaux pour absorber les frais judiciaires de ceux qui, se réclamant ou de l'Article 93 ou de l'Article 133 de l'Acte de l'Amérique du Nord britannique, chercheront à obtenir une décision de la Cour et lui demanderont de déterminer dans quelle mesure la loi provinciale contestée accorde la protection voulue aux minorités de langue officielle.[27]

Il y aura donc un appui financier à la clé, ce qui n'est pas du tout négligeable dans le cas de Georges Forest. Il y a certains critères pour obtenir cette aide: avoir un cas juridique solide en mains; que le groupe ou la personne ait besoin d'argent; que les cas concernés touchent les Articles 93 ou 133 de l'Acte de l'Amérique du Nord britannique, qui visent les écoles et l'éducation confessionnelles, ainsi que l'usage du français et de l'anglais à l'échelle fédérale et aussi dans les cours et à l'Assemblée législative. Le gouvernement fédéral estime donc, par ce geste, qu'il est important que:

> la protection constitutionnelle des minorités de langue officielle fasse l'objet de définitions juridiques claires.[28]

Georges Forest recevait finalement autre chose que des bonnes paroles ou qu'un simple appui moral. Evidemment, le jugement Deschênes n'est pas étranger à l'action gouvernementale fédérale. D'autre part, Ottawa établit bien clairement que les raisons qui poussent des particuliers comme Georges Forest, ou des avocats comme au Québec, ne sont pas des raisons personnelles;

> [Il] sait aussi que ceux qui cherchent ainsi à obtenir une décision de la Cour le font uniquement par principe, car il est peu probable qu'ils en retirent des avantages financiers même s'ils ont gain de cause.[29]

Les 30, 31 mai et premier juin 1978 se tiennent les audiences en
Cour du banc de la Reine devant le juge en chef, A.S. Dewar. Le
jugement rendu le 19 juillet 1978 a surpris en ce sens que Georges Forest
se voit refuser tout ce qu'il demandait. D'autre part, il est intéressant
puisque bien des parties y participent et que la cause prend de l'ampleur, grâce surtout à la présence du gouvernement fédéral. Mais le
juge Dewar ne veut rien entendre des arguments présentés par Georges
Forest. Le juge refuse tout simplement de statuer sur la constitutionnalité de la Loi de 1890 qui fait de l'anglais la langue officielle de la
province. Cinq questions avaient été posées:

> 1. Is the *Act to provide that the English Language shall be the official
> language of the Province of Manitoba*; R.S.M. 1970 Cap. 010, ultra
> vires the Legislature of the Province of Manitoba?

> 2. If the *Act to provide that the English Language shall be the official
> language of the Province of Manitoba*, R.S.M. 1970, Cap 010, is not
> ultra vires the Legislature of the Province of Manitoba, is it
> inoperative by reason of the constitutional paramountcy of Section
> 23 of 'The Manitoba Act', 1870, 33 Victoria, Cap. 3 (Canada)?

> 3. Is the *Act to provide that the English Language shall be the official
> language of the Province of Manitoba*, R.S.M. 1970, Cap. Invalid by
> reason of its having been introduced, passed and assented to in
> the English language only?

> 4. Is section 23 of *'The Manitoba Act'* 1870, 33 Victoria Cap.
> 3, the subsisting law in the Province of Manitoba, in whole or
> in part?

> 5. If the *'Act to provide that the English Language shall be the official
> language of the Province of Manitoba'*, R.S.M. 1970, Cap. 010, is valid
> and operative, does it operate to prohibit the oral use of French
> language in all or any of the courts of Manitoba?[30]

Après avoir rappelé la démarche de Georges Forest, le juge en chef
de la Cour du banc de la Reine écrit:

> Les choses étant ce qu'elles sont, le plaignant a déjà cherché
> et obtenu une réponse sans équivoque à la première question.
> Donc, à cause de la nature positive de cette réponse, les questions
> 2 3 et 5 ne justifient aucune réponse et la réponse à la question
> 1 se doit d'être affirmative. Il n'a pas été question de l'intérêt ou
> du statut du plaignant au moment des procédures en Cour de

comté. La déclaration faite par le juge Dureault est peut-être plus étendue qu'il n'était requis pour les besoins de la question qui était posée, en ce sens que les alinéas 1 et 2 de la clause 1 de la loi sont examinés, alors que le point en question, c'est-à-dire la langue des plaidoiries et du processus judiciaire, est contenu dans l'alinéa 1. Seulement il semblerait que la décision qui a été rendue soit allée au-delà de ce qui était strictement nécessaire.[31]

Et le juge Dewar ne comprend pas pourquoi Georges Forest demande à la Cour du banc de la Reine un jugement qui ne peut pas affecter les résultats de la Cour de comté:

Un résultat concurrent n'affirmerait rien et un résultat opposé causerait de l'embarras à la Cour de comté et aux parties. Les mérites de la position du plaignant ne sont pas si évidents qu'il ne pourrait pas y avoir un résultat opposé à la décision précédente. Si le plaignant veut poursuivre son cas en Cour de comté, il peut le faire car il n'y a aucun obstacle devant lui.[32]

Immédiatement, Alain Hogue décide de porter la cause en Cour d'appel du Manitoba, parce qu'il ne comprend pas la décision du juge Dewar. Ce jugement a été, depuis sa publication, une énigme pour ceux qui l'ont analysé. Si Georges Forest était en Cour du banc de la Reine, c'est parce que les juges de la Cour d'appel l'avaient prié d'y aller. Une des raisons du juge en chef Samuel Freedman était que la Cour d'appel pourrait ainsi profiter des conclusions de la Cour du banc de la Reine. Or, Dewar n'a pas voulu statuer, refusant ainsi à Forest une compensation légitime et privant la Cour d'appel du Manitoba d'un jugement éclairé et équilibré. Par ailleurs, le juge en chef Dewar refusait à Georges Forest un intérêt également légitime, ce qui est une des décisions les plus curieuses de cette Cour. Comment est-ce que le juge Dewar pouvait refuser un intérêt légitime alors que la Cour de comté et la Cour d'appel du Manitoba l'avaient accordé à Georges Forest? Le juge Dewar avait ajouté que, même s'il avait accordé un intérêt légitime à Georges Forest, il aurait utilisé son pouvoir discrétionnaire pour refuser à l'homme d'affaires la compensation qu'il recherchait. Ce faisant, il rejetait, volontairement semble-t-il, toutes les circonstances politiques qui avaient guidé la démarche de Forest.

En refusant de statuer sur la constitutionnalité des points devant lui, le juge Dewar refusait également de reconnaître les droits constitutionnels de Georges Forest. L'une des raisons invoquées pouvait sembler étrange: il ne voulait pas embarasser la Cour de comté. Or, dans ce même jugement, il note que le juge Dureault est allé au-delà de ce qui lui était demandé. Donc, il s'agit de scrupules pour le moins paradoxaux et déplacés dans le contexte: comment un juge peut-il invoquer un argument semblable pour refuser de statuer? Et si le juge Dureault a reçu un affront public, cela n'a pas été causé par le juge Dewar (en admettant que ce dernier ait statué sur les questions consti-tutionnelles) mais plutôt lorsque le procureur général du Manitoba a refusé de reconnaître ou de se sentir lié par le jugement. Un dernier point au sujet de la constitutionnalité des lois et du juge Dewar: durant les deux jours d'audiences en Cour du banc de la Reine, le juge Dewar n'a cessé de poser des questions au sujet de points constitutionnels que ce soit à Hogue ou à Twaddle. Ces derniers, d'autre part, ne plaidaient que sur des points constitutionnels. Tout cela ne transparaît pas dans le jugement.

Le jugement Dewar n'a cependant pas que des côtés qui défavo-risent Georges Forest. En effet, il cause, aux yeux de la Cour d'appel, un préjudice en ce sens que le plaignant n'a pas obtenu ce qu'il cher-chait, d'une façon ou d'une autre. Il faut donc que Georges Forest obtienne justice, quelle qu'elle soit, il faut qu'il soit entendu. Et il faut qu'un tribunal réponde aux questions constitutionnelles. Ce n'est pas en ignorant ce genre de questions qu'elles se règlent. Par contre, le fait que le juge Dewar ait refusé de statuer peut inciter, une fois encore, le gouvernement à refuser de bouger dans un sens ou dans un autre. Heureusement pour Georges Forest, le jugement Deschênes au Québec et la confirmation de la décision par la Cour supérieure du Québec en novembre 1978, amèneront de l'eau à son moulin. Enfin, le dernier point positif à retirer du jugement Dewar concerne la position gouver-nementale: le gouvernement conservateur de Sterling Lyon se doit de combattre Forest qui ne fait pas mine d'abandonner. Et comme le jugement Dureault n'a été ni infirmé, ni confirmé, il continue d'être l'expression de la vérité au niveau de la Cour de comté.

Il n'en reste pas moins que l'homme d'affaires de Saint-Boniface voit ses tentatives de rétablissement des droits constitutionnels bien frustrées. Il a l'appui du gouvernement fédéral, financièrement et juridiquement, mais, pour l'instant, rien de concret n'est ressorti de cet appui. Néanmoins, sa cause fait boule de neige avec des éléments ramassés ici et là et qui se révéleront être bienvenus dans les deux prochaines et dernières étapes de cette aventure juridique.

NOTES

1. 1977, Forest and Registrar of Court of Appeal of Manitoba, Monnin, J.A. June 22, 1977, p. 3.

2. *Ibid.*, p. 8.

3. *Ibid.*, p. 22.

4. *Ibid.*

5. Georges Forest, entrevue accordée à l'auteur, mars-avril 1984.

6. 1977, Forest and Registrar of Court of Appeal of Manitoba, Freedman, C.J.M. June 22, 1977, p. 62.

7. *Ibid.*, p. 3.

8. *Ibid.*, p. 4-5.

9. *Ibid.*, p. 11.

10. *Ibid.*, p. 10.

11. *Ibid.*, p. 16.

12. *Ibid.*, p. 17.

13. 1977, Forest and Registrar of Court of Appeal of Manitoba, O'Sullivan, J.A. June 22, 1979, p. 2.

14. 1977, Forest and Registrar of Court of Appeal of Manitoba, Monnin, J.A. June 22, 1977, p. 3.

15. *Ibid.*, p. 10.

16. *Ibid.*, p. 25.

17. *Ibid.*, p. 29.

18. *Ibid.*

19. *Winnipeg Tribune*, July 21, 1977.

20. *Winnipeg Free Press*, December 30, 1977.

21. *Winnipeg Tribune*, January 16, 1978.

22. *Ibid.*

23. *Ibid.*

24.   *Ibid.*

25.   C.S. 37, Peter M. Blaikie et autres c. Procureur général de la Province du Québec et Procureur général du Canada, mis en cause et intervenant, M. le juge en chef Jules Deschênes, 23 janvier 1978, p. 75.

26.   In the Queen's bench, between Georges Forest and the Attorney General of Manitoba, February 10, 1978.

27.   Communiqué du Secrétariat d'Etat, 10 mars 1978, page 1.

28.   *Ibid.*, p. 2-3.

29.   *Ibid.*, p. 3.

30.   1978, In the Queen's Bench, In the Matter of the Manitoba Act, 1870, 33 Victoria, Cap (Canada) and In the Matter of The Official Language Act, R.S.M. 1970, Cap 010, Between Georges Forest and the Attorney General of Canada, Dewar, C.J.Q.B., August 22, 1978, p. 2.

31.   *Ibid.*, p. 8.

32.   *Ibid.*, p. 9.

Chapitre VII

La Cour d'appel du Manitoba - la Cour suprême du Canada: victoire complète ou victoire morale?

Si on dit que le Manitoba pouvait, de sa propre initiative, réduire les droits conférés par l'Article 23, ce serait en fait refuser de reconnaître les raisons pour lesquelles cet article a été promulgué à prime abord.
Juge en chef Samuel Freedman, 25 avril 1979.

Le 22 août 1978, un mois après la décision Dewar, Georges Forest passe à l'étape suivante: la Cour d'appel du Manitoba. Il y sera entendu le 21 février 1979. Le parcours de la Cour de comté à la Cour d'appel du Manitoba a été long, ardu et tortueux. Les victoires ont été durement gagnées, les défaites considérées comme des points de repère pour des erreurs à ne pas commettre deux fois.

Une première audience doit déterminer immédiatement si Georges Forest a un intérêt légitime à se présenter en cour. C'est la stratégie adoptée par le gouvernement Lyon, stratégie légèrement différente de celle du gouvernement précédent et qui laisse entrevoir une autre philosophie: un particulier ne devrait pas avoir le droit de poser des questions constitutionnelles aussi fondamentales. Forest et ses avocats devront prouver qu'il a un intérêt légitime dans ses revendications. Pour cela, ils poseront cinq questions aux juges de la Cour d'appel, questions qui se réfèrent au jugement Dewar et qui toutes visent à le faire annuler.[1]

Les juges ne prendront qu'une heure pour décider en faveur de Georges Forest: il a un intérêt légitime et il a le droit de faire appel de la décision Dewar. La cause peut aller de l'avant.

La position constitutionnelle des avocats de Georges Forest est encore plus affinée qu'en Cour du banc de la Reine et plus directe en ce qui concerne le résultat recherché:

> Les droits conférés par l'Article 23 de la Loi du Manitoba sont les mêmes que ceux conférés par l'Article 133 de l'AANB et les deux clauses sont enchâssées dans la Constitution du Canada et ces deux clauses ne peuvent pas être amendées par le Parlement du Canada ou par la législature du Manitoba. En d'autres mots, l'Article 23 accorde aux francophones du Manitoba des droits constitutionnels garantis, les mêmes que ceux qui ont été accordés aux anglophones du Québec.[2]

Cependant, les avocats de Georges Forest tentent de se garder une porte de sortie dans le cas où la Loi de 1890 serait déclarée *intra vires* de la législature manitobaine. Le plaignant affirme que, si la Loi de la langue officielle n'est pas *ultra vires* de la législature du Manitoba, elle est certainement inopérante,[3] et ce faisant, il suit la piste indiquée par le juge Freedman quelques mois plus tôt.

Le gouvernement fédéral intervient pour la deuxième fois dans l'Affaire Forest:

> Le procureur général du Canada, en tant qu'intervenant considère (que) la constitutionnalité de la Loi de la langue offiielle, comme étant d'importance non seulement provinciale mais aussi nationale.[4]

Le jugement Dureault convient à Ottawa car, si l'Affaire Forest est devant le tribunal le plus élevé de la province, c'est parce que:

> Le but réel est d'obtenir une réponse au sujet de la constitutionnalité de la Loi de la langue officielle à un niveau plus haut que celui de la Cour de comté de Saint-Boniface, pour que la question soit réglée une fois pour toutes.[5]

La position du gouvernement Schreyer est sévèrement critiquée par les avocats fédéraux:

> Nous affirmons qu'il n'est pas possible de refuser ou d'accepter une décision d'une Cour, pas plus qu'il n'est possible de refuser de reconnaître l'existence de cette Cour. Même un procureur général ne peut pas décider quelles décisions il va accepter ou rejeter. Si c'était le cas, le procureur général serait la Loi en personne.[6]

Il est évident, aux yeux d'Ottawa, que l'Acte de 1870 est un statut impérial à cause de l'approbation du Parlement britannique et que le Parlement canadien ne peut pas l'amender, sans qu'il y ait anomalie.[7]

> A - Les droits linguistiques conférés par l'Article 23 de la Loi du Manitoba sont constitutionnellement enchâssés.

> B - Étant constitutionnellement enchâssés, ils ne peuvent pas être diminués par la législature provinciale à moins que la promulgation en question fasse partie d'un exercice d'amendement constitutionnel.

> C - Ce pouvoir d'amender ne réside pas dans l'article 92 comme le déclare le défendeur, parce que selon les règles d'interprétation des lois, ce pouvoir doit céder le pas aux clauses plus particulières qui donnent des droits constitutionnels tels que les droits conférés dans l'Article 23 de la Loi du Manitoba.

> D - La Loi de la langue officielle cherche à diminuer de tels droits linguistiques et, est donc *ultra vires* de la législature du Manitoba.[8]

Évidemment, le gouvernement provincial n'est pas du tout d'accord avec ces positions, notamment en ce qui concerne la constitutionnalité de la Loi de 1890.[9] Le gouvernement provincial basera presque tous ses arguments sur l'Article 92 de l'AANB pour déterminer les points suivants: l'ampleur du pouvoir législatif, la distribution de ces pouvoirs ainsi que leur source.

Il fallait bien qu'un jour le gouvernement provincial aborde le manque apparent de précédents juridiques en ce qui concerne la remise en question de la Loi de 1890. Selon Twaddle, cela est dû au fait que le pouvoir de désaveu est tombé en désuétude. Et il demande à la Cour de considérer l'essence de la position gouvernementale.

> Si, cependant, la Cour décide que l'Article 23 impose des promulgations en langue française, il faudra alors considérer le statut de toute législation provinciale, étant donné qu'il semble que de 1871 à 1890, les lois du Manitoba étaient promulguées et publiées d'abord en anglais, et ensuite, traduites en français... Ceci cependant confirme la théorie voulant que tout ce que l'Article 23 impose c'est que lorsque les lois sont promulguées, elles seraient traduites et publiées pour le bénéfice des membres de la communauté. Même si l'Article 23 imposait la promulgation en français, le fait que cela n'ait pas été fait ne veut pas nécessairement dire que la législation n'est pas valide, étant donné qu'il s'agit seulement d'une question de procédure. Ce qui est essentiel, ce sont les étapes à la législature et l'accord du gouverneur général.[10]

Le 25 avril 1979, la Cour d'appel du Manitoba rendait son verdict. Il était unanime et en faveur de Georges Forest. L'''odyssée'' se terminait, ou presque. Au passage, le juge en chef Freedman tance sévèrement son collègue Dewar pour ne pas avoir accordé d'intérêt légitime à Georges Forest.[11] Il examine avec soin l'Article 133 de l'Acte de l'Amérique du Nord britannique, dont il dit qu'il est la genèse de l'Article 23 de la Loi du Manitoba de 1870:

> Personne ne prétendrait que la ressemblance frappante entre l'Article 133 de l'AANB et l'Article 23 de la Loi du Manitoba de 1870 est le fruit d'une coïncidence. La chance opère de façon trop changeante ou capricieuse pour obtenir un tel résultat. Non, on peut affirmer avec certitude que celui qui a rédigé l'Article 23 avait devant lui l'Article 133 et que son but était de reproduire *mutatis mutandis*, une contre-partie de l'Article 133. Il faut en arriver à cette conclusion à cause de la similitude du libellé dans les deux articles. Cette conclusion est confirmée par la similitude des intentions, c'est-à-dire, la protection des droits linguistiques des minorités. Au Québec, ce sont d'abord les anglophones qui ont besoin de cette protection; au Manitoba il s'agit des francophones.[12]

Mais l'Article 133 peut-il être amendé? Et par qui? En se basant sur les précédents, dont le jugement Deschênes tout récent, et qu'il cite abondamment, le juge Freedman se déclare d'accord avec ce dernier, notamment en ce qui concerne les Pères de la Confédération:

> C'était l'intention des Pères de la Confédération de soustraire la question de l'usage des deux langues, anglaise et française, à la possibilité de l'arbitraire ou du caprice même, tout simplement, de la volonté perçue comme légitime d'une majorité, qu'elle fût anglophone dans le Parlement central ou francophone dans la législature du Québec. Ils entendaient que cette disposition demeurât intangible et à l'abri de toute intervention législative par l'une ou l'autre des assemblées élues.[13]

Quant à la Loi de 1890 faisant de l'anglais la langue officielle de la province:

> Il est évident que nous avons ici la contrepartie de ce qui a été présenté devant les tribunaux du Québec dans le cas Blaikie. Là-bas les anglophones étaient les victimes. Ici ce sont les francophones.[14]

La thèse voulant que l'Article 23 de la Loi du Manitoba de 1870 puisse être amendée par une législation unilatérale est ''intenable''[15] selon le juge Freedman, et il remarque, dans des propos qui vont au coeur de la controverse entourant l'abrogation de l'Article 23:

> Si on dit que le Manitoba pouvait, de sa propre initiative, réduire les droits conférés par l'Article 23, ce serait en fait refuser de reconnaître les raisons pour lesquelles cet article a été promulgué à prime abord. L'Histoire nous confirme que l'Article 23, tout comme l'Article 22 traitant des droits des écoles confessionnelles, devaient être une protection pour les minorités du Manitoba contre la mauvaise volonté éventuelle de la majorité. Les citoyens francophones du Manitoba, et cela comprend non seulement le célèbre Louis Riel mais tous les représentants des paroisses francophones, ont mis fin à l'insurrection de la Rivière-Rouge, et ont appuyé la création d'une province et son union avec le Canada, à la seule condition que leurs droits soient protégés à l'avenir. La promulgation de la *Loi de la langue officielle* les a privés des droits linguistiques qu'ils avaient assurés, ou pensaient avoir assurés, grâce à l'Article 23.[16]

Mais si l'Article 23 ne pouvait pas être amendé unilatéralement par la province du Manitoba, en 1890, cela veut-il dire que toute la Loi de 1890 est *ultra vires*, notamment l'article 2?

Il a été dit que l'alinéa 2 est une tentative déguisée de rendre
une loi *ultra vires intra vires*, mais je ne peux pas, pour ma part,
attribuer à la législature de cette époque tant de malice. Il est
évident que les questions en jeu sont complexes et il me semble
que la législature voulait que la constitutionnalité de cet alinéa
soit réglé devant les tribunaux en temps voulu. [17]

A la lumière de ces réflexions, le juge en chef Samuel Freedman
conclut que l'Article 23 ne pouvait pas être amendé unilatéralement
par la province du Manitoba qui, en 1890, a donc outrepassé ses droits.
Mais cela veut-il dire pour autant que toutes les lois passées depuis 1890
sont invalidées sur le plan constitutionnel? Telle n'est pas la position
de la Cour, selon la documentation qu'elle a reçue. Il reste donc à
envisager l'avenir:

L'Article 23 affirme que l'une ou l'autre langue peut être
utilisée dans les plaidoiries et les procédures des tribunaux; la
façon de procéder, pratiquement, devra dépendre des règlements
de Cour qui, au Manitoba, ont force de loi. Cela ne veut pas dire
que l'Article 23 permet aux plaideurs francophones de forcer
d'autres personnes à parler français dans les plaidoiries. Cela ne
veut pas dire que les plaideurs francophones doivent exiger des
documents de cour en français, même si les destinataires et ceux
à qui cela s'adresse ne comprennent pas un mot de français. Je
pense qu'il est évident qu'il y a un besoin de législation qui
règlementerait les droits linguistiques au Manitoba de façon à
ce que l'Article 23 soit efficace. [18]

Le gouvernement étudiera le jugement avant de réagir et de décider
d'un appel éventuel. En Chambre, cependant, le procureur général
Gerry Mercier doit faire face aux questions de l'opposition néo-
démocrate. Ces derniers veulent savoir notamment si le Manitoba va
se porter aux côtés du Québec en Cour suprême, au cas où les causes
Blaikie (contre la Loi 101) et Forest s'y retrouvent en même temps, ce
qu'en réalité le gouvernement provincial espère. Pressé de questions
pour savoir si les conservateurs sont en faveur de la Loi 101, Gerry
Mercier répond que les lois sont différentes, en particulier à cause d'une
question de dates.

Le procureur général sera plus précis en dehors de la Chambre.
Il reconnaîtra entre autres que la Loi 101 et la Loi de 1890 ont un but
commun: restreindre les droits linguistiques des minorités du Québec

et du Manitoba. Toutefois, le gouvernement Lyon ne veut surtout pas se trouver dans une position où, tout en se défendant, il défendrait du même coup la position du gouvernement Lévesque. Ainsi, il s'accrochera à la différence d'âge entre les deux statuts, en soutenant que le gouvernement fédéral avait eu 89 ans pour refuser de reconnaître la validité de la Loi manitobaine, et qu'il ne l'avait pas fait.

Entre temps, Gerry Mercier ne cache pas que le Manitoba ne voit pas d'un bon oeil la nécessité d'offrir tous les services juridiques en français au Manitoba, compte tenu du manque d'installations et de l'ignorance face au nombre de demandes pour ce genre de services. Statistiques à l'appui, le procureur général démontre que 49 cas devant les tribunaux manitobains avaient nécessité la présence d'un interprète depuis deux ans et que, de ceux-là, seulement trois étaient pour les services d'un interprète en langue française.

Quoiqu'il en soit, le Manitoba se portera comme intervenant dans l'Affaire Blaikie devant les tribunaux de la Cour suprême du Canada. La question linguistique et législative atteindra finalement le seul forum approprié.

Au Québec, Lise Bissonnette, la voix écoutée du *Devoir*, estime que la décision Freedman

> met sans détours le Canada devant les injustices de son histoire. C'est un sentiment d'absurde qui saisit, car remettre aujourd'hui aux Franco-Manitobains le droit de parler français devant les tribunaux, à la législature, et d'avoir copie des débats et textes de lois dans leur langue ne rescucitera pas un dynamisme dont on a voulu consciemment signer l'arrêt de mort.[19]

Lise Bissonnette trouve important que soient confirmées les intentions des Pères de la Confédération dans le domaine des droits linguistiques des minorités. Ce qu'elle trouve ironique et choquant, c'est le copinage entre les gouvernements Lévesque et Lyon qui ''est le plus ouvertement réfractaire à tout ce qui parle français.''

Un mois après le jugement Freedman, les avocats de Georges Forest demandent, et reçoivent, un élargissement de la décision du mois d'avril. Les juges décident à l'unanimité, que toute la Loi de 1890 est inopérante, alors que le jugement précédent ne concernait que les tribunaux manitobains. Il n'y a plus donc, aux yeux de Georges Forest et de ses avocats, de raison de se pourvoir en Cour suprême du Canada. La balle est dans le camp du gouvernement provincial et le Manitoba et Ottawa se retrouvent face au plus haut tribunal du pays, ce qui aurait dû arriver dès 1890.

Deux mois plus tard, il y aura des audiences à la Cour suprême du Canada à propos de la Loi 101. L'enjeu est à l'échelle nationale. L'Article 133 de l'AANB est sur la sellette et chaque partie va tenter de tirer la couverture de son côté pour tenter d'influencer les juges.

Au mois de juin 1979, le Manitoba se trouve en Cour suprême aux côtés du gouvernement Lévesque. Il s'agit presque d'une répétition avant les assises d'automne et l'Affaire Forest. Les avocats manitobains ont un avant-goût de ce qui les attend. Le procureur de la Couronne Kerr Twaddle avançait des arguments en faveur de la Loi 101, estimant que l'AANB ne garantit pas les droits linguistiques des minorités au Québec ou au Manitoba. Selon Twaddle, l'Article 133 n'était qu'un point de départ, la seule garantie des droits linguistiques reposant dans le pouvoir de désaveu fédéral, même si ce pouvoir est tombé en désuétude. Les provinces ont le droit d'élargir les droits linguistiques ou de les réduire.[20] Le Québec, de son côté, se base également sur l'Article 92 de l'AANB qui, entre autres, donnerait le pouvoir à la province de modifier sa constitution, sans réserve en matière linguistique.[21] Pour Ottawa, il n'y a pas d'échappatoire possible. Les principes doivent être défendus de façon à reflèter le Canada passé et le type de pacte confédératif que le gouvernement veut prôner pour les générations à venir. La majorité des arguments fédéraux reposera sur la signification de l'Article 133. Toute tentative de briser cet article, qu'Ottawa estime inviolable, reviendrait à briser le pacte confédératif de 1867.[22] La cause est prise en délibéré.

Au mois d'octobre 1979, ce sera au tour de la cause Forest d'être entendue. Les arguments cités en Cour suprême ne font que répéter ceux avancés dans les cours inférieures: le gouvernement provincial se basait sur l'Article 92 de l'AANB, Hogue sur l'importance historique de l'Article 23 de la Loi du Manitoba de 1870, Ottawa sur l'impossibilité d'aller à l'encontre de l'Article 133 de l'AANB. Là aussi, la cause est prise en délibéré. Il ne restait plus qu'à attendre.

La Société franco-manitobaine, sentant le jour du jugement arriver, a examiné soigneusement toutes les possibilités de décisions. Un comité ad hoc ''étudiant les jugements possibles par rapport à l'Affaire Forest'' a été formé et, après plusieurs rencontres, le comité rend son rapport. Deux jugements ''les plus probables'' sont examinés: il apparait inévitable à la SFM que des facteurs politiques ''affecteront la nature même du jugement.''[23] Une stratégie est élaborée face aux jugements les plus probables: les jugements pour le Québec et le Manitoba seront séparés et seront des déclarations qui, bien que donnant raison à Forest au Manitoba et Blaikie au Québec, ne seront pas considérés comme obligatoires par le gouvernement Lyon.

> Il est très douteux que la Cour suprême attaquera la Loi 101 de façon directe de peur d'une réaction du Québec... Lyon peut se servir de cette décision à son avantage en disant qu'il respectera la décision de la Cour suprême et mettra sur pied les mécanismes nécessaires au respect du jugement. Après tout ça n'engage pas à grand chose:
>
> 1) une législature bilingue;
>
> 2) traduction des journaux de la législature;
>
> 3) des cours bilingues (qui sont déjà prévus par le Bill C-42, d'ailleurs).[24]

Une conclusion s'impose aux yeux des dirigeants de la SFM, une conclusion amère, notamment en ce qui concerne l'attitude de leurs concitoyens anglophones.

> Enveloppés d'un Union Jack depuis 1890, les Anglo-Manitobains accepteraient mal de se faire dire que dorénavant, leur province devient officiellement bilingue.[25]

La SFM prévoit de demander immédiatement au gouvernement Lyon une loi:

> pour enfin effacer la Loi de 1890 faisant ainsi de l'Acte du Manitoba de 1870 et plus particulièrement l'Article 23 les éléments de base sur lesquels la SFM et le gouvernement provincial pourront négocier afin d'améliorer et assurer le statut légal (sic) de la minorité franco-manitobaine.
>
> À moins que la décision soit *exécutoire*, ce qu'elle ne sera pas, une telle décision est une victoire à la Pyrrhus. Alors... une défaite. Le gouvernement manitobain ne sera pas plus dans l'obligation d'agir qu'il ne l'était après le jugement Dureault... De toute façon... nous serons dans l'obligation de recommencer à zéro d'ici peu de temps.[26]

Les juges de la Cour suprême, le 13 décembre 1979, accepteront que l'histoire puisse être consultée. Le jugement sera unanime. Il sera aussi, comme les auteurs du rapport du comité ad hoc de la SFM l'avaient prévu: séparé et déclaratoire. *The Official Language Act* de 1890 sera déclaré inopérant ''dans la mesure où elle (la loi) abroge des droits, y compris le droit à l'usage du français dans les Cours du Manitoba, conférés par l'Article 23 de l'Acte du Manitoba, 1870, confirmé par l'Acte de l'Amérique du Nord britannique, 1871.'' Les juges ajoutent qu'il y a un conflit évident entre les lois de 1870 et de 1890. Après avoir fait le point sur l'Article 133, les juges en arrivent au coeur de la question telle qu'elle est posée par le gouvernement manitobain.

> Bien que, dans un certain sens, on puisse dire que l'Acte du Manitoba en son entier est la constitution de la province, il est évident qu'on n'a pas voulu que le pouvoir de modification conféré par le par. 91 (1) s'applique à l'ensemble de cette loi, si l'on considère l'Acte du Manitoba comme la constitution du Manitoba. Quant au pouvoir de modification attribué à sa législature, où trouvera-t-on le pouvoir de modifier cette constitution nonobstant cette loi? Le ''nonobstant'' de l'A.A.N.B., il faut le souligner, se rapporte au ''présent acte''. Par conséquent, pour prétendre à quelque pouvoir de dérogation en vertu de cette disposition, le Manitoba doit la prendre comme elle est et reconnaître qu'elle ne se rapporte qu'à une disposition qui tomberait dans son champ d'application si elle se trouvait dans l'A.A.N.B.

> Il faut conclure que cela ne comprend pas les droits linguistiques. Si, d'autre part, l'Acte du Manitoba est seul considéré, il faut noter qu'il s'agit d'une loi fédérale, ce qui signifie que, sauf disposition contraire, il n'est susceptible de modification que par le Parlement qui l'a édicté et par nul autre.

> Il suffit de noter que, quelle que soit l'interprétation qu'on lui donne, elle ne peut certainement pas avoir pour effet de donner à la législature du Manitoba à l'égard de l'Art. 23 de l'Acte du Manitoba un pouvoir de modification que le Québec n'a pas à l'égard de l'Art. 133.[27]

Et, comme l'avaient prévu les auteurs du rapport du comité *ad hoc* de la SFM, ce sera le Chapitre III de la Charte de la Langue Française qui sera déclaré *ultra vires*. L'avocat représentant les plaideurs anglo-québécois, le député de St-Henri-Westmount, Donald Johnston, déclarait à la presse à l'issue du verdict ce que les Franco-Manitobains avaient déjà envisagé. Seules quelques clauses de la Loi 101 sont affectées, ce qui ne devrait pas trop incommoder le premier ministre Lévesque, et ne devrait pas servir de munitions pour un référendum sur l'indépendance.

Au Québec même, la réaction reflète à la fois la colère et l'acceptation de la décision. Au cours d'une séance marathon, l'Assemblée nationale approuve la version anglaise des 311 lois qui avaient été promulguées après l'entrée en vigueur de la Loi 101, le 27 août 1977.

La sagacité des membres du comité ad hoc se vérifia également lors de la réaction du gouvernement Lyon. Si l'on accepte le jugement, ce n'est pas de gaieté de coeur, mais il appartiendra à la législature de décider du montant de traduction à faire.

Même les députés francophones, tels que Laurent Desjardins, déclarent qu'ils n'utiliseront pas nécessairement la langue française en Chambre, parce qu'ils ne veulent pas que les gens sortent quand ils se mettront à parler en français. Le député de Saint-Boniface ajoutait qu'une erreur avait été corrigée, grâce à la Cour suprême du Canada, mais qu'il était trop tard pour rendre le Manitoba bilingue, tout en concédant que le jugement allait avoir une forte influence sur l'unité nationale. L'autre député francophone d'opposition, Pete Adam, déclarait qu'il n'aimait pas l'idée d'avoir à dépenser des sommes excessives pour traduire les documents gouvernementaux et juridiques en français. La facture est évaluée, à cette époque, à 15 millions de dollars.

Quant à la Société franco-manitobaine, elle s'en tient à son plan, déclarant qu'il s'agit d'une victoire morale, mais elle fait remarquer que les services qui affectent les écoles et les soins de santé ne satisfont toujours pas les besoins des francophones. Entre temps, les Franco-Manitobains ne doivent plus se considérer comme des citoyens de seconde classe.

A la Chambre des communes, le député Jean-Robert Gauthier d'Ottawa-Vanier tente de faire adopter une motion demandant l'enchâssement dans la Constitution des droits fondamentaux de tous les Canadiens, surtout sur le plan linguistique. La motion ne sera ni acceptée, ni débattue.

Le député de Saint-Henri-Westmount, Donald Johnston, tente de voir sa victoire juridique prolongée sur le plan législatif et demande au gouvernement conservateur de Clark l'enchâssement constitutionnel des droits des minorités. Le gouvernement suggère la patience puisque ses experts étudient la question.

C'est ensuite au tour du député libéral de Saint-Boniface, Robert Bockstael, de se lever et de demander au gouvernement conservateur d'entrer en contact avec le premier ministre Lyon ''pour aviser aux moyens de mettre en oeuvre cette décision de la Cour surpême qui touche les Canadiens du Manitoba.''[28] Le ministre Jarvis, chargé des relations fédérales-provinciales, répond que s'il transmet cette demande au premier ministre Lyon, il n'hésitera pas à l'inviter à en faire autant avec le premier ministre Lévesque.

Le député Jean-Robert Gauthier revient à la charge et demande si le gouvernement actuel est:

> disposé à admettre que la politique actuelle de laisser-faire envers les provinces en cause, en matière linguistique, a été infirmée ce matin par la Cour suprême du Canada, et est-il disposé aujourd'hui à garantir à tous les Canadiens les mêmes droits constitutionnels accordés aux résidents du Québec et du Manitoba, et en particulier aux résidents de l'Ontario et des provinces où nous sommes en minorité actuellement et en voie de disparition.[29]

Le ministre proteste qu'il n'y a pas de politique de laisser-faire à propos de l'Ontario, il ne peut rien dire à cause de son ignorance des jugements, mais il estime que les conséquences seront très importantes. Le député Jean-Robert Gauthier récidive et demande si le gouvernement reconnaît les deux peuples fondateurs et les distingue des groupes multiculturels. Le ministre Jarvis ne répond pas vraiment à la question. Il se retranchera constamment derrière son ignorance des conséquences d'un tel jugement. Le débat sur le budget fédéral qui se terminera ce soir-là par la chute du gouvernement Clark lui aura évité de nouvelles questions.

Ainsi donc, Georges Forest avait réussi à obtenir victoire là où les Pelland, Hébert, Dussault et Dumas avaient échoué. Le juge Prud'homme avait été rejoint dans ses conclusions par les juges Dureault, Monnin, et tous ceux de la Cour suprême du Canada. L'Association d'Éducation des Canadiens-Français du Manitoba avait vu juste; il fallait se rendre jusqu'en Cour suprême et les procès coûteraient cher.

Bien des facteurs ont favorisé Georges Forest: tout d'abord le fait qu'il y ait eu une ouverture d'esprit face au biculturalisme et au bilinguisme a permis de créer un climat plus propice à la réception d'un jugement qui renversait un fait accompli depuis plusieurs décennies; ensuite, le fait que la Loi de la ville de Winnipeg contienne une clause qui permette de déclencher le processus au niveau le plus bas pour ensuite aller jusqu'en Cour suprême. Bien sûr, l'absence de cette clause n'avait pas empêché les Pelland, Hébert, Dussault ou Dumas de tenter de faire la même chose. Mais deux lois valent mieux qu'une, et même si l'Article 23 avait été aboli 96 ans plus tôt, il pouvait encore jouer son rôle de protection constitutionnelle de la minorité francophone; de plus, Forest avait su trouver l'astuce qui lui permettait de poursuivre son cas après avoir essuyé l'indifférence gouvernementale, chose que ses prédécesseurs n'avaient pas faite pour des raisons encore inconnues; par ailleurs la technologie a permis à une affaire comme celle de Georges Forest d'avoir un retentissement non seulement dans sa communauté mais aussi à l'échelle provinciale et nationale; enfin la circonstance qui a le plus favorisé l'homme d'affaires de Saint-Boniface a été la promulgation de la Loi 101 au Québec. Il est vrai qu'Ottawa a saisi l'occasion parce qu'il s'agissait du Québec, sans cela, son attitude aurait peut-être été différente si le Manitoba avait été seul en cause. Il n'en reste pas moins que le cas Forest s'inscrivait en plein centre de la politique fédéraliste de Trudeau, et que le climat était propice. Ce n'était pas le cas en 1891 et 1909. De plus, Georges Forest avait demandé de l'aide à Trudeau qui avait toujours laissé entendre qu'il n'accepterait pas un Québec indépendant ou unilingue.

Forest a cru avoir pleinement restauré les droits constitutionnels des Franco-Manitobains et il est exact que, sans ses procédures judiciaires, les réformes n'auraient pas pu avancer autant par la suite. La tactique, en première page des journaux, sans détour dans les propos, sans fioriture dans les mesures à prendre, ne ressemblait pas à celle des chefs de file qui préféraient la négociation et l'étapisme dans les compromis et les gains. En allant devant les tribunaux, Forest ouvrait une parenthèse juridique qui avait été fermée depuis 1916. Néanmoins, ce qu'il croyait être l'aboutissement d'une spoliation n'était que le coup d'envoi de la crise politique la plus sérieuse qui allait secouer le Manitoba au XXᵉ siècle.

NOTES

1. Factum Georges Forest in the Court of Appeal, 22 août 1978, p. 9.

2. *Ibid.*, p. 58.

3. *Ibid.*, p. 74.

4. Factum Government of Canada in the Court of Appeal, pas de date, p. 4.

5. *Ibid.*, p. 7.

6. *Ibid.*, p. 9.

7. *Ibid.*, p. 17.

8. *Ibid.*, p. 19.

9. Factum Government of Manitoba in the Court of Appeal, pas de date, p. 14.

10. *Ibid.*, p. 49.

11. 1979, In the Court of Appeal, Between Georges Forest and the Attorney-General of Manitoba and the Attorney-General of Canada, Freedman, C.J.M. April 25, 1979, p. 8.

12. *Ibid.*, p. 19.

13. *Ibid.*, p. 29.

14. *Ibid.*, p. 33.

15. *Ibid.*, p. 33.

16. *Ibid*

17. *Ibid.*, p. 36.

18. *Ibid.*, p. 39.

19. *Le Devoir*, 30 avril 1979.

20. *Winnipeg Free Press*, June 12, 1979.

21. *La Presse*, 23 juin 1979.

22. *Le Devoir*, 23 juin 1979.

23. Recommandations du comité ad hoc étudiant les jugements possibles par rapport à l'Affaire Forest, SFM, décembre 1979, page 1.

24. *Ibid.*, p. 2-4.

25. *Ibid.*, p. 11.

26. *Ibid.*

27. In the Supreme Court of Canada, on Appeal From the Court of Appeal of Manitoba, between the Attorney-General of Manitoba and Georges Forest.

28. Journal des débats, 14 décembre 1979, p. 2315.

29. *Ibid.*, p. 2316.

Chapitre VIII

Un Manitoba français à bâtir? Et dans quels termes?

Je ne parviens pas à m'expliquer les difficultés que l'Article 23 semble poser à certaines personnes.

Juge Alfred Monnin

Le 13 décembre 1979 avait, sans équivoque, donné raison à Georges Forest. En 1890, le gouvernement provincial avait légiféré de façon inconstitutionnelle. Les droits de la minorité francophone avaient été traités de façon cavalière, spoliés.

En termes pratiques, cependant, les Franco-Manitobains recevraient-ils un redressement au quotidien, une application immédiate du jugement de la Cour suprême du Canada? En 1870, l'Article 23 avait été inséré dans la Constitution du Manitoba, à l'insistance des représentants du peuple de la Rivière-Rouge. En 1890, il avait été aboli au cours d'une série de réformes législatives fondamentales qui devaient altérer la vie des Franco-Manitobains sans que ces derniers aient pu vraiment donner leur consentement. En 1979, un organisme extérieur à la province, la Cour suprême du Canada, imposait au gouvernement du Manitoba un retour à la situation constitutionnelle de 1870 mais n'en précisait pas les conditions d'application. C'est là où le bât blesse, et c'est cette inconnue qui délimitera au cours des prochaines années le champ des revendications des Franco-Manitobains: le silence de la Cour suprême face à l'application de l'Article 23 permet toutes les interprétations, de la plus large (celle qui voudrait des services en français de façon institutionnalisée), à la plus restreinte (une application prudente qui tient compte de l'opinion publique, des contingences financières, des traditions et de bien des facteurs politiques).

Ce silence permet aussi bien des évasions face au devoir constitutionnel. Or, l'histoire démontrait que les gouvernements provinciaux n'avaient pas dans le passé, par ignorance ou volontairement, respecté cette obligation constitutionnelle. Les Franco-Manitobains, tout en n'insistant pas sur cet aspect, avaient dû souvent préciser aux diverses administrations provinciales les aspirations et les besoins de leur peuple. Avec la décision de la Cour suprême du 13 décembre 1979, avaient-ils gagné un instrument de négociations supplémentaire? Ou bien, au contraire, avaient-ils gagné une victoire de principe, inapplicable concrètement?

> Sauf Monsieur Forest, on était convaincu à la SFM que, dans le domaine pratique, on n'avait rien eu avec la décision Forest.[1]

Cette analyse à l'emporte-pièce, faite bien après la crise la plus dure qui ait secoué le Manitoba politique au XX° siècle, ne diffère pas de l'analyse faite fin 1979, début 1980. Il fallait obtenir des services en français et le jugement n'avait rien mentionné de semblable.

Fait insolite, le 14 décembre 1979, un des avocats constitutionnalistes les plus respectés au Canada, le professeur Stephen Scott, envoie le télégramme suivant au Gouverneur général du Canada Edward Schreyer, ancien premier ministre du Manitoba, quelques heures à peine après la chute du gouvernement Clark:

> Respectfully recommend that before dissolving parliament you require government to secure joint resolution of Senate and House of Commons in the following or like terms: resolved that the government be authorized to secure from the United Kingdom Parliament such legislation as may appear urgently required to render valid some or all the laws or purported laws

of the province of Manitoba, during such reasonable time as may
be required to bring the province into compliance with section
23 of the Manitoba Act, and to deal with related matters.[2]

Car Scott a tout de suite vu qu'avec la chute du gouvernement
Clark, toutes les lois du Manitoba, donc tout le système législatif, est
en danger, juridiquement parlant, et que le Manitoba est retourné,
sur le plan constitutionnel tout au moins, à l'année 1870. C'est ''le
chaos législatif'' dont on parlera tant par la suite.

Quelques jours plus tard Scott sera notifié: le Gouverneur général
du Canada et le premier ministre ont été mis au courant et, en retour,
ont demandé des explications à Scott.[3]

Les problèmes auxquels le Manitoba fait face sont d'un autre
ordre: comment appliquer quotidiennement et concrètement la
décision du 13 décembre 1979? Les opinions sont partagées. Certains,
comme le *Winnipeg Free Press*, notaient qu'il était nécessaire d'avoir un
système de traduction simultanée à l'Assemblée législative du
Manitoba, un système judiciaire totalement bilingue avec, à l'occasion,
la possibilité d'un jugement en français, ou encore, une fonction
publique bilingue, capable de satisfaire, de temps en temps, les
demandes de citoyens francophones. Tout cela, ajoutait le *Free Press*,
ne donnait pas une loi accordant des services linguistiques. Les
francophones en arrivèrent également à cette conclusion, de façon toute
aussi globale: les services gouvernementaux dans les domaines
économique, scolaire et culturel n'avaient pas été abordés par la Cour
suprême du Canada, parce que cette question ne faisait pas partie des
questions posées. Le gouvernement provincial pourrait-il les accorder
au nom d'une ''justice naturelle''?

It should be imposed by the provincial government upon
itself as a basic recognition of the rights and needs of its own
citizens.[4]

Car presque tout le monde impliqué dans la décision Forest, à un
niveau ou un autre, de près ou de loin, tient la même analyse:

La Cour suprême du Canada a beau avoir décidé que le
français était une langue officielle dans les tribunaux
manitobains, il reste qu'il existe un large fossé entre la théorie
et la pratique.[5]

Et c'est ce fossé qu'il faut combler, d'une façon ou d'une autre, pour éviter que la victoire ne devienne tout à fait vide de sens, comme cela avait été le cas à la suite des décisions du juge Prud'homme.

La Société franco-manitobaine et le gouvernement Lyon se posent la même question. Quelle loi traduire en premier lieu? En vertu de quels critères? Et pour satisfaire quels besoins? Tout en sachant pertinemment qu'une loi ne donne pas des services gouvernementaux. La SFM rencontre le procureur général, Gerry Mercier, le 22 février 1980, après avoir consulté plusieurs conseillers juridiques au pays et les présidents d'organismes provinciaux. De toutes ces consultations, il ressort une liste de priorités et il est entendu que les lois traduites en priorité seront: la Loi scolaire, la Loi de la voierie, les Lois des finances, des coopératives et caisses populaires, ainsi que la Loi des droits de la famille. De plus, le dialogue entre le gouvernement provincial et la SFM est formellement établi par le biais d'un agent de liaison, le sous-ministre des Affaires culturelles et du Patrimoine, René Préfontaine. En dépit de ces pas qui pouvaient sembler fructueux, le président de la SFM, René Piché, n'envisageait pas l'avenir de façon très optimiste:

> Je vois cependant à l'horizon des nuages noirs qui planent sur la question scolaire et sur l'application concrète, pratique et raisonnable du jugement de la Cour suprême du Canada.[6]

Pour éviter l'accumulation de ces nuages noirs, la SFM a une stratégie qui devait lui permettre d'obtenir ce qu'elle estime être une application réaliste et pratique du jugement de la Cour suprême du Canada. Même si la loi permet à la langue française d'avoir un statut officiel au Manitoba, il faut que les Franco-Manitobains retrouvent ce qu'ils ont perdu, il y a 80 ans: le contrôle au niveau institutionnel. Car les tribunaux et l'Assemblée législative ne sont pas l'univers total d'un citoyen. 1980 a rattrapé 1867 en termes juridiques, mais pas en termes pratiques. Et, de plus, la démographie démontre cruellement l'étendue du statut de minoritaire. Le Manitoba est-il prêt à ouvrir ses institutions au bilinguisme? L'accueil réservé au bilinguisme fédéral dans l'Ouest peut inspirer des craintes. Même si la loi est ''du côté des francophones'', cela ne veut pas nécessairement dire qu'elle soit adaptée aux besoins des Franco-Manitobains, et qu'elle puisse freiner l'évolution ou le phénomène d'assimilation.

En 1980, la communauté franco-manitobaine est, en fait, à une époque charnière de son existence. Elle a récupéré en apparence les biens législatifs perdus en 1890 et, de ce fait, perdu toute raison criante de revendiquer, aux yeux de la majorité tout au moins. De plus, il est bien connu qu'une fois les buts atteints, il est difficile pour une collectivité de s'installer dans la victoire et de profiter des résultats sans perdre un certain élan, une certaine agressivité. Par ailleurs, le Franco-Manitobain de 1980 est habitué à travailler, donc à vivre le tiers de sa vie la plus productive en anglais et à parler français durant l'autre tiers dans un contexte totalement différent. La conclusion peut sembler un gros ''nuage noir'' à ceux qui se penchent sur l'application de la décision Forest. Car, si le Franco-Manitobain veut s'intégrer dans la vie complète de sa province, il lui faut changer de langue ou accepter de vivre culturellement, entre autres, en marge de la majorité. Il court ainsi le risque de se trouver exposé au danger de l'élitisme intellectuel qui mène obligatoirement à l'isolement et à la perte de contact avec la réalité. Mais, la simple observation démontre que l'isolement n'est pas étanche et que la radio et la télévision, la technologie, la vie sociale inhérente à tout être humain sont des facteurs qui attirent le Franco-Manitobain ailleurs. La seule solution à la portée de la SFM est donc de mettre plutôt l'accent sur les services en français dans tous les domaines, tout en se servant de l'élan émotionnel positif et du sentiment de légitimité que la Cour suprême du Canada a donné aux Franco-Manitobains. Ces demandes de services doivent se faire avec toute la ténacité héritée du passé. Le dialogue se doit également d'être à deux volets: gouvernemental et communautaire. Car, à toutes fins pratiques, c'est le peuple qui doit bénéficier, individuellement et collectivement, des services gouvernementaux.

Faudrait-il du même coup, une Loi des Langues officielles, à l'image du gouvernement fédéral?

> Si une loi des Langues officielles se conçoit aisément, il n'en demeure pas moins qu'elle se révèlerait une vraie chimère, au plan sociologique. [...] La minorité française n'a pas le poids qu'il lui faudrait pour que des mesures spectaculaires soient prises à son égard. [...] Pour l'instant *la paix des langues* ne passera pas par le bilinguisme officiel.[7]

La SFM préfère opter pour des services spécifiques, précisés par des lois provinciales qui, par la suite, seraient encadrés par

une Loi des langues officielles, comme la réunion annuelle l'a
demandé.

> Attendu que le Bill 2, qui doit être présenté très
> prochainement au sujet de la section 23 de l'Acte du Manitoba,
> est insuffisant, la SFM devrait entrer dans toutes les démarches
> nécessaires afin de gagner un acte des langues officielles, ici au
> Manitoba, comme celui adopté par la fonction publique fédérale
> et pour la fonction publique provinciale au Nouveau Brunswick,
> avec le but de garantir que tous les services gouvernementaux
> provinciaux seraient offerts dans les deux langues officielles.[8]

Car il y a un autre élément qui entre dans la réflexion de la SFM:
il faut garder au Manitoba tous ces francophones bilingues qui
pourraient faire carrière ailleurs qu'au gouvernement fédéral. Encore
une fois, il s'agit davantage de réorganiser la vie sociale que d'avoir
d'abstraites revendications politiques:

> Notre conclusion: que l'usage de la langue française soit
> pour les Franco-Manitobains une manifestation de leur identité
> collective et que le gouvernement du Manitoba reconnaisse à ces
> Franco-Manitobains la volonté d'assurer la qualité et le
> rayonnement de leur langue.[9]

Le gouvernement Lyon, de son côté, comprend que l'application
de la décision de la Cour suprême veut tout d'abord dire la traduction
d'environ dix mille pages de statuts officiels, un nombre inconnu de
règlements et d'autres documents du genre. Et selon le procureur
général Mercier, ce travail déterminera s'il est nécessaire d'avoir la
traduction simultanée en Chambre et dans les journaux de l'Assemblée
législative. Le gouvernement continue d'employer l'argument qui a
toujours prévalu du côté conservateur et qui deviendra un leitmotiv:
tous les membres de la Législature comprennent l'anglais et seulement
5 pour cent de la population est francophone. Le premier ministre Lyon
et ses collègues préconisent une application restreinte du jugement et
de la loi. Mais les services que veulent les francophones vont plus loin
que la traduction simultanée en Chambre. Le gouvernement choisit
de ne voir qu'un pan très limité des revendications, préférant ignorer
ou choisissant d'oublier qu'il lui revient de redresser les torts causés
par ses prédécesseurs. En ne donnant pas pleine satisfaction aux
Franco-Manitobains le gouvernement prend, dans le contexte national

qui parle du référendum au Québec, le risque d'alimenter les sentiments d'aliénation des francophones.

Georges Forest et son avocat suivent la chose de près car trois ans
de luttes pourraient aboutir à une impasse. Il est question de poursuivre
en justice le gouvernement provincial pour le forcer à appliquer le
jugement de la Cour suprême du Canada. La SFM laisse entendre
que Georges Forest n'aura pas son appui. En effet, le président de la
SFM, René Piché, affirme être satisfait des efforts du gouvernement.
Les Franco-Manitobains sont aussi des contribuables qui veulent le
bien général.[10] La SFM se doit de négocier le dossier des services
gouvernementaux sur le plan politique et tout cela dépend de la bonne
volonté et de la vision des hommes politiques.

Ces derniers, de leur côté, ne prétendent pas mécontenter la
population francophone, mais sont persuadés que l'implantation de
services en français prend du temps. Le procureur général Gerry
Mercier le dit, lors de l'Assemblée annuelle de la SFM, le 23 mars 1980.
Il y a une pénurie de traducteurs qualifiés, mais le gouvernement réitère
son intention de consacrer un demi-million de dollars à la traduction
de lois pertinentes.

En avril 1980, un projet de loi prévoyant l'usage du français et de
l'anglais à la législature et dans les tribunaux est présenté. La SFM
fustige le gouvernement, estimant qu'il aurait mieux valu ne rien
présenter plutôt que ce projet.

Le projet de loi a une particularité qui pique les francophones: la
copie anglaise ou française du projet de loi aura priorité, mais cela
dépendra de la langue de rédaction du projet de loi et de la copie qui
aura circulé. Le projet de loi 2, dans l'esprit des législateurs
manitobains, doit annuler la législation de 1890. En présentant un
projet de loi aussi limité, le gouvernement ne redonne pas, loin de là,
son plein statut juridique à la langue française et fait clairement état
de ses intentions face à la minorité linguistique francophone. Le
redressement des droits historiques et constitutionnels est inexistant.
L'obéissance à la loi est réduite au strict minimum ce qui, en 1985,
s'avérera totalement insuffisant et inconstitutionnel. La volonté
politique de Sterling Lyon dans ce dossier, même s'il affirme annuler
la législation de 1890, ne trompe pas la SFM, qui déclare que le projet
de loi 2 n'est que de la "frime", une façon de se préparer aux

prochaines élections provinciales. La SFM juge sévèrement le gouvernement et l'accuse de manquer de leadership.[11]

La Loi 2 sera promulguée, en dépit de l'opposition, qualifiée de perverse par le gouvernement Lyon, des députés Laurent Desjardins et Pierre Adam.*

A cette époque le climat politique national est également tendu. La question référendaire a été posée aux Québécois et Ottawa est entré dans la campagne. Le gouvernement Trudeau, revenu au pouvoir depuis trois mois, s'oppose farouchement au concept de Souveraineté-Association, en demandant aux Québecois de voter non. Réunis à Lethbridge en Alberta, les premiers ministres des provinces de l'Ouest, Bill Bennett de la Colombie-britannique, Peter Lougheed de l'Alberta, Allan Blakeney de la Saskatchewan et Sterling Lyon du Manitoba désapprouvent également le concept. Petite goutte d'eau dans cette mer d'opinions négatives, la SFM laisse flotter un ''oui'' à la question référendair e, un ''oui'' qui choquera une partie de la communauté francophone qui reproche à la SFM de ne pas avoir sollicité de mandat dans ce dossier.**

De plus en plus, les Franco-Manitobains s'aperçoivent que le plan politique n'apportera rien de plus que le projet de loi 2. Le recours aux tribunaux devra être invoqué de nouveau et c'est encore par ce seul biais que le dossier pourra avancer. Car les avocats se posent bien des questions au sujet de l'application pratique et quotidienne de la décision de la Cour suprême, au sujet de l'Article 23.

> Never has a judgement of the supreme court deliberately been more silent on such an important effect of its ruling: never has such silence brooded more portentous in canadian law.[13]

---

*On le savait, nous autres à la SFM, que le Bill 2 était inconstitutionnel. Par contre, on ne voulait pas retourner en Cour suprême avec juste cette question là.[12] Cette affirmation faite par la SFM en 1986 démontre l'ampleur de la tâche qui attendait les francophones qui voulaient encore revendiquer dans le domaine constitutionnel en 1980.

**À plusieurs reprises, Gilberte Proteau dira, avec le recul du temps et de l'expérience, que le ''oui'' avait été mal compris, mais qu'il n'en était pas moins le fruit d'un analyse juste: plus le Québec est fort et plus les minorités linguistiques et constitutionnelles sont bien traitées et inversement. D'ailleurs le ''oui'' n'était pas un ''oui'' au séparatisme, mais un ''oui'' à la négociation de tout ce qui était considéré comme le contexte francophone pour l'ensemble du Canada.

Donc, si la Cour suprême n'a pas répondu à cet aspect de la question, le gouvernement provincial ne pense pas avoir à en devancer l'interprétation.

D'autre part, les avocats font remarquer que la Cour suprême du Canada n'a rien dit sur la validité des lois manitobaines adoptées uniquement en anglais de 1890 à 1979. Ces lois n'ont pas été adoptées, publiées et imprimées en anglais et en français. Quelle en est la validité constitutionnelle? La cause Blaikie avait inspiré une décision très claire dans le cas du Québec et des obligations de cette législature: elle se devait d'adopter, imprimer et publier ses lois dans les deux langues, et ce, en application de l'Article 133 de l'AANB. S'il y a obligation au Québec, n'y a-t-il pas obligation semblable au Manitoba? En d'autres mots, quelle est la nature exacte de l'Article 23, calque presque exact de l'Article 133 de l'AANB? Le verbe *shall* contenu dans le texte impose-t-il un devoir aux législateurs, ou incite-t-il seulement au bilinguisme législatif?

Rémi Smith, avocat, vice-président de la Société franco-manitobaine, a reçu le 10 octobre 1978 une contravention pour excès de vitesse. La loi manitobaine régissant le code de la route, *The Highway Traffic Act* est unilingue anglophone. Rémi Smith estime que cela est contraire aux obligations constitutionnelles imposés par l'Article 23.* Il comparaît en Cour provinciale le 13 juillet 1979 et en appel le 5 février 1980, en Cour de comté. Le juge Jewers rend une décision qui ne satisfait pas le futur avocat: en essence, le tribunal estime que l'Article 23 n'est pas obligatoire, qu'il appartient à la législature d'indiquer la nature des statuts (indicatifs ou obligatoires.) Si les législateurs constatent qu'en appliquant strictement cette distinction, ils rendent toutes les lois invalides, il leur faut donc appliquer le principe de la convenance et ne pas imposer d'obligation. C'est ce qui doit être fait dans ce cas-ci à cause des conséquences que cela aurait pour un public innocent.

> "In my opinion, S.23 of The Manitoba Act imposes duties in the nature of public duties upon the elected members of the

---

*Rémi Smith n'avait pas reçu par hasard une contravention. Bien avant la décision de la Cour suprême du 13 décembre 1979, un groupe de jeunes avocats franco-manitobains, parmi lesquels on retrouve Roger Bilodeau, savaient que, même si Georges Forest obtenait gain de cause, il faudrait encore que les lois soient traduites et que cela pourrait être un processus extrêmement lent.[15]

Manitoba Legislature, and those persons serving it, to enact, print and publish laws in both English and French and should be considered directory if the duties are not met, the result is not the invalidation of any acts done in breach of them, although the obligation to fulfill the duties still remains and those charged with the responsibility of carrying them out must be held accountable for any failure to do so.

The Manitoba Highway Traffic Act and, indeed, all provincial laws were passed for the benefit of all citizens of Manitoba and are obviously essential to the proper regulation and welfare of society in that province. The public had nothing to do with the failure of the legislature, and those serving it, to comply with S.23 of The Manitoba Act.

If the striking down of The Manitoba Highway Traffic Act (and the implication of a decision to do so being virtually all provincial laws passed since Confederation are invalid) would not create chaos, at the least it would lead to serious inconvenience to an innocent public. In my opinion, it cannot have been the intention of the Parliament of Canada that laws passed by the Province of Manitoba in pursuance of the powers conferred upon the provinces by The British North America Act, and otherwise properly and validly enacted, should be set at nought by the failure of the legislature and other public servants to comply with S.23 of The Manitoba Act.

The appeal is dismissed.[16]

Rémi Smith devra, pour des raisons personnelles, abandonner ses poursuites. Roger Bilodeau, sens le savoir, prendra la relève. En effet, le 29 mai 1980, Roger Bilodeau, encore étudiant en droit et depuis peu de retour au Manitoba, reçoit lui aussi une contravention pour excès de vitesse. La contravention est également unilingue et les motifs de contestation, sur le plan juridique, seront les mêmes.

...that the two statutes on which the charge was based — The Summary Convictions Act and The Highway Traffic Act — were invalid or inoperative because they had been printed and published in the English language only and not in both languages...[17]

Les motifs de Roger Bilodeau sont extrêmement clairs sur un autre plan:

J'ai été inspiré par l'Affaire Blaikie. Si j'avais raison, toutes les lois manitobaines étaient invalides, donc la Loi du Manitoba est un tigre de papier. Il s'agissait d'un problème provincial, un problème canadien même. Il fallait savoir ce qui pouvait être fait face à l'injustice qui a été commise envers les Franco-Manitobains pendant 90 ans. Il fallait que le Manitoba reconnaisse son histoire et prenne son avenir en mains.[18] [...] Doit-on patienter et attendre que la question [législative] devienne populaire pour les politiciens? En attendant qu'en est-il de la Constitution? Doit-on simplement ignorer l'intransigeance politique face à cette violation constitutionnelle vieille de 90 ans?[19]

Roger Bilodeau a un avocat, Vaughan Baird, qui du début jusqu'à la fin, travaillera sans espérer recevoir une rétribution quelconque. Il croyait à la cause poursuivie par son client, et en 1980, il fallait avoir beaucoup d'espoir pour entrevoir un résultat positif dans cette nouvelle affaire constitutionnelle.

La Société franco-manitobaine, de son côté, ne se mêle pas de l'Affaire Bilodeau:

Ceci résulte possiblement du fait que dès le départ, j'ai fait voir à la SFM que je préférais procéder par moi-même avec mon avocat, mais que je les consulterai, que je leur dirai ce que je faisais.[20]

En dépit des mois très difficiles qui seront son lot commun, la SFM ne poussera jamais Roger Bilodeau à abandonner sa cause. Les consultations se feront de part et d'autre. Pourtant la SFM, fidèle à sa stratégie passée, et tout en sachant que le projet de loi 2 est inconstitutionnel, aurait préféré intenter une action collective pour dépersonnaliser la question constitutionnelle et la rendre plus large que l'Affaire Bilodeau. Un aspect de la poursuite gêne la SFM: deux lois seulement sont remises en cause, de façon très spécifique, et c'est à la fois beaucoup et pas assez. De plus, la SFM a l'impresion que la communauté ne comprenait pas, au départ, l'Affaire Bilodeau.

Au début, c'était un Georges Forest No. 2.[21]

Il fallait bien cependant commencer quelque part et le jugement Jewers déjà rendu dans la poursuite de Rémi Smith ne présage rien de bon. Le juge en chef de la Cour provinciale Harold Gyles, est le premier à statuer, le 25 août 1980, dans l'Affaire Bilodeau. Il commence par faire un historique constitutionnel de la Loi du Manitoba. Par la suite, il se servira de deux décisions précédentes pour arriver à sa conclusion:

> "To paraphrase Chief Justice Deschênes, the constitutional guarantee established in Section 133 of the B.N.A. Act of 1867 has not been put in doubt for a century and the Court is led to dismiss the provision in the Manitoba Act which abrogates unilaterally this guarantee.
>
> While both the Blaikie Case in Quebec and the Forest Case in Manitoba dealt with the validity of provincial legislation dealing with language rights, there is a significant difference.
>
> With the Quebec legislation being ruled *ultra vires* we have left Section 133 of the B.N.A. Act of 1867 which provides for certain usage of the French language in the Province of Quebec. With the Manitoba language legislation being declared *ultra vires* we are again left with Section 133 which contains no reference to the use of the French language in the Province of Manitoba. For the reasons given above I find that the reference to this language use in Section 23 of the Manitoba Act of 1870 is not an effectual amendment to Section 133 of the B.N.A. Act of 1867 even though the act itself was validated by the B.N.A. Act of 1867.
>
> Even if the requirement of Section 23 of the Manitoba Act dealing with the printing of the acts of the legislature in both the English and the French languages were valid, it is my view that it would be directory and not mandatory.
>
> For these reasons I am dismissing the accused's motion.[22]

Roger Bilodeau portera sa cause devant la Cour d'appel du Manitoba qui rend son jugement le 7 juillet 1981. Le juge en chef, Samuel Freedman, se trouve de nouveau face à l'Article 23. Il se rangera aux côtés des juges Jewers et Gyles et déclarera l'Article 23 indicatif et non obligatoire, car le spectre du chaos législatif se profile de plus en plus à l'horizon.

> "One of the tests for determining whether a statute is mandatory of directory is the degree of hardship, difficulty, or public inconvenience that will result from treating it as mandatory.

The rationale for this approach is that the Legislature could not have intended widespread chaos to be the consequence of the non-compliance with a particular statute. Hence, to avoid this consequence of chaos, an intention will be imputed to the Legislature that the statute was directory in its effect, and not mandatory.

In the case before us the chaos that would result from declaring S.23 as mandatory or imperative would be monumental. Nearly a whole century of legislative enactments would have to be declared invalid. And who is to make such a declaration? Is it the Judges of the Court of Appeal for Manitoba? By what authority would they act? Would it be by the authority of The Court of Appeal Act,... That Act was first passed in 1906, but it was enacted in the English language only. A French version of the Act does not yet exist. If we cannot make the necessary declaration of invalidity, no one else in this Province can.

The Forest case is relied upon by the accused. It declared the 1890 Act to be inoperative and if affirmed the validity of S.23 of the Manitoba Act, 1870. But to who did M. Forest go for relief? He went to the Courts of this Province, all of them acting under statutory authority, but not one of them under the authority of a statute enacted in both languages.

I speak of the Courts because they are close to me. But what applies to them applies to everything else, all the way down the line. Virtually every statute in Manitoba is invalid, if we give to S.23 a mandatory effect. The result is indeed chaos...[23]

Le juge Alfred Monnin n'hésitera pas à rédiger un jugement de dissidence. Pour lui, tout est simple et, comme à son habitude, il ne mâche pas ses mots:

Je ne parviens pas à m'expliquer les difficultés que l'Article 23 semble poser à certaines personnes. Il est rédigé en un style direct mais clair qui n'exige aucune inteprétation. Il tient compte de l'histoire du Canada et du Manitoba...

Soutenir que l'Article 23 n'est qu'indicatif dans le but d'éviter les conséquences d'une déclaration d'invalidité des lois adoptées depuis 1890 c'est user d'un procédé qui serait valable dans d'autres contextes mais que l'on ne saurait appliquer à la présente cause. Toutes les lois adoptées seulement en anglais

depuis 1890 contreviennent à l'Article 23 de l'Acte du Manitoba,
mais il est matériellement impossible de remédier à cette situation
quant à celles qui sont antérieures à l'arrêt du
13 décembre 1979. Depuis cette date cependant, l'invalidité est
devenue inexcusable. La loi est claire: elle accorde des droits aux
citoyens et ces droits doivent être respectés...

Je n'ai pas le pouvoir d'ordonner au procureur général du
Manitoba de respecter la loi, ni celui de lui impartir un délai pour
faire traduire les textes législatifs en français. J'ai encore moins
le pouvoir de contraindre l'Assemblée à se conformer à ses
propres lois. Je dois donc me contenter de leur rappeler qu'ils
agissent illégalement. Il faut espérer que tout sera mis en oeuvre
pour assurer la traduction de l'ensemble des lois antérieures au
13 décembre 1979, en commençant par celles auxquelles on se
reporte le plus fréquemment dans la vie quotidienne. Quant aux
textes adoptés après cette date, ils doivent obligatoirement être
votés et publiés dans les deux langues.[24]

Tous les éléments du débat qui fera rage au Manitoba sont contenus
dans ces deux jugements opposés. Pendant des années, les deux points
de vue déborderont l'enceinte des tribunaux et se retrouveront
régulièrement en première page des journaux, empoisonneront la vie
parlementaire de la province et coûteront leur carrière à certains
politiciens. Plus grave encore, les débats révéleront un schisme profond
au sein du grand public manitobain qui ne comprend pas les enjeux
tels qu'ils sont délimités par l'Affaire Bilodeau.

Car que dit le juge Freedman, en substance? Tout d'abord que
l'un des moyens à employer pour connaître la nature d'une loi
(obligatoire ou facultative) est de mesurer les problèmes que créerait
une déclaration d'obligation. Ce n'est pas la première fois que le juge
Freedman recule devant une telle éventualité. Déjà, dans l'Affaire
Forest, il avait préféré ne pas envisager les conséquences pratiques d'une
déclaration d'invalidité constitutionnelle totale. En 1981, il préfère
penser que la législature de l'époque n'avait aucune intention
d'imposer, de façon aussi stricte, une obligation constitutionnelle, à
cause du chaos qui en résulterait, du non-respect de la loi. Il faut
répondre à cela que l'argument ne tient pas compte de la logique.
Pourquoi la législature aurait-elle envisagé l'éventualité du non-respect
de la loi? Quand une Assemblée législative promulgue des lois, c'est

pour qu'elles soient obéies et non pas ignorées pour des raisons de convenance. S'il apparaît que cela fait plus de 90 ans que la Loi est bafouée, on en revient automatiquement à l'argument du juge Dureault: "Fiat justitia, ruat caelum", "Que justice soit faite même si le ciel doit s'écrouler". Dans ce cas-ci, l'écroulement des cieux serait caractérisé par le chaos juridique et législatif. Et c'est cette éventualité qui fait frémir le juge en chef Freedman qui, par conséquent, prête, a *posteriori*, des intentions à la législature. Car, dit-il, qui peut déclarer que le chaos juridique et législatif s'est produit au Manitoba? En vertu de quelle loi? Une loi promulguée en anglais uniquement! Et le juge ne peut pas concevoir un jugement d'invalidité émanant de sa Cour, même si, en dernière analyse, il admet qu'un tel jugement rendrait toutes les lois du Manitoba invalides. "The result is indeed chaos," sans qu'il soit possible pour le magistrat d'envisager une solution pratique au problème constitutionnel tel qu'il est posé par Bilodeau.

Il est évident qu'une solution pratique passe par l'arène politique et le juge Monnin n'hésite pas à aller plus loin que son supérieur en

> admettant qu'il est matériellement impossible de remédier à cette situation quant à celles [les lois] qui sont antérieures à l'arrêt du 13 décembre 1979. Depuis cette date cependant l'invalidité est inexcusable.[25]

Le juge Monnin ne semble pas ignorer que, même après la promulgation de la Loi 2, les lois ne sont toujours pas présentées dans les deux langues. Même s'il n'a pas le pouvoir d'obliger les législateurs à respecter leurs propres lois, le juge Monnin peut quand même rappeler les chambres à l'ordre en exprimant l'espoir qu'il sera possible de trouver une solution à ce qui se dessine comme une impasse avec, comme victimes, les citoyens et leurs droits. Les deux points de vue face à la nature de l'Article 23 alimenteront la controverse publique et serviront des fins politiques, remettant en question, plus que jamais, la nature de la Confédération canadienne.

Le gouvernement Lyon, de son côté, commence à répondre aux revendications des francophones en annonçant, le 20 mars 1981, la création d'un Secrétariat des services en français. Le mandat, précisé le 4 septembre 1981, est clair dans les intentions:

> Advising and assisting government departments and agencies to provide french language services within the government of Manitoba.[26]

Roger Turenne, un Franco-Manitobain, est nommé pour diriger
ce nouveau service et il devra trouver une façon de:

> give substance to the government's announced intention of
> applying the spirit as well as the letter of the Supreme Court's
> ruling on bilingualism in Manitoba.[27]

Car le gouvernement estime qu'il faut procurer au moins quelques
services "in both official languages". Tout cela doit se faire dans une
approche "pragmatic, imaginative and [with] common sense" pour
l'application d'une politique: which I [Lyon] consider to be very
important for the Province of Manitoba."[23]

L'attitude du gouvernement Lyon est paradoxale par nécessité:
d'un côté, il se doit de promulguer la nouvelle loi qui déclare que
l'anglais et le français sont les deux langues officielles* et met sur pied
un Secrétariat des services en français; de l'autre, face à Roger Bilodeau,
il refuse le caractère obligatoire de l'Article 23 et donc bloque l'accès
aux services en français dans tous les domaines. Quoiqu'il en soit, le
gouvernement cherche à fournir certains services tout en n'ayant pas
une vision d'ensemble avouée, et tout en n'admettant pas ouvertement
que le jugement du 13 décembre 1979 crée certaines obligations
constitutionnelles.

Le service de traduction du gouvernement provincial a immédiatement vu ses effectifs grossir après le jugement de 1979, grâce en partie
au Secrétariat d'État et aux services du gouvernement québécois. Mais
cela ne résoud pas le problème bien simple qui se pose en termes
pratiques: par où commencer la traduction des lois? Le gouvernement
Lyon décide, là encore, de façon pragmatique et un système est établi:
le travail courant se fait au sein du bureau de traduction alors que le
matériel accumulé est traduit à l'extérieur. Lyon et ses ministres font
donc trois pas en avant avec la Loi 2: le Secrétariat des services en
français et la traduction sélective des lois et deux pas en arrière, avec
l'opposition à Bilodeau, et les lois unilingues sous couvert d'un esprit
pragmatique. Pourquoi devraient-ils évaluer la situation de façon
différente puisque les tribunaux manitobains leur donnent jusqu'à un
certain point raison? Il ne faut pas donner à l'Article 23 sa pleine force

---

*Pendant le débat sur l'Article 23, en 1983-1984, les conservateurs entameront une lutte
intense au sujet de cette définition juridique de l'anglais et du français et refuseront l'adjectif
qualificatif "officiel".

constitutionnelle car cela créerait le chaos juridique. Le *statu quo* demeure donc et les pas doivent se faire petit à petit. Le corollaire de cette attitude est cependant la motivation qui pousse Roger Bilodeau et la SFM à revendiquer. Les francophones peuvent, avec des jugements semblables se sentir comme des citoyens de seconde zone, riches d'un jugement de la Cour suprême du Canada qui ne leur donnait rien dans la pratique, riches d'un Article 23 qui ne leur donnait aucun des services auxquels ils aspiraient, riches de quelques lois traduites et d'un Secrétariat des services en français embryonnaire, mais citoyens de seconde zone aux yeux des tribunaux manitobains qui ne pouvaient, en toute conscience juridique, leur accorder ce que l'anglophone avait sans même y penser: une égalité juridique face à la Constitution.

Néanmoins, il reste encore une étape à tenter grâce à Roger Bilodeau qui demandera à la Cour suprême du Canada l'autorisation de présenter son appel. L'autorisation est accordée le 15 novembre 1981. Le gouvernement Lyon ne mènera pas ce dossier jusqu'à Ottawa. En effet, le 17 novembre 1981, Howard Pawley et les néo-démocrates prennent le pouvoir. Gerry Mercier sera remplacé par un professeur de droit de l'Université du Manitoba, un "civil libertarian" du nom de Roland Penner. Le dossier de l'Affaire Bilodeau commence à passer de la couleur juridique à la couleur politique. Le dialogue peut commencer. Les francophones peuvent, en tous cas, l'espérer.

NOTES

1. Léo Robert - Réal Sabourin-entrevue accordée à l'auteur - 23 mai 1986.

2. Télégramme de Stephen Scott - faculté de droit de l'université McGill à Montreal - adressé au Lieutenant Gouverneur du Canada Edward Schreyer, 14 décembre 1979

3. Lettre d'Edmond Joly de Lotbinière, secrétaire administratif du Gouverneur général à Stephen Scott, 17 décembre 1979,
   et
   Lettre d'Edward Schreyer, Gouverneur-Général du Canada, à Stephen Scott, 19 décembre 1979.

4. Applying Language Laws, *Winnipeg Free Press* December 22, 1979.

5. *La Liberté*, 17 janvier 1980.

6. Piché, René, assemblée annuelle de la SFM, 22-23 mars 1980.

7.   Pour la reconnaissance linguistique et culturelle d'un peuple fondateur, Société franco-manitibaine, mai 1980, p. 19.

8.   Assemblée annuelle de la SFM, 22-23 mars 1980.

9.   SFM, mai 1980, p. 29.

10. Group may not back new Forest challenge, *Winnipeg Free Press*, February 21, 1980.

11. ''Window dressing' French bill hit, *Winnipeg Free Press* June 4, 1980.

12. Léo Robert, Réal Sabourin, 23 mai 1986.

13. A tiny step for french, *Winnipeg Free Press*, June 5, 1980.

14. Magnet, Joseph, Elliott, *Validity of Manitoba laws after Forest: what is to be done?* Manitoba Law Journal vol. 10, 1980, p. 244.

15. Rémi Smith, entrevue accordée à l'auteur, 3 juillet 1986.

16. Jewers, Co. Crt, J. in Deschênes, Jules, *Ainsi parlèrent les tribunaux, conflits linguistiques au Canada 1968-1980*, Montréal, 1980, p. 432.

17. Freedman, C.J.M. in *Chief Justice Samual Freedman: A great canadian judge*, Winnipeg, University of Manitoba Press, 1983, page 125.

18. Bilodeau, Roger, Entrevue accordée à l'auteur, mai 1986.

19. Bilodeau, Roger, Les droits des minorités linguistiques la judiciarisation des conflits linguistiques au Canada, *Les Cahiers de Droit*, vol. 27, no 1, mars 1986, p. 220.

20. Bilodeau, Roger, entrevue accordée à l'auteur, mai 1986.

21. Robert, Léo, Sabourin, Réal, entrevue accordée à l'auteur, 20 mai 1986.

22. Gyles, Harold, in Deschênes, *Ibid.*, p. 435.

23. Freedman, *op. cit.*, p. 127.

24. Tribune libre: Depuis le 13 décembre 1979, l'invalidité est inexcusable, *La Liberté*, 3 septembre 1982.

25. *Ibid.*

26. Lyon, Sterling, Inter-departmental memo, French language services, September 43, 1981.

27. *Ibid.*

28. *Ibid.*

Chapitre IX

De proposition en contre-proposition pour en arriver à une entente...

La langue française tient une place historique et constitutionnelle unique au Manitoba.

Le premier ministre Howard Pawley lors de l'assemblée annuelle de la SFM en 1982.

Le nouveau gouvernement provincial détient 34 des 57 sièges avec, à sa tête, Howard Pawley. Procureur général au moment de l'Affaire Forest, le nouveau premier ministre est considéré comme un leader qui cherche à obtenir, avant tout, un consensus dans les questions importantes. Sa campagne électorale a été menée sur un thème qui reviendra le hanter durant la moitié de son mandat: le gouvernement doit écouter le peuple qui doit se sentir fier, prêt à contribuer à la marche politique de la province. C'est également un gouvernement néo-démocrate qui a eu des votes substantiels des francophones et qui peut sentir une certaine dette politique.

Lorsque le gouvernement Pawley entame son premier mandat, la Constitution a été rapatriée et l'économie est au premier rang des préoccupations des électeurs. Il y a un dossier sur le bureau du nouveau procureur général: celui de Roger Bilodeau et du dernier jugement de la Cour d'appel du Manitoba, dossier qui doit se rendre en Cour suprême du Canada. La cause a été plaidée pour la province par Kerr Twaddle qui a réussi à imposer son point de vue à presque tous les juges de la Cour d'appel. Son principal argument n'est basé que sur des ''conséquences'': si l'Article 23 est obligatoire, c'est le chaos juridique, donc il faut reconnaître l'Article 23 comme facultatif, *shall* devient *may*. Le gouvernement néo-démocrate fait la même analyse que les Franco-Manitobains, même si les raisons sont différentes: la décision de la Cour d'appel du Manitoba signifie en clair que l'Article 23 ne contient pas de garanties constitutionnelles pour les francophones du Manitoba. De là à considérer le Franco-Manitobain comme un citoyen de seconde zone, sur le plan juridique tout au moins, il n'y a qu'un pas que les francophones ne sont pas les seuls à franchir.

Le gouvernement a deux options à sa disposition: continuer dans la même voie que ses prédécesseurs conservateurs, avec le même avocat ou bien changer de stratégie juridique et accepter le caractère obligatoire de *shall* tout en changeant d'avocat. Roland Penner choisira un élément de chaque solution pour en créer une troisième qui n'est pas une idée totalement neuve: un amendement constitutionnel.

Ce n'est pas la première fois que l'idée de l'amendement constitutionnel est avancée. En 1980, un professeur de droit de l'Université d'Ottawa, Joseph Magnet, avait examiné la validité des lois manitobaines après la décision Forest: s'il y avait un amendement constitutionnel, il fallait obtenir l'accord du gouvernement fédéral et il doutait qu'Ottawa acquiesce à ce genre de requêtes, il faudrait l'accord unanime des autres provinces. En dernière analyse, Joseph Magnet rejetait l'amendement constitutionnel en ces termes:

> Even if these supposed amendment difficulties be more perceived than real, still the suggested solution is reppellent. It is inappropriate for the government of Manitoba illegally to have disadvantaged Franco-manitobans and to seek retroactive validation of that action. It is especially shocking when one considers that Franco-manitobans are no longer sufficiently numerous politically to protect themselves. From the largest settlement of the Red River population in 1870, today they number just over

60,000 souls, roughly 6,6% of the province. Such an amendment
would be unfair, abhorrent to the moral sense.[1]

Au début de 1982, l'idée de l'amendement constitutionnel ne
semblera répugnante à aucune des parties impliquées dans l'Affaire
Bilodeau. De plus, la nouvelle Constitution canadienne permet un
amendement de ce genre sans avoir à demander le consentement des
autres provinces.

En janvier 1982, la SFM rencontre quelques membres du nouveau
gouvernement et présente, comme au gouvernement précédent, le
document *Vers des services en langue française*, rédigé à l'issue d'une consultation à grande échelle. Accepté d'emblée, le document, dont les
demandes vont des services en français dans les régions à forte concentration francophone au recrutement de personnel bilingue, permettra
au gouvernement Pawley de mettre en pratique certains principes
fondamentaux face au bilinguisme dans la province.

La SFM avait demandé au gouvernement Pawley un amendement
constitutionnel, semblable à celui du Nouveau-Brunswick, en se basant
surtout sur les articles 16 à 20 de la nouvelle Constitution canadienne
de 1981 qui s'appliquent aux législatures, aux tribunaux et à l'enseignement. (Voir annexe)

La SFM demande que les services en français soient inclus dans
cet amendement mais, à cette époque*, le gouvernement provincial
et la SFM ne semblent pas réaliser que toutes ces discussions pourraient
mener à une solution du problème constitutionnel posé par la contestation de Roger Bilodeau.

C'est alors que le constitutionnaliste Stephen Scott se manifeste
encore une fois dans le dossier linguistique du Manitoba. Il suggère
au procureur général Roland Penner un amendement constitutionnel
pour régler le casse-tête posé par l'Article 23 de l'Acte du Manitoba.
L'offre est prise au sérieux et Ottawa est consulté en mars 1982. De
son côté, la SFM a demandé à intervenir dans l'Affaire Bilodeau à la
Cour suprême du Canada. La demande est accordée.

---

*C'est aussi à cette époque que le juge en chef de la Cour suprême du Canada, Bora Laskin,
rédige la question constitutionnelle cernée par Roger Bilodeau et fixe son audience au 2 novembre 1982.

Le climat n'est cependant pas à la confrontation. Bien au contraire. C'est presque le calme avant la tempête. Gilberte Proteau constate, en passant les rênes de la présidence de la SFM à Léo Robert: ''Les temps n'ont jamais été aussi favorables.'' Le gouvernement de son côté, après avoir présenté son discours du Trône, où la question législative n'est pas mentionnée, ne reçoit pas trop de flèches, politiquement parlant, de la part de l'opposition conservatrice. Et sur le plan juridique, un procès se déroule totalement en français à la Cour de comté de Saint-Boniface. C'est aussi une première en Cour du banc de la Reine où une audience se déroule en français. Le processus dure seulement dix minutes, mais le juge Deniset qui préside se déclare heureux d'être le premier à avoir eu cet honneur. Toutes les parties en présence déclarent se prévaloir de leurs droits constitutionnels.

Le gouvernement Pawley va ajouter à ces éléments qui, petit à petit changent la société manitobaine, d'autres services qui sont demandés depuis des années par les Franco-Manitobains. Pour cela, il se rendra à l'assemblée annuelle de la SFM et consacrera, à toutes fins pratiques, le statut officiel du français au Manitoba en déclarant:

> Nous voulons être vos alliés... Que le sujet des relations entre les communautés française et anglaise au Manitoba ne soit plus un motif de désaccord politique, que le principe de services en français soit accepté des deux côtés de l'assemblée — chose inimaginable il y a quelques décennies, sont des signes révélateurs.

> ... Le gouvernement sortant avait entrepris la traduction des lois et créé le secrétariat des services en langue française, nous consoliderons également ces projets... Une raison claire et fondamentale est que la langue française tient une place historique et constitutionnelle unique au Manitoba... La mise en œuvre d'une politique des langues officielles n'est pas seulement une obligation, c'est une tâche qui nous tient à coeur, parce que la communauté franco-manitobaine est un élément vital, essentiel de notre grande province... Premièrement, dans les régions où est concentrée la population francophone, les services assurés par le gouvernement manitobain seront offerts, autant que possible dans les deux langues officielles... Deuxièmement toutes les lettres provenant du public, en français ou en anglais, recevront réponse dans la langue dans laquelle elles sont écrites... Troisièmement les formulaires, papiers d'identité et certificats émis à l'intention

du public, seront bilingues dans la mesure du possible... Quatrièmement les textes d'information du gouvernement destinés au
grand public seront soit bilingues, soit publiés dans les
deux langues, selon les goûts et la distribution prévue... Enfin, on
donnera la priorité, pour ce qui est de la mise sur pied de services en langue française, aux ministères qui ont les rapports les
plus étroits avec la population, et surtout avec les jeunes et les
personnes âgées.[2]

450 personnes lui répondent par une longue ovation qui laisse
présager des mois de bonne entente. Par ailleurs, le gouvernement,
toujours selon le principe politique du contrepoids, établit un Conseil
multiculturel dans la province. La SFM est cordialement invitée à faire
partie du conseil d'administration.

Les réactions du côté francophone sont positives:

La SFM se félicite d'avoir accompli son travail au cours des
dernières années dans la lutte pour les services en français, mais
il ne faudrait surtout pas oublier ceux qui, sans avoir les mêmes
outils, ont combattu dès le début, sans oublier ceux qui, dans un
passé récent, ont combattu, parfois en solitaire, pour obtenir que
leurs droits de francophones soient reconnus au Manitoba.[3]

La presse anglophone, de son côté, note que les conservateurs
peuvent dire adieu aux sièges à l'est de la rivière Rouge, que les relations se portent décidément mieux qu'avec le précédent gouvernement.
Mais, surtout, on note que la peur du bilinguisme provincial des
conservateurs aura été exagérée.

Mr. Pawley has walked in where the tories feared to tread,
it didn't hurt a bit.[4]

Le gouvernement va encore plus loin que ne l'imaginent les éditorialistes. Penner a en effet décidé de rencontrer le ministre fédéral
de la Justice pour discuter de la possibilité d'un amendement constitutionnel. Il en prévient Stephen Scott en lui demandant des suggestions.

Lorsque le procureur général rencontrera le ministre de la Justice,
il aura en mains deux documents importants sur le plan constitutionnel. Le premier émane de Scott qui suggère une formule de validation
des statuts, des lois secondaires, des journaux et des procès-verbaux,
au cas où il serait nécessaire de remédier au manque de versions

françaises; il y a également des mécanismes prévus pour la préparation et la promulgation de traductions des statuts, des lois secondaires, des journaux et des procès-verbaux. Enfin, un dernier article traite du temps limite: vingt ans pour les statuts et les lois secondaires et dix années de plus pour les journaux et les procès-verbaux, tout en acceptant qu'il soit peut-être nécessaire d'accorder un plus long délai pour la traduction. Le temps a moins d'importance que le redressement des droits spoliés: pour Stephen Scott, qui représente dans ce cas-ci le *Positive-Action Committee* du Québec, les principes qui sont en jeu sont d'une importance symbolique pour la Confédération canadienne. Scott estime aussi que l'Affaire Bilodeau doit se poursuivre devrant les tribunaux, même s'il y a un amendement constitutionnel, pour permettre aux Franco-Manitobains d'obtenir la justice recherchée. Enfin, Scott suggère à Roland Penner une action bilatérale, en vertu de l'article 43 de la Constitution de 1981,* ou si le Sénat refuse, en vertu de l'article 47 de la même loi,** devant la Chambre des communes seulement.

Penner a également en mains un mémo signé par Kerr Twaddle, l'avocat qui a porté le dossier gouvernemental dans l'Affaire Forest et l'Affaire Bilodeau et qui n'a pas été remplacé depuis l'arrivée au pouvoir des néo-démocrates. Twaddle a analysé les conséquences de la contestation Bilodeau et les options possibles et il estime que le gouvernement peut choisir entre deux attitudes:

Aller de l'avant avec la cause Bilodeau en espérant que la Cour suprême décrète que l'Article 23 est facultatif seulement là où l'obligation de traduire est inapplicable; même si la Cour trouve que l'Article 23 est obligatoire, elle pourrait également estimer que les lois sont valides en vertu du principe de nécessité. Twaddle croit que, dans les deux cas, le Manitoba serait dans la même position que si un amende-

*43. Les dispositions de la Constitution du Canada applicables à certaines provinces seulement ne peuvent être modifiées que par proclamation du gouverneur général sous le grand sceau du Canada, autorisée par des résolutions du Sénat, de la Chambre des communes et de l'assemblée législative de chaque province concernée. Le présent article s'applique notamment: *a*) aux changements du tracé des frontières interprovinciales: *b*) aux modifications des dispositions relatives à l'usage du français ou de l'anglais dans une province.

**47. (1) Dans les cas visés à l'article 38, 41, 42 ou 43, il peut être passé outre au défaut d'autorisation du Sénat si celui-ci n'a pas adopté de résolution dans un délai de cent quatre-vingts jours suivant l'adoption de celle de la Chambre de communes et si cette dernière, après l'expiration du délai, adopte une nouvelle résolution dans le même sens. (2) Dans la computation du délai visé au paragraphe (1), ne sont comptées les périodes pendant lesquelles le Parlement est prorogé ou dissous.

ment constitutionnel était approuvé, mais sans aucune garantie constitutionnelle pour des droits linguistiques additionnels; enfin, si la Cour décidait que toutes les lois sont invalides (ce que ne croit pas Twaddle), il est presque certain qu'une façon de rendre les statuts valides serait trouvée.

— la deuxième option envisagée par l'avocat est un amendement constitutionnel dans le but d'empêcher, autant que possible, le chaos juridique et législatif en cas de décision inverse. Cela reviendrait, estime-t-il, à accepter qu'à l'avenir la promulgation soit obligatoirement bilingue et à accepter de garantir l'élargissement des droits linguistiques. Un tel amendement devrait avoir l'approbation du gouvernement fédéral et de la Société franco-manitobaine. L'avocat estime qu'il y a un problème de temps en raison des impératifs de la Cour suprême, ce qui voudrait dire que le gouvernement devrait tout de suite aller de l'avant. Cela n'empêcherait pas Bilodeau de continuer sa poursuite s'il pense que l'Assemblée législative n'est pas légalement constituée pour adopter un amendement constitutionnel.

Si Bilodeau décide de ne pas poser ce geste, n'importe qui peut décider de s'en prendre à la validité de la résolution de la législature. Aux yeux de Twaddle, il est possible de contourner ces difficultés en demandant au gouvernement fédéral de placer un renvoi en Cour suprême. L'avocat estime que le gouvernement ne devrait pas aller de l'avant avec les deux options en même temps mais que cela ne devrait pas empêcher les discussions entre Ottawa et le gouvernement provincial. Il a consulté les propositions de Scott et il estime que toute cette traduction est un fardeau inutile. Il est également en désaccord avec l'attitude à adopter face à Bilodeau.

Penner décidera de continuer et d'explorer les possibilités d'un amendement constitutionnel. Un comité sera mis sur pieds pour rédiger une ébauche qu'il proposera aux membres du Cabinet. Il reçoit l'autorisation de rencontrer la Société franco-manitobaine. Cela se fera le 17 juin 1982. Mais, déjà, la SFM pressent que le gouvernement provincial a entamé des pourparlers avec Ottawa. Les négociateurs francophones auront un choc en voyant la première ébauche gouvernementale qui dit, aussi brièvement et brutalement que possible:

1. Sec. 23 of the Manitoba Act, 1870 is repealed.

Néanmoins, puisqu'il faut une base de négociations si on veut en arriver à un accord, des ébauches sont faites. La première, en sept points, ne parle pas de services, ni de traductions, mais confirme que l'anglais et le français sont les deux langues officielles du Manitoba. La SFM rencontre tout d'abord les avocats francophones et les anciens présidents de la SFM. Tous recommandent que l'Article 23 soit conservé intact et que l'enchâssement se fasse au sein des articles 16 à 20 de la Constitution canadienne. Les deux ministres francophones du cabinet provincial, Laurent Desjardins et Gérard Lécuyer, ont une réunion d'information avec la SFM. Le 4 août, nouvelle ronde de consultations avec les avocats francophones et le 5 août avec les anciens présidents. Une contre-proposition est présentée et elle contient des clauses touchant les tribunaux, la traduction et les services.

Les négociations iront en dents de scie, avec une discrétion qui sera souvent qualifiée de cachotterie. Au mois d'août, par exemple, on apprenait que le gouvernement abandonnait publiquement son projet d'amendement car la SFM refusait de se défaire de l'Article 23 de 1870. Penner se voyait donc dans l'obligation de se présenter en Cour suprême en novembre, tout en indiquant son intention de continuer la traduction des lois et son désir d'ajouter un amendement qui accorderait un délai de cinq ans pour compléter la traduction déjà commencée. Cela n'empêche pas des pourparlers avec Ottawa afin d'étudier la question de l'enchâssement constitutionnel. Un comité d'étude est mis sur pieds et doit examiner les demandes de base des francophones qui veulent une loi traitant du bilinguisme, des services bilingues, un enchâssement constitutionnel pour que les Franco-Manitobains soient reliés de cette façon aux autres communautés canadiennes-françaises et que toutes les lois de Manitoba soient valides, que l'Article 23 soit considéré comme obligatoire et qu'il soit conservé intact avec un mécanisme d'application pour les services.

Sur le plan provincial, le gouvernement décide, au mois d'octobre, d'impliquer Bilodeau, à un niveau consultatif, dans les négociations. Le fait que ces dernières se tiennent dans la plus grande discrétion irrite certains membres de la communauté et des éditoriaux commencent à paraître ici et là:

> Mais qui est concerné par cette affaire? Léo Robert a expliqué que la SFM avait décidé, en accord avec le procureur général, de ne pas rendre la proposition publique. Donc, ''on en parle à

ceux qui le demandent'', sauf la presse, bien entendu. Car il resterait des choses à négocier... Mais qui a avantage à tenir la chose secrète? La SFM? Cela reste à voir. Le procureur général Penner? Certainement.

Lorsqu'il y a du millage politique à faire, comme c'est le cas pour la création du Conseil multiculturel provincial, on n'hésite pas à délier les cordons de la bourse et à partir en tournées d'audiences publiques dans toute la province; on consulte à gauche et à droite; on n'hésite pas à se déclarer publiquement en faveur de ce que les électeurs veulent bien entendre.

Mais dans le cas de la politique du bilinguisme, on garde un silence suspect. Il paraît donc difficile de comprendre pourquoi la SFM ne voudrait pas profiter d'un débat plus ouvert de la question.

Pour le président Léo Robert, les représentants de la communauté ont été élus pour prendre des décisions et, pour faire connaître leurs opinions, les membres de la communauté n'ont qu'à se rendre à l'assemblée annuelle de l'organisme.

Mais voilà; une question de cette importance ne devrait pas se régler sans informer la population. On ne veut pas un référendum. Non plus un autre ''oui'' au référendum. Il reste que Roger Bilodeau et Vaughan Baird nous donnent enfin l'occasion de faire de cette question constitutionnelle l'affaire de tous![5]

Pourtant, l'horizon semble s'éclaircir à la fin octobre. Une contre-proposition de Penner, garantissant l'intégrité de l'Article 23 de l'Acte du Manitoba et son caractère obligatoire, est suffisamment acceptable aux yeux de Bilodeau pour qu'il consente, le 26 octobre 1982, à reporter son cas en Cour suprême. Qui plus est, et point très important aux yeux de la SFM, le gouvernement provincial offre ''une clause de services'' là où le nombre le justifie. Mais c'est là où le bât blesse pour certains:

... la phrase ''là où le nombre le justifie'', risque de détruire, si acceptée telle quelle, l'essence même de l'amendement et de l'Article 23 lui-même.

Il en va de la conception de ce que c'est qu'un droit: il est reconnu, entier, ou pas du tout. Car il faut savoir à quoi s'en tenir. Accepter que le nombre détermine la nature du droit, c'est s'exposer inutilement aux caprices de la majorité. Et les Franco-Manitobains savent ce que cela veut dire.

Accepter une telle proposition ressemble aussi à accepter la vision d'une communauté qui est trop timide pour demander son dû et qui se renferme dans son ghetto (zone désignée bilingue). Avec les taux d'assimilation à la baisse et l'émergence de l'immersion, il importe de penser en fonction d'un certain développement de la francophonie au Manitoba. Quand on reconnaît un droit, on le fait pour cent ans, mille ans, et non pas pour les prochains six mois.[6]

Néanmoins, en dépit des attaques dont elles font l'objet dans la presse francophone, les deux parties continuent à négocier et le 7 décembre 1982 le conseil d'administration de la SFM et Roland Penner en arrivent à un accord: la communauté franco-manitobaine sera informée par le biais d'une assemblée générale et spéciale. La SFM a présenté au gouvernement une contre-proposition et une réponse doit être rendue en janvier 1983, peu avant la réunion publique.

La SFM part d'un principe légèrement différent de celui du gouvernement. Les francophones, en effet, ne négocient pas des droits, mais l'application de droits. La SFM est persuadée que la Cour suprême du Canada donnera raison à Roger Bilodeau. Le gouvernement provincial s'en tient à la dernière décision juridique qui donne tort à Roger Bilodeau et qui défavorise les francophones sur le plan des droits constitutionnels. Même si les points de litige concernent les délais, la SFM continue à envisager la solution d'un amendement à la Constitution canadienne en incluant le Manitoba dans les articles 16 à 20.

Le gouvernement provincial répond à la dernière proposition par une contre-proposition qui amène un élément nouveau: un mécanisme d'appel en cas de violation ou de négation des droits garantis est prévu. La SFM l'avait demandé en décembre 1982. Penner précise que le tribunal compétent dans ce cas sera la Cour du banc de la Reine. Elle pourrait même décréter s'il y a eu violation ou non, quels sont les remèdes à envisager en spécifiant le terme ''demande importante'' et en décidant quel type de bureau ou d'agence du gouvernement doit fournir des services en français. Les négociations achoppent encore sur la nature du *hansard* (journal des débats à l'Assemblée législative, ci-après le hansard). Le gouvernement aimerait que le texte soit publié dans la langue parlée en Chambre, alors que la SFM tient à la publication bilingue traditionnelle. Les conservateurs reçoivent, le 17 décembre 1982, une copie des propositions constitutionnelles et, le 23 décembre 1982, la SFM rencontre le caucus conservateur.

La divulgation des propositions, notamment dans les médias francophones, commence à attirer des commentaires du public.[7]

Avant même la réunion publique du 15 janvier 1983, la SFM et le gouvernement savent que Georges Forest n'est pas d'accord avec le résultat actuel des pourparlers et que son opposition ne sera pas silencieuse. À la veille d'une réunion qualifiée d'historique pour la communauté franco-manitobaine, la SFM tente de tout mettre en œuvre pour que les accusations de cachotterie ne soient pas un handicap majeur pour faire accepter ou rejeter des mois de négociations. C'est pourquoi la réunion débutera par un historique, fait par Réal Teffaine, l'avocat-conseil de la SFM.

Par la suite, Léo Robert prend la parole et, à grands traits, trace le parcours des six derniers mois. Les détails et les différentes options sont exposés, mettant en évidence les points d'entente entre toutes les parties concernées:

— il faut négocier pour éviter le chaos juridique;

— il faut amender l'Article 23 qui a un caractère obligatoire;

— les services bilingues pourraient être inclus;

— les lois doivent être traduites en fonction de la révision officielle des statuts dans un certain délai;

— le français et l'anglais sont les deux langues officielles de la province.

Mais il y a aussi des points de désaccord:

Roger Bilodeau:

— Il faut préciser quelles lois seront considérées comme étant bilingues:

— les recours prévus ne devraient pas être limités aux services;

— la responsabilité de pénaliser le contrevenant est laissée à un juge et cela, aux yeux de Bilodeau est inacceptable.

Le gouvernement provincial:

— le *hansard*, qui existe depuis 1958 seulement n'a pas besoin d'être traduit:

— les services ne devraient pas être obligatoirement offerts dans toutes les institutions provinciales, notamment les municipalités, les commissions scolaires et les universités, mais plutôt dans les agences du gouvernement.

La Société franco-manitobaine:

— la législation et les règlements gouvernementaux devraient être disponibles dès 1990. (Le gouvernement préférerait 1995)

— la date d'entrée en vigueur en ce qui concerne les services est encore en litige.

L'opposition qui se manifestera au cours de cette réunion sera sans détour et fort vive. En effet, lors de la période de questions qui suit les exposés, Maurice Prince, président de l'Association des Pro-canadiens du Manitoba (association formée en 1980 à la suite du ''oui'' de la SFM au référendum québécois), accuse Léo Robert d'usurper le droit de représentation de la communauté:

La Cour suprême est là. Il suffit de voir le cas Forest. Que la SFM respecte donc le cas Forest plutôt que de le diluer. Penner est de connivence pour créer la confusion. C'est plus profitable de vendre que de défendre nos intérêts. Vous nous trahissez, vous n'avez reçu aucun mandat pour agir comme vous le faites.

Les accusations sont cinglantes et Léo Robert, y répond aussi complètement que possible en essayant de faire baisser l'émotivité qui règne.

Nous avons tout fait pour garder l'Article 23 intact. Des droits ne se négocient pas, des applications se négocient. Nous avons un mandat depuis mars 1982. Il sera réévalué en mars 1983. Si la communauté n'est pas d'accord, nous le saurons. Nous avons le mandat et nous le gardons.

Le fossé entre Maurice Prince et la SFM ne sera jamais comblé. Georges Forest n'est pas du tout d'accord non plus et il le dit sans ambages:

Cette réunion n'est pas une réunion de participation. La SFM n'est pas un porte-parole exclusif. Je vais préparer un dossier. Votre projet ne me plaît pas. Je vais faire appel à Jean-Robert Gauthier (député libéral d'Ottawa-Vanier à la Chambre des communes et grand champion de la cause des francophones hors Québec). Vous dites que l'Article 23 n'est pas affecté, c'est faux. Penner ne veut pas traduire ce qui se dit en Chambre. Les services ne sont pas des droits, ils découlent des droits. Quel est le prix de la justice? Vous êtes en train de créer des ghettos (en offrant des services là où le nombre le justifie). Si on reconnaît l'aspect bilingue de la province, ça veut dire qu'à partir du semestre prochain, on doit enseigner en français dans toutes les écoles. La discussion ne doit pas se terminer avant la fin mars.

Léo Robert ne peut que réitérer ses propos et les assurances déjà données. La réunion se terminera par une profession de foi du sénateur libéral Joseph Guay qui affirme que le gouvernement fédéral appuie à fond, financièrement entres autres, Roger Bilodeau (comme cela avait été le cas pour l'Affaire Forest.) La position peut surprendre en ce sens que le gouvernement fédéral a demandé, dans le document préliminaire présenté à la Cour suprême, que l'appel de Roger Bilodeau soit rejeté au nom du principe de la nécessité (*shall* est obligatoire mais les lois adoptées depuis 1890 sont valides à cause du chaos législatif et juridique possible).

Enfin, pour la seule et unique fois dans toute la crise qui va secouer le Manitoba en raison de ses poursuites judiciaires, Roger Bilodeau prendra la parole en public face à la communauté. Il expliquera les principes qui l'ont guidé dès le départ, son désir de voir une solution au problème constitutionnel, et surtout il exprimera le voeu que la communauté soit servie, que les privilèges auxquels elle a droit soient accordés sans restriction.

Il n'y aura pas de vote à l'issue de cette réunion d'information. Elle n'atteint pas la dimension ''historique'' que l'on attendait, car les négociations ne sont pas terminées. Dans la communauté, la tension commence à se faire sentir.

Les seize mois qui vont suivre vont être les plus agités, les plus controversés depuis la crise de 1890. La communauté franco-manito-baine sera secouée dans ses fondations, la question des droits linguistiques des Franco-Manitobains sera portée sur la place publique et jugée de façon telle que beaucoup en garderont un goût amer. Les Franco-Manitobains devront puiser au fond d'eux-mêmes les forces nécessaires pour poursuivre une lutte dont le rapport de forces sera souvent inégal.

Certains membres de la presse anglophone ne se privent pas d'accuser la SFM de pratiquer du chantage dans ces rondes de négociations. Un virulent éditorial de Peter Warren dans le quotidien *Winnipeg Sun* poussera la SFM à répondre devant les tribunaux. C'est que depuis le mois de décembre, les murs de certains édifices à Saint-Boniface se voient ornés de graffitis anti-francophones. Le 30 janvier 1983, les bureaux de la Société franco-manitobaine sont la proie des flammes et l'édifice est rasé. L'enquête prouvera que l'incendie était d'origine criminelle.[8]

Un comité anti-francophone voit le jour: le *Manitoba Unity Committee* dont le secrétaire B. Lockhart, dans une lettre envoyée à la presse, demande au ''peuple'' du Manitoba d'affirmer ses droits en renvoyant au gouvernement les permis de conduire ainsi que les formulaires d'assurances qui sont bilingues, car cela est ''une insulte.'' Ce genre d'attaques, ainsi que l'incendie des bureaux de la SFM, suscitent un mouvement de solidarité de la part des organismes francophones et des représentants de groupes multiculturels. De fermes conseils sont prodigués:

> Si la SFM veut prétendre que nous sortirons des temps difficiles plus unis, plus forts que jamais, il lui faut préparer immédiatement la stratégie pour élargir la participation [...] car si ''backlash'' il y a du côté anglais, c'est que la SFM est perçue, là aussi, comme ayant perdu le sens des réalités. Qu'elles soient correctement estimées ou non, les dépenses occasionnées par le bilinguisme institutionnel du Manitoba que négocient présentement la SFM et la province, sont difficiles à avaler tant chez certains francophones que chez certains anglophones. Qu'il faille à tout prix informer convenablement la population anglophone est évident. Mais dans les circonstances ce n'est peut-être pas suffisant. Il semble donc urgent que le premier ministre Howard Pawley fasse connaître les intentions de son gouvernement en termes de bilinguisme: qu'il précise l'ampleur des programmes, les échéances, et surtout les crédits qui seront consacrés à la traduction de documents et à l'embauche de personnel bilingue. Qu'il rappelle enfin pourquoi le Manitoba deviendra une pro-

vince où les francophones pourront se faire servir en français.
Même si cela n'éclaire pas les quelques malades qui rôdent dans
Saint-Boniface. [10]

Le 19 mars 1983, la SFM tient son assemblée annuelle pour
laquelle elle a invité le secrétaire d'État Serge Joyal à prononcer un
discours. Ce dernier ne se prive pas d'inciter le gouvernement Pawley
à adhérer aux articles 16 à 20 de la Constitution canadienne, articles
qui assurent l'égalité du français et de l'anglais dans les institutions
du Parlement canadien ainsi qu'au Nouveau-Brunswick. Et il encourage également les Franco-Manitobains:

> Ne soyez pas découragés... Ce que je vous demande c'est de
> ne pas lâcher. Continuez on sera là pour vous appuyer.

Personne n'abandonnera car l'étape finale est proche, même si,
en avril, encore une fois, les négociations achoppent.

Le temps presse car la deuxième audience de Roger Bilodeau est
prévue pour mai 1983. Le gouvernement fédéral intervient alors et c'est
ainsi que lors de son passage à Winnipeg le premier ministre Trudeau
peut, en français seulement, dire qu'il y a une entente. Cet accord est
tout frais et, lorsque Trudeau l'annonce, il en sait plus que certains
membres du Cabinet provincial. La SFM, le procureur général et le
ministre de la Justice ont conclu une entente de principe qui ne devra
pas être divulguée avant 10 jours. Le gouvernement provincial cependant, le même jour, demande à Roger Bilodeau d'ajourner son cas.

En Chambre, deux jours plus tard, Lyon demande à Pawley s'il
y a vraiment une entente constitutionnelle. Le premier ministre confirme qu'il y a eu une entente de principe qui a permis un ajournement de la cause Bilodeau prévue pour le 26 mai 1983. Lyon demande
alors, étant donné que les négociations ont été faites au vu et au su de
tout le monde, s'il serait possible d'avoir des audiences du comité
législatif pour permettre au grand public de faire valoir son point de
vue. Pawley promet de prendre en considération la demande des conservateurs. Au cours de l'échange, on apprend que Gerry Mercier,
critique responsable du dossier de la justice, a reçu, dès le 17 décembre
1982, une copie des propositions. Les conservateurs veulent cependant
que la discussion soit élargie, avant la ratification finale. Pawley se dit
prêt à trouver des moyens d'élargir la consultation et il présume que le
processus normal qui sera suivi permettra des audiences publiques. [11]

L'échange est bref, les questions pertinentes et les réponses suffisamment générales pour ne pas attiser la colère de qui que ce soit.
Le premier ministre se retranche derrière le fait que le procureur
général est au courant du dossier et qu'il est absent ce jour-là.

Penner est en Chambre le lendemain cependant et Gerry Mercier
lui demande de préciser la nature des conseils juridiques que le gouvernement provincial a reçu dans la cause Bilodeau. Penner déclare
qu'il ne croit pas que toutes les lois du Manitoba soient déclarées
invalides par la Cour suprême du Canada. Non, Penner voit plutôt
un autre risque, le seul à ses yeux, celui de voir la Cour suprême
imposer au Manitoba une ''obligation réparatrice'' étant donné que
les lois n'ont pas été adoptées, publiées, et imprimées en français. De
plus, dans la nouvelle Constitution, *shall* veut dire *shall* et non pas *may*.

> And given the historic facts in Manitoba, given the language
> of Section 23 of The Manitoba Act, which is a constitutional
> instrument, that it would be better to see if we could have a
> consensual to solution rather than an imposed solution.[12]

Et Penner insiste sur les avantages obtenus en termes de temps,
d'argent et de ressources humaines. Enfin, Mercier veut avoir quelques
précisions au sujet des recours devant les tribunaux dans le domaine
des services. Penner s'empresse de préciser que le document que
Mercier a reçu en décembre 1982 est différent de celui qui sera déposé
en Chambre le lendemain. Penner, comme Pawley, ne donne pas grand
détail, ne cherche pas à révéler plus qu'il ne doit. En faisant cela,
cependant, Penner perd l'occasion de placer le débat sur un plan plus
élevé, au niveau des principes. Au contraire, il parle d'argent, d'économies faites, de solutions imposées par la Cour suprême du Canada.
Lorsqu'il fera sa déclaration formelle en Chambre, le 20 mai 1983, il
parlera de principes, de redressement de torts, mais déjà il sera presque
trop tard. D'ailleurs, le contenu de l'entente est finalement dévoilé et
certains dans la communauté protestent contre la rapidité qui est
demandée pour entériner le résultat des négociations, alors que les
autres parties ont une semaine de réflexion. La SFM interpréterait un
refus comme un vote de non-confiance.

> Pourquoi alors vouloir cacher jusqu'à la dernière minute le
> texte de l'entente? Parce que, d'après Léo Robert, l'amendement
> définitif ne devrait être connu du public que lorsqu'il sera adopté
> par les trois parties.

Cela veut dire que les 30,000 francophones qui ne viendraient pas à la réunion du 24 mai seraient placés devant un fait accompli. Ils ne disposeraient pas des données de base pour décider de se présenter ou non à la réunion du siècle.

Malheureusement, il faut continuer à s'élever contre les réticences de la Société franco-manitobaine à dévoiler des informations qui nous intéressent tous. Le voeu émis par le président ''que chaque région envoie des représentants'' sonne creux dans le contexte de ''vous avez le dernier mot'' mais nous gardons les informations secrètes.[13]

La Liberté décide donc de publier, à quelques retouches près, le texte qui devra être discuté le 24 mai au soir, pour permettre une plus longue réflexion.

Le gouvernement provincial, de son côté, divulgue le contenu de la ''*Convention Canada-Manitoba sur la traduction en français*''

Le projet d'entente comprend:

— une proposition de modification constitutionnelle à l'Article 23 de l'Acte du Manitoba;

— trois accords subsidiaires de partage des frais entre les deux gouvernements;

— l'ajournement indéfini par la Cour suprême, tel qu'on l'a récemment annoncé, des procédures d'appel dans l'Affaire Bilodeau, lequel soutient que toutes les lois manitobaines qui n'ont pas été adoptées en français, sont invalides.

Les accords de partage des frais comprennent les points suivants:

— Le Secrétaire d'État fournira une somme allant jusqu'à 1,750,000 $, répartie sur huit ans, pour contribuer au financement de la refonte générale des lois du Manitoba dans les deux langues.

— Le Secrétaire d'État fournira une somme allant jusqu'à 400,000 $ ou son équivalent en assistance technique pour aider le gouvernement provincial à mettre sur pied la structure nécessaire pour que les nouvelles lois et les nouveaux règlements soient adoptés dans les deux langues officielles. Cette structure est déjà presque établie.

— Le gouvernement fédéral payera jusqu'à 200,000 $ avant le 1er janvier 1987 pour venir en aide aux municipalités qui, étant composées d'un nombre important de Franco-Manitobains, souhaitent d'elles-mêmes leur offrir des services en français. [14]

En Chambre, le procureur général cherche à se concilier la bonne volonté de l'opposition en concluant la présentation de la *Convention Canada-Manitoba*:

As the Premier stated in 1982, and I quote, ''It is significant that the subject of French-English relations in Manitoba is no longer a matter for political partisanship; that the principle of providing of French languages services is now accepted on both sides of the House.'' Translation of new and existing statutes was also begun by the previous administration.

This agreement then builds upon the foundations which were established and it recognizes that it takes time to build on those foundations. Franco-Manitobans are an essential and a vital part of our province and its diverse cosmopolitan culture. This agreement recognizes the unique place that Franco-Manitobans have in Manitoba as well as the province's constitutional obligations. I believe that it is an achievement of which all Manitobans can be proud. [15]

Cette fois, la réponse de l'opposition ne viendra pas de Gerry Mercier mais de Sterling Lyon lui-même, et ce qu'il dira reprendra, fondamentalement, tous les éléments du désaccord conservateur. Le chef tory a, depuis la veille, le document déposé par le procureur général et il fera aussi un bref historique, rappelant dans quelles circonstances son gouvernement a appliqué le jugement du 13 décembre 1979:

Non seulement dans un esprit de justice mais également de respect de la loi dans cette province: l'établissement d'un secrétariat de services en langue française a suivi ainsi que la traduction des lois, de la traduction simultanée et une cour francophone à Saint-Boniface. Some, I fear mostly zealots, would say that the work that was undertaken by the former Government, and the present Government, was not moving fast enough!

Vient par la suite l'Affaire Bilodeau et les jugements qui sont rendus démontrent l'absurdité de la position prise par Bilodeau. Est-ce que le gouvernement du Manitoba était tellement préoccupé par l'issue de la cause Bilodeau qu'il a préféré négocier quelque chose d'aussi onéreux que cette entente? Aucun tribunal au pays ne peut imposer l'impossible. Le gouvernement et ses avocats n'auraient pas dû craindre d'aller en Cour suprême du Canada parce que la Cour suprême ne permettra pas le chaos juridique.

Mais c'est la deuxième partie de l'entente qui est la plus préoccupante, celle qui comprend l'élargissement de l'Article 23 et qui va au-delà de ce qu'un tribunal aurait imposé. The courts cannot impose the impossible, any more than King Canute can hold back the tides.

L'amendement aura pour effet de rendre le Manitoba bilingue plus que ne l'aurait jamais fait l'Article 23. Section 23 did not make Manitoba a bilingual province. It provided for bilingual services to be provided in certain stated institutions in Manitoba, period, paragraph!

La clause concernant les recours aux tribunaux est dangereuse. That kind of court ordered bilingualism, sir, is in violation of our whole tradition of parliamentary supremacy in this country, and I can regrettably foresee the kind of social divisiveness arising out of this section, if it were ever to be implemented.

Nous avons essayé de façon raisonnable et juste, de restaurer les droits linguistiques de 6 pour cent des citoyens de cette province, mais nous devons faire attention de ne pas créer une tyrannie de la minorité, parce que c'est ce qui est déjà arrivé lors de l'implantation de la Loi des Langues officielles.

I suggest, sir, that the social fabric of this province cannot and should not be made hostage to what Chief Justice Freedman referred to in his judgement in the Forest case as ''intransigent assertion of abstract rights'' by language zealots. Il ne me semble pas voir là une négociation où le gouvernement du Manitoba, au nom du peuple, a essayé d'être juste avec l'ensemble des intérêts publics du Manitoba.

J'aimerais que l'on reprenne les négociations à zéro, car we do not want to see important, and we cannot afford to see, important constitutional changes of this nature going far beyond the import of Section 23 of the Manitoba Act, being made out of weariness or an inability to represent that totality of public interest and public opinion of all sections of our Manitoba community.

Aucune Chambre manitobaine ne peut imposer un changement constitutionnel et je suggère un renvoi devant le comité
permanent de la Chambre qui pourrait entendre des mémoires
et faire des recommandations. Toute autre avenue serait dangereuse car il n'y a aucune urgence pour avoir un accord. Mon parti
et moi-même sommes prêts à être insultés et traîtés de bigots.

I believe, in the end, Mr Speaker, that reason and fairness
will dictate the proper solution to this question, and we look
forward to working with all other members of the legislature
toward the solution.[16]

Et voilà. Tous les arguments sont avancés de part et d'autre. Roland
Penner parle d'économies, de temps gagné, d'anomalies législatives
avec tout ce que cela sous-entend de froideur. Le procureur général
parle à peine des droits spoliés des Franco-Manitobains en dépit de
jugements favorables et de jugements défavorables, tout autant que des
conséquences que cela a eu pour une collectivité toute entière qui n'a
cessé de revendiquer des services. Il ne place pas le débat au plan des
philosophies et des grands principes mais, avec bien de la prudence,
sur le plan financier.

L'opposition ne cherche pas non plus à s'élever plus haut que le
gouvernement, sachant exactement quel clou enfoncer dans le raisonnement: le nombre de francophones, les services déjà acquis, le bilinguisme et ce que cela veut dire pour la société, l'importance de la
démocratie dans ce genre de questions constitutionnelles, et même une
solution au problème des audiences publiques.

Les deux parties ont beau jeu car toutes les démarches gouvernementales ont été basées sur le fait que l'Affaire Bilodeau *pourrait* créer
le chaos juridique. Le gouvernement peut affirmer qu'il y a un risque
qui justifie une action, l'opposition n'a qu'à affirmer le contraire et
chacun semble oublier qu'il s'agit de droits promis ou dûs depuis
longtemps, mais pas encore respectés, que ce soit en Chambre, devant
un tribunal ou bien dans des agences gouvernementales avec un mécanisme d'appel en cas de violation.

Après tout, il y a toute une histoire de manquements. Chacun tire
à soi la couverture de l'économie, tous et chacun semblant oublier que
la société francophone de 1890 a été profondement affectée par une
loi promulguée de façon unilatérale, alors qu'il s'agissait de droits

constitutionnels garantis vingt ans plus tôt dans la Constitution même du Manitoba. Le gouvernement, comme l'opposition, ne mentionne pas que ce sont les francophones qui ont aidé à la fondation de la province et, qu'à titre de peuple fondateur, ils ont des droits qui ne sont pas des courtoisies.

Le 24 mai au soir, les Franco-Manitobains ont l'occasion d'entendre et de partager, avec beaucoup d'émotion à certains moments, les termes, qualifiés d'historiques par certains, qui ont été négociés par la SFM, le gouvernement provincial, le gouvernement fédéral, et Roger Bilodeau. Six cents personnes se présenteront à la salle Martial Caron, au Collège de Saint-Boniface.

La chaleur est accablante, mais cela n'empêchera pas les personnes présentes de demeurer dans la salle, s'asseyant au besoin sur les marches, en un contraste extrêmement frappant avec la réunion du mois de janvier pour laquelle deux cents personnes à peine avaient manifesté de l'intérêt. Le 24 mai 1983, c'est la soirée de réconciliation entre la SFM et Georges Forest; c'est aussi la soirée de l'espoir et de la découverte, pas après pas, clause par clause, de l'entente qui ouvre les portes de l'avenir. Durant trois heures, Léo Robert, Rémi Smith et Michel Monnin encouragent les personnes présentes à poser des questions, à débattre de l'accord. Léo Robert présente les choses telles qu'elles sont: dès 1870, le Manitoba était bilingue et grâce à l'entente fraîchement conclue, il redevient bilingue, ce que craint Sterling Lyon et ce que nie Howard Pawley et son gouvernement. Dorénavant, les Franco-Manitobains pourront, légalement et fièrement, parler français en dehors de leurs foyers, de leurs écoles et de leurs églises. Léo Robert ajoute qu'il est certain que le reste du Canada et surtout l'Ontario, suivront l'exemple du Manitoba, par esprit de justice envers les francophones de cette province.

Le vote sera de 576 contre 11, et la foule, à deux reprises, saluera le conseil d'administration de la SFM par une ovation debout, confirmant ainsi le bien-fondé des rondes incessantes de négociation et donnant un démenti à Sterling Lyon. Les Franco-Manitobains connaissent leur histoire et savent que l'entente qui a été conclue est primordiale pour leur avenir comme communauté, que rien n'est gagné mais que l'égalité législative, juridique et institutionnelle est plus proche qu'elle ne l'a jamais été. L'opposition en Chambre, et en dehors de la Chambre, le sait également et la crise qui suivra provoquera presque le chaos, tellement craint au départ. Chacun des groupes impliqués jouera sur le même argument, de façon différente, mais le résultat ne tardera pas à devenir évident aux yeux des principaux acteurs: la défaite dans le bruit et la fureur, pour ceux qui voulaient se mettre à l'heure de l'histoire canadienne, bilingue et culturelle, ou la victoire pour ceux qui ne pouvaient pas concevoir le droit au changement, ou plus précisément à l'ajustement.

NOTES

1. Magnet, Joseph, *Validity of Manitoba Laws after Forest; What is to be done?* Manitoba Law Journal, vol. 10, 1980, p. 251.

2. Pawley, Howard, discours prononcé lors de l'assemblée annuelle de la SFM, 21 mars 1982.

3. *La Liberté*, 25 mars 1982.

4. Defining french services, *Winnipeg Free Press*, March 23, 1982.

5. Dubé, Jean-Pierre, Enfin l'affaire de tous, *La Liberté*, 5 novembre 1982.

6. Dubé, Jean-Pierre, Pour cent et mille ans, *La Liberté*, 12 novembre 1982.

7. Kear, Allen, Quelles garanties la SFM a-t-elle reçues de la province? *La Liberté*, 14 janvier 1983.

8. Dubé, Jean-Pierre, Les négociations se font à deux, *La Liberté*, 11 février 1983.

9. Lockhart, B, A charade, *Winnipeg Free Press*, February 2, 1983.

10. Dubé, *Ibid.*

11. Debates and proceedings, Legislative assembly of Manitoba, May 18, 1983, p. 2878-2879.

12. Debates and proceedings, Legislative Assembly of Manitoba, Wednesday, May 18, 1982, p. 2909.

13. Dubé, Jean-Pierre, La décision de l'assemblée sera finale, *La Liberté*, 20 mai 1983.

14. Convention Canada-Manitoba, Manitoba Information services branch, sur la traduction en français, 20 mai 1983.

15. Debates and proceedings, Legislative assembly of Manitoba, May 20 1983, p. 2975.

16. Debates, Ibid., p. 2974-2978.

Le premier ministre Pawley et Gilberte Proteau, présidente de la Société franco-manitobaine lors de l'Assemblée annuelle de mars 1982. Le premier ministre vient d'annoncer un train de mesures visant à offrir des services à la population francophone. (Hubert Pantel, *La Liberté*, 25 mars 1982).

Janvier 1983: première réunion publique au Collège de Saint-Boniface. On reconnaît au micro Georges Forest. (Hubert Pantel, *La Liberté*, 21 janvier 1983).

Roger Bilodeau: ses revendications juridiques ébranleront le gouvernement Pawley. (Hubert Pantel, *La Liberté*, 27 mai 1983).

Mai 1983, salle Martial-Caron: dévoilement de l'entente de principe intervenue entre les gouvernements fédéral et provincial, la Société franco-manitobaine et Roger Bilodeau. (Hubert Pantel, *La Liberté*, 27 mai 1983).

Mai 1983, Michel Monnin, avocat, Léo Robert, président de la SFM, Rémi Smith, vice-président de la SFM, Joseph Magnet, constitutionnaliste, expliquent l'entente de principe à la foule présente à la salle Martial-Caron. (Hubert Pantel, *La Liberté*, 27 mai 1983).

Rémi Smith, avocat et vice-président et Léo Robert, président de la SFM: ils mèneront le dossier constitutionnel des droits des Franco-manitobains en négociant avec le gouvernement provincial, entre autres. (Hubert Pantel, *La Liberté*, 9 septembre 1983).

LE DERNIER MOT

POUR: 576
CONTRE: 11

L e président de la Société franco-manitobaine, M. Léo Robert, remercie sincèrement toutes les personnes qui se sont rendues à l'assemblée générale spéciale concernant l'Article 23 de l'Acte du Manitoba mardi soir dernier.

L e nombre imposant de personnes qui se sont déplacées pour assister à cette réunion démontre nettement l'importance qu'accorde la population franco-manitobaine aux services en français que lui assure le gouvernement provincial.

L a Société franco-manitobaine est reconnaissante de la confiance que lui a témoignée l'assemblée en ratifiant les dernières propositions sur l'élargissement de l'Article 23.

MERCI

Résultat officiel du vote sur l'entente de principe. (*La Liberté*, 27 mai 1983).

Chapitre X

L'été 1983

Après la présentation de l'entente en Chambre, on savait que c'était perdu. Ce fut davantage un dialogue de sourds avec le gouvernement après le 4 juillet 1983
Léo Robert- Réal Sabourin - Mai 1986

L'entente du 16 mai 1983 sera complètement dévoilée en Chambre le 4 juillet 1983. Mais, entre le 16 mai, date de l'annonce faite par Trudeau, et le 4 juillet 1983, les conservateurs tenteront de déceler par des questions en Chambre les points faibles du raisonnement avancé par le gouvernement provincial. Le plus souvent, c'est le procureur général Roland Penner qui doit répondre à la majorité des questions parce qu'il a dirigé les négociations. Une stratégie semble se dessiner du côté conservateur, une stratégie basée sur des arguments surtout politiques, plus rarement juridiques. Les points qui sont en litige ont des nuances qui peuvent paraître, à première vue, inutiles ou, en tout cas, futiles. Un examen approfondi révèle cependant que l'opposition conservatrice cherche, à longue échéance, à faire changer l'entente jusqu'à la totale disparition des gains faits par la SFM et approuvés par Ottawa et Bilodeau. De plus, les conservateurs tentent de déstabiliser le gouvernement aux yeux du public en le faisant paraître faible et pliant devant les *desiderata* d'une communauté qui ne représente que 6 pour cent de la population manitobaine, dépensier des deniers publics sans raison valable, irrespectueux de "la majorité silencieuse" que sont les autres minorités ethniques de la province.

Les flèches seront décochées et retournées là où cela compte, c'est-à-dire en Chambre. Les conservateurs veulent savoir combien de lois traduites en français ont été vendues depuis le début de la traduction des lois? Est-il possible également que le procureur général dépose, pour information, les opinions d'experts juridiques? Ce sera discuté avec le Cabinet. Est-ce que le gouvernement Lyon n'a pas fait tout ce qu'il fallait pour traduire les lois sans ressentir le besoin d'aller négocier avec le gouvernement fédéral, la SFM et Bilodeau? Après tout, la Cour d'appel du Manitoba a rendu des décisions favorables au gouvernement et *shall* est devenu *may*. Le gouvernement invoque constamment (et la justesse de l'analyse sera confirmée en 1985) la Constitution canadienne de 1982 qui imposerait une traduction des lois (qui se fait déjà) mais avec beaucoup de difficultés à cause de la rareté des traducteurs qualifiés. Alors, pourquoi élargir les services en français demande l'opposition? Nous ne faisons que poursuivre ce que faisait le gouvernement précédent:

> What the only difference is, these rights or these services rather, are being protected within the Constitution. However just looking at it in a blunt hard-headed way, it was part of a deal. It takes two to tango.[1]

La province est-elle bilingue, ou est-ce que l'entente va la rendre bilingue? Quel a été le statut du Manitoba depuis des années? La province était bilingue, avec les limites imposées par l'Article 23, mais depuis, les tribunaux ont interprété le mot "tribunal" comme comprenant les tribunaux administratifs avec des pouvoirs quasi-judiciaires. Ce que l'entente permet, c'est d'étendre aussi loin que possible, dans le processus institutionnel, l'interprétation de *shall* comme étant "obligatoire". Par contre, le bilinguisme n'est imposé à personne.[2]

Les périodes de questions sont agitées et le gouvernement s'en plaint quand, en fait, il ne s'agit que d'un chahut assez ordinaire, normal dans toute Assemblée législative. L'opposition ne peut qu'attaquer les propos gouvernementaux car, même s'il y a entente de principe, les négociations se poursuivent avec la SFM au sujet des lois à traduire et il n'y a rien de déposé par écrit. Par ailleurs, le gouvernement ne reçoit pas que des critiques au sujet de cette entente. Alliance-Québec, dont les membres seront souvent invoqués dans le débat, s'empressera d'envoyer une lettre de félicitations à Howard Pawley qui a eu:

> du courage et de la prémonition, et dont les actions minent les prétentions du gouvernement québécois actuel qui affirme que seul un Québec séparé et indépendant peut protéger les droits des Canadiens-Français.
>
> En acceptant d'amender la Constitution vous avez démontré, aussi fortement que possible, le désir que justice soit faite. Quand il s'agit de droits et de libertés fondamentales, il n'est jamais trop tard pour rendre justice et faire en sorte que les citoyens aient ce qui leur revient de droit. Et ces droits sont importants pour l'unité et la force du Canada. L'entente est une bouffée d'air frais.[3]

Monsieur tout le monde (en tout cas, celui qui écrit à la rédaction des journaux) n'est pas tout à fait du même avis.

> L'égalité linguistique mène à la dissension et coûte cher. Le bilinguisme au Canada est un français passable et un anglais bâtard comme celui de Jean Chrétien ou de Marc Lalonde. L'anglais est, sans conteste, la meilleure langue, à tous points de vue. Les Français ont récemment découvert que le reste du pays les avait dépassé dans tous les domaines sauf dans la production de bébés ou de prêtres. Ils ont alors désespérément fouillé l'AANB pour trouver des miettes juridiques.

> Ce qu'ils ont découvert dans les lois canadiennes et manitobaines n'étaient que les concessions destinées à leur donner le temps d'apprendre l'anglais. Je ne suis pas toujours d'accord avec Sterling Lyon, mais cette fois-ci il a raison.[4] [...]

> On recule de 100 ans quand on essaie de rendre le Canada bilingue. L'immersion française ne crée pas d'esprit de fraternité et de compréhension mais un système élitiste[5]

> [...] Le premier ministre Pawley est prêt à trahir les anglophones du Manitoba[6] [...]

Au Manitoba ce devraient être les Manitobains qui devraient décider si la province est bilingue ou non. Le gouvernement néo-démocrate n'a pas reçu de mandat populaire pour rendre la province bilingue. Si nous avons vraiment besoin d'une autre langue au Manitoba, ce serait l'ukrainien ou l'allemand, mais pas le français.[7]

Lors des discussions budgétaires, au début juillet 1983, les conservateurs continuent de présenter les mêmes objections à l'entente et de poser les mêmes questions au sujet de la nature bilingue de la province. Les réponses sont aussi sensiblement les mêmes. Le gouvernement ne comprend pas (et ne comprendra jamais d'ailleurs) l'insistance des conservateurs à refuser l'entente, notamment en ce qui concerne l'enchâssement des services en langue française. Le gouvernement rappelle constamment qu'il n'y a pas eu d'opposition lorsque les services ont été annoncés en mars 1982 à l'assemblée annuelle de la SFM.

La nuance est simple pourtant. Les conservateurs, ne veulent pas d'un enchâssement constitutionnel. Le gouvernement répète qu'il fallait bien donner quelque chose en échange de l'ajournement de la cause Bilodeau en Cour suprême. Penner, pour appuyer son raisonnement juridique, a déposé les opinions de Kerr Twaddle et de Dale Gibson. Les conservateurs s'en servent pour faire trébucher le gouvernement et lui demander, encore et encore, de préciser les pressions qui l'ont forcé à conclure, aussi rapidement et de façon aussi exhaustive, une entente aussi large.

Le temps a été un facteur, les conséquences d'une décision adverse, un autre. I don't believe in playing macho politics with the future of this province, and indeed the very existence of this province.[8]

Mais alors y a-t-il une garantie quelconque que personne n'ira, à l'avenir, remettre en question cette entente? Non. Le gouvernement tient, de plus en plus, à se démarquer de l'image de connivence, projetée par les conservateurs, avec le gouvernement fédéral.

Trudeau a bien été celui qui a dévoilé un pan de l'entente. Il n'en reste pas moins que l'entente n'est pas la Loi des Langues officielles de 1969, si difficilement acceptée dans l'Ouest. ''En fait Ottawa aurait du prendre exemple sur le Manitoba dans son approche pragmatique

et raisonnable''.[9] Mais, même si le gouvernement cherche à se démarquer d'Ottawa, les déclarations ministérielles fédérales ne laissent
aucun doute sur la nature bilingue de la province. Et, ajoutent les
conservateurs, quand on assortit un principe à un recours aux tribunaux, on ouvre la porte à la tyrannie de la minorité sur la majorité.
Mais, répond le gouvernement, un droit qui n'est pas appliqué n'est
pas un droit.

Les escarmouches se produisent sans plan apparent et précis, de
part et d'autre, parce que le gouvernement n'a déposé qu'une ébauche
de l'entente et ne sait pas encore quand le projet définitif sera déposé
en Chambre, ni sous quelle forme d'application. Les deux parties
s'observent comme deux pugilistes avant un combat, sachant pertinemment qu'il faut une victoire à tout prix et qu'il faut savoir, rapidement, quelles sont les faiblesses et les forces de l'adversaire, tout en
gardant un oeil sur la foule qui garantit l'avenir politique. Tant que
les conservateurs n'obtiendront pas le reste de la résolution en Chambre, ils continueront à tâter le terrain pour trouver la méthode la plus
efficace pour faire trébucher le gouvernement qui, de son côté, essaie
de percer le mur d'incompréhension qui le sépare de l'opposition. Les
néo-démocrates ressentent confusément qu'il est primordial, politiquement, d'obtenir un *modus vivendi* avec les conservateurs au sujet de
l'entente. Car l'électorat n'est pas complètement acquis en matière de
droits linguistiques, loin de là. Si les conservateurs sèment et récoltent
la tempête, ils ne seront pas les seuls à en subir les conséquences. Le
gouvernement donne l'impression d'avoir été extrêmement naïf face
à l'opposition, croyant que les troupes de Lyon ne joueraient pas avec
ce qu'il considère comme un principe sacré, le droit à l'égalité linguistique. La lutte menée par les conservateurs manitobains au sujet de
la Charte des droits, peu de temps auparavant, aurait dû les éclairer.

Mais, même si le gouvernement avait pu contrecarrer à l'avance
les objections pratiques des conservateurs, il n'aurait pu aller au-delà
de leurs objections philosophiques profondes. La première erreur
gouvernementale réside dans le manque de stratégie, une fois l'entente
de principe dévoilée. Pris de vitesse par Trudeau, le gouvernement passe
son temps à éteindre des petits feux allumés ici et là. La deuxième
erreur est d'avoir sous-estimé les sentiments et les passions que sou-
lèvent les questions linguistiques. Et, dès le mois de juin 1983, il est

clair que l'opposition sera féroce et que toutes les nuances de cette
opposition seront représentées.

La première pétition contre les actions gouvernementales viendra
du public et demandera que les Manitobains soient consultés sur le
caractère bilingue de la province. De plus, le caucus néo-démocrate
vit en son sein un désaccord de plus en plus public. Russell Doern,
député d'Elmwood, a envoyé 7 500 questionnaires à ses électeurs pour
savoir s'ils étaient en accord ou en désaccord avec les propositions
gouvernementales. Ses collègues sont furieux. Les conservateurs donnent un avant-goût de leur stratégie future en sortant de la Chambre
lorsque le gouvernement annonce qu'il refuse de reprendre les négociations pour accommoder les inquiétudes qui commencent à poindre.
Tout ce qui est offert comme solution est la promesse d'avoir des
audiences d'information, ce qui semble inutile aux yeux de Bilodeau
ou de la SFM, étant donné que la loi, telle qu'ils la conçoivent, doit
être suivie telle qu'elle est énoncée dans l'amendement.

Mais c'est la rébellion de Russell Doern qui causera à cette époque
le plus de dommages à la crédibilité gouvernementale. Même si son
départ du caucus néo-démocrate a été fait d'un commun accord et qu'il
est temporaire, il n'en reste pas moins qu'il révèle au grand jour plus
qu'une faille dans la stratégie gouvernementale et que ces failles révè-
lent tout un monde de contradictions et d'opposition. Doern, en fait,
partage l'opinion de Sterling Lyon et refuse l'enchâssement et les services en langue française. Combien de députés néo-démocrates se
sentent assez sûrs de leurs électeurs pour continuer à appuyer l'entente
passée avec la SFM et Ottawa? Il faut croire que Doern représentait
une partie de ses collègues lorsqu'on constate les reculades du gouvernement qui consent petit-à-petit à changer l'entente du 16 mai 83.

D'ailleurs à cette époque, le Centre de recherches d'opinion
publique du Secrétariat d'État publie les résultats d'un sondage qui
laisse présager bien des embûches pour le projet d'amendement constitutionnel. En effet, 52 % des Manitobains sont opposés au bilinguisme
aux niveaux fédéral et provincial, 39 % sont en faveur d'un bilinguisme
provincial, 40 % d'un bilinguisme fédéral, 55 % des répondants déclarent ne pas se sentir concernés par les difficultés auxquelles les francophones font face pour garder leur héritage culturel et linguistique.
Cependant, le sondage révèle que ces attitudes varient avec l'âge, que

l'opposition la plus forte vient des 45 ans et plus et que les plus jeunes favorisent un bilinguisme provincial (65 %) et fédéral (67 %). [10]

Les lettres à la rédaction publiées par la presse locale laissent entendre qu'il y a de fortes objections dans un certain secteur de la population:

> The people of Manitoba should be given an opportunity by the premier for a plebiscite. Why should one minority be given rights that every other minority cannot enjoy? [11]

On peut se demander pourquoi le gouvernement ne cherche pas à expliquer davantage l'amendement constitutionnel, laissant ainsi Russell Doern expliquer dans tous les médias les raisons de son opposition. Cette réticence à parler fait naître la crainte, et même, dans certains cas, la peur chez bien des Manitobains qui craignent entre autres pour leur carrière. En présentant l'entente, le gouvernement n'ignorait pas qu'il y aurait une opposition certaine au projet, mais lui-même ne cherche pas à appliquer la solution préconisée dès les premières heures du débat et n'explique pas grand chose. L'opposition joue son rôle, amenant dans son sillage une foule d'opposants qui ne devraient même pas se sentir concernés. Les municipalités sont un bel exemple de cette opposition collective. Exclues d'office de l'entente, 90 sur 200 d'entre elles ne se déclarent pas moins contre les propositions gouvernementales. Même le partenaire principal du gouvernement, la SFM, dès cette époque, sait que l'édifice patiemment élaboré au cours de longs mois de négociations est sérieusement en danger.

> Après la présentation de l'entente en Chambre, en lisant le Hansard, on savait que c'était perdu. Ce fut davantage un dialogue de sourds avec le gouvernement après le 4 juillet. [12]

Le 4 juillet 1983, le procureur général Roland Penner, se lève en Chambre pour présenter la résolution constitutionnelle amendant la Constitution du Canada. Il parlera longuement des motivations qui ont inspiré son gouvernement à conclure cette entente. C'est la première fois depuis la divulgation de mai 1983 que le gouvernement provincial a l'occasion de vraiment faire taire, une fois pour toutes, les voix qui s'élèvent contre l'entente et l'enchâssement.

Toute la Chambre est à l'écoute et a étudié cette résolution, enfin déposée pour discussion:

L'une des pierres angulaires de la Confédération, et sans laquelle la Confédération n'aurait pu survivre, est la préservation des droits linguistiques et culturels des anglais au Québec et des francophones au pays. Mais il y avait, et il y a encore, le problème des deux solitudes. Il y a ceux qui exploitent ces deux solitudes, ceux qui cherchent à nous diviser, ceux qui cherchent à nous séparer.

L'accord qui se trouve devant nous cherche à respecter la décision de la Cour suprême en 1979, lorsque la Cour a décrété que la Loi de 1890 était inconstitutionnelle. Lorsque Roger Bilodeau a entamé ses démarches pour contester la validité des lois manitobaines (point que n'a pas abordé la Cour suprême) et que je suis entré en fonctions, j'ai consulté des experts qui ont estimé qu'il était possible que nos lois soient déclarées invalides et qu'il y aurait le chaos juridique [...]

Il faut évaluer l'influence de la Charte des droits qui n'existait pas lorsque Bilodeau a intenté ses poursuites. Il serait très difficile, à mon avis, de croire que la Cour suprême puisse ignorer cette même Charte et décider que *shall* veut dire *may* [...] Cela détruirait la Charte qui existe depuis un an seulement. It did not seem likely to me that the Supreme Court, indeed would do that [...]

La proposition qui est devant nous est éminemment défendable et honorable et est une contribution significative à l'unité canadienne... [...] Canadian unity, Sir, is as much a Manitoba issue, indeed, I would say more a Manitoba issue, if one can regionalize it in that sense, than it is as sometimes supposed, a Quebec issue. [...] A ceux qui nous disent que nous devrions nous battre, je leur conseille de se reporter aux résultats donnés par cette attitude dans l'Affaire Forest et dans l'Affaire Blaikie. Cela donne un score de deux à zéro pour la Cour suprême qui pourrait très bien nous imposer une solution, un délai à la traduction. Et nous n'aurions aucune aide financière parce que la Cour suprême ne distribue pas ce genre de subventions[...]

La Cour aurait pu aussi nous donner raison et renvoyer Bilodeau dans ses foyers, et dans un cas comme celui-là, il n'y aurait pas de vainqueurs mais seulement des perdants. Cela porterait un rude coup à l'unité canadienne car cela ne donnerait aucune force à la Constitution. [...] It would be a Pyrrhic victory and we could all keep our hands warm over the ashes of constitutional guarantees.

J'aimerais rappeler aux membres présents qu'il y a eu en tout sept partenaires au cours des négociations qui ont mené à l'accord. Il y avait le gouvernement du Manitoba, Roger Joseph Albert Bilodeau, le procureur général du Canada, celui du Nouveau-Brunswick, la Société franco-manitobaine, le Positive Action Committee du Québec représenté par le constitutionnaliste Stephen Scott, appuyé par des éminences comme F.R. Scott. Les discussions tendaient vers un accord avec Ottawa, Bilodeau et la SFM. Certains ont cherché à savoir pourquoi la SFM? D'abord parce qu'elle fait partie de la poursuite. Ensuite parce qu'il y avait une tradition établie depuis des années et enfin parce que la SFM ne prétend par représenter tous les Franco-Manitobains, mais elle est l'organisation la plus représentative de la communauté franco-manitobaine. [...] Lorsque les négociations ont commencé, notre position était simple, nous avons dit: donnez-nous du temps, 8, 10, 12 ans et réduisez le nombre de lois à traduire de 4,400 à 400. Cette proposition fut rejetée. Comment? disaient les autres partis. De quoi parlez-vous? Cela est ridicule. Nous pouvons obtenir cela de la Cour suprême. Nous préférons tenter notre chance en Cour suprême. Vous nous demandez de vous donner quelque chose pour rien. Il n'y a pas de *quid pro quo*, pas d'échange. Vous n'êtes pas sérieux. C'est alors qu'une fois la question de l'échange soulevée, l'idée des garanties constitutionnelles pour les services en langue française, déjà fournis par le gouvernement, a été abordée, and that, then, became the key negotiating issue. The motion was accepted, by us in principle.[13]

Le procureur général détaillera les négociations et le contenu de la résolution, pas à pas, clause après clause, insistant sur la question des services qu'il estime, à tort, être la seule pierre d'achoppement pour les conservateurs. Pour parer aux objections de l'opposition, Penner énumère ce que le gouvernement Lyon faisait pour les francophones, pour ensuite faire le compte des agences gouvernementales qui devront se conformer à l'entente. ''The extention of services is really virtually nominal''.[14] Il parle de nombres, d'argent, de politique partisane (car le gouvernement Pawley pense avoir, dans le nouveau chef conservateur fédéral Brian Mulroney, un allié et un embarras pour les conservateurs

provinciaux), des anglophones du Québec, pour revenir à la question
de l'unité canadienne, la plus importante à ses yeux:

> Let us rise above narrow political advantage which, in any
> event, is illusory and transient. Let us pay that debt which we owe
> to our own history. Let us pay it with dignity. Let us pay it with
> responsibility. Let us rise above the negative and paranoïc politics
> of linguistic conspiracy. We hear too much of that. Let us surely
> rise above the trivialities and opportunism of turkey board
> politics.
>
> Let us tell Manitobans, you have nothing to fear. Let us tell
> Manitobans rather, you have everything to gain. You will have
> not only paid history's debt in a reasonable and an economical
> way, you have done something, we can say to ourselves and to
> Manitobans, you have done something for Canadian unity that
> will live long in history books, long after we have left this place
> of noise, strife and turmoil.[15]

L'opposition se taira et attendra une semaine avant de répondre.
Les fonctionnaires provinciaux sont les premiers à réagir en dépit des
assurances données par le gouvernement. L'opposition, certes embryonnaire, des fonctionnaires provinciaux sera la plus grande tentation
du gouvernement provincial. En effet, si les fonctionnaires de la MGEA
endossent la politique provinciale, l'opposition est muselée et perd un
de ses arguments les plus forts. Le gouvernement rencontre le président
de la MGEA, Gary Doer. D'autre part, le gouvernement entreprend
une campagne de relations publiques tous azimuts pour tenter de se
gagner autant d'alliés que possible. De son côté, la SFM rencontre le
caucus conservateur pour tenter d'obtenir un changement d'attitude
face à l'enchâssement. En dépit des rencontres avec le gouvernement,
les municipalités rejettent l'entente. 48 municipalités de l'Association
des municipalités urbaines du Manitoba et 162 de l'Union des municipalités du Manitoba se plaignent, en général, des coûts du bilinguisme
pour le contribuable. L'idée d'un plébiscite à ce niveau et au sujet de
l'entente commence à être de plus en plus souvent mentionnée.

Le gouvernement entame ses sessions d'information à Dauphin
et à Brandon et, si ces rencontres permettent d'entendre des professions
de foi et des explications, les arguments contre l'entente ne peuvent
pas convaincre le gouvernement d'abandonner l'enchâssement. Russell
Doern continue à s'opposer au gouvernement, demande un référen-

dum sur les services en français et accuse *La Liberté* d'attitude bigotte. En Chambre, il se plaint du président du caucus, Gérard Lécuyer, qui, depuis le 10 juin, lui a enlevé tout service de secrétariat. Les conservateurs prennent sa défense. Le président de la Chambre, Jim Walding, ne lui donnera pas raison.

Le 12 juillet 1983, le chef de l'opposition se lève en Chambre pour dénoncer la résolution constitutionnelle. Si son discours du 20 mai 1983 a semblé être pour le gouvernement un coup de tonnerre dans un ciel serein, la foudre frappe de façon évidente ce jour-là. Pendant trois heures et demie, Sterling Lyon va analyser, décortiquer chaque argument avancé par le gouvernement provincial et tenter, du même coup, de reprendre le contrôle de la situation.

> Nous avons devant nous le premier amendement constitutionnel sérieux depuis l'entrée en vigueur de la nouvelle Constitution canadienne. Cet amendement est particulièrement important pour la Chambre, bien sûr, mais aussi pour les futures générations de Manitobains. [...] D'autre part, une fois cet amendement enchâssé, il sera impossible de le changer, à moins de faire intervenir le Sénat et la Chambre. La façon dont nous procédons aujourd'hui déterminera les procédures futures et nous créons un précédent. C'est pourquoi nous demandons que toute cette question soit référée à un comité législatif pour permettre au public manitobain de se faire entendre. [...] Nous savons tous qu'il s'agit d'une question extrêmement émotive et de temps en temps, le premier ministre dit: ''C'est parce que les gens ne comprennent pas.'' Il serait si simple, pour que les gens comprennent, de renvoyer le tout à un comité législatif.

> ... Ces amendements ont été négociés par six ou sept parties: ils ne peuvent être changés et seront approuvés par cette Chambre après la tenue d'audiences d'information. Maintenant cette position a été changée et le gouvernement dit: nous allons référer le tout à un comité législatif mais pendant les travaux de la session. Cela veut dire qu'ils ont, petit à petit, compris l'importance des audiences publiques, mais ils veulent encore se dépêcher. Il s'agit là d'une façon d'agir impensable de la part d'un gouvernement qui se soucie peu de son serment de servir le mieux possible le peuple. Les amendements à l'Article 23 ne se feront pas à la hâte.[16]

Après avoir fait un historique de la question législative, Sterling Lyon en vient à la question de la validité des lois et d'un jugement possible.

A court, as that court aknowledges, cannot order the impossible. Je sais que cela est nouveau aux yeux d'un ''zealot'' comme le député de Radisson (Gérard Lécuyer)... In their coarse and guttural and bovine approach to this matter, all they have done is stirred up Manitobans, they haven't tried to explain anything and I'm attempting to explain to Manitobans how this incompetent government got themselves into this pickle that they are now.

[...] Il n'est pas évident d'après les jugements reçus et d'après les opinions données que nous ayons besoin d'une entente semblable. D'ailleurs, certains avocats ont déclaré que les poursuites de Bilodeau sont frivoles parce qu'on ne peut pas demander un état de chaos à la population manitobaine. [Les membres du gouvernement] sont d'accord pour enchâsser dans des conditions qu'un tribunal n'imposera jamais au Manitoba.

[...] Une entente était nécessaire au sujet de la traduction, d'accord, mais l'élargissement des services en français n'était pas nécessaire, alors le *quid pro quo*, le donnant-donnant dont parlait le procureur général, l'autre jour, est un règlement rigoureux qui est imposé inutilement au peuple du Manitoba. Ce gouvernement dit partout qu'à l'avenir, avec une entente semblable, plus personne ne pourra revendiquer, qu'il n'y aura plus de risques d'une autre Affaire Bilodeau.

Ce n'est pourtant pas ce que dit leur avocat. Quand est-ce que ce gouvernement va dire la vérité et admettre qu'il a négocié une mauvaise entente et qu'il ne fait pas ce qu'il laisse entendre dans sa propagande?

[...] Le procureur général n'a pas réussi, en présentant la résolution d'amendement constitutionnel, à prouver que le compromis avec Bilodeau était nécessaire. Il n'a pas réussi à nous convaincre. D'ailleurs, il aurait fallu que ce soit le premier ministre qui prenne la parole à ce sujet, pas le procureur général.

[...] Ce dernier passe son temps à parler du Manitoba comme d'une province bilingue. Pourtant lors des évaluations budgétaires, il a affirmé que le Manitoba n'était pas bilingue. That statement of Manitoba being a bilingual province just isn't true; it's not true historically; it's not true politically; it's not true legally. It has never been true that Manitoba was conceived as a bilingual province.[17]

Le chef tory donne ensuite un compte-rendu très détaillé du discours de Serge Joyal, lors de l'assemblée annuelle de la SFM:

C'est dans les propos de M. Joyal, qui auraient dû alerter tous les Manitobains, que nous trouvons une coalition entre les Trudeau et les Pawley de ce monde qui conduisent des négociations en secret, et cela laisse sous-entendre que le gouvernement fédéral a joué un rôle plus important que ce gouvernement socialiste est prêt à admettre. Ils essayent de nous faire croire que la SFM est le grand épouvantail de toute cette affaire. Si nous cherchons un motif à ces négociations, nous pouvons voir l'influence du gouvernement fédéral et je dis que nous ne pouvons pas ignorer ce rôle d'intimidation. This NDP socialist government has demonstrated that it is in bed with the Trudeau liberals on every count, on every negociation that they have ever had.

Les négociations ont été faites en grande partie en secret, ce qui est compréhensible, je suppose. Et la SFM a eu une réunion publique, la SFM est une société honorable mais ni meilleure ni pire que la Société St. Andrew ou St. David.

La SFM n'avait aucune raison juridique de négocier cet amendement, même si elle devait intervenir dans l'Affaire Bilodeau. J'ai l'impression que nous allons avoir un long débat (et j'espère que ce débat sera de haut calibre, juridiquement, politiquement, moralement, historiquement) par rapport à nos positions traditionnelles depuis le début de la Confédération.

Je le répète, la traduction est le seul aspect que le gouvernement provincial aurait dû négocier. Que cela ait besoin d'être enchâssé est un autre point que je n'aborderai pas ce soir. The rule of law is there and we have to obey it. Ce gouvernement s'est vraiment empêtré lorsqu'il s'est mêlé d'aller au-delà des demandes de la Cour suprême.

[...] Si l'on regarde l'entente clause par clause, on constate que 23.1 ne fait que revitaliser l'Article 23, mais ne rend pas le Manitoba bilingue; 23.7 et 23.8 rendent la fonction publique bilingue mais pas avant janvier 1987, c'est-à-dire d'ici quatre ans, une fois que ce gouvernement aura disparu de la scène et lorsqu'il sera trop tard, à cause de l'enchâssement, pour changer quoi que ce soit.

[...] Si nous lisons la Constitution canadienne et l'entente conclue, nous pouvons voir la ressemblance frappante entre les deux textes.

[...]Ce gouvernement se tait et ne dit pas qu'il demande à l'Assemblée législative d'approuver le statut officiel de l'anglais et du français... J'ai lu assez de jugements pour savoir qu'il s'agit là d'une déclaration générale qui rend la province bilingue... Est-ce que notre gouvernement a déjà dit que l'anglais et le français étaient les langues officielles du Manitoba? Non, parce qu'elles ne l'ont jamais été et ne l'étaient pas après l'Affaire Forest.*

[...] Does this government realize what it is doing? I am afraid they don't. I am afraid that in their zeal to accommodate Mr Trudeau, and to accommodate Mr Joyal, and to accommo-date the Franco-manitoban society, or anybody else who may come along and say "boo" to them, that they have, as I said before, they have not sold the farm, they have given the farm away!

[...] Le procureur général et le premier ministre ont écouté des "zealots" comme le député de Radisson (Gérard Lécuyer) et nous traitent de bigots, racistes, "rednecks", anti-franco-phones. Ils ont vendu les droits de futures générations.

[...] Tous les Franco-manitobains sont parfaitement capables de fonctionner en anglais et beaucoup d'entre eux sont capables de fonctionner en français seulement.

[...] Je trouve cette entente totalement inacceptable... A million people in Manitoba are being held hostage by a bad agreement entered into by this temporary government which does not understand the ramifications of what it's doing.

[...] As a matter of negociation I am sure the SFM asked for the entrenchment of bilingual rights, never expecting that any government would be such a doormat as to give it to them, but they found one.

---

*Sterling Lyon ne dit pas que la loi passée en 1980 par son gouvernement définit ainsi l'expression "langue officielle": 1. Dans la présente loi, "Langue officielle" désigne le français et l'anglais.

[...] Si le premier ministre a le courage de se lancer dans ce débat, ce qu'il n'a pas démontré jusqu'à présent, qu'il se lève maintenant, c'est un défi que je lui lance.

[...] Un dernier mot, si le gouvernement ne veut pas accepter des audiences en comité législatif, qu'il accepte donc une élection générale, laissons le peuple juger.[18]

En trois heures et demie, Sterling Lyon a jeté les bases de la défaite du gouvernement Pawley. La stratégie est simple: le gouvernement parle au nom du peuple et essaie de convaincre l'opposition; pour cela, le responsable du dossier, le procureur général, ira en première ligne; l'opposition, pour sa part, parle du peuple au gouvernement; et ce sera le chef de l'opposition, lui-même, qui le fera, pas son second, aussi bon soit-il. L'image de leadership doit être assez constrastante pour frapper l'imagination populaire. Lyon fait feu de tout bois, tentant de faire paraître le gouvernement faible, à la merci de forces extérieures et insensible aux besoins réels du public, donc mauvais négociateur. Lyon essaie aussi de faire reculer le gouvernement en demeurant intransigeant et en organisant un filibuster (manoeuvre parlementaire qui voit les députés parler chacun leur tour pour faire faire obstruction) sur une question de procédure.

Au cours des dix jours que dura l'impasse en Chambre, les cloches sonneront, les conservateurs sortiront en trombe ou refuseront carrément de se présenter en Chambre pour voter. Durant le filibuster les troupes conservatrices prennent la parole sur les thèmes développés par Sterling Lyon, le 12 juillet.

Quelques membres du gouvernement réagiront, d'une façon ou d'une autre. Gérard Lécuyer, président du caucus néo-démocrate, député de Radisson, sera l'un d'entre eux. Si son discours a paru naïf aux conservateurs qui ne cessèrent de le huer, il n'en avait pas moins les accents d'un francophone d'abord, d'un militant franco-manitobain bien sûr, mais aussi d'une façon de voir totalement différente des conservateurs, ou même de ses collègues anglophones. C'est lui qui saura placer le débat dans un contexte historique et qui donnera, en français, la version de la communauté au sujet de l'amendement constitutionnel. Ce faisant, il retrouvera des expressions, des phrases, des accents qui n'avaient pas vus le jour depuis 1890.

Toute cette question me touche évidemment de très près et préoccupe les Franco-Manitobains, puisqu'ils sont les premiers à être affectés. Cependant, à bien y penser, elle touche tous les groupes minoritaires du Manitoba aussi bien que ceux de tout le Canada... Comment le Manitoba traite la minorité officielle de cette province aura une grande répercussion sur tous les autres groupes minoritaires. Comment cette province respecte les droits des Manitobains d'expression française en dira long pour le respect des minorités qu'elles soient Ukrainiennes, Allemandes, Chinoises ou autres.

[...] En adoptant la résolution devant nous, le Manitoba refait son histoire et entreprend une phase nouvelle d'un Canada plus uni. Je n'arrive pas à comprendre l'attitude du chef de l'opposition lorsqu'il disait l'autre jour: ''This a very important matter, one that will bind the province for generations to come.'' Pourquoi alors, Monsieur le Président, a-t-on saboté les droits des Franco-Manitobains? Pourquoi a-t-on eu recours à des lois néfastes et illégales en 1890 et en 1916? Pourquoi pas enfin, aujourd'hui, redresser les torts et les injustices du passé car il n'est jamais trop tard pour faire justice?

[...] L'histoire démontre que les anglophones minoritaires ont été traités avec justice. Il est temps que les francophones le soient... C'est tout ce qu'ils demandent.

[...] Ce sont des droits précis et restreints qui sont accordés dans cette résolution vis-à-vis l'utilisation du français. De plus, nous sommes contraints à assurer que ces droits restreints fassent partie d'un amendement à la Constitution canadienne, afin que des gens comme le chef de l'opposition ne nous redonnent pas à nouveau des coups comme ceux qu'on a dû subir en 1890 ou en 1916, afin que nos droits ne soient pas réduits à des privilèges qui nous obligent à vivre dans la crainte et les conflits... et qui seront toujours soumis aux humeurs politiques du jour.

Cette résolution va-t-elle trop loin et trop rapidement comme le prétendent ceux qui sont aveuglés et obsédés par leur ignorance et leur intransigeance? A mon avis, cette résolution est un juste compromis qui répond à des attentes raisonnables pour une minorité qui a toujours montré une patience et une tolérance remarquables. Après tout, nous avions des garanties dans l'Acte du Manitoba, mais elles nous furent illégalement enlevées pendant 90 ans, alors qu'elles furent assurées sans interruption aux anglophones du Québec.

Il est impossible de recréer la situation qui prévalait au Manitoba lorsque ces lois néfastes furent passées et cette résolution ne se veut pas un retour en arrière, mais plutôt un pas en avant, démontrant une plus grande ouverture d'esprit et un plus grand sens de la justice pour l'avenir.

[...] Ceux qui sèment la peur au sujet de ces amendements sont présents ici, dans cette Chambre. Ce sont les mêmes qui, par le passé, et même encore aujourd'hui, me considèrent, ainsi que ceux des autres ethnies, comme des gens qui valent moins qu'eux, qui sont d'origine anglo-saxonne. C'est pourquoi on nous dit quelquefois, et je cite le chef de l'opposition: ''We don't have the right background.'' Ces mots là ne m'atteignent pas. Je les ai entendus dans le passé, et bien pire encore, mais je sais qui je suis et j'en suis fier.

[...] L'opposition a fait de son mieux pour enflammer les excités et les bigots qui ont essayé de cacher leurs sentiments racistes derrière de faux-arguments comme enchâssement, coûts, gaspillage, etc... Cet amendement rend justice aux Franco-Manitobains comme quelque chose qui est bon pour eux, et bon pour l'unité et le bien-être du pays dans son ensemble... Pourquoi ne pouvons-nous pas, à ce point-ci, garantir ces services essentiels dans notre Constitution et donner ainsi aux francophones du Manitoba l'assurance qu'ils n'auront pas à vivre constamment dans la peur et le harcèlement comme ils ont vécu depuis plus de 100 ans?

[...] Pourquoi ne pouvons-nous pas leur laisser savoir finalement qu'ils ne seront pas piétinés, comme ce fut le cas en 1890 et en 1916, et au cours d'autres incidents sans nombre? Pourquoi ne pas saisir cette merveilleuse opportunité aujourd'hui d'apaiser les tensions sociales, les discriminations raciales et embellir l'unité canadienne? Cela signalerait que la dualité linguistique est respectée à l'extérieur du Québec et cela aiderait donc à atténuer les craintes, pas tellement injustifiées des Canadiens-français, au sujet de l'unité de ce pays. Rappelons-nous aussi que chaque Canadien fait partie d'une minorité... Indiquons à tous et chacun qu'au Manitoba nous chérissons nos héritages culturels respectifs car c'est cela qui fera de cette province et de ce pays un lieu d'accueil privilégié.

[...] Avec cette résolution personne ne peut perdre et tout le monde peut y gagner. Le gain sera fait grâce au rétablissement de la justice, à la reconnaissance de nos fondations historiques et à l'amélioration des relations pacifiques. Tout celui qui ne parle pas français ou qui ne veut pas parler français ne sera pas forcé de le faire.

[...] Le plus haut tribunal du pays, en 1979, a décrété que nous devions traduire nos lois. Ceux qui disent maintenant que cela coûte trop cher, ne semblent pas réaliser que nous n'avons pas tellement de choix, à moins que, comme gouvernement, nous décidions de violer la loi. Cela ressemblerait beaucoup à l'anarchie totale. Comment est-ce qu'un corps législatif peut violer la loi et s'attendre à ce que ceux qui tombent sous sa jurisdiction obéissent à ces mêmes lois?

[...] Est-il possible que ceux qui acceptent les coûts de la traduction s'objectent, en même temps, aux services en français? A quoi sert la traduction donc? Ne pas fournir les services indiquerait tout simplement que nous encourageons les dépenses en poursuites juridiques constitutionnelles, tout en espérant du même coup mettre les francophones à genoux en signe d'abdication et en souhaitant que, dans le même souffle, ils oublient ce que certains choisissent de considérer comme un non-sens, la culture et l'héritage.

[...] A mes yeux, il est faux de dire que pour être un bon Canadien, je dois nier mon héritage, renier ma culture, et limiter l'usage de ma langue maternelle au foyer, aux tribunaux et à la législature. Pour moi, accepter de parler seulement l'anglais, ou ''white'' ou ''canadian'', comme certains igorants me demandent de le faire, de temps en temps, voudrait dire que je dois aussi accepter que ce pays est, pour toujours, divisé. Cela voudrait aussi dire qu'il n'y a pas de place pour moi dans cette province et dans cette Chambre.

[...]Si vous dites que la langue française n'a pas été, historiquement, une des langues de cette province, quelle a été donc la langue officielle de cette province? Aucune? L'anglais? Eh bien, l'anglais est l'une des langues mentionnées dans le préambule qui dit que l'anglais et le français sont les deux langues officielles au Manitoba. Mais en disant cela, nous n'affirmons pas que cette province est bilingue. C'est la différence que vous devriez comprendre. La collectivité francophone du Manitoba a négocié de bonne foi, et a négocié un compromis raisonnable. Personnellement, je ne peux, en toute justice, pour les générations à venir, accepter moins que prévu dans cette résolution.[19]

Il faudra pourtant que Gérard Lécuyer et toutes les autres parties impliquées dans l'entente d'ailleurs, ''acceptent moins que prévu''. La situation législative attire les commentaires de la presse du pays tout entier. Sterling Lyon tout autant que le gouvernement sont sévèrement critiqués, l'un pour ''sa campagne réactionnaire'', l'autre parce qu'il est ''à court de métaphores pour déguiser ce bilinguisme officiel''.[20]

L'impasse à l'Assemblée législative, (la première de toute une série), sera réglée par un compromis que ne donnera vraiment ni gagnant, ni perdant. Le gouvernement ne voulait pas avancer dans le travail législatif tant que les débats au sujet de la motion établissant les audiences publiques traitant des modifications à l'Article 23 n'étaient pas terminés. De leur côté, les conservateurs, saisissant l'occasion de garder les débats au même niveau tant que le gouvernement ne cédait pas à leurs demandes, continuaient à parler des droits du peuple à être entendu et respecté, d'ententes secrètes, etc...

Pris dans une impasse de procédure, les membres du gouvernement, finalement, se décident à contester les amendements conservateurs. Le président de la Chambre, Jim Walding, décide de prendre tout son temps avant de rendre sa décision. Entretemps, à cause de l'impasse toujours présente, les deux groupes tentent de trouver une solution. Le gouvernement propose que le travail législatif, sauf pour la question constitutionnelle, soit terminé aux environs du 19 août. Cela serait suivi d'audiences constitutionnelles dans la capitale et en régions rurales, audiences qui seraient limitées dans le temps. La session reprendrait fin septembre et la résolution constitutionnelle serait débattue en une semaine.

Ce plan gouvernemental supposait que l'opposition ne laisserait pas sonner les cloches en Chambre, ou que le gouvernement n'imposerait pas la guillotine. Les conservateurs, de leur côté, étaient prêts à abandonner leurs demandes d'audiences publiques entre les sessions législatives et étaient d'accord avec la date de suspension des travaux de l'Assemblée législative. Ils voulaient que les membres du comité d'audiences publiques visitent plus d'endroits que prévu par le gouvernement. D'autre part, ils ne voulaient pas de dates fixes pour la reprise des travaux ou de limite de temps pour les débats sur la question constitutionnelle. Lorsque Jim Walding rendit son jugement en faveur du gouvernement, les conservateurs sortirent de la Chambre, jurant bien de ne pas conclure de compromis avec le gouvernement. C'est pourtant ce qui se produira. Les deux parties écriront, à partir d'un terrain commun d'entente, le scénario qui se jouera dans les mois à venir, chacun respectant sa propre interprétation.

Le compromis laisse entrevoir les difficultés futures: pas d'audiences inter-sessionnelles, trois semaines environ d'audiences, présentations de quarante minutes seulement, règles de procédures établies par le comité, audiences tenues dans plus de localités qu'il n'était prévu à l'origine, pas de temps limite sur la question constitutionnelle lors du retour en Chambre, le droit d'avoir un vote enregistré et de sortir de la Chambre, pourvu que les cloches ne sonnent pas plus de deux semaines. Les conservateurs n'abandonnent pas la possibilité d'avoir des amendements à la résolution alors que le procureur général insiste sur le fait qu'il n'y a ni perdants ni gagnants.

La presse salue le compromis, tout en faisant remarquer que la crédibilité gouvernementale a souffert au cours de ce mois de guérilla parlementaire. Le filibuster conservateur a amplement démontré que le gouvernement n'était pas ce qu'il disait être, c'est-à-dire à l'écoute du public pour ensuite transformer cela en politiques gouvernementales. Même si la prudence conservatrice est notée (les attaques sont placées sur le plan de la procédure plutôt que sur la question de fonds, au début tout au moins), la maladresse gouvernementale est également relevée, à cause notamment de l'atmosphère empoisonnée que les amendements constitutionnels ont suscitée. Alors, se disent les éditorialistes, si le gouvernement ne voulait pas vraiment d'audiences publiques, que doit penser le public qui va s'y présenter? Sera-t-il écouté? Y aura-t-il une bonne volonté et un désir d'amendements, une fois le temps des suggestions passé?[21] Le public, de son côté, continue à faire entendre certaines objections, dans un sens ou dans un autre:

> J'approuve le plan avancé par le gouvernement. Ainsi les erreurs grossières commises envers le peuple franco-manitobain en 1890 seront finalement rectifiées. [...] Le public devrait appuyer cet acte de justice et l'opposition devrait cesser ses activités partisanes qui endommagent sérieusement les relations harmonieuses existant entre les communautés ethniques qui sont la

marque de cette province depuis plusieurs décennies. Et, quant à Russell Doern, il devrait probablement aller rejoindre ses amis de l'autre côté de la Chambre. [22]

[...] En tant que membre d'un groupe minoritaire qui a survécu à un génocide culturel délibéré, je ne peux vraiment pas comprendre l'attitude de certains Canadiens-anglais. Sont-ils vraiment les rejetons des immigrants qui ont abandonné leurs terres natales à la recherche d'un nouveau monde? [...]

Est-ce que le pouvoir subtil d'un Russell Doern a empêché les Manitobains de voir les frontières d'un développement culturel nouveau? On ne peut pas démissioner d'une réalité de la même façon qu'on démissionne d'un emploi. De nouvelles perspectives peuvent apaiser des peurs, et nous lier à l'univers culturel, tout en rendant notre culture plus vivante, qu'elle soit française, anglaise, indienne ou métisse. [23] [...] Si une élection avait lieu demain et portait sur cette question, le gouvernement néo-démocrate serait défait et que Dieu bénisse l'opposition pour ce combat post-électoral. [24]

Lorsque Howard Pawley prend la parole, le 16 août 1983, il prononcera le discours qu'il aurait dû prononcer au mois de mai et que Sterling Lyon réclamait à grands cris. Mais il agrémentera ses propos de concessions faites à l'opposition:

Lorsque la résolution linguistique a été présentée, ce fut avec la ferme croyance que ces propositions étaient raisonnables et reflétaient le désir de tous les Manitobains de se pencher, avec soin et justice, sur nos responsabilités historiques et autres, face à l'un des deux peuples fondateurs. Nous devons veiller à ce que notre Constitution reflète non seulement notre histoire mais aussi les besoins actuels de tous les Manitobains.

Lorsque nous amendons la Constitution cela exige que nous examinions avec soin les principes fondamentaux qui nous ont permis de bâtir notre nation, notre province. Bâtir une nation, formuler une constitution, doivent être quelque chose de permanent. Nous nous devons d'envisager la question des droits linguistiques des francophones d'une façon sympathique, bien sûr, mais aussi réaliste, une façon qui est raisonnable et pleine de bon sens. Si nous nions cet aspect de la question, nous nions par le fait même notre histoire, notre héritage et notre réalité en tant que pays.

Nous croyons fermement en une solution typiquement manitobaine pour un problème qui est tellement rempli d'émotion et d'animosité. Mais je tiens à rassurer ces Manitobains: nous sommes sensibles à leurs opinions et à leurs inquiétudes. Si nous semblons pressés, c'est parce que nous voulons trouver une solution politique à un problème historique. C'est aussi parce que si nous ne pouvons pas résoudre ce problème de façon positive, l'opportunité sera perdue.

Notre passé démontre, de façon très claire, que nier leurs droits aux Canadiens-français et aux Franco-manitobains nierait également les droits des autres minorités. Je crois que nous, en tant que législateurs, devons faire tout en notre pouvoir pour régler ce problème, sinon le Manitoba fait face à un avenir de poursuites judiciaires sans fin, remettant en question, une par une, la validité de nos lois.

Nous devons continuer à chercher, par le biais de la coopération, de meilleures alternatives et de meilleures solutions plutôt que de continuer à enlever leurs droits aux minorités, ce qui a empoisonné, d'une façon ou d'une autre, la vie de notre province depuis trop longtemps. Nous, en tant que législateurs, devons assurer notre rôle de leaders, nous devons promouvoir le fait que cette résolution n'est pas une tentative de placer une langue plus avant que l'autre. We cannot and we will not turn back the clock of history.

... [Ceci étant dit] j'aimerais saisir cette opportunité pour décrire certains amendements, tels que proposés et qui, je crois, prennent en considération les inquiétudes déjà exprimées. We believe that it is possible to define the proposed constitutional provision, so they can more precisely define our intentions and leave no ambiguities for the courts to wrestle with. C'est seulement après les audiences publiques du Comité permanent et après discussions avec les parties concernées que des amendements seront introduits lors des débats à l'Assemblée législative. À nos yeux les audiences sont une partie vitale de notre processus démocratique.

Nous proposerons un amendement qui excluera, de façon spécifique, les municipalités et les commissions scolaires de quelque obligation constitutionnelle que ce soit. Les amendements qui seront proposés définiront, de façon plus précise, les obligations gouvernementales et, c'est du moins notre espoir, répondront aux inquiétudes des employés du secteur public.[25]

Sterling Lyon, immédiatement après la déclaration de Pawley, ne veut pas laisser les choses dans le vague. Il tient à faire préciser au premier ministre la date de dépôt des amendements, même si cela a déjà été dit dans le discours. Il obtient finalement ce qu'il cherchait: le procureur général travaille présentement à l'ébauche de ces amendements et il les déposera le 6 septembre ou avant, auprès des membres du comité.

Évidemment, les amendements annoncés sont perçus comme des reculades par l'opposition conservatrice, car les domaines qui seront affectés sont les plus importants. Il est évident également que le public n'écoute ni ne croit le gouvernement lorsque ce dernier énonce que les municipalités et les commissions scolaires ne sont pas affectées par l'entente du 16 mai. En modifiant le texte, le gouvernement ne satisfait pas plus les municipalités car l'Union des municipalités continue à demander ces amendements avant d'accepter les propositions. L'Union cherche à obtenir plus précisément un changement dans la clause 23.1 et l'abolition complète de la clause 23.7.

L'opposition municipale est organisée car plus de vingt municipalités ont l'intention de tenir des référendums au sujet des services en langue française et une centaine d'entre elles ont l'intention de présenter des mémoires aux audiences publiques prochaines. Le Syndicat de la fonction publique manitobaine, pour sa part, déclare que les amendements annoncés satisfont à peu près les demandes faites mais que toutes les difficultés ne sont pas aplanies.

L'opposition a donc débordé l'enceinte de la Chambre et s'est répandue, rapidement, dans le domaine public. Le gouvernement tarde trop à expliquer les principes philosophiques et historiques qui le guident, comme si ces principes n'étaient pas profondément ancrés. Il faut constater que le gouvernement parle davantage d'argent que de droit spoliés: ce n'est pas un argument qui impressionne beaucoup l'opposition.

Les conservateurs ne croient pas du tout à une défaite en Cour suprême, le gouvernement la craint et la SFM est plus que certaine de gagner. Ce sont des nuances qui rendront le dialogue de plus en plus difficile entre les partenaires de l'entente. Entre ces nuances, se glisseront toutes les positions possibles même si certains pensent que "l'ennemi est plus bruyant que prolifique."[26]

Certains groupes qui appuient la SFM sortent, petit à petit, du silence pour contrecarrer la propagande conservatrice. L'Association manitobaine des droits et libertés, tout en appuyant le gouvernement, critique l'atmosphère relativement calfeutrée qui a entouré les pourparlers et est satisfaite de voir que le public pourra s'exprimer lors des audiences publiques. L'Association est également satisfaite de voir le rôle accordé aux tribunaux dans la protection des droits des francophones. La presse franco-manitobaine ne se trompe pas sur la qualité des enjeux:

> L'enjeu des audiences publiques est donc énorme. Elles détermineront, le mot n'est pas trop fort, l'avenir du Manitoba. Elles décideront si la société manitobaine s'engagera plus nettement vers le pluralisme, l'ouverture et la tolérance. Ou si le Manitoba unilingue, décidé en 1890 et définitivement confirmé en 1916 avec la suppression de l'enseignement d'autres langues que l'anglais, sera poursuivi au détriment de toutes les minorités.

> En obligeant le gouvernement à tenir des audiences publiques auxquelles il n'était pas tenu, en mettant en péril la portée des amendements, les conservateurs de tous poils, rêveurs d'un orangisme dépassé, sont en train de réveiller les minorités.

> Et cette fois les minoritaires risquent de s'apercevoir qu'ils sont majoritaires.[27]

Enfin, une campagne d'information est organisée par un nouveau groupe de pression, Manitoba 23, coalition de chefs de file du monde des affaires et de la communauté, avec à sa tête Neil McDonald qui avait déjà présidé aux audiences publiques sur la création d'un Conseil multiculturel au Manitoba. La SFM avait besoin d'un tel appui, même si l'espoir de voir l'entente du 16 mai approuvée telle qu'elle est lue en Chambre ne se matérialisera pas. Car l'opposition au projet de modification constitutionnelle devient de plus en plus organisée et les audiences publiques promettent de battre des records d'assistance. La SFM n'est pas d'accord avec ces amendements et dit ne pas pouvoir accepter moins que l'entente du 16 mai. Elle n'est pas d'accord, non plus, avec les audiences publiques, sans le dire plus haut que cela. Ainsi, lors des audiences, et presque pour chacune d'entre elles, des sympathisants se présenteront auprès du comité et insisteront pour que l'entente ne soit pas modifiée. L'automne s'annonce sombre et lourd comme un orage des prairies.

NOTES

1. Roland Penner, Debates and proceedings, May 30, 1983, p. 3233.

2. *Ibid.*, p. 3236.

3. Maldoff, Eric à Pawley, Howard, 1 juin 1983.

4. McCullough, Travis, Carman, (Man) *Winnipeg Free Press* June 4, 1983.

5. McGimpsey, Mary, Retrogressive, *Winnipeg Free Press*, June 4, 1983.

6. MacPherson, Ian, Second Class, *Winnipeg Free Press*, June 4, 1983.

7. Krycun, Mike, Not French, *Winnipeg Free Press*, June 4, 1983.

8. Penner, Roland, Debates and proceedings, p. 3482.

9. Pawley, Howard, Debates and proceedings, p. 3484.

10. *Winnipeg Free Press*, June 25, 1983.

11. Friesen, V., Headingley, (Man) Divisive, *Winnipeg Free Press*, June 25, 1983.

12. Robert, Léo, entrevue accordée à l'auteur, 23 mai 1986.

13. Penner, Roland, Debates and proceedings, July 4, 1983, pp 4056-4061.

14. *Ibid.*, p. 4064.

15. *Ibid.*, p. 4066.

16. Lyon, Sterling, Debates and proceedings, July 7, 1983, p. 4262-4264.

17. *Ibid.*, pp. 4265-4272.

18. *Ibid.*, pp. 4273-4293.

19. Lécuyer, Gérard, Debates and proceedings July 15, 1983, pp. 4351-4355.

20. Bissonnette, Lise, Not a love story, *Le Devoir*, 23 juillet, 1983.

21. At last they will listen, *Winnipeg Free Press*, August 18, 1983.

22. *Winnipeg Free Press*, August 13, 1983.

23. *Ibid.*

24. *Ibid.*

25. Pawley Howard, Debates and proceedings, pp. 5311-5314.

26.   Bissonnette, Lise, le Manitoba s'embourbe, *Le Devoir*, 23 août 1983.

27.   Bocquel, Bernard, Une bombe à retardement, *La Liberté*, 26 août 1983

Cayouche, *La Liberté*, 1 juillet 1983.

CONSTITUTIONALLY SPEAKING

JULY 1983

PUBLISHED BY THE DEPARTMENT OF THE ATTORNEY-GENERAL TO INFORM MANITOBANS ABOUT PROPOSED CONSTITUTIONAL AMENDMENTS

A Practical Approach to FRENCH LANGUAGE SERVICE
Quite Different from Federal Bilingualism

In 1870, Manitoba entered confederation as a bilingual province. Its status in that regard was the same as Canada and Quebec.

Today, Manitoba is able to fulfill its constitutional obligation in a practical, just and economical way. Those Manitobans whose first language is French will be offered government services in that language if they so desire. There will be no unrealistic programs for Manitobans. The federal model of bilingualism will not be applied in this province.

French language services in Manitoba are being introduced in an orderly manner, to meet responsibilities, but will not incur wasteful expenditures through hasty action.

Manitoba has rejected the federal government's approach. It is offering French language services in limited and specified areas only. Unlike the federal government, the Manitoba approach will not make French a language of work within the civil service.

A limited number of jobs—less than 3% of the total, require French to serve the demand where numbers warrant. But that is it. Indeed, the provincial government currently has staff in place to fill the majority of their designated positions.

Translation of certain relevant Provincial statutes will be continued over the next ten years. In fact we will be required to translate only 500 of about 4500 statutes. Head offices of various government departments and agencies will prepare to offer limited French language services by 1987. Certain municipal governments in areas of the province with a heavy concentration of French speaking people will be invited to join the program on a purely voluntary basis. If they do, they will be eligible for cash grants. The program does not involve or affect any individual, any business, or any institution.

An agreement between Canada and Manitoba paves the way for these services. It calls for a constitutional amendment to Section 23

Serving the needs of Francophone communities without imposing obligations on those who do not speak French

of The Manitoba Act and outlines the cost-sharing arrangements for the translation of our laws and the implementation of the French Language Services. It actually reduces our requirement to translate our laws. It also limits the threat of continued court action against the province concerning the validity of our laws.

Close to $2.5 million of federal money is to be granted for the implementation of this program; resulting in real cost savings to the people of Manitoba.

Important points in the proposed agreement between Manitoba and Canada

■ This limited agreement applies to only limited designated areas of the province which have a significant Francophone population

■ This program does not involve or affect any individual, any business or any private institution whatsoever

■ Municipalities with substantial French-speaking populations can improve services in both languages on a voluntary basis with financial assistance

■ The agreement will result in an overall cost saving to the province

■ Federal assistance to Manitoba totals $2.35 million for the implementation of these constitutionally required programs

■ By 1986, new Manitoba laws and regulations are to be enacted in both languages. Without this agreement we would have to begin immediately

■ In 10 years, certain existing laws and regulations to be translated and enacted. Without this agreement all of our laws could be invalid unless we translated them now—and this is impossible

■ By 1987, people who so desire may be served in French by specified provincial departments and agencies

■ Additional language services will be provided only in regional government offices where there is significant public demand

■ Canada and Manitoba to adopt this program before 31 December 1983

■ No more than 3% of the Civil Service will require French, approximately 400 people, of which 240 already exist in the service today. That leaves only 160 bilingual positions to be filled over the next 4 years.

Canada's First Ministers joined in discussions on Aboriginal Matters in Ottawa March 15-16 of this year. With the exception of Quebec, a general accord was reached. Seen left to right, front row: Rupertsland MLA Elijah Harper, Manitoba Attorney-General Roland Penner and Premier Howard Pawley.

Brochure d'information que le gouvernement manitobain a publié dès le début de la crise dans l'espoir d'éviter les critiques conservatrices. La brochure mettait l'accent sur les économies réalisées. (Gouvernement du Manitoba, juillet 1983).

"I've never seen anything like it and never will." **Roland Penner, Q.C.**

"Blackmail is the name of the SFM show." **Pierre Warren** *The S.U.N.O.B.*

"The best so far in rape with consent." **Georges Forest** *French Activist*

SIX NOMINATIONS AU PRIX RIEL

Best Actor - Léo Robert
Best Supporting Actress - Gilberte Proteau
Best Screenplay Adaptation - Cécile Rémillard-Beaudry
Best Platform - Roger "Woodie" Dubois
Best Script - Rémi Smith
Best Stage Presence - Daniel Fortier

FOR YOUR EYES ONLY

Pour vous et moi seulement (Interprétation simultanée)

Admission
Prix d'entrée

2$50

(Entrée gratuite pour le
discours de Serge Joyal)

RESTRICTED
INTERDIT AUX
MOINS DE
18 ANS

NOW PLAYING AT
À L'AFFICHE AU

RENDEZ-VOUS

(NO BINGO, NO LOTO,
NO PORNO, NO CASINO, NO)

**March 19 Mars
1983**

Cayouche, *La Liberté*, 11 mars 1983.

Cayouche, *La Liberté*, 3 juin 1983.

Chapitre XI

L'automne 1983

Notre rêve, c'est que nos concitoyens manitobains cessent de remettre en question, une fois pour toutes notre identité et le rôle fondamental qu'ont joué nos ancêtres dans la fondation de notre province...
Léo Robert à Sainte-Anne
27 septembre 1983

Le premier coup de tonnerre éclate dès le premier jour des audiences du Comité permanent des privilèges et élections. En dépit des promesses faites en Chambre au mois d'août, le gouvernement Pawley décidait de ne pas attendre la fin des audiences du Comité et de présenter des amendements à l'entente du 16 mai 1983. Si l'on en juge par la réaction des autres parties, les changements sont unilatéraux et sont surtout le fruit de fortes pressions au sein du gouvernement même et en dépit des assurances données,

> une claque a frappé les francophones du Manitoba. [...] La réalité d'un Canada anglais, incapable d'admettre que deux communautés linguistiques peuvent vivre sur un pied d'égalité a finalement été trop forte. [...] Le gouvernement se met à genoux avant même que les audiences publiques ne commencent...[1]

Déçue, amère, la SFM réagit avec vigueur à ces changements inattendus. Léo Robert souhaite publiquement que l'on convoque une autre réunion générale de la communauté car il considère que les négociations ont repris.

Les amendements portent sur les domaines identifiés par Howard Pawley en Chambre, au mois d'août. Le préambule se lit dorénavant:

> 23.1 French and English are the official languages of Manitoba as provided for in sec.23 and 23.2 to 23.9.

Les francophones trouvent que la modification limite trop la portée du bilinguisme. Le gouvernement, de son côté, trouve que le préambule est plus clair et ''makes explicit that which was clearly implicit''[2]. La majorité des amendements affecte cependant les services en français, notamment en ce qui concerne ''la demande significative''. Fidèle à ses promesses, le gouvernement a formellement exclu les municipalités et les commissions scolaires.

Les amendements ne sont pas mal accueillis par l'opinion publique anglophone qui conseille à la SFM de se remettre à la tâche et de reprendre les négociations afin de déterminer ce qui est vital et ce qui est gratifiant.

> L'heure des échanges approche et la SFM doit entamer le processus en sachant clairement ce qu'elle peut se permettre d'échanger et ce qu'elle ne peut pas.[3] [...] Le gouvernement provincial, grâce à quelques amendements faciles, semble avoir évité ce qui semblait être une défaite politique certaine. Il est dommage qu'en faisant cela le gouvernement ait sacrifié un pacte historique.[4]

Il y a, cependant, une menace plus importante que les amendements et l'horizon s'obscurcit de plus en plus au Manitoba. De nombreuses municipalités avaient, au cours de l'été, décidé de tenir un référendum au sujet des services en langue française. Cette éventualité est de plus en plus envisagée par les conseillers municipaux de Winnipeg. Le maire, Bill Norrie, affirme que les conseillers ne font que répondre à l'opinion publique. C'est un argument qui n'a cessé de surprendre car l'entente du 16 mai a été conclue aux niveaux provincial et fédéral et ne concerne pas la ville de Winnipeg qui a déjà, à l'article 80 (3) de la *Loi de la ville de Winnipeg*, sa propre définition de services en français à fournir aux contribuables francophones. Les conseillers reçoivent de nombreux appels leur demandant un référendum, à tel point que l'exercice sera perçu comme un sondage d'opinion publique plutôt que comme une ingérence dans les affaires provinciales.

Les conseillers seront sévèrement jugés:

> Exercice inutile, répugnant, stupide, frivole, une farce faite aux dépens de ceux qui croient qu'un vote majoritaire peut avoir un effet déterminant sur cette question... Après un référendum semblable, chaque observateur pourrait interpréter les résultats comme bon lui semble. Il serait impossible de savoir s'il s'agit de l'expression de sentiments anti-Trudeau, anti-Mulroney, anti-Penner, anti-Pawley, anti-Doern, anti-franco-manitobain, etc.[5]...

Les conseillers n'en voteront pas moins en faveur d'un référendum municipal, après des débats houleux, longs et un vote tellement serré qu'il faudra le double vote du maire Bill Norrie pour que le côté pro-référendum l'emporte et que la question, extrêmement sybilline, soit posée:

> Should the provincial government withdraw its proposed constitutional amendment and allow the Bilodeau case to proceed and be heard and decided by the Supreme Court of Canada on the validity of the English-only laws passed by the Legislature of Manitoba since 1890?

Il eut été préférable que les conseillers aient le courage politique de demander aux électeurs s'ils favorisaient ou non le rétablissement des droits constitutionnels des Franco-Manitobains. Les raisons invoquées couvraient tout l'éventail politique et philosophique qui régnait à l'hôtel de ville:

> Jim Ernst: opposé personnellement au référendum, mais prêt à laisser un forum aux mécontents.

> Charles Birt: Les conseillers auraient dû montrer le leadership nécessaire pour cicatriser les plaies ouvertes dans la communauté.

> Larry Fleisher: Les conseillers devraient faire confiance à l'intelligence et à l'éducation du peuple.

Joe Zuken: la question devrait être réglée en Cour ou à la législature, mais pas lors d'un référendum qui ouvrirait la porte à la haine et l'acrimonie dans la ville.

Alan Wade: Le conseil municipal ne devrait pas s'impliquer dans cette question.

Alf Skowron: Ceux qui ne sont pas couverts par la politique de bilinguisme fédéral devraient avoir le droit de s'exprimer.

Magnus Eliason: Le conseil municipal devrait s'élever au dessus des divisions qui sont présentes dans la communauté et tenter d'obtenir l'unité.

Helen Promislow: Les conseillers ne devraient pas, pour obtenir une popularité temporaire, sacrifier le droit de dire ce qu'ils pensent.

Guy Savoie: Le conseil municipal devrait commencer par se pencher sur sa propre charte avant de se mêler de donner des conseils à la province.

Don Mitchelson: Les électeurs veulent avoir le droit de dire ce qu'ils pensent.

Bill Neville: Un référendum laissera beaucoup d'amertume et serait une erreur dangereuse.

Frank Johnson: Les conseillers devraient dire au gouvernement de mener ses propres luttes dans des forums appropriés.

Bill Chornsopizky: Ceux qui veulent un référendum devraient avoir le droit de s'exprimer.

Le maire Bill Norrie: Il a confiance dans les tribunaux qui devraient décider de cette question. Il n'y aurait pas eu de plébiscite si le gouvernement avait écouté la voix du peuple.

Harold MacDonald: Le premier devoir des conseillers est de garder les promesses historiques faites à la minorité francophone.

Jim Ragsdill: Le peuple n'a pas confiance dans les gouvernements.

Gerry Ducharme: Le gouvernement provincial n'a pas écouté le peuple.

Harvey Smith: Les derniers changements amenés à l'entente démontraient au contraire que le gouvernement écoutait le peuple.

Abe Yanofsky: Il faut faire confiance aux tribunaux.[6]

Le résultat du vote des conseillers municipaux sera de 16 contre 14, le maire Bill Norrie ayant utilisé son droit de double vote. Il y aura donc un référendum en dépit d'un effort intensif de lobbying par la SFM qui ne réussira pas à obtenir le vote de 15 contre 15 tant recherché. Léo Robert, épuisé par cette nuit de négociations, continue d'espérer que le gouvernement provincial va agir de façon "responsable" et mettre sur pied un campagne d'information. D'autre part, il met en garde contre les conséquences d'un vote majoritaire en faveur d'un voyage à la Cour suprême:

> Je veux que ce soit absolument clair, puis compris par tout le monde, que la communauté francophone a fait tout ce qu'elle a pu pour l'empêcher cette décision là (la cause en Cour suprême).[7]

Le gouvernement déclare immédiatement qu'il ne se sentira pas lié par les résultats du référendum municipal, mais il n'empêche qu'avec cette intervention les camps sont bien délimités et la bataille menace d'être non seulement rangée mais aussi féroce. Le spectre de la discrimination attire des épithètes peu flatteuses et des critiques sévères. Sterling Lyon et surtout Russell Doern sont blâmés et le Manitoba est comparé à l'Alabama.[8]

Le gouvernement fédéral, de son côté, n'est pas demeuré inactif. Même si l'association Pawley-Trudeau a semblé répugnante à certains, il n'en reste pas moins qu'elle existe et que le gouvernement fédéral estime avoir de bonnes raisons de s'impliquer dans le dossier. À la Chambre des communes, la question manitobaine est abordée et négociée ouvertement. Le premier ministre Trudeau propose de rencontrer les chefs des partis d'opposition, Brian Mulroney et Ed Broadbent, pour discuter d'une résolution, parrainée par tous les partis, exhortant:

> la législature du Manitoba à réexaminer l'opposition croissante contre cette loi très progressive et très canadienne.[9]

Trudeau sait pertinemment qu'une résolution en Chambre n'est pas une solution à la question manitobaine et il le dit à Brian Mulroney:

> Ce qui serait le mieux, ce serait peut-être qu'il convainque M. Sterling Lyon et ceux qui s'opposent à cette mesure, d'avoir une vision un peu plus large, et de comprendre l'importance pour ce pays et son avenir, d'enchâsser cette entente qui a été conclue, il y a plusieurs mois.[10]

Mulroney, conformément à sa pensée philosophique et politique, accepte de rencontrer Trudeau et Broadbent. Depuis de longs mois, il n'hésite pas à dire qu'il comprend les Franco-Manitobains et que leurs aspirations ne lui sont pas inconnues, même s'il abrite, dans ce parti dont il vient d'hériter, un certain nombre de députés qui ne sont pas très ouvertement en faveur du bilinguisme, que ce soit à l'échelle fédérale ou provinciale.

La question constitutionnelle manitobaine occupe donc tous les niveaux gouvernementaux: municipal avec une question référendaire, fédéral avec un projet de résolution conjointe, et provinciale avec les audiences publiques qui voient défiler tous les points de vue, du plus sophistiqué au plus simple, du plus partisan au plus anti-francophone. L'éventail des opinions émises laisse entrevoir que le gouvernement provincial n'aura pas la tâche facile. Il y a des témoignages venant de personnalités bien connues dans le dossier ou d'autres ne parlant au nom d'aucune organisation mais ayant néanmoins décidé de se prononcer sur la question constitutionnelle.

Certains témoignages endommagent la crédibilité de leurs auteurs. Georges Forest, après avoir accepté les accords du 16 mai, revient sur sa décision, (une fois que le gouvernement a amendé l'entente) et affirme qu'il suffit, pour le gouvernement, d'insérer dans la Constitution une simple déclaration disant que le français et l'anglais sont les deux langues officielles de la province, et qu'aller au-delà de cela limiterait l'usage de l'anglais et du français. Selon Forest, la bonne volonté est suffisante et il voudrait bien que le gouvernement n'aille pas de l'avant avec son projet de résolution constitutionnelle.

Dans l'ensemble, il y a cependant peu de surprises dans les positions prises par les divers intervenants. La SFM essaye de contrecarrer l'opposition aux modifications constitutionnelles en ayant des porte-parole ou des sympathisants à chaque audience du comité d'une part, et, d'autre part, en préparant une grande manifestation à Sainte-Anne pour le 27 septembre 1983. La SFM est autant en désaccord avec le référendum municipal qu'avec les audiences publiques. Le seul domaine cependant où elle peut agir tout en gardant un certain profil est celui des audiences publiques.

La campagne référendaire menace d'être extrêmement confuse car la question laisse grandement à désirer sur le plan de la formulation. La plupart des experts s'accordent pour dire que la question ne fait qu'ajouter à la confusion. De plus, l'information diffusée à propos des services gouvernementaux en français est loin d'être adéquate. Et, si le gouvernement est opposé au référendum et décide de ne pas accepter les résultats d'une façon ou d'une autre, il ne fera rien pour stopper le processus et préférera s'en tenir au principe des audiences.

À Ottawa, les trois partis continuent de discuter de la possibilité d'une résolution conjointe, tout en précisant bien qu'il s'agit d'un problème de juridiction provinciale avec les Franco-Manitobains et ayant comme enjeu leurs droits politiques et juridiques. Entre temps, le groupe Manitoba 23 monte toute une campagne publicitaire pour obtenir l'annulation du référendum municipal. Il est même question d'une action judiciaire. De son côté, l'Union des municipalités du Manitoba dévoile la question référendaire qui sera posée à l'échelle de la province:

> Do you favor the proposal by the government of Manitoba to amend our constitution to make English and French the official languages of Manitoba and to entrench the right to receive services in French as well as English from designated offices of provincial government departments, boards and agencies?

Donc, en dépit des assurances gouvernementales et des amendements à la résolution constitutionnelle, les municipalités décident d'aller de l'avant et de poser, sans équivoque possible, la question de la légitimité des revendications francophones. Mais c'est encore la ville de Winnipeg qui subira le plus de pressions pour annuler le référendum, cela en vain cependant.

Le Comité permanent des élections et privilèges arrive à Sainte-Anne des Chênes le 27 septembre 1983. Un grand rassemblement est prévu ce soir-là et Léo Robert y prendra la parole. L'exécutif de la SFM a organisé la manifestation dans un but bien précis:

> Il fallait aller jusqu'au bout. Le but premier de Sainte-Anne c'était pour la communauté francophone, ce n'était pas pour la communauté anglophone. C'était pour que nous autres, en tant que francophones on soit capables de se tenir debout et que pour une journée au moins dans notre vie on ne se sente pas seuls et isolés.[11]

La réunion de Sainte-Anne contenait les éléments du passé, du présent et de l'avenir. 51 personnes sur 56 présenteront leur mémoire en français. Sterling Lyon et Russell Doern, présents en après-midi, ne reviendront pas en soirée. Les francophones demandent massivement au gouvernement provincial de respecter l'entente du 16 mai 1983. Ils puisent dans une sagesse dictée par le passé, les arguments qui veulent que des amendements aux amendements ne feront pas changer d'avis ceux qui sont opposés au bilinguisme. On sent également la fierté de pouvoir articuler publiquement et légitimement le désir de vouloir occuper officiellement une certaine place dans la société manitobaine.

La communauté franco-manitobaine expose publiquement les blessures qui n'ont jamais cicatrisé depuis les lois de 1890:

> Une injustice flagrante qui a marqué le peuple dans sa fierté, ses droits, sa descendance...

Les aînés racontent comment les jeunes enfants, à l'âge de 12, 13 ans, étaient placés à grands frais dans des pensionnats, loin de leurs familles, dans le but d'apprendre la langue française et de pratiquer la religion catholique, privant ainsi les parents d'une paire de bras à la ferme. Une fois arrivé à l'âge adulte, le Franco-Manitobain devait s'exiler pour se servir de la langue française et pratiquer sa religion catholique, sinon il devait s'assimiler partiellement, ce qui en a mené plusieurs à un sentiment d'aliénation, dû au prix que devait payer la communauté pour survivre.

Si le gouvernement Pawley reçoit des félicitations pour avoir légitimé les revendications francophones, il n'en reste pas moins que les amendements du 6 septembre sont sévèrement critiqués, trouvés choquants et humiliants. Le symbolisme de 23.1 étant trahi, il est question de ''génocide linguistique'', de ''travesti de justice''...

Entre les présentations de chaque intervenant, la foule qui ne peut pas être totalement contenue dans la salle du centre communautaire de Sainte-Anne, chante, ''C'est une histoire que vous ne pourrez taire, tirouli, tiroula...'', donnant ainsi un impact aussi fort que possible à ce qui se dit ce soir-là. Lorsque Léo Robert prend la parole, il s'empresse de faire une constatation qui reflète une préoccupation de longue date de la SFM:

> Leur présence (les Franco-Manitobains) en si grand nombre, dément de façon définitive ce mythe insidieux que la SFM n'est pas représentative de la population franco-manitobaine. Nous sommes ici parce que nous sommes Franco-Manitobains... S'il existe un désir de trouver une solution honorable et équitable à l'impasse au sein du Parti conservateur, ce désir reste invisible. Même chez des hommes qui ont la prétention de faire carrière sur la scène fédérale, tels Bud Sherman, Jack Murta et Don Craik, nous ne trouvons que le silence le plus complet...

Le discours de Léo Robert ne ménagera ni l'intolérance des conservateurs, ni les reculades du gouvernement Pawley. Il rappelle les quatre concessions majeures faites par la SFM:

— premièrement: elle voulait notamment que le Manitoba enchâsse, dans la Charte canadienne des droits et libertés, les droits des Franco-Manitobains (comme cela s'est fait au Nouveau-Brunswick).

— deuxièmement: elle a tenté d'avoir des garanties pour que les services soient offerts dans une trentaine de municipalités à caractère francophone, ce que Penner a refusé. Léo Robert dénonce alors l'hypocrisie des municipalités qui affirment que la simple égalité amènera des services en français.

— troisièmement: la SFM a accepté de réduire le fardeau de la traduction que doit faire le gouvernement, c'est-à-dire 400 lois au lieu de 4,500. L'économie est évaluée à 25 millions de dollars.

— quatrièmement: la SFM aurait voulu tout voir traduit, immédiatement. Le gouvernement préférait une marge de sécurité. Finalement, les deux parties se sont entendues sur un délai de 10 ans pour compléter la traduction des lois.

Cela suffit, estime Léo Robert qui ne veut rien entendre des changements apportés le 6 septembre dernier et il conclut sans prendre de détours:

Ni les injustices du passé, ni les difficultés du présent n'ont poussé le peuple franco-manitobain à la révolte. Conscient de son avenir et de ses responsabilités, il entend contribuer à l'édification d'une société juste et prospère où toutes les communautés pourront œuvrer et s'épanouir, dans une province bilingue et multiculturelle, dans le respect profond de l'identité de tous et chacun...

Notre rêve c'est de pouvoir utiliser notre langue librement face au gouvernement, en dehors de nos foyers et de nos écoles... Notre rêve c'est que nous puissions nous présenter devant un comité comme celui-ci en parlant notre langue et être compris de tous. Notre rêve c'est que nos concitoyens manitobains cessent de remettre, en question une fois pour toutes notre identité et le rôle fondamental qu'ont joué nos ancêtres dans la fondation de notre province... Notre rêve c'est l'égalité complète face à toutes les institutions gouvernementales de notre province partout où nous sommes présents... Le rêve continuera à nous animer tous encore plus fortement après ce soir... Nous sommes ici parce que nous sommes Franco-Manitobains.

Sainte-Anne a été pour bien des observateurs un point tournant des audiences, mais aussi du débat autour de l'amendement de l'Article 23 :

Pour la première fois, depuis les sermons des années soixante, la ''communauté'' a osé prononcer un discours d'avenir portant sur une certaine vision de la société manitobaine. [12]

En fait, ce que les audiences publiques ont mis à jour dès le 6 septembre 1983, c'est l'acharnement des francophones à garder leur héritage, leur culture, leurs écoles... Ce discours, tenu pendant des années au sein de la communauté francophone et parfois reflété du côté anglophone, n'est pas précisément nouveau, aux yeux des Franco-Manitobains tout au moins. Ce n'est pas le cas du côté anglophone cependant et toutes les réactions ne sont pas négatives. Certains anglophones se sentent particulièrement fiers d'être Canadiens lorsqu'ils constatent le bilinguisme des Franco-Manitobains et la richesse multi-culturelle de la province du Manitoba. D'autres réagissent violemment sur ces mêmes points et expriment des peurs ataviques face à ce bilinguisme institutionnel déjà implanté au niveau fédéral et prêt à l'être au niveau provincial :

Je déteste ce que certaines personnes font... Je déteste ça quand certaines personnes essaient de se présenter comme une race supérieure. Je suis d'origine allemande. Nous savons tous ce que deux guerres mondiales ont produit. Je n'ai pas à vous expliquer ce que l'Allemagne a fait. Là n'est pas la question. Je ne veux pas que la race allemande impose sa langue ici et je ne veux certainement pas que la race française en fasse autant. Je suis totalement satisfait en anglais...

Nos Canadiens-Français et la France, en autant que nous le sachions, ont attaqué nos traditions sur quatre fronts: politique, clérical, médiatique et scolaire [...] Durant les dix dernières années les francophones ont eu le meilleur de deux mondes. Les partis fédéraux qui ont besoin du vote du Québec savent qu'ils doivent faire des concessions spéciales s'ils veulent former le prochain gouvernement. Ces jobards croient aux fantômes et ont accepté de rendre officielle la langue française. Pas mal pour une minorité, n'est-ce pas? Quand allez-vous décider de votre propre destin, ou allez-vous laisser une minorité privilégiée le faire pour vous? Si une minorité peut manipuler la Loi ou le système politique du Canada, à ses propres fins, et couper les moyens à toutes les autres minorités, alors une chose est certaine: soit que les lois actuelles sont discriminatoires, ou que notre système politique a besoin d'une refonte complète. Je crois que cette loi insensée et dépassée de 1870 ne reflète pas les besoins réels de cet âge moderne et mérite d'être ignorée ou éliminée.

Est-ce que la loyauté des Canadiens-Français va à la France ou au Canada? Est-ce qu'ils n'ont pas peur d'être accusés, à tort ou à raison, de sédition ou même de trahison...

Ce que nous cherchons tant à bâtir sera un jour la propriété des Français, parce que pendant que nous nous échinons, ils ont haute main en politique. Arrangement de fous, n'est-ce pas?

Que nous soyons d'accord ou pas, personne ne peut nier que le changement de drapeau, la destruction des symboles distinctifs des forces armées, la diffamation du caractère de la Gendarmerie Royale du Canada et de la Monarchie, un statut spécial pour une minorité privilégiée, le passage de mesures métriques, tout cela a été une force psychologique importante pour former un Canada radicalement différent.

Si les Français ont besoin de tant d'attention, ce n'est vraiment pas la façon de procéder, parce qu'ils prennent le risque d'être haïs d'un bout à l'autre de la province. Et croyez-moi, j'ai l'impression que ce que vous laisserez passer, sera réglé par d'autres dans la rue et la police ne peut pas toujours être présente.

Un dernier mot adressé aux résidents de Winnipeg: vous avez la majorité dans cette province; avec ce pouvoir vient la responsabilité. Si vous votez pour l'enchâssement, vous nous empêcherez, en régions rurales, d'avoir des routes provinciales et des caniveaux réparés.[13]

Les audiences voient souvent deux mondes s'affronter et on constate qu'un gouffre les sépare. Le concept des "deux solitudes" est étalé au grand jour et il est difficile de trouver des points communs, un terrain d'entente. On sent en campagne, par exemple, que la philosophie gouvernementale ne reflète pas le monde rural (sauf dans certaines municipalités francophones). Ce gouffre, que peu tentent de combler, révèle que la majorité silencieuse du Manitoba n'est pas, sur le plan émotif en tous cas, prête à concéder aux francophones ce qu'ils estiment être des droits.

L'incompréhension fait souvent place à la peur de l'inconnu et les réactions sont souvent exprimées à un niveau primaire. Les services en français sont plus souvent la cible des attaques que la déclaration de principe. Mais il devient également évident qu'aucun amendement gouvernemental ne pourra satisfaire ceux qui sont opposés à la résolution constitutionnelle. Quant aux francophones qui se présentent devant le comité, à peu d'exceptions près, ils appuient la SFM et demandent un enchâssement parce qu'ils n'ont pas confiance dans les futurs gouvernements et le disent de façon parfois brutale.

Après avoir reçu 305 délégations et 99 mémoires supplémentaires, le comité met fin à ses travaux le 4 octobre 1983. Mais la question constitutionnelle au Manitoba ne tombe pas pour autant dans l'oubli. Les lettres à la rédaction des journaux, lettres en provenance d'anglophones du Québec, tentent de garder le débat sur un terrain logique, historique et plein de bon sens.

Même si les coûts d'implantation de ce statut spécial (celui des francophones) semblent élevés, l'autre choix, celui de la faillite du Canada, est sûrement encore plus élevé [...].[14] Quels pays à l'esprit étroit nous avons! Oh, être capables de faire accepter de la tolérance à cet hypocrite de Sterling Lyon ou cet hypocrite de Camille Laurin avec un gant fait de béton armé portant une feuille d'érable au lieu d'être obligé de raisonner avec eux et de supporter leurs sophismes![15] [...] Laissez donc les francophones parler le français mais pourquoi ne pas avoir une considération spéciale pour les autres groupes ethniques pour leur permettre de garder leur culture?[16] [...] J'ai de la difficulté à croire qu'il n'y a pas assez de Manitobains prêts à appuyer le principe d'équité dans cette affaire. Nous parlons du Canada, et non pas de questions paroissiales ou provinciales. La vision du Parti québécois du Canada sera justifiée si votre gouvernement ne réussit pas dans sa tentative d'enchâsser les droits des francophones au Manitoba.[17]... J'ai de la difficulté à croire que le conseil municipal de Winnipeg va tenir un référendum demandant au gouvernement de retirer sa proposition d'enchâssement des droits de francophones. Tout canadien qui ne croit pas que tous les Canadiens sont égaux devant leur gouvernement (qu'il soit municipal, provincial ou fédéral) en anglais ou en français devrait ouvrir un livre d'histoire.[18]

Qu'est ce qu'un référendum prouve sinon qu'un voisin vote à propos des droits d'un autre voisin, alors que tous deux ont le droit de vote et sont des contribuables [...] En tant qu'immigrant du Royaume-Uni qui a résidé au Québec depuis 37 ans (et toujours unilingue) j'ose espérer que le peuple du Manitoba en tant que Canadien pense à nous au Québec. S'ils prennent une décision négative, ils feront le jeu du Parti québecois.[19] [...] J'ai déjà été fier du fait que je suis originaire du Manitoba, malheureusement ce n'est plus vrai. L'ignorance et les préjugés qui sont apparus avec la question des services en français me font honte de ma province natale... Pourquoi est-ce que les Manitobains ont tellement peur de mettre de côté leurs préjugés et (faire la même chose qu'au Québec)?[20] [...] Il est vital que justice soit faite mais aussi que cela soit vu, non seulement au Manitoba, mais dans tout le pays. Les Manitobains ont une responsabilité non seulement envers eux-mêmes mais aussi envers le pays tout entier dans une question aussi fondamentale. Vu d'ici, on ne percevra la justice que si les francophones du Manitoba sont satisfaits du gouvernement. Si pour cela il doit y avoir un élément de générosité, eh bien ainsi soit-il.[21]

Lorsque le 6 octobre 1983, les trois chefs de partis se lèvent à tour de rôle à la Chambre des communes pour inciter l'Assemblée législative du Manitoba à agir dans les meilleurs délais,

> pour satisfaire à leurs obligations constitutionnelles et protéger efficacement les droits de la minorité francophone de cette province,

l'espoir, pour certains, est encore permis car la résolution ne donne pas l'impression d'avoir des couleurs politique trop crues:

> Attendu que l'un des objectifs primordiaux de la Constitution du Canada est de protéger les droits fondamentaux de tous les Canadiens y compris ceux des peuples autochtones, des minorités francophones et anglophones, de même que des minorités religieuses, ethniques ou autres;

> Attendu que la Constitution contient des dispositions concernant le statut et l'usage du français et de l'anglais au Canada;

> Attendu que la Loi de 1870 sur le Manitoba a été adoptée par le Parlement du Canada pour établir cette province et qu'elle est partie intégrante de la Constitution;

> Attendu que le Parlement a conféré en 1870 une garantie spéciale à l'usage de la langue française et de la langue anglaise au Manitoba en vertu de l'Article 23 de ladite loi;

> Attendu que la Cour suprême du Canada a confirmé le 13 décembre 1979, cette garantie constitutionnelle conférée par l'Article 23 de la Loi de 1870 sur le Manitoba;

> Attendu que la Constitution est la Loi suprême du Canada et lie le Parlement ainsi que toutes les législatures provinciales;

> Attendu qu'il est dans l'intérêt national que les droits linguistiques des minorités francophones et anglophones du Canada soient respectés et protégés dans un esprit de tolérance, de courtoisie, de concorde et de générosité;

> Attendu que le gouvernement du Canada et le gouvernement du Manitoba, avec la participation de la Société franco-manitobaine, se sont entendus le 16 mai 1983 sur une modification à apporter à la Loi de 1870 sur le Manitoba de façon à ce que le gouvernement et l'Assemblée législative du Manitoba

puisse s'acquitter effectivement de leurs obligations en vertu de l'Article 23 de ladite loi;

Attendu qu'il est dans l'intérêt d'appuyer les efforts du gouvernement et de l'Assemblée législative du Manitoba pour s'acquitter effectivement de leurs obligations constitutionnelles et protéger les droits de la minorité francophone de leur province:

1) La Chambre, au nom de tous les Canadiens, appuie dans sa substance l'accord conclu le 16 mai 1983 par le gouvernement du Canada et le gouvernement du Manitoba, avec la participation de la Société franco-manitobaine, en vue de modifier la Loi de 1870 sur le Manitoba.

2) La Chambre invite le gouvernement et l'Assemblée législative du Manitoba à agir dans les meilleurs délais pour satisfaire à leurs obligations constitutionnelles et protéger efficacement les droits de la minorité francophone de cette province.[22]

Lors du débat qui suit, le premier ministre Trudeau rappelle l'histoire des droits des Franco-Manitobains et défend l'essence de l'entente du 16 mai 1983,

... qui ne donne pas de nouveaux droits à la communauté francophone mais au contraire restaure un privilège constitutionnel aboli en 1890. Peu importe l'importance numérique de cette minorité, si elle a des droits, il faut que ces droits soient respectés.[23]

Citant Sir John A. MacDonald et Edward Blake, le premier ministre conclut:

Je crois fermement que ce pays est entré dans une nouvelle période de compréhension. Je crois que si les événements au Manitoba se passent comme nous l'espérons et prions, nous sommes confiants que la majorité des Manitobains va comprendre. J'ai confiance que, pour toutes ces minorités et tous ceux qui réclament une plus grande justice, vivre dans ce pays sera un point tournant dans l'histoire de cette nation. Ce pays magnifique a été fondé sur le principe de la réciprocité, de la cohabitation culturelle et des droits des minorités.[24]

Le chef conservateur, Brian Mulroney, se montre plus partisan dans ses propos. Même s'il est très au courant de l'histoire manitobaine,

Mulroney ne veut pas, par le biais de cette résolution, exacerber la situation provinciale:

> En dernière analyse, il appartient aux Manitobains de décider. J'espère que les chefs manitobains agissent de bonne foi et travailleront dans un état d'esprit généreux pour que les Franco-Manitobains soient traités avec dignité et respect.[25]

Après avoir renouvellé l'adhésion de son parti aux principes du bilinguisme national, il tempère ce qui pourrait ressembler à un endossement absolu:

> Le bilinguisme est un principe cher et une dimension indispensable de notre vie nationale. Le programme, cependant, doit être établi avec équité et honnêteté. Il est diminué s'il est perçu par de nombreux Canadiens comme un outil de division ou d'injustice. Les gouvernements doivent toujours être sensibles à cette possibilité.[26]

S'adressant directement aux Manitobains, Brian Bulroney lancera un appel à la conciliation:

> C'est une qualité pour laquelle les Manitobains sont renommés. Cela les honore, eux et leur province. La question d'aujourd'hui est une question de simple justice, cela ne peut qu'être douloureux. Il n'y a aucun blâme à porter, il n'y a aucun motif à récuser. Il y a seulement le caractère sacré des droits des minorités. Il n'y a pas d'obligation plus compulsive et de devoir plus irrésistible que de s'assurer que nos minorités, linguistiques ou autres, vivent, en tout temps dans des conditions de justice et d'équité.[27]

Quant au chef néo-démocrate Ed Broadbent, il tirera, lui aussi, des leçons du passé manitobain et il précise un point qui lui permet de ne pas paraître s'ingérer dans les affaires provinciales:

> Bien que certains détails techniques aient été fournis par le gouvernement fédéral, il est très important pour nous, membres de ce Parlement, de reconnaître que cette résolution est une solution canadienne de l'Ouest à un problème canadien de l'Ouest qui nous affecte tous.[28]

La résolution commune, au lieu de faire rentrer les conservateurs manitobains dans les rangs, ne fait qu'attiser la colère de Sterling Lyon qui qualifie la démarche tripartite ''d'intrusion injustifiable dans les affaires de la province'' et accuse ses collègues d'Ottawa d'avoir foulé aux pieds la démocratie.

Au fur et à mesure que la date du référendum municipal approche, les camps se précisent de plus en plus. Un groupe voit le jour: Le *concerned citizens committee for a yes vote on the Winnipeg plebiscite regarding official bilingualism,* avec à sa tête, Pat Maltman, qui avait déjà présenté une pétition avec 400 signatures au premier ministre Pawley au printemps précédent et qui a déjà fait partie du Parti libéral, maintenant jugé trop socialiste par elle. L'autre vice-président est Bill Hutton, un ancien président du Parti néo-démocrate et ancien conseiller municipal. Tous deux sont à la tête d'un groupe de 25 personnes qui veulent que le cas Bilodeau aille en Cour suprême. Russell Doern, bien que ne faisant par partie de ce nouveau groupe, favorise un ''oui'' au référendum de 26 octobre 1983. En publiant ses raisons, qui sont les mêmes que celles invoquées depuis le début de ce débat, il félicite le maire Norrie et les autres conseillers pour avoir su écouter le public. Il répètera son message à plusieurs reprises, dans des lettres à la rédaction des journaux. Il n'est pas le seul à exprimer sa colère contre les politiciens fédéraux:

> J'espère que les Manitobains vont s'en tenir à leurs décisions et voter contre le bilinguisme. C'est trop tard pour le Nouveau-Brunswick et les autres provinces tombent les unes après les autres, comme des quilles dans un jeu. Le premier ministre Trudeau est francophone et il cherche à implanter la langue française de l'Atlantique au Pacifique. Il est francophone et il a une excuse. Quelle excuse ont les chefs de file anglophones? [...] Je n'ai rien contre les Canadiens-Français. Cependant je m'oppose à tous les groupes minoritaires qui essaient de détruire leur pays par le biais de la division, de la coercition et d'une législation linguistique vengeresse.[29] [...] Pour Messieurs Trudeau et Mulroney, il n'y a semble-t-il qu'un règlement pour le Québec et un autre pour le reste du Canada. Avec ces deux-là à la tête du Canada, l'Ouest est vraiment dans la plus grande gêne''[30] [...] Je suis déçu par les politiciens fédéraux qui affirment parler au nom de tous les Canadiens alors qu'en fait ils ne pensent qu'au Québec et à ses votes. L'Ouest a depuis longtemps été oublié par Trudeau et compagnie... Nous n'avons pas besoin et nous ne pouvons pas nous permettre les dépenses de services bilingues.[31] [...] Les temps ont changé au Manitoba. Vous êtes un bigot maintenant si vous n'êtes pas d'accord avec une minorité. Si vous

mettez votre désaccord sur papier, vous êtes coupables de distribuer de la littérature haineuse. Dans le bon vieux temps c'était
la majorité qui gouvernait. Plus maintenant et personne n'est
heureux. Nos gouvernements jouent avec nos émotions[32] [...]
Les Canadiens doivent accepter le fait que nous vivons dans un
pays bilingue. Si la nation est bilingue, il en résulte que toutes
les provinces doivent avoir droit au bilinguisme.[33]

Mais d'autres conservateurs manitobains importants n'hésitent
pas aller à l'encontre de Sterling Lyon. Une dernière tentative est faite
à l'Hôtel de ville pour faire retirer la question référendaire du bulletin
de vote. Les conseillers municipaux, cependant, s'en tiennent au même
vote que le 14 septembre 1983.

Les résultats du référendum sont significatifs. Ils ne surpennent
vraiment personne. A l'extérieur de Winnipeg, 20,349 électeurs,
soit 79% répondent NON à un bilinguisme enchâssé et 5,440, soit
21% autres répondent OUI. A Winnipeg, 155,408 personnes, soit
76,5%, votent en faveur du OUI, alors que 47,771 personnes, soit
23,5%, répondent NON. Dans ce cas, OUI voulait dire que le cas
Bilodeau devait aller en Cour suprême, sans passer par une entente
tripartite Ottawa/ Manitoba/SFM. Le président de la SFM, Léo
Robert, déclare le soir même du vote qu'il s'agit d'une victoire morale.
Le lendemain, au nom de la SFM, l'ancienne présidente, Gilberte
Proteau, répète sensiblement les propos qui deviennent la ligne de
pensée officielle. Elle ajoute avec prémonition:

Quand le Bill va arriver en Chambre, il va y avoir du grabuge
comme il n'y en a jamais eu, parce que là définitivement, l'opposition va brandir ce 76% en disant: ''la population ne veut pas
qu'il y ait une entente au niveau du gouvernement, la population
veut que les choses s'en aillent à la Cour suprême.'' On va se
servir de ça pour mettre tout à feu et à sang là-dedans. Moi,
j'anticipe quelque chose d'assez sordide de ce côté. Il va falloir
un courage énorme au gouvernement Pawley pour maintenir ses
positions. Tant mieux pour eux s'ils le font.[34]

Le gouvernement Pawley se démarque immédiatement des résultats référendaires. Les Franco-Manitobains, quant à eux, parlent de
victoire morale en écartant volontairement le fait que les électeurs
avaient voté sur la question de fond, à savoir que le Canada anglais
n'est peut-être pas prêt à changer d'attitude face au bilinguisme.

Léo Robert: On s'attendait à un vote pire, c'est pour ça qu'on a prévu, étant très optimiste, de 10 à 12%.[35]

Réal Sabourin: Il ne faut pas oublier qu'on avait la Loi pour nous, qu'on avait la Constitution pour nous, un gouvernement majoritaire pour nous, la presse locale et nationale en notre faveur, et puis il y a eu ce qu'il y a eu, on ne pouvait pas s'y attendre... Le gouvernement Pawley avait sous-estimé le climat social. Je pense qu'il était très, très naïf à ce niveau-là et je pense que Pawley est le premier à l'admettre, qu'il y avait une certaine naïveté de leur part et de sa part à lui. Je sais que toute la virulence, l'incendie ça l'a vraiment ébranlé, lui personnellement. Il ne pouvait pas comprendre pourquoi ces choses là arrivaient.[36]

Roger Bilodeau: Le "backlash" n'a pas été une surprise complète surtout que je connaissais assez bien l'idéologie du Parti conservateur et en particulier de Monsieur Lyon qui menait l'équipe à ce temps-là. J'ai été surpris par l'ampleur du ressentiment public cependant, ça m'a ouvert les yeux. Le référendum a eu un impact politique fatal. C'est un processus douteux et il est dommage que Trudeau et Mulroney n'aient pas eu plus d'impact politiquement et juridiquement.[37]

Le gouvernement tente de limiter les dégâts en annonçant que, malgré toutes les tempêtes qui ont secoué la province au cours des derniers mois, il reste quand même à jouer la carte politique en Chambre. Pour cela, un nouveau ministre est nommé pour piloter le dossier des services en français, Andy Anstett.

NOTES

1. Bocquel, Bernard, L'incertitude et la confusion, *La Liberté*, 7 septembre 1983.

2. Francophone group rejects rights amendement change, *Winnipeg Free Press*, September 9, 1983.

3. French rights trade off, *Winnipeg Free Press*, September 8, 1983.

4. NDP plays it smooth, *Winnipeg Sun*, September 9, 1983.

5. A pointless referendum, *Winnipeg Free Press*, September 9, 1983.

6. How the city councillors voted, *Winnipeg Free Press*, September 16, 1983.

7. Robert, Léo, Actualités, CKSB-Radio-Canada, 16 septembre 1983.

8.   Russell, Francis, French rights issue turning into a pogrom, *Winnipeg Free Press*, September 17, 1983.

9.   Trudeau, Pierre Elliott, Debates Chambre des communes 13 septembre 1983, p. 27064.

10. *Ibid.*, p. 27065.

11. Robert, Léo, entrevue accordée à l'auteur, 23 mai 1986.

12. Dubé, Jean-Pierre, Le rêve de la nouvelle majorité, *La Liberté*, 30 septembre 1983.

13. Kiesman, Reeve, Debates and proceedings, September 9, 1983, pp. 1018-1023.

14. Chernoff, Brian, Montréal, *Winnipeg Free Press*, October 1, 1983.

15. Henderson, Keith, Westmount, P.Q., *Ibid.*

16. Buffam, Arthur, E. Westmount, P.Q., *Ibid.*

17. Bourke, Sheila, Montréal, *Ibid.*

18. Cummings, Donald, H., Port Cartier, P.Q., *Ibid.*

19. Rodgers, Edwards, Verdun, P.Q., *Ibid.*

20. Yarish, Alan, Montréal, pp. *Ibid.*

21. Robinson, Brian, Pr, McGill University, Montréal, *Ibid.*

22. Débats des Communes, 6 octobre 1983, p. 27816.

23. Trudeau, Pierre Elliott, *Ibid.*, p. 27817.

24. *Ibid.*, p. 27818.

25. Mulroney, Brian, *Ibid.*, p. 27819.

26. *Ibid.*

27. *Ibid.*

28. *Ibid.*

29. Johnson, Eric, Pierrefonds, P.Q., *Winnipeg Free Press*, October 1, 1983.

30. Connors, C.F. Kamloops, B.C., *Ibid.*

31. Morris, M. Winnipeg, *Ibid.*

32. Rae, Donald, S., West Hawk Lake, *Ibid.*

33. Birtles, William, Carman, *Ibid.*

34. Proteau, Gilberte, Le Point, CBWFT-Radio Canada, 27 octobre 1983.

35.　Robert, Léo, entrevue accordée à l'auteur, 23 mai 1986.

36.　Sabourin, Réal, *Ibid.*

37.　Bilodeau, Roger, entrevue accordée à l'auteur, 20 mai 1986.

Cayouche, *La Liberté*, 9 septembre 1983.

Audiences publiques au sujet du projet d'enchâssement de l'Article 23. On reconnaît au premier plan, Sterling Lyon, chef du Parti conservateur, et ensuite Bud Sherman, député conservateur et en bout de table, Russell Doern, député rebelle. (Hubert Pantel, *La Liberté*, 16 septembre 1983).

Audiences publiques. On reconnaît à droite, le procureur général Roland Penner, Gerry Storie député néo-démocrate et Gérard Lécuyer, député néo-démocrate. Au micro, Eric Maldoff, président d'Alliance Québec. (Hubert Pantel, *La Liberté*, 9 septembre 1983).

Audiences publiques à Sainte Anne (Hubert Pantel, *La Liberté*, 30 septembre 1983).

Léo Robert, président de la SFM aux audiences publiques de Sainte Anne. À sa gauche Joseph Magnet, avocat de la SFM. (Hubert Pantel, *La Liberté*, 30 septembre 1983).

Appel à la population franco-manitobaine. (*La Liberté*, 16 septembre 1983).

Gérard Lécuyer aux audiences publiques de Sainte-Anne. (Hubert Pantel, *La Liberté*, 30 septembre 1983).

Roland Penner, procureur général du gouvernement Pawley. (Hubert Pantel, *La Liberté*, 30 septembre 1983).

"Mon NON est franco-manitobain"

Mes chers amis,

Le 27 septembre à Ste-Anne est aujourd'hui inscrit à un chapitre de l'histoire de notre longue lutte pour le respect de nos droits. Si cette manifestation a été une réussite incontestable, et, si elle se taille une place privilégiée dans les livres d'histoire de nos petits-enfants, cela est grâce à vous qui étiez présents en si grand nombre. Je profite de la présente pour vous exprimer mon plus vif sentiment de reconnaissance et mes plus sincères remerciements pour votre présence à Ste-Anne.

Mais si cette manifestation était le message d'une collectivité, le suivi de cet événement veut maintenant que vous exprimiez votre message individuel. Vous qui habitez la ville de Winnipeg, je vous encourage donc à vous prévaloir de votre droit de vote le 26 octobre prochain. Je vous invite à faire part de votre

message personnel dans le cadre du plébiscite sur le projet d'amendement de l'article 23. Dites-leur que votre "NON" est franco-manitobain.

Car celui ou celle qui vote NON à ce plébiscite appuie l'entente conclue avec le gouvernement du Manitoba et appuie donc une solution négociée entre manitobains, pour les franco-manitobains.

Le 26 octobre nous donne l'occasion de réaffirmer notre détermination et de faire respecter nos droits.

ALLEZ VOTER. VOTEZ NON.

Sincèrement,

Léo Robert

Léo Robert, président
La Société franco-manitobaine

Un appel au ''non'' à l'occasion du référendum municipal sur le projet d'amendement de l'Article 23. (*La Liberté*, 21 octobre 1983).

Cayouche, *La Liberté*, 21 octobre 1983.

Chapitre XII

L'hiver 1983-1984

La réalité franco-manitobaine, c'est que
l'Article 23, pendant 93 ans, on ne l'a pas
eu. L'entente du mois de mai 1983, c'est un
autre fantôme de notre histoire.

Rémi Smith. Le 17 janvier 1984

Après le référendum municipal et la nomination d'Andy Anstett, les spéculations vont bon train. Le gouvernement changera-t-il encore une fois l'entente à la reprise des travaux législatifs? Et les conservateurs auront-ils changé d'avis en changeant de chef?

Anstett laisse entendre que certaines options seront envisagées, des options différentes de l'enchâssement, si les principes du mois de mai 83 sont respectés. Cependant, il prévient le public et l'opposition que, contrairement à la coutume, le rapport du Comité permanent des élections et privilèges sera volontairement anodin, se contentant d'identifier les domaines qui devront subir des changements.

Le rapport, déposé à la fin novembre 1983, est bref. Il recommande notamment que le gouvernement Pawley aille de l'avant avec la propo-

sition d'enchâssement constitutionnel des droits des Franco-Manitobains et que des amendements soient apportés à l'entente du 16 mai
83, sans toutefois en préciser la nature. Il apparaît de plus en plus
certain, cependant, que les articles 23.1, statuant que l'anglais et le
français sont les deux langues officielles de la province, et 2-3.7, traitant des services en français, seront modifiés: 23.7 deviendrait une loi
provinciale et 23.1 serait, de nouveau, édulcoré. La SFM se dit inquiète
de ces changements potentiels mais se réjouit de voir que certains
principes sont maintenus. Russell Doern et Bill Hutton (chefs de file
du ''oui'' au référendum municipal) sont déçus de voir que le rapport
n'a pas davantage de substance. Doern estime que c'est une ''claque''
pour les Manitobains et Hutton qualifie le rapport de ''nullité''. L'effet
tant attendu ne se produira pas. Le ton volontairement neutre du
rapport ne fera qu'alimenter la controverse au lieu de la réduire.

Au début décembre 1983, les conservateurs manitobains changent
de chef et choisissent Gary Filmon, à qui il incombe maintenant de
mener l'opposition en Chambre et devant l'opinion publique. Quelques heures après l'élection de Filmon, dans un hôtel de Winnipeg
où se tient une réception, un représentant de Pawley tend une lettre
contenant un message urgent: Pawley veut rencontrer Filmon au plus
tôt pour discuter de la question des services en langue française. Filmon
accepte immédiatement. Cet empressement indique que Filmon prend
cette question au sérieux. Le lendemain, il rencontre donc le premier
ministre Pawley durant une heure et demie au cours de laquelle il est
mis au courant, verbalement, des dernières propositions gouvernementales. Quarante-huit heures plus tard, il répond par une lettre qu'il
rendra publique, et dans laquelle il constate plusieurs points de désaccord avec le gouvernement, notamment en ce qui concerne le tout
dernier changement à l'Article 23.1. Le caucus conservateur l'a rejeté
à l'unanimité car le gouvernement n'a fourni aucune assurance au sujet
de l'accord de la SFM et du gouvernement du Canada. D'autre part,
ajoute Filmon, le fait de laisser l'Article 23.1 enchâssé dans n'importe
quelle proposition d'amendement constitutionnel représente, en soi,
un vaste élargissement des droits constitutionnels, ce qui va, selon lui,
bien au-delà de l'Acte du Manitoba de 1870. Enfin, Filmon estime que
le gouvernement a une obligation morale et juridique envers le Comité
des privilèges et le peuple manitobain et doit discuter publiquement
des amendements envisagés.

Pourtant, les changements apportés affectent considérablement la substance et, surtout, l'esprit de l'entente du 16 mai. Les services gouvernementaux ne sont plus enchâssés mais sont placés dans une loi provinciale: le projet de loi 115. De plus, le gouvernement Pawley prévoit la création d'un *Language Service Advisory Council* (Un conseil consultatif des services linguistiques) formé de sept fonctionnaires, quatre syndicalistes, deux Franco-Manitobains et deux anglophones qui devront conseiller le ministre responsable de l'application et de la mise en place des services. Le gouvernement prévoit également créer un poste d'ombudsman pour éviter les litiges en cour. Enfin, le terme ''demande importante'' a été défini par le gouvernement à 800 francophones par municipalité ou huit pour cent de la population.

Vaughan Baird, l'avocat de Roger Bilodeau, est d'accord, en principe, avec les propositions gouvernementales. Il décide d'attendre la suite des événements avant de se représenter en Cour suprême. Baird, conservateur notoire, est déçu de voir qu'en dépit de l'élection de Filmon, les conservateurs repoussent les avances du gouvernement. Pragmatique, il ne peut que constater les changements de plan à la suite des audiences publiques. Selon Baird, l'Article 23 tel que le gouvernement se propose de l'amender ne perd pas de sa force et rien n'empêche une future contestation constitutionnelle.

De son côté, la SFM est plus ou moins d'accord avec ce que le gouvernement propose et note que l'exclusion des municipalités et des commissions scolaires est maintenant enchâssée, alors que la clause des services ne l'est plus. La SFM reconnait que le projet de loi 115 a plus de force, dans son contenu, au sujet des services que lors de l'entente du 16 mai 1983. De même que Baird, la SFM est surprise de voir les conservateurs repousser les propositions gouvernementales au profit d'une comparution en Cour suprême. Quoiqu'il en soit, la date d'une rencontre avec la communauté est fixée au 17 janvier 1984. La SFM doit poursuivre le processus devenu familier et demander un vote public au sujet du dernier compromis. En même temps, elle fait évaluer par Joseph Magnet le projet de loi et l'amendement constitutionnel.

De plus en plus, cependant, des voix favorables aux francophones s'élèvent pour conseiller au gouvernement fédéral et à la SFM de tout laisser tomber et d'aller en Cour suprême en raison du désespoir et de la peur du gouvernement provincial et de la détermination de l'opposition: les Manitobains ne seront convaincus que par une solution imposée par les tribunaux.[1]

Les conservateurs ne changent pas d'opinion et ne sont pas satisfaits des propositions d'Anstett, que Filmon considère comme prêtant de plus en plus à confusion. C'est alors que le gouvernement décide de faire un dernier changement qui affecte plus particulièrement le statut juridique des langues anglaise et française. Il est moins clair que celui du 16 mai 1983 et l'Article 23.1 reflète toutes les inquiétudes exprimées depuis cette date. En effet, on trouve une nuance importante: l'emploi d'une langue n'est plus un droit mais une liberté:

> ''Vu que le français et l'anglais sont les langues officielles du Manitoba, la liberté d'employer l'une ou l'autre, existant en vertu du droit du Manitoba lors de l'entrée en vigueur du présent article, ne peut être abolie ni restreinte par une loi de la législature du Manitoba ou en application d'une de ses lois''.

Les conservateurs, informés de ces changements, n'ont pas réagi plus que cela, ce qui, encore une fois, donne un faux espoir au gouvernement provincial car Anstett est persuadé d'avoir répondu à toutes, ou presque, les inquiétudes des conservateurs. Donc, selon lui, il n'y a aucune raison pour que la crise ne se termine pas rapidement. D'autant plus que Roger Bilodeau maintient son échéance du 15 janvier, pour réinscrire sa cause en Cour suprême du Canada, ce qui est une autre façon de pousser l'Assemblée législative à l'action. La SFM, quant à elle, fait analyser par son avocat, Joseph Magnet, la dernière proposition gouvernementale. (Dès le 20 décembre, Magnet avait rejeté la dernière version estimant que le gouvernement n'offrait pas assez de garanties aux Franco-Manitobains).

En fait, ce que propose Anstett, c'est-à-dire une protection pour se servir d'une liberté d'usage déjà existante, ne protège pas grand-chose car la langue française est déjà dans les écoles, en principe dans les tribunaux, à l'Assemblée législative et dans l'administration municipale à Winnipeg. Et c'est à cause de cette présence déjà bien visible que la lutte ne cessera pas tant qu'il n'y aura pas une victoire claire, d'un côté comme de l'autre.

Les fêtes de fin d'année ne seront qu'une brève trêve car les travaux législatifs doivent reprendre le 5 janvier. Le gouvernement décide de distribuer, d'emblée, l'opinion de Kerr Twaddle au sujet des derniers amendements. Andy Anstett fait son apprentissage de ministre face à une opposition conservatrice d'humeur belliqueuse. Même si Twaddle estime très peu probable que les tribunaux interprètent l'amendement constitutionnel comme un élargissement des droits linguistiques des francophones, cela ne suffit pas à désamorcer la bataille rangée qui se profile à l'horizon. Anstett recule moins que Penner devant l'offensive en Chambre même et n'hésite pas à rendre coup pour coup. Les conservateurs, de leur côté, même en étant toujours aussi disciplinés, doivent cependant prendre en considération la personnalité et le style de Gary Filmon, nouveau dans le dossier, mais aussi héritier de Sterling Lyon. Filmon montera l'opinion de Twaddle en épingle, cherchant à utiliser la technique de déstabilisation qui a si bien fonctionné depuis mai 1983. La tactique ne réussira pas totalement car Filmon n'a pas le feu de Lyon, son style personnel est totalement différent. Mais, en même temps il est gêné par la présence, bien sentie, de Sterling Lyon au caucus et en Chambre. Victime du syndrome classique du ''nouveau-chef-de-parti-qui-doit-prendre-en-considération-l'ancien-chef-toujours-présent-tout-en-imprimant-un-style-personnel-et-nouveau-à-une-stratégie-héritée-du-passé,'' Filmon hésite et mesure chaque pas. Andy Anstett, de son côté, ne cache pas son plaisir de remuer ce passé marqué au cachet de Lyon. Il brandit en Chambre le préambule de la Loi 2 de 1980 et agite sous le nez des conservateurs le fait que ces derniers avaient reconnu que le français et l'anglais étaient les deux langues officielles du Manitoba. L'argument invoqué par les conservateurs depuis mai 1983 se dégonfle au vent des preuves avancées par Anstett. Ce dernier ne se gêne pas pour rappeler à Russell Doern qu'il avait accueilli plus que favorablement cette même législation conservatrice de 1980 et qu'il avait accepté le caractère bilingue de la province. Pourtant ce n'est pas ce genre de tactiques, aussi embarassantes soient-elles pour les conservateurs, qui pourra endiguer le flot de leurs manoeuvres.

Le gouvernement Pawley, comme tous les gouvernements d'ailleurs, n'a pas de choix face à l'attitude à adopter. Il lui faut réagir aux questions, aux insinuations, aux accusations, défendre ses actions, ses intentions. C'est fondamentalement une attitude négative car c'est l'opposition qui a l'initiative de l'offensive et qui choisit le terrain et le ton. Même si le rôle de l'opposition est de critiquer, donc d'être également négative, la réaction gouvernementale se doit d'être à la hauteur des convictions. Et dans tout le débat entourant l'Article 23, les conservateurs réussissent à diminuer la force des convictions philosophiques du gouvernement en faisant ressortir les contradictions, les hésitations, les reculades. Si les conservateurs avaient eu l'intention d'accepter, en fin de compte, les amendements constitutionnels et la Loi 115, ils auraient employé des tactiques différentes et auraient davantage travaillé l'aspect philoso phique et débattu sans avoir recours à la guérilla parlementaire. Ce n'était pas le cas et Gary Filmon, tout en ayant une attitude, ainsi qu'un style différents de Sterling Lyon, ne pouvait que continuer dans la ligne instituée dès mai 1983. Il fut fondamentalement fidèle à ses principes énoncés pendant la course à la chefferie conservatrice: les droits linguistiques ne sont pas des droits fondamentaux. S'il avait voulu changer le parcours de l'opposition ainsi que les attitudes conservatrices, il eût fallu que Filmon dispose de plus de temps pour faire changer son caucus de cap. Ce répit qu'il a demandé à plusieurs reprises ne lui fut pas accordé pour des raisons bien spécifiques. Le gouvernement, sachant pertinemment que la Cour suprême et Roger Bilodeau ne souffriraient pas un ajournement de plus, sans garantie de l'adoption de l'amendement constitutionnel, ne pouvait sembler se soumettre aux désirs d'une opposition qui se montrait virulente et peu respectueuse d'un accord conclu sur l'autel du biculturalisme et du bilinguisme. D'autre part, le gouvernement savait que la SFM et la communauté francophone paieraient un prix élevé dans cette controverse et qu'un délai de plus garderait la question législative au premier rang de l'attention publique et, du même coup, pourrait créer une tension indue dans la vie publique manitobaine. Filmon devient donc un faux élément nouveau dont la trajectoire est fixée d'avance, incontrôlable sans risquer de faire éclater son parti de l'intérieur.

Le 8 janvier, un nouveau groupe de pression voit le jour: Manitoba Grassroots, mené par Grant Russell, l'homme d'affaires James Richardson, l'ancien premier ministre libéral du Manitoba Douglas Campbell et un ancien membre haut placé du N.P.D., Herb Schulz.

Le 9 janvier 1984, Andy Anstett présente à la Chambre le "Projet de loi 115, loi concernant la mise en application de l'Article 23 de la Loi de 1870 sur le Manitoba." C'est ce jour-là que Gary Filmon prononce son premier discours en tant que chef du Parti conservateur du Manitoba. Sa première attaque portera sur la crédibilité de Howard

Pawley en tant que chef, en tant que premier ministre. Pour ce faire, il ridiculise le fait que Pawley l'ait recontré en présence d'Andy Anstett à cause des connaissances de ce dernier dans le dossier. Ensuite, il fait l'historique de la crise. S'il n'a pas la virulence d'un Sterling Lyon, il n'en a pas moins la réthorique:

> Lorsque j'envisage cette question (législative) je me pose la question, qui d'ailleurs a déjà été posée: qui leur a donné le droit? Ont-ils été élus pour traiter d'une question aussi sérieuse au nom du peuple du Manitoba? S'agissait-il d'une question électorale en 1981? Non, nous n'en avons jamais entendu parler et cela de la part d'un gouvernement qui a dit qu'il écouterait, consulterait, aurait une politique de portes ouvertes. Non pas d'esprit ouvert mais de portes ouvertes... on aurait pu croire que le premier amendement à la nouvelle Constitution canadienne aurait fait l'objet d'une consultation populaire à cause des répercussions sur les droits des Manitobains. On aurait pu croire qu'il y aurait consultation au sujet de l'élargissement des droits linguistiques des francophones. Car il ne s'agit pas de protéger les droits linguistiques des Franco-Manitobains — autant le dire tout de suite — il s'agit d'élargir ces droits. Vous auriez pu croire qu'avant de s'asseoir avec leurs interlocuteurs, ils auraient eu un consensus quelconque, un cadre de références, des paramètres d'opération.[2]

Gary Filmon, tout en étant souvent interrompu, relève les contradictions, au sujet des audiences publiques, des amendements, etc., pour en arriver au référendum municipal:

> Les présentations faites devant le comité et le plébiscite ont été rejetés d'un revers par le gouvernement. Ils continuent de l'être sous prétexte qu'ils ne sont pas pertinents. Les membres du gouvernement préfèrent attribuer ces résultats à un sentiment anti-francophone, au fait que les gens sont des bigots, que les motivations étaient politiques, que les gens étaient mal informés...
>
> Ils ont conclu, en dépit d'un rejet à 75-81%, en dépit des centaines de mémoires présentés que la législature, devrait adopter un amendement à la constitution. Telle est leur conclusion. Quel affront fait au public, au processus parlementaire dont nous sommes tous fiers, à ceux qui ont présenté des mémoires...
>
> Et cette dernière proposition maintenant? Est-ce vraiment la dernière proposition d'ailleurs? Comment y sont-ils arrivés?

Avec quel genre de réunions? Qui y était présent? Est-ce que cette proposition a plus de crédibilité que la première? Est-ce que ça vaut le risque d'enchâsser de nouvelles déclarations qui donnent d'autres droits linguistiques, au-delà de ce qui existe déjà...

L'Article 23.1 est vraiment le plus grand problème. Quand tout a été dit et fait, cet article continue à être au centre de la question. This is an area upon which any expansionary interpretation could rest and could result in a court-imposed extension of French-language rights in Manitoba for all time and future generations. Les premiers mots de l'Article 23 sont les suivants: ''Le français et l'anglais sont les deux langues officielles du Manitoba.'' Le français et l'anglais ne sont pas les deux langues officielles du Manitoba tel qu'il est déclaré dans la Loi du Manitoba aujourd'hui, alors pourquoi déclarer quelque chose qui n'est pas dit de cette façon dans l'Article 23 (de la Loi de 1870)... Sur le plan des faits cela n'est pas exact... et que veut dire le mot officiel? C'est là le coeur du problème! Nous ne savons pas ce qu'un tribunal ou un jugement pourrait décider... J'imagine que les gens nous disent de ne pas nous inquiéter et que nous devons prendre le risque qui nous est offert... Je voudrais savoir la différence qu'il y a entre une ''possibilité lointaine de voir la proposition actuelle considérée comme un élargissement des droits linguistiques des francophones'' et ''une excellente'' chance de succès dans l'Affaire Bilodeau''...

J'aimerais savoir pourquoi nous, au nom d'une vaste majorité de Manitobains, devons accepter le risque de voir leurs droits altérés par cette proposition? Pourquoi est-il nécessaire d'enchâsser cette lointaine possibilité alors que nous avons vécu amicalement avec nos frères et soeurs francophones, alors que des gouvernements successifs ont implanté des politiques offrant de plus en plus d'opportunités pour les francophones... We should not enter unchartered waters, as it is being suggested to us and has been suggested to us, throughout this whole proposal by the New Democratic government, that we go headlong into unchartered waters and I don't think that that indicates a healthy respect for the unknown... La façon dont ce gouvernement a mené toute cette question a amené une atmosphère chargée sur le plan émotionnel, pleine d'amertume et qui a créé des angoisses inutiles, des préjudices et des réponses, émotionnelles plutôt que rationnelles.

Par-dessus tout, je crois que cela a probablement endom-
magé les intérêts et les relations avec les Franco-Manitobains pour
des décennies. Le gouvernement est responsable de tout ces
problèmes, ils ont empoisonné les relations, ils ont sécoué cette
province, ils en portent la responsabilité.[3]

Dès le lendemain du discours de Filmon, les conservateurs laissent
sonner les cloches de la Chambre pendant 40 minutes. Deux jours plus
tard, le 13 janvier 1984, Brian Ransom et Warren Steen font allusion
à un changement possible d'opinion, ce qui permettrait au dossier
constitutionnel d'avancer. Ce que les conservateurs proposent est
simple: enchâssement dans la Constitution de tous les articles qui
permettraient la validation de 4 500 lois unilingues manitobaines. C'est
une façon très indirecte de leur part de reconnaître que l'Article 23
est obligatoire. Toute référence au caractère officiel des langues française
et anglaise serait retirée ainsi que la nature de leurs statuts. Les conservateurs n'offrent aucune garantie aux francophones quant à leurs
droits. Le ministre Andy Anstett semble extrêmement satisfait des
propositions conservatrices, notamment en ce qui concerne les statuts.
Il y voit une volonté de faire avancer le dossier. C'est, en fait, un premier
pas positif vers un règlement de la crise de la part des conservateurs.
La trêve durera trois jours à peine car si le gouvernement a réagi avec
joie à la proposition des conservateurs, ces derniers récoltent ce qu'ils
ont semé et reçoivent, à la suite de ce qui est perçu, avec juste raison,
comme un changement de position, de nombreux appels d'électeurs
furieux. Tout en affirmant que leur position n'a pas changé, Gary
Filmon et ses troupes sortent de la Chambre lorsque le gouvernement
tente de forcer un débat sur le projet de loi 115. Ce sera le premier de
nombreux ''débrayages'' conservateurs.

L'opinion publique manitobaine est partagée. Les lettres aux
éditeurs reflètent cette division:

Le gouvernement provincial a manqué de compétence et de
leadership. L'opposition conservatrice a semé les graines de préjudice et d'attitude réactionnaire. La SFM a montré une patience
remarquable...

Je suis anglophone, un wasp, je ne parle pas français. Mais
en tant que Manitobain j'ai honte de la perception du reste du
Canada à mon sujet. Il est sûrement temps pour le Manitoba de
devenir une partie vitale du Canada au XX siècle[4] [...] En tant

que francophone je n'ai pas besoin d'incompétents paternalistes pour me dire ce qui me convient. Les droits des francophones sont garantis dans la Constitution canadienne, la Charte des droits, la Loi des écoles publiques et l'Article 23 de la Loi du Manitoba (et tel que restauré par les conservateurs en 1980)... Je dis que la situation a dépassé le ridicule pour en arriver à un stade inquiétant. Cessons ce non-sens immédiatement et déclenchons une élection sur cette question. Que le peuple décide".[*5]

Le 17 janvier 1984, à la salle Martial Caron du Collège Universitaire de Saint-Boniface, la SFM a convoqué la communauté franco-manitobaine pour examiner les dernières propositions gouvernementales et répondre aux questions qui pourraient surgir. Huit mois se sont écoulés depuis la réunion du mois de mai. L'atmosphère est totalement différente. On ne sent plus dans l'air cette expectative joyeuse du printemps précédent. Les événements des derniers mois ont secoué la communauté franco-manitobaine. De nombreuses illusions ont été perdues, certaines positions se sont durcies: les audiences publiques, la campagne référendaire, la crise en Chambre ont fait leur travail de sape chez tout le monde. Le conseil d'administration de la SFM n'a pas échappé à tous ces facteurs. Après avoir été si proches du but en mai, les membres du conseil s'aperçoivent que l'édifice bâti au cours de longs mois de négociations s'est écroulé comme un château de cartes en septembre. À partir du moment où le gouvernement provincial a commencé à modifier l'entente conclue le 16 mai 1983, les négociateurs francophones ont vu la conclusion reculer de plus en plus devant les écrans de fumée jetés par les opposants au projet d'amendement constitutionnel. Si le gouvernement jouait son rôle politique et tentait de satisfaire tous et chacun, l'opposition jouait le sien. La SFM, coincée entre des intérêts politiques et électoraux qui ne sont pas son quotidien, n'aurait pu brandir qu'une carte maîtresse qui ne lui appartient pas vraiment: une comparution en Cour suprême. Même si la SFM n'a pas cherché à entamer ces négociations constitutionnelles, le type même de son organisation la rend aussi politique que possible et l'oblige à prendre des positions bien précises. En l'occurence, le 17 janvier 1984, elle se doit de recommander l'acceptation des dernières propositions gouvernementales, par esprit de solidarité politique d'une part et,

---

*Il faut croire que l'auteur de cette lettre, Gilles Roch, représentait suffisamment de monde puisqu'aux élections provinciales de 1986, il battait Andy Anstett aux urnes et devenait le député de Springfield pour les conservateurs.

d'autre part, parce qu'elle sait pertinemment qu'une version modifiée, presque édulcorée, mais inscrite dans la loi, sera toujours mieux que ce qui a suivi 1890, 1916 ou 1979.

> Nous avions l'impression que les conservateurs auraient pu être plus abordables si on avait pu modifier 23.1.[6] Mais dès qu'ils ont pris la décision, vraiment radicale de faire sonner les cloches, ils n'étaient plus capables d'accepter l'entente. On savait que même le Bill 115 ne passerait pas, mais on se devait de jouer le jeu jusqu'au bout.[7]

Ce jeu sera joué en dépit de deux votes en faveur du rejet de l'entente, deux votes importants pour chaque membre du conseil d'administration de la SFM: le personnel de la SFM vote à 10 contre 3 contre les propositions gouvernementales; l'avocat de la SFM, Joseph Magnet a également suggéré un rejet car selon lui, la communauté franco-manitobaine peut gagner beaucoup plus par la voie des tribunaux. Magnet est présent à la salle Martial Caron le 17 janvier 1984, mais il ne sera pas aux côtés des membres du conseil d'administration. La stratégie initiale était d'avoir une brochette d'experts juridiques pour expliquer à la foule les dernières propositions gouvernementales, la solution choisie aura très certainement une couleur plus politique. Le conseil d'administration au complet prendra place sur l'estrade, car il est clair, ce soir-là, que la décision de la communauté, même si elle n'a pas le luxe de vraiment faire un choix, se doit, politiquement, d'être en faveur des propositions gouvernementales.

Lorsque Léo Robert prend la parole, toutes les nuances et toutes les tensions des derniers mois paraissent dans son bref discours:

> Le conseil d'administration de la SFM s'est longuement penché sur les changements. Après le 6 septembre 1983 je me suis dit "qu'ils aillent donc tous manger.. Allons en Cour suprême. Mais après cela je me suit dit qu'il va falloir arriver à un moment donné, au Manitoba, où comme francophone on doit se permettre de vivre notre francophonie et arrêter de la subir. Je me dis qu'il est grand temps que comme communauté on commence à s'intégrer dans la communauté manitobaine sans s'assimiler et moi je vous dis: c'est possible.[8]

Léo Robert explique ensuite, en détails, les propositions gouverne-mentales. Il admet que les juristes sont divisés, tout comme le Conseil d'administration de la SFM, que sur le plan strictement juridique, Joseph Magnet a raison, même s'il a une perspective nationale. Or, au Manitoba, la perspective est plus provinciale donc moins bilingue.

Peu de questions sont posées ce soir-là. Ceux qui sont présents ont déjà leur opinion et le vote sera sans équivoque, en réponse à la question suivante:

> Que la SFM, vu le contexte politique actuel, avise le gouvernement du Manitoba que la communauté francophone endosse le texte de la résolution.

Les résultats refléteront les événements écoulés depuis mai 1983 et l'ambivalence des personnes présentes: 506 se déclarent en faveur des dernières propositions gouvernementales et 112 contre. Chacun a analysé le problème législatif, à sa façon, ce qui équivalait à analyser le risque, couru et à courir et 506 personnes en ont conclu que ce risque-là entrait dans le domaine politique. Car il est de plus en plus évident depuis le début de l'Affaire Bilodeau que, même si la voie juridique paraît être la voie qui apportera le plus de gains, il n'en reste pas moins que les coûts politiques pour la communauté franco-manitobaine seraient énormes. Et, même si les propositions gouvernementales entérinent, comme le suggère Joseph Magnet, 93 ans de lois passées en violation de la Constitution canadienne et donnent 10 ans au gouvernement pour corriger cette violation, elles n'en sont pas moins une solution politique à un problème juridique. C'est cette voie que la communauté franco-manitobaine a choisi, fondamentalement, depuis 1916. Les 506 personnes qui ont voté en faveur du risque politique ont voté dans le même sens philosophique que celui de l'Association d'Éducation des Canadiens-Français du Manitoba, en 1916.

En Chambre, chaque parti est fidèle à son comportement passé. Ce qui avait semblé être une éclaircie dans l'orage s'est avéré être une illusion. Les députés s'embourbent de plus en plus et tous achoppent sur une question de procédure qui devient rapidement une question de principes: les conservateurs estiment que la résolution constitutionnelle doit être complètement examinée avant de passer au projet de loi 115; le gouvernement estime que les deux doivent être abordés en même temps. Le député Abe Kovnats propose alors que le débat sur le projet le loi soit prolongé d'un jour: le gouvernement refuse. Anstett met en garde les députés, les avertissant qu'il pourrait demander au président de la Chambre d'appeler au vote. Le chef en Chambre, Harry Enns, accuse Anstett d'utiliser la guillotine et il tente d'obtenir un ajournement des travaux législatifs, ce qui est jugé hors d'ordre. Kovnats présente donc une proposition similaire d'ajournement qui est trouvée acceptable. Mais au moment de voter, les conservateurs sortent de la Chambre en prévenant qu'ils ne reviendront pas avant le lendemain. Il est prévu que ce jour-là Gary Filmon doit prononcer un discours. Il demande tout simplement au gouvernement un répit de 6 mois pour permettre aux passions de s'apaiser. Le gouvernement refuse immédiatement mais, étant donné que le président de la Chambre a accepté la proposition de Filmon, l'impasse est débloquée: les conservateurs vont pouvoir ainsi s'exprimer sur cette proposition. Jim Walding rend également une décision importante. Il décrète que la majeure partie de l'amendement conservateur à la résolution constitutionnelle n'est pas acceptable, mais il n'empêche pas la présentation d'autres amendements conservateurs à l'avenir.

Le gouvernement tente alors de limiter le plus possible les discours oiseux et potentiellement dangereux en informant la Chambre qu'il y aura une mesure de ''guillotine'' sur la partie législative de l'amendement constitutionnel. En d'autres mots, le gouvernement limite les débats dans le temps et oblige les députés à voter sur le projet de loi 115. Anstett indique aux députés que le jour où la proposition de clôture sera approuvée, introduite et passée par le gouvernement, les débats sur le projet de loi ne pourront pas être ajournés et devront se poursuivre jusqu'à deux heures le lendemain matin. Un vote sera alors tenu, à la fois sur le projet de loi et sur la proposition de délai de six mois des conservateurs. La proposition de clôture ne s'applique pas, ce jour-là, à la résolution d'amendement constitutionnel. Aucune date n'est cependant avancée. Le gouvernement a donc employé la seule arme qu'il estime avoir à sa disposition, étant donné les manoeuvres d'obstruction des conservateurs. Andy Anstett indique en Chambre que le gouvernement commence à perdre patience et qu'il est temps d'en finir.

La ''guillotine'' (invoquée pour la première fois depuis 1929 sous le gouvernement Bracken) imposera un vote en deuxième lecture dès le 24 janvier 1984. Le gouvernement utilisant sa majorité force le vote en dépit des cris des conservateurs. La séance marathon permet à 21 députés de faire entendre leurs points de vue. Les conservateurs dénoncent surtout ces tactiques gouvernementales. Le gouvernement, de son côté, se défend en disant que le public a le droit de voir le dossier avancer au lieu de s'enliser dans l'actuel marais de procédures. Les mêmes arguments avancés, de part et d'autre, le sont à nouveau à l'issue du vote entérinant la deuxième lecture du projet de loi 115 et du rejet de la proposition de délai des conservateurs. Andy Anstett annonce qu'il utilisera la même procédure au sujet de l'amendement constitutionnel. Les conservateurs hurlent à la dictature, accusant Anstett d'incompétence, et sortent, aussitôt que possible, de la Chambre, paralysant de nouveau les travaux législatifs.

Si le gouvernement avait espéré en finir au plus tôt avec la question constitutionnelle et éviter ainsi d'échauffer les esprits, le calcul avait échoué. Manitoba Grassroots réussit en peu de temps à se montrer une opposition plus visible et plus nombreuse que celle de Russell Doern. Plus de 800 personnes se rassemblent au Palais législatif et quatre membres du groupe rencontrent le premier ministre Pawley. Ils lui présentent des pétitions et des lettres signés par des opposants au projet d'amendement constitutionnel. Tour à tour, les hommes politiques prennent la parole, alors que certains, dans la foule, veulent la présence de Pawley ou d'Anstett. Les conservateurs promettent à la foule de tout faire pour stopper le gouvernement dans ses intentions. La SFM est également la cible d'attaques publiques de Georges Forest. Il envoie une lettre ouverte à la SFM.

> Il est impensable qu'après 18 mois de négociations, vous ayez été fatigués et tannés au point d'accepter une résolution qui trahit nos intérêts de Canadiens-Français. Dans les négociations il faut se retirer lorsque la fatigue nous prend [...] Ayant ignoré les recommandations du professeur Magnet, vous avez mis en danger l'une des deux langues officielles du Manitoba. Jusqu'où allez vous être complices de l'effritement de nos droits?[9]

À chaque fois que le gouvernement Pawley tente de faire voter les députés sur la motion de clôture qui limiterait la durée du débat, des négociations sont entamées pour obtenir une trêve de 24 heures. Toutes les excuses pour sortir de la Chambre sont valables, aux yeux des conservateurs. Le climat politique et public s'envenime. Certains ministres reçoivent des menaces de mort et doivent recevoir une protection policière. Finalement, le gouvernement cède et accepte d'abandonner la motion de clôture et de permettre qu'un amendement conservateur soit débattu.

Les passions ne s'apaisent pas pour autant. Manitoba Grassroots prévoit un rassemblement important pour le 2 février et les orateurs prévus représentent tout un éventail de pensées: Sterling Lyon, Russell Doern, Sidney Green, l'ancien premier ministre libéral D.L. Campbell, l'ancien chef libéral du Manitoba Bobby Bend et Pat Maltman, vice-président du groupe opposé à l'amendement constitutionnel durant le référendum municipal.

Entre temps, les audiences du Comité législatif chargé de l'examen du projet de loi 115 se terminent après la présentation de 50 mémoires, dont 48 contre les projets gouvernementaux. Les conservateurs se sentent suffisamment appuyés par une certaine opinion publique pour demander en Chambre le retrait complet des amendements constitutionnels. Sterling Lyon et Gary Filmon mènent l'offensive, chacun jurant de bousculer l'horaire gouvernemental et de continuer à faire sonner les cloches autant que cela s'avérera nécessaire. Pourtant leur attitude n'est pas comprise par tous:

> Il est temps que l'opposition se pose quelques questions. Pourquoi vouloir prolonger le débat? Y-a-t-il encore quelqu'un d'indécis? Qui sont ces Manitobains dont l'opposition veut entendre parler? Sont-ils la majorité silencieuse? Ou encore font-ils partie d'une foule de plus en plus grossie et composée d'éléments extrémistes qui vont de l'Assemblée législative à Oakbank (rencontrer Anstett) et reviennent à la course aux audiences du Comité et au balcon de la Chambre?

> Qui sont ces gens que le gouvernement se doit, selon les conservateurs, d'écouter? Sont-ils une majorité? Ou sont-ils une clique virulente qui, grâce aux projecteurs quotidiens de la télévision et l'attention de la loyale opposition de Sa majesté, ont réussi à avoir l'air d'une majorité?

> Les conservateurs disent qu'ils ne peuvent pas abandonner parce que leurs téléphones vont commencer à sonner. Compter les appels téléphoniques au milieu d'une tempête d'émotions n'est pas un test de leadership politique.[10]

Ce sont peut-être ces Manitobains qui écrivent à la presse.

Les descendants des pionniers et des fondateurs du Manitoba se trouvent être maintenant des citoyens de seconde zone dans leur propre province et pays parce qu'ils ne parlent pas français. Le premier ministre Pawley devrait avoir un référendum à l'échelle de la province ou déclencher une élection sur cette question et laisser le peuple décider. [...][11]

Nous avons maintenant un petit groupe d'individus qui, avec l'aide du gouvernement provincial ont montré qu'ils n'avaient aucun respect pour les autres groupes ethniques ou la majorité des gens dans la province. Le gouvernement Pawley et la SFM ont montré à tous que 1984 est bien arrivé. La majorité n'a plus droit à la parole et ne compte plus. Le gouvernement et la SFM montrent clairement qu'ils vont changer, à tout prix, l'égalité de tous ces groupes ethniques entre eux et remplacer cela par un système de classes. Donc, si vous n'appartenez pas à un groupe ethnique qui a des droits de supériorité, vous appartenez à un groupe de seconde zone. [...][12]

Je crois que la majorité des francophones voudrait poursuivre dans la voie de leurs ancêtres, il y a 113 ans. Ils ont pu garder leur culture, leur religion et leur langue sans ingérence extérieure. Beaucoup d'entre eux craignent que si cette question n'est pas abandonnée, cela mènera à la rancune et à la division qui n'existe pas encore de nos jours. [...][13]

Tout ce dont on entend parler et tout ce qu'on lit concerne la langue française, est-ce que c'est dans ce but que le peuple du Manitoba a élu les néo-démocrates? [...][14]

Il n'y a pas assez de francophones au Manitoba pour justifier les services demandés. Il doit s'agit d'un projet inventé pour des Québécois. Notre pays sera dirigé par des francophones uniquement. Les unilingues anglophones sont petit à petit expulsés de la Gendarmerie Royale et de l'Armée. Il faut qu'on prenne une position ferme à un moment donné. On nous dit maintenant que nous ne pouvons pas avoir un premier ministre unilingue anglophone, pourquoi pas? Il est évident que le processus démocratique est érodé de jour en jour. La majorité ne dirige plus. [...][15]

Les Manitobains qui sont fiers des gains ethniques acquis au cours des derniers 40 ans devraient condamner vigoureusement les contributions destructives des Neil McDonalds (président de Manitoba 23) de notre société.[16]

Le gouvernement pense avoir trouvé une solution pour l'impasse à l'Assemblée législative. Il propose une motion sur la durée de la sonnerie des cloches. Le président de la Chambre, Jim Walding, réserve sa décision, ce qui laisse le gouvernement aux prises avec le même problème. À toutes fins pratiques, l'Assemblée législative est paralysée sur cette question. Les travaux continuent d'être très animés. Chacun des partis sent qu'il lui faut jouer ses dernières cartes, celles qui amèneront la victoire ou la défaite, toutes deux préférables à cette impasse toujours renouvelée chaque fois qu'Andy Anstett demande un vote de clôture. Le fait que le président de la Chambre, Jim Walding, refuse de statuer immédiatement sur la durée de la sonnerie ou d'obliger les conservateurs à voter augmente la frustration du gouvernement. Le poste de président de la Chambre est, en général, octroyé comme prix de consolation à un député du gouvernement qui n'a pas été jugé digne d'un poste de ministre. Son impartialité doit être au-dessus de tout soupçon. L'opposition ne lui fait pas confiance à cause d'un incident survenu peu après son entrée en fonction. Le gouvernement, de son côté, considère que le président doit suivre les instructions et les désirs gouvernementaux. Jusqu'alors Jim Walding a plus ou moins résisté aux pressions exercées sur lui, mais le désordre est de plus en plus évident en Chambre.

Les conservateurs ne laissent pas grand espoir de solution lorsqu'ils passent à l'attaque le 14 février pendant une séance marathon sur une question de privilège. Gary Filmon dénonce les pressions exercées par le gouvernement, y compris la dernière: celle d'autoriser les membres du gouvernement à voter selon leur conscience au sujet de la question constitutionnelle. Il fait remarquer que ce vote ne serait pas nécessairement en faveur du gouvernement car ce sont toujours les mêmes députés qui défendent les amendements gouvernementaux. Il met au défi quinze députés néo-démocrates de dévoiler leur opinion. Ces députés ne sont pas des inconnus aux yeux du public: Brian Corrin (Ellice) qui a été, à peine six mois plus tôt, candidat à la mairie de Winnipeg, Doreen Dodick (Riel) citée par un quotidien comme étant peut-être en faveur d'un examen de la question constitutionnelle, Peter Fox (Concordia) ancien président de la législature, Elijah Harper (Rupertsland), Myrna Phillips (Wolseley), Don Scott (Inkster), Mary-Beth Dolin (Kildonan) ministre du Travail, Maureen Hemphill (Logan) ministre de l'Éducation, Jay Cowan (Churchill) président du

Conseil du trésor, Pete Adam (Ste-Rose) ministre des Affaires municipales, Phil Eyler (River-East) vice-président de la législature, Bill
Uruski (Entre-les-lacs) ministre de l'Agriculture, Vic Schroeder (Ross-
mere) ministre des Finances, Wilson Parasiuk (Transcona) ministre
de l'Énergie et des mines et Len Evans (Brandon-Est) ministre du
Revenu. Ils ne relèveront pas le défi et leur silence sera révélateur.

Le travail de démolition de Gary Filmon n'est pas aussi virulent
ni aussi vitriolique que celui de Sterling Lyon, mais il fait autant de
dégâts: il attaque constamment, sans adjectifs superflus, et il semble
marquer des points. Il fait valoir, entre autres, les résultats d'un sondage
effectué pour son parti qui encouragent les conservateurs à poursuivre
leurs tactiques de guérilla en Chambre. Il s'agit d'un sondage téléphonique: 225 personnes en ville et 110 en régions rurales ont répondu
à différentes questions.

> ''Pensez-vous que le gouvernement provincial a raison
> lorsqu'il tente d'enchâsser le français en tant que langue officielle
> dans la Constitution manitobaine. C'est déjà enchâssé, mais on
> parle ici d'une langue officielle?''

À Winnipeg, 76% sont opposés, 17% sont en faveur et 7% ne
savent pas ou ne peuvent pas répondre. Dans les régions rurales, 76,
6% sont opposés, 17,4% sont en faveur.[17]

> Qui, selon vous, est responsable de l'amertume dans le débat
> actuel à l'Assemblée législative au sujet de la question linguis-
> tique? Est-ce que c'est le gouvernement néo-démocrate, l'opposi-
> tion conservatrice ou un autre groupe? Vous pouvez nommer qui
> vous voulez et cela pourrait être le gouvernement fédéral, Mani-
> toba Grassroots, la SFM, Trudeau, n'importe qui d'autre.

À Winnipeg, 47% estiment que les néo-démocrates sont responsables, 12% désignent les conservateurs et le reste ne sait pas ou ne
répond pas. En région rurale, 50% désignent les néo-démocrates, 7,7%
les conservateurs, alors que le reste est sans opinion.[18]

> ''Selon vous, que faut-il faire au sujet de la question lin-
> guistique francophone:
>
> a) Approuver la proposition et enchâsser le français comme
> langue officielle dans la constitution?
>
> b) forcer le gouvernement à abandonner la proposition?

c) Que le gouvernement et l'opposition joignent leurs efforts pour en arriver à un accord?

d) Que le débat actuel soit ajourné pour une période de 6 mois?''

À Winnipeg, 9% choisissent A), 51% B), 26% C), 10% D). En région rurales, 13,3% choisissent A), 40,7% B), 18% C), 11% D).[19]

''À votre avis le Parti conservateur doit-il intensifier, maintenir ou réduire, la pression exercée sur le gouvernement au sujet de la question linguistique francophone?''

À Winnipeg, 26% sont en faveur de l'intensification, 27% du maintien, 28% de la réduction et 19% ne savent pas ou ne répondent pas. En région rurale, 31,4% sont en faveur de l'intensification, 40% du maintien, 20,9% de la réduction et 7,6% ne savent pas ou ne répondent pas.[20]

Ces répondants avaient voté à Winnipeg de la façon suivante: 23% conservateurs, 30% néo-démocrates et 8% libéraux; en région rurale: 40,7% conservateurs, 19,4% néo-démocrates et 6,7% libéraux.[21]

Même si le petit nombre de répondants peut permettre au gouvernement de refuser les résultats du sondage conservateur, les lettres à la rédaction des journaux laissent entendre plus ou moins la même opinion.[22]

La presse manitobaine n'est certainement pas en faveur des conservateurs, ce que lui reprocheront certains lecteurs. Dans certains cas, les éditoriaux ne vont pas par quatre chemins:

''Ces modestes avantages pour les Manitobains qui parlent une des deux langues officielles du Canada sont décrits par M. Lyon comme un ''sale travail'', par Bud Sherman comme ''révolutionnaire'', par Wallace McKenzie comme l'accomplissement d'un complot communiste inventé par V.I. Lénine lui-même et par tous les membres du caucus conservateur comme suffisamment extrémistes pour justifier les abus des procédures de vote à la législature et paralyser ses travaux.

Il y a quelques membres du caucus conservateur qui, sans aucun doute, sont suffisamment ignorants des faits et suffisamment agités par l'excitation publique créée par toute cette question, qu'ils sont convaincus qu'il leur faut absolument mettre fin à ce quelque chose d'horrible qui va arriver, par n'importe quel moyen. Et puis il y a les autres, les avocats, les anciens ministres, les politiciens plein d'expérience qui savent très bien que l'amendement constitutionnel n'est ni extrême ni dangereux.

Ce sont ceux-là qui versent des larmes de crocodiles au sujet des abus à la législature tout en perpétuant ces mêmes abus, ce sont ceux-là qui déplorent le fait qu'il y a de l'hostilité entre voisins au Manitoba, alors qu'ils perpétuent les mythes qui ont mené à cette tragédie. Ils devraient avoir honte d'eux-mêmes.[23]

Ce n'est pourtant pas ce qui se produit. Les conservateurs reçoivent des appuis qu'ils jugent très importants et très significatifs, comme le rapporte Gary Filmon:

J'ai reçu une longue lettre de Georges Forest. Il me dit, entre autres, que le gouvernement a tort de vouloir agir ainsi. Il dit que tout ce qu'il veut c'est l'Article 23, il ne veut pas tout le verbiage que le gouvernement y a ajouté, tout ce qui est nécessaire, selon lui, c'est l'Article 23. Il dit qu'il a honte du ministre de la Santé, Laurent Desjardins, qui a été le champion des droits des francophones dans cette assemblée et qui maintenant a changé d'attitude.

Le député de Radisson affirme que Monsieur Forest a honte de moi ou de mes collègues. Jamais à aucun moment [Monsieur Forest] ne critique notre position. Au contraire il nous demande de continuer nos efforts.[24]

Le 16 février 1984 sera le dernier jour où la question constitutionnelle sera débattue à l'Assemblée législative. Andy Anstett prend la parole pour clôturer le débat sur la question de privilège et demander, encore une fois, un vote. Il déclare notamment savoir des conservateurs eux-mêmes que ces derniers ne sont intéressés qu'à la validation des lois: il accuse ses vis-à-vis d'avoir une mentalité du XIXe siècle et de faire partie du problème. Il leur fait remarquer leurs différences d'opinions avec Brian Mulroney. Il les met au défi de prouver une entorse aux règlements de la Chambre en les avertissant qu'ils sont en train d'ébranler le système parlementaire au Manitoba.

Nous avons deux inquiétudes Monsieur le président: la question des droits des minoritaires et la protection de la tradition parlementaire britannique dans cette province. Telle est la vraie question en jeu dans cette question de privilège et c'est pourquoi je demande à tous les membres de la Chambre de voter et de voter en faveur de la proposition.[25]

Il aura plaidé en vain car il n'obtiendra jamais ce vote.

Les conservateurs sentent la victoire proche et savent qu'ils peuvent, pendant quelque temps, mettre suffisamment le gouvernement aux abois et forcer la capitulation. Tout est une question d'attendre le moment opportun.

Ils auront un allié inattendu en la personne du président de la Chambre, Jim Walding, dont le rôle sera crucial durant les jours chauds de 1984. Il sera l'élément clé de cette lutte publique qui verra une minorité, sachant qu'il lui est impossible de gagner le vote, décider de ne pas entrer en Chambre, donc de ne pas voter. Il refusera d'intervenir et favorisera ainsi les conservateurs.

L'opposition attendra une centaine d'heures avant de présenter ses propositions au gouvernement: appuyer l'amendement conservateur (validation des lois, limitation de la traduction, pas d'enchâssement des langues officielles) ce qui permettrait un déblocage au niveau des travaux législatifs ou bien un retrait complet de la proposition. Le choix est inacceptable aux yeux du gouvernement.

Pawley, de son côté, demande au président de la Chambre de convoquer les deux chefs de partis en Chambre, en leur fixant une heure de vote. Les néo-démocrates seront présents à l'heure dite, mais ils ne trouveront pas en face de députés conservateurs et, chose plus grave, de président de la Chambre. Car Jim Walding estime que faire ce que le gouvernement lui demande serait en fait changer les règlements de la législature. Or, à ses yeux, cela n'est pas son rôle, mais plutôt celui des députés; agir autrement impliquerait une atteinte à l'intégrité et à l'impartialité de son rôle de président de toute la Chambre.

Andy Anstett tentera une dernière fois de faire fléchir Jim Walding en lui suggérant, par écrit, une rencontre en compagnie de Harry Enns. Seul ce dernier se déclare prêt à venir. Jim Walding ne ressent peut-être pas la nécessité de satisfaire à la demande d'Andy Anstett. Ce dernier, le même jour, déclare, durant un discours au Rotary Club, que si les conservateurs ne retournent pas à leurs travaux parlementaires, il laissera mourir au feuilleton parlementaire la résolution constitutionnelle. Gary Filmon et ses troupes n'ont plus, semble-t-il, aucune raison de mettre fin à leur blocage.

Pendant ce temps, Léo Robert est à Ottawa où il rencontre, entre autres, Serge Joyal et Pierre Trudeau. Il demande au gouvernement fédéral de faire ce qui est nécessaire pour aider à résoudre l'impasse au Manitoba. Le premier ministre ne repousse pas cette demande d'aide car il la comprend comme un appel au secours.

Les réactions à l'annonce d'Andy Anstett démontrent que les opinions sont définitivement polarisées et que même les intervenants les plus périphériques dans le dossier ne laissent pas de place aux compromis: — James Richardson, ancien ministre du cabinet Trudeau, donne raison aux conservateurs et les encourage à poursuivre leur opposition au bilinguisme enchâssé; — Maurice Prince, de l'Association Pro-Canada, est heureux de voir que le projet est retiré car, selon lui, il enlevait aux francophones les droits acquis depuis le jugement Forest en 1979, il est convaincu que la Cour suprême va définir la portée de l'Article 23 et son application, ce qui présuppose, selon lui, des services gouvernementaux comme l'Article 133 de la Constitution du Canada le permet au Québec; — Georges Forest estime que la décision gouvernementale est logique à cause de la mauvaise volonté conservatrice et que Roger Bilodeau aura gain de cause en Cour suprême du Canada; — Eric Maldoff, d'Alliance-Québec, quant à lui, voit dans la prorogation un désastre pour le Canada. Il ne reste plus que l'espoir de voir la Cour suprême décréter que l'Article 23 crée des obligations constitutionnelles pour le Manitoba face aux francophones.

Le lendemain, le Manitoba figurait encore une fois à la première page de l'actualité. En effet, les trois partis politiques fédéraux adoptaient une deuxième résolution commune dont le contenu est différent de la première d'octobre 1983. Cette fois, Brian Mulroney a demandé que la législature du Manitoba ne vote pas immédiatement, mais règle l'impasse dans les meilleurs délais. De plus, la résolution ne parle pas des effets néfastes que l'attente a eus au Manitoba. Les discours, cependant, y feront tous allusion:

> Attendu que la Chambre, dans une résolution adoptée unanimement par tous les partis le 6 octobre 1983, a invité le gouvernement et l'Assemblée législative du Manitoba à agir dans

les meilleurs délais pour satisfaire à leurs obligations constitutionnelles et protéger efficacement les droits de la minorité francophone de la province;

Attendu que la Chambre a aussi appuyé dans sa substance,
à cette occasion, l'accord conclu à cette fin, le 16 mai 1983, par
le gouvernement du Canada et le gouvernement du Manitoba
avec la participation de la Société franco-manitobaine;

Attendu que le gouvernement du Manitoba a déposé devant
l'Assemblée législative de la province le 4 juillet 1983 une résolution constitutionnelle visant à modifier la Loi de 1870 sur le
Manitoba, et a présenté par la suite des modifications à celle-ci
ainsi qu'un projet de loi concernant les services publics, lesquels,
pris ensemble, sont conformes pour l'essentiel à l'entente conclue
le 16 mai 1983 par le gouvernement du Canada et le gouvernement du Manitoba;

Attendu que l'Assemblée législative du Manitoba, après
plusieurs mois de débat, se voit empêchée de mettre aux voix la
dite résolution constitutionnelle et, par conséquent de s'acquitter
de ses obligations constitutionnelles;

1) La Chambre presse le gouvernement du Manitoba, de
persister dans ses efforts pour satisfaire aux obligations constitutionnelles de la province et pour protéger efficacement les droits
de la minorité francophone dans un esprit de tolérance, de courtoisie, de concorde et de générosité;

2) La Chambre presse l'Assemblée législative du Manitoba
de considérer d'urgence la résolution et la législation pertinentes
de manière à assurer leur prompte adoption.[26]

Lloyd Axworthy, en tant que député manitobain prend la parole
le premier et évoque l'atmosphère du printemps précédent et il ajoute:

Les droits linguistiques sont une réalité essentielle du
Canada, un élément essentiel de la fédération canadienne. Ainsi
nous devons accepter la reconnaissance officielle du français au
Manitoba.

Nous discutons une fois de plus de l'avenir de notre pays.[27]

Brian Mulroney sera le seul chef de parti fédéral à prendre la
parole. Il se doit de ménager ses idéaux nationaux et la sensibilité de
ses députés.

Les Manitobains, comme d'ailleurs la plupart des Canadiens de l'Ouest, ne perçoivent pas la dualité canadienne et
l'importance de ses applications linguistiques avec la même
acuité que les Canadiens qui ont leurs racines dans l'Est du pays.
[...] Dans certaines régions de l'Ouest du Canada, la vision est
différente. Elle n'est ni malveillante, ni à courte vue. Elle est
simplement différente parce que sur certains points très importants, l'évolution du Canada de l'Ouest n'a pas été parallèle à
celle de l'Est. Le caractère précieux mais fragile de la dualité
linguistique [...] n'a pas survécu à l'évolution démographique de
l'Ouest nouveau. [...] Cependant, les Franco-Manitobains n'ont
pas perdu leurs droits linguistiques, suite à leur assimilation par
la majorité anglophone; l'assemblée provinciale les leur a retirés
intentionnellement en adoptant une loi qui violait une entente
historique. Nous demandons aujourd'hui simplement que ces
droits leur soient restitués.

[...] Ces quelques courageux qui ont réussi à préserver la
langue et la culture françaises au Manitoba méritent aujourd'hui
que leurs concitoyens leur témoignent de la gratitude au lieu de
les harceler. [...] ils ont permis qu'on puisse affirmer aujourd'hui
au Canada que les Canadiens-Français n'ont pas besoin d'être
confinés dans l'enclave d'une province, [...] Ils ont permis au
Canada et à des millions de Canadiens-Français de résister à la
séduction ultime de la séparation pour des raisons de langue. [...]
Je leur [les Franco-Manitobains] rends hommage pour leur
dignité et leur courage. [...] Je me réjouis de participer à cette
démarche qui vise à réparer un tort et une injustice historiques.[28]

Enfin, c'est au tour des néo-démocrates de prendre la parole. Il
n'y a pas de divergences idéologiques entre les ailes fédérale et provinciale.

Il faut absolument que tous les députés et tous les Canadiens,
de quelque allégeance politique qu'ils soient, se donnent la main
pour protéger toutes les minorités sans exception de notre pays.
[...] Je rappelle aux Canadiens que cette mesure n'assure pas la
protection intégrale de la minorité francophone du Manitoba
dans le domaine des services, mais elle a le mérite au moins de
leur reconnaître un droit historique qui veut que lorsqu'une
localité est d'expression française, elle soit servie dans cette
langue. [...] Si au pays, la majorité décide jamais qu'elle va se

servir de son pouvoir, comme certains essaient de le faire dans la province du Manitoba, s'ils essaient de se servir de ce pouvoir contre la population francophone du Manitoba, en dépit de la garantie constitutionnelle qui a été confirmée à cette dernière par la Cour suprême du Canada, il n'y a plus de Canadien qui soit en sûreté, plus de minorité religieuse qui soit en sûreté, plus de groupes ou de personnes ayant des convictions différentes de celles de la majorité qui soit en sûreté au pays.[29]

Axworthy et Murphy sont des députés représentant des circonscriptions du Manitoba. C'est pour ces raisons qu'ils ont pris la parole, ce que les conservateurs ne peuvent pas faire. Cinq députés de Brian Mulroney sont absents et l'excuse invoquée, l'arrivée prochaine des vacances, ne dupe personne.

Dans la galerie réservée aux spectateurs, un Franco-Manitobain assiste au débat historique: c'est le président de la SFM, Léo Robert.

C'était très important pour la communauté franco-manitobaine de voir qu'il y avait encore espoir au niveau national.[30]

Ce que Léo Robert ne peut pas encore révéler, c'est que des alternatives ont été discutées lors de ses rencontres avec les politiciens tels que Trudeau. Il apparaît de plus en plus que la Loi 115 et l'amendement constitutionnel vont mourir au feuilleton parlementaire, à moins que les conservateurs acceptent de retourner en Chambre. L'une des options envisagées serait de voir la Chambre des communes et le Sénat décider de voter sur une résolution constitutionnelle (comme il est prévu à l'Article 46 de la Constitution canadienne de 1982), sans que le Manitoba en prenne l'initiative. Une fois adoptée par Ottawa, la résolution retournerait au Manitoba où le gouvernement aurait une obligation morale de l'adopter. Par la suite, le grand sceau du gouverneur général serait apposé. C'est un stratagème nouveau, à cause justement de cette nouvelle Constitution. Sa simple évocation démontre à quel point les parties impliquées sentent l'adoption de la résolution actuelle leur échapper. L'autre option envisagée a plusieurs avantages, différents de la première, et est surtout plus conforme au caractère du problème constitutionnel tel qu'il est posé: le renvoi fédéral, mesure qui permet à Ottawa de poser un certain nombre de questions constitutionnelles dans un sens très large ou restreint, selon les besoins, aux juges de la Cour suprême.

Mais les parties n'ent sont pas encore là. À Winnipeg, Jim Walding convoque les deux chefs de partis en Chambre, Andy Anstett et Harry Enns, pour tenter de trouver une solution à l'impasse qui la paralyse. C'est un échec. Les néo-démocrates tiennent une réunion à huits-clos au cours de laquelle ils décident de laisser un temps de réflexion aux conservateurs. Ces derniers ne bougent pas et ce n'est pas le discours de Brian Mulroney qui les influencera. Au contraire, ils estiment qu'il a été manipulé par Trudeau.

La presse francophone est tout aussi réaliste et pragmatique que ses collègues anglophones.[31] *La Liberté* demande le retour de Joseph Magnet, insinuant par là que la solution politique n'est plus valable et doit laisser la place à la solution juridique. Cette dernière n'est cependant pas toute la réponse à la question pour *La Presse* de Montréal:

> Mais la voie judiciaire, même si elle devait conduire à une autre ''victoire'' de la minorité déclinante, n'apportera jamais de véritable solution au problème. Toute solution authentique et démocratique sera le fruit d'une volonté politique qui exprime un consensus populaire. C'est à quoi doivent à présent s'employer les hommes politiques de tous bords.[32]

Le lundi 27 février 1984, le lieutenant-gouverneur du Manitoba, Pearl McGonigal, prononcera la prorogation des travaux législatifs, réduisant ainsi au silence les cloches de la législature et mettant fin à neuf mois de débats, les plus acerbes que la province ait connus. Le gouvernement provincial, incapable de mettre fin à l'impasse, ne pouvait pas forcer les conservateurs à voter. La SFM tire immédiatement la conclusion:

> La solution au problème sera donc développée à l'extérieur du Manitoba.[33]

C'est l'évidence la plus flagrante ce jour-là, même s'il n'appartient pas encore à la SFM de relancer l'Affaire Bilodeau en Cour suprême du Canada. Aux yeux de la SFM, il y a un coupable dans toute cette crise:

> Nous comprenons mieux maintenant ce qu'il [Sterling Lyon] entend par la suprématie de la législature! Nous espérons, par contre, que les Franco-Manitobains seront les seuls à payer le prix de son obstination et qu'aucun groupe minoritaire au Manitoba aura à subir une campagne de crainte et d'intolérance

aux dépens mêmes de notre système démocratique. [...] Nous
envisageons d'entreprendre les étapes immédiates:

1 — Nous entendons demander au gouvernement fédéral
de faire une référence directe à la Cour suprême du Canada pour
obtenir une réponse compréhensive et définitive sur la pleine
portée de l'Article 23 de l'Acte du Manitoba.

2 — Il faudra également demander aux tribunaux de déterminer la validité ou la non-validité du Bill 2 adopté par le gouvernement manitobain en 1980, lorsque le Parti conservateur
était au pouvoir. Cette loi, on s'en souviendra est une tentative
de légitimer plus de 90 ans de fonctionnement anti-constitu-
tionnel par le gouvernement manitobain.

3 — Nous allons préparer et encourager d'autres contestations juridiques afin de démontrer au grand public qu'il ne s'agit
pas d'une question abstraite mais d'assurer le respect de nos
droits constitutionnels qui existent depuis le pacte de 1870. Il
s'agit là d'un problème qui est relié à l'application concrète et
quotidienne de la Constitution manitobaine.[34]

Le rideau tombe donc sur le bruit et la fureur qui ont agité le Manitoba pendant dix-huit mois. La rancoeur qui reste se déverse dans les
derniers propos tenus par chacun des partis. Les accusations sont
mutuelles. La raison ne l'emporte toujours pas et les échos se font
entendre à l'échelle du pays.

La législature du Manitoba s'est lavée les mains de ses
responsabilités face aux Franco-Manitobains, dans l'amertume
et en les trahissant.

Les Canadiens des autres provinces n'avaient pas voulu
croire que les députés rejetteraient, en fin de compte, brutalement, une mesure aussi simple et juste qui aurait donné aux
Franco-Manitobains des services gouvernementaux dans leur
propre langue sans enlever quoi que ce soit aux autres Manitobains. Mais les fanatiques et ceux qui exploitent les peurs nées
de l'ignorance ont gagné cette bataille. Les Franco-Manitobains
ont fait preuve d'une patience incroyable pleine de dignité et de
ténacité, face à cent ans de violation de leurs droits. Ils continueront certainement dans la même voie. [...][35]

[Les conservateurs] exploitent, délibérément les sentiments
de ceux qui, au Manitoba, préféreraient voir les francophones

parler anglais; seulement en faisant cela ils ont choisi de polariser
la province sur cette question dans l'espoir de voir le vote fana-
tique revenir au pouvoir. Leurs tactiques sont déplorables. En
prenant leur législature en otage, en condamnant les efforts du
gouvernement, les conservateurs ne méritent que du mépris.
[...][36]

Ils [les conservateurs] auraient dû descendre de leurs grands
chevaux et rectifier ce que la Cour suprême a qualifé de presqu'un centenaire d'injustice.[37]

L'appui de nombreux Manitobains pour l'opposition conservatrice est certainement basé sur un malentendu des propositions gouvernementales et de l'ignorance des conséquences
possibles d'un rejet.[38]

Filmon joue le jeu des séparatistes québécois, souffle sur les
flammes de la bigoterie qui ne devrait pas avoir sa place dans un
pays bilingue et multiculturel comme le Canada.[39]

La prorogation a fait taire les cloches à Winnipeg, hier, et
a donné aux conservateurs, une victoire politique évidente. C'est
ce genre de victoires qui saignent un pays à blanc.[40]

Le peuple du Manitoba doit espérer maintenant que les
juges à Ottawa ont plus de sagesse que leurs politiciens.[41]

Ainsi donc, le Manitoba n'avait pas pu oublier suffisamment le
passé pour permettre aux Franco-Manitobains d'entrer de plain-pied
dans la Constitution canadienne. Le projet d'amendement constitutionnel avait achoppé sur la seule phrase, le seul concept qui, au cours
des négociations, n'avait causé aucun problème: "le français et l'anglais
sont les deux langues officielles de la province", phrase toute naturelle
pour ceux qui adhèraient aux principes du bilinguisme et du biculturalisme, phrase pleine de sous-entendus effrayants pour ceux qui ne
pourront jamais être bilingues, phrase pleine d'espoir pour ceux qui
le sont, en tout cas, phrase lourde de sens.

Petit à petit, au cours du débat, les conservateurs ont su concentrer
leurs attaques sur cet aspect de la proposition, y ajoutant l'ombre et
l'influence d'Ottawa, et c'est à cause de cet élément fédéral que l'Article 23.1 va être modifié, presque édulcoré au point de ne plus se ressembler. Les nombreuses versions ont ajouté à la confusion. En
analysant les diverses transformations de cet article, il est possible de

percevoir les changements de position du gouvernement, à la suite des pressions exercées soit par l'opinion publique soit par le Parti conservateur. En effet, l'Article 23.1 établissait d'emblée, en mai 1983, le caractère officiel des deux langues. Par la suite, le français et l'anglais sont devenus langues officielles seulement dans le contexte du reste du texte constitutionnel, c'est-à-dire dans les paramètres établis par le projet d'amendement. Puis, les deux langues ont eu un caractère officiel et il était établi que les droits d'usage actuels ne pouvaient pas être abolis. La dernière version ne parlait plus de droits, mais de libertés puisqu'il était établi qu'étant donné que l'anglais et le français étaient des langues officielles, la liberté d'employer l'une ou l'autre, en vertu du droit présent du Manitoba, ne pouvait être restreinte par une loi de la législature du Manitoba ou en application d'une de ses lois. Aucune de ces différentes versions n'avait pu satisfaire les opposants au projet d'amendement constitutionnel. Petit à petit, le projet dilué, remanié, charcuté dans certains cas, reculait au lieu d'avancer. En dépit de cela, la SFM, le gouvernement fédéral et les francophones bien que divisés, continuaient à voter en faveur de l'acceptation et de l'adoption de l'ensemble de la réforme. C'est que les francophones avaient pris, très rapidement et très durement dans certains cas, un cours en réalisme politique:

> La réalité franco-manitobaine, c'est que l'Article 23, pendant 93 ans, on ne l'a pas eu. L'entente du mois de mai 1983 c'est un autre fantôme de notre histoire, qui est mort d'une mort politique. Le projet de loi 115 sur les services est un gain politique majeur. Ça fait 113 ans qu'on n'a pas eu une volonté politique. Cette fois, on l'a.[42]

Après la prorogation des travaux de l'Assemblée législative, la voie et la volonté politique étant bloquées pour des très longues années, sinon à tout jamais, il ne restait plus que la voie des tribunaux. Cette voie-là, au cours des années, n'avait pas, en dépit de tous les espoirs, répondu à toutes les attentes de la minorité francophone, et avait demandé bien de la patience:

> Mais il doit y avoir une limite à la patience des Franco-Manitobains. Par leur rejet éhonté du système parlementaire et du système judiciaire canadiens, les bleus ont précipité la province dans le chaos. Pour les Manitobains, les gestes des conservateurs sont une invitation à la désobéissance civile. A l'heure actuelle,

il semble que n'importe qui dans la province peut violer n'importe quelle loi et faire fi des conséquences légales.[43]

Si Bilodeau sait ce qui lui reste à faire, si la SFM se doit de continuer à dialoguer avec le gouvernement dans d'autres dossiers et si le gouvernement provincial panse ses plaies et fait le bilan, quelles vont être les relations de la SFM face à la communauté et surtout face à elle-même? Comment préparer l'avenir? Et de quoi sera-t-il fait?

NOTES

1. Russell, Frances, Let Supreme Court decide, *Winnipeg Free Press*, December 21, 1983.

2. Filmon, Gary, Debates and proceedings, January 9, 1984, pp. 5414-5415.

3. Filmon, Gary, Debates and proceedings, January 10, 1984, pp. 5416-5426.

4. Caldwell, Andrew, *Winnipeg Free Press*, January 14, 1984.

5. Roch, Gilles, *Winnipeg Free Press*, January 14, 1984.

6. Sabourin, Réal, entrevue accordée à l'auteur, 23 mai 1986.

7. Robert, Léo, entrevue accordée à l'auteur, 23 mai 1986.

8. Robert, Léo, assemblée spéciale SFM, 17 janvier 1984.

9. Forest, Georges, *La Liberté*, 24 janvier 1984.

10. Russell, Frances, Language extremists appal even the tories, *Winnipeg Free Press*, February 4, 1984.

11. MacPherson, Ian, *Winnipeg Free Press*, February 1, 1984.

12. Gural, Ritchie, W., *Discrimination*, *Winnipeg Free Press*, February 1, 1984.

13. Schwartz, Joe, Ashern, Free Vote, *Ibid.*

14. Otto, Vern, Beausejour, Start listening, *Ibid.*

15. Wood, Lorna, Rivers, Not democratic, *Ibid.*

16. Pressy, A.W., St. John's College, University of Manitoba, *Ibid.*

17. Debates and proceedings, February 14, 1984, p. 6051.

18. *Ibid.*, p. 6052.

19. *Ibid.*

20. *Ibid.*

21.   *Ibid.*

22.   *Winnipeg Free Press*, February 12, 1984.

23.   Shame in the Legislature, *Winnipeg Free Press*, February 12, 1984.

24.   Filmon, Gary, Debates and proceedings, February 15, 1984, p. 6074.

25.   Anstett, Andy, *Ibid.*, p. 6097.

26.   Débats des Communes, 24 février 1984, p. 1710-1711.

27.   Axworthy, Lloyd, *Ibid.*

28.   Mulroney, Brian, *Ibid.*, p. 1711-1713.

29.   Murphy, Rod, *Ibid.*, p. 1713-1714.

30.   Robert, Léo, entrevue accordée à l'auteur, 23 mai 1986.

31.   A defeat for partnership, *Winnipeg Free Press* February 25, 1984.

32.   Roy, Michel, Crise manitobaine, crise canadienne, *La Presse*, 25 février 1984.

33.   Société franco-manitobaine, communiqué de presse, 27 février 1984.

34.   *Ibid.*

35.   *Montréal Gazette*, February 28, 1984.

36.   *Ottawa Citizen*, February 28, 1984.

37.   *St. John's Evening Telegram*, February 28, 1984.

38.   *Calgary Herald*, February 27, 1984.

39.   *London Free Press*, February 27, 1984.

40.   *Toronto Globe and Mail*, February 28, 1984.

41.   *Winnipeg Free Press*, February 28, 1984.

42.   Smith, Rémi, Assemblée spéciale SFM, 17 janvier 1984.

43.   Dubé, Jean-Pierre, Une invitation à la désobéissance civile, *La Liberté*, 9 mars 1984.

Chapitre XIII

Le verdict de la Cour suprême

Je regarde le chemin parcouru depuis 1916,
et je sais d'où nous venons. Mais quand
j'étudie la route sur laquelle nous
marchons présentement, je me pose des
questions.

Gilberte Proteau - Mars 1985

Après la crise législative, après le bruit et la fureur, la SFM se retrouve, fondamentalement, à la croisée des chemins. Ses dirigeants savent que toute la communauté n'a pas suivi. Le vote du 17 janvier 1984 en a été une preuve très concrète. D'autre part, si l'heure des poursuites judiciaires collectives a vraiment sonné, il faut que la SFM s'assure que la communauté comprenne ce qui se passe et l'entérine. Il faut donc qu'elle soit consultée. Ce sera fait.

Léo Robert a terminé son deuxième mandat consécutif d'un an. Selon la constitution de la SFM, il ne peut pas se présenter une troisième fois. Son successeur paraît tout désigné: Rémi Smith, deuxième vice-président sortant, un des négociateurs-clés comme avocat constitutionnel du dossier de l'Article 23, est candidat et n'a pas d'opposition. Le fait qu'il soit avocat reflète l'orientation que la SFM sait qu'elle doit prendre dans les prochains mois. Autre phénomène symptomatique de l'époque, l'Institut Joseph Dubuc est fondé. Regroupant les avocats francophones du Manitoba, l'Institut qui porte le nom du premier juge en chef canadien-français du Manitoba cherche à trouver des solutions manitobaines aux problèmes posés par l'application du bilinguisme dans le système judiciaire de la province.

Ces problèmes, d'ailleurs, émergent rapidement. Un francophone, Gilbert Robin, a une dispute contractuelle avec le Collège de Saint-Boniface. L'affaire est en Cour du banc de la Reine. Le juge Louis Deniset avait présidé les audiences préliminaires, mais il est emporté par une crise cardiaque en août 1983. C'est le juge Benjamin Hewak qui reprend le dossier. Il est anglophone, mais il comprend et parle le français. Le parle-t-il suffisamment pour comprendre et mener un procès où toutes les parties sont francophones? Il demande les services d'un traducteur, ce que les avocats de Robin, Reynald Guay et Rémi Smith, déclarent ne pas pouvoir accepter. Ils invoquent l'Article 23 de l'Acte du Manitoba de 1870. Le juge décidera qu'il peut entendre le cas, avec l'aide d'un traducteur si nécessaire. Gilbert Robin porte immédiatement le cas en Cour d'appel et n'écarte pas la possibilité d'aller jusqu'à la Cour suprême.

Roger Bilodeau, de son côté, a demandé à la Cour suprême du Canada une date de comparution. Cela n'empêche pas le gouvernement fédéral de continuer à consulter le gouvernement provincial, au sujet des deux options envisagées en février 1984: la résolution conjointe Chambre des communes-Sénat ou un renvoi fédéral. Le gouvernement fédéral doit décider dans les deux semaines de la route à suivre. Le gouvernement provincial, de son côté, se prépare et envisage deux stratégies: si la Cour suprême accepte en principe les arguments de Roger Bilodeau, qui considère que toute loi passée en anglais seulement est invalide, le gouvernement invoquera ''la nécessité'' et demandera que le jugement d'anti-constitutionnalité soit rétroactif à la décision Forest ou mieux encore à la date de la décision Bilodeau; si la Cour suprême n'accepte pas ce type de rétroactivité, la province demandera suffisamment de temps pour compléter la traduction et le passage de 4 500 lois unilingues anglophones.

Un autre intervenant dans le débat législatif, Russell Doern, décide, dix jours à peine après la prorogation de la Chambre, de quitter le Parti néo-démocrate mais de garder son titre de député d'Elmwood. Son départ ne fait que confirmer le schisme philosophique et politique qui le sépare du gouvernement provincial et de son parti.

Petit à petit, la scène franco-manitobaine connaît des changements qui parfois la secouent. Rémi Smith, à cause d'un sérieux conflit avec le conseil d'administration de la SFM, conflit qui se terminera d'ailleurs devant les tribunaux, ne se présente plus à la présidence. La décision est prise deux jours avant l'assemblée annuelle. Il n'y a à l'horizon aucun candidat ayant une telle connaissance du dossier. Gilberte Proteau, qui a déjà été présidente, reçoit un coup de fil:

> Moi j'ai reçu un appel pour me dire qu'il (Rémi Smith) s'était désisté, puis qu'il y avait quelques personnes qui se réunissaient ce soir-là pour savoir quoi faire, parce qu'il n'y avait personne à la présidence, puis est-ce que je voulais venir participer à la réunion? On voulait me parler. On voulait avoir mes idées... on s'est réuni le jeudi soir [8 mars 1984] de 7h30-8h00 jusqu'à une heure du matin... On a téléphoné. On a fait des pressions sur quatre ou cinq autres personnes. Évidemment dans le courant de la soirée, ils ont dit: Gilberte, il reste toi. J'ai dit: je ne veux pas. J'ai déjà fait deux ans, puis j'en ai eu assez. De toutes façons je trouve que ce n'est pas bon qu'on retourne chercher tout le temps des anciens. Mais, finalement les gens ont dit: écoute, on ne peut pas à un moment difficile comme celui-ci laisser la présidence sans personne. Et puis il va y avoir qui? Il y avait encore une personne qu'on n'avait pas encore été capable de rejoindre. Alors j'ai dit: bon bien si cette personne n'accepte pas, moi j'accepterai. Ils m'ont téléphoné le lendemain, me disant que la personne avait refusé. J'ai accepté mais j'ai dit: ça sera un an pas plus.[1]

Gilberte Proteau sera donc élue sans concurrence, le 11 mars 1984, lors de l'assemblée annuelle de la SFM. Plus que jamais, à cette époque, il importe que la présidence de la SFM soit exercée par quelqu'un qui a l'expérience des mécanismes internes de l'organisme et des médias. C'est un apprentissage qui prend généralement du temps et le dossier de l'Article 23 se trouve dans une période de transition extrêmement délicate. En effet, Ottawa penche de plus en plus en faveur d'un renvoi fédéral, englobant toutes les lois du Manitoba.

> Dans les deux semaines qui ont suivi mon élection à la présidence, je suis allée à Ottawa avec Reynald Guay et Joseph

Magnet puis on a rencontré [Mark] MacGuigan [ministre de la Justice et deux ou trois de ses assistants. On a présenté nos points de vue. Maintenant tout ça c'était dans le grand secret. Ça a discuté pas mal fort. Les avocats de MacGuigan avaient des objections assez sérieuses, mais en fin de compte, on a pu présenter nos points de vue. Puis, après ça, on a été obligé de se sauver par la porte d'en arrière pour ne pas rencontrer la presse. Ce même jour on a rencontré [Serge] Joyal [secrétaire d'État] pour lui demander d'intervenir pour nous auprès du Cabinet fédéral. Il nous a promis son appui total et puis quand Serge Joyal prenait quelque chose en mains, normalement il le menait jusqu'au bout. Ça, on pouvait compter sur lui. Et puis on avait aussi rencontré le sénateur Joe Guay et Lloyd Axworthy.[2]

Ce que la SFM demande, c'est que les questions du renvoi portent sur une interprétation aussi large que possible. De plus, Mark MacGuigan laisse entendre qu'il aimerait que, grâce à l'Article 23 de l'Acte du Manitoba, le système législatif du Manitoba tout entier soit remis en question devant la Cour suprême. C'est l'ampleur de la référence qui fait réfléchir le plus:

Il est nécessaire d'avoir une réponse de la Cour suprême du Canada au sujet de la validité des lois. Les tribunaux du Québec ont, à plusieurs reprises, décidé que les lois du Québec ne sont pas valides lorsqu'elles sont adoptées en français seulement. Pourtant, la Cour d'appel (majoritairement) a décidé qu'une loi qui n'a jamais été traduite en français est néanmoins valide. Ce genre de contradiction doit être éclairci et la Cour suprême du Canada est le forum idéal...[3]

Après la visite à Ottawa, la SFM n'entend pas parler de ses interlocuteurs fédéraux pendant quelque temps. Il semble y avoir conflit au sein du Cabinet fédéral, car le Parti libéral fédéral est en pleine période de transition. Il faut trouver un successeur à Pierre Elliott Trudeau à la tête du parti. Mark MacGuigan est un des nombreux aspirants au poste. Certains n'hésiteront pas à l'accuser de se servir de la question manitobaine comme d'un tremplin.

Quoiqu'il en soit, ce renvoi fédéral sera annoncé le 5 avril 1984.

Quelque temps plus tôt, au Manitoba français, seule Gilberte Proteau avait su que les efforts avaient porté fruit:

À un moment donné j'ai reçu un appel téléphonique dans le plus grand secret comme quoi c'était chose faite, le renvoi aurait lieu, puis qu'il serait annoncé à telle date. Les questions seraient annoncées plus tard, mais c'était dans le sac. Je n'ai rien dit à personne, mais je savais qu'on n'avait plus besoin de faire de pressions.[4]

Les questions du renvoi fédéral réflètent l'ampleur de la décision constitutionnelle recherchée:

Question 1: Les obligations imposées par l'Article 133 de la Loi constitutionnelle de 1867, et par l'Article 23 de la Loi de 1870 sur le Manitoba relativement à l'usage du français dans: a) les archives, procès-verbaux et journaux des chambres du Parlement du Canada et les législatures du Québec et du Manitoba, et b) les actes du Parlement du Canada et des législatures du Québec et du Manitoba, sont-elles impératives?

Question 2: Est-ce que les dispositions de l'Article 23 de la Loi de 1870 sur le Manitoba rendent invalides les lois et les règlements de la province du Manitoba qui n'ont pas été imprimés et publiés en langue anglaise et en langue française?

Question 3: Dans l'hypothèse où il a été répondu dans l'affirmative à la question no. 2, les textes législatifs qui n'ont pas été imprimés et publiés en langue anglaise et en langue française sont-ils opérants et, dans l'affirmative, dans quelle mesure et à quelles conditions?

Question 4: Est-ce que l'une ou l'autre des dispositions de la Loi sur l'application de l'Article 23 de l'Acte du Manitoba aux textes législatifs, constituant le chapitre 3 des Statuts du Manitoba de 1980, sont compatibles avec les dispositions de l'Article 23 de la Loi de 1870 sur le Manitoba et, dans l'affirmative, est-ce que les dispositions considérées sont, dans la mesure de l'incompatibilité, invalides et inopérantes?[5]

Le renvoi est, en soi, une procédure inhabituelle. C'est la première fois dans l'histoire des relations fédérale-provinciales que le gouvernement fédéral intervient dans une question provinciale de cette façon, en Cour suprême du Canada. Ce que les francophones considéraient comme une demande essentielle a été respecté. En effet, Ottawa lie très clairement les Articles 23 de l'Acte du Manitoba et 133 de la de la Loi du Canada de 1867 dans l'interprétation et surtout dans la nature même de la protection accordée. En demandant une interprétation de l'Article 133, Ottawa essaie d'assurer un champ d'application plus large qui bénéficierait aux Franco-Manitobains, bien sûr, mais aussi aux francophones hors Québec et aux anglophones du Québec. Les questions deux et trois sont aussi directes que possible ce qui, dans ce cas, est important car toutes les parties interessées veulent une réponse qui évitera d'autres poursuites juridiques. Quant à la question quatre, elle est, en l'occurence, une nécessité. Si la Loi de 1980 est constitutionnelle, toute l'Affaire Bilodeau n'a juridiquement pas de sens. Enfin, le gouvernement fédéral change radicalement de position face à la cause de Roger Bilodeau et, contrairement aux arguments avancés deux ans plus tôt, Ottawa estime que le Franco-Manitobain doit obtenir gain de cause. Le renvoi fédéral et la cause Bilodeau seront entendus ensemble mais les décisions seront rendues séparément, l'une en 1985, l'autre en 1986.

Au début du mois de juin 1984, toutes les parties se retrouvent en Cour suprême du Canada à Ottawa. Les juges ont accepté d'entendre les opinions les plus diverses pour tenter de répondre le plus largement possible au problème constitutionnel manitobain, le plus inusité de toute l'histoire canadienne.

Au nombre des intervenants, se trouve le groupe de six particuliers les plus farouchement opposés au bilinguisme au Manitoba. Leur position est un vrai paradoxe. En effet, Russell Doern, député indépendant, Douglas L. Campbell, ancien premier ministre libéral du Manitoba, James Richardson, ancien ministre du Cabinet Trudeau et Herb Schulz, en dissidence du Parti néo-démocrate, présentent dans leur *factum* un point de vue qui, de prime abord, laisse croire à un changement de position. Ils admettent qu'il est obligatoire de promulguer les lois dans les deux langues. Néanmoins, la province peut prendre tout son temps pour satisfaire à cette obligation. En attendant, les lois unilingues en anglais sont valides. Ce changement d'attitude n'est pas aussi frivole qu'il semble au premier abord car ils estiment que les juges n'oseront pas invalider ces lois: ceci provoquerait le chaos législatif, créant une situation difficile.

La Société franco-manitobaine, de son côté, de même que la FFHQ et Alliance-Québec répondent ''oui'' aux deux premières questions du renvoi fédéral. À la troisième question, la réponse est plus nuancée.

Les groupes estiment que les lois unilingues n'ont aucune force ou aucun effet juridique. Cependant, les droits demeurent, de même que les pénalités en cas d'infraction. L'Assemblée législative existe *de jure* et peut exercer ses pleins pouvoirs en conformité avec la Constitution. Enfin, la Loi de 1980 est, selon la SFM notamment, invalide, en particulier les articles 3 à 5. La SFM, donc, ne veut pas le chaos juridique mais tient à ce que les droits constitutionnels des Franco-Manitobains soient respectés.[6]

Mais les deux intervenants ayant le plus de poids sont évidemment les gouvernements fédéral et provincial. Ottawa, bien sûr, répond oui à la première question; oui à la deuxième, "sauf pour les mêmes catégories de règlements pour lesquels cette cour a statué dans son arrêt" dans le cas Blaikie, "qu'ils n'étaient pas soumis à l'application de l'Article 133 de la Loi constitutionnelle de 1867; oui à la troisième question dans la mesure où ces textes législatifs adoptés avant la date de la décision de cette Cour dans le présent renvoi sont opérants et continueront de l'être pour une période de deux ans à compter de la date de cette décision; et oui à la quatrième question, notamment les articles 1 à 5.[7]

Le Manitoba répond à la question un: les obligations imposées par l'Article 133 et l'Article 23 ne sont pas impératives mais facultatives; à la question deux: non, mais dans le cas où les lois sont jugées invalides, elles devraient être considérées comme valides par nécessité; à la question trois: le procureur général considère que si la réponse à la question deux est oui, les lois qui n'ont pas été promulguées en anglais et en français n'ont ni force ni impact juridique; enfin, à la question quatre, la réponse est sybilline: si la réponse à la question deux est oui, la Loi 2 est invalide; si la réponse est non, cette loi permet de remédier au préjudice et de donner une certaine force juridique aux versions françaises des lois passées uniquement en anglais.[8]

Toutes les parties ont achoppé sur les questions de délais à accorder pour la traduction des lois. L'éventail allait de zéro à dix ans. Les juges de la Cour suprême du Canada se trouvaient donc face à un dilemme: créativité ou conformité?

Il faudra un an avant que la réponse à ces questions soit connue et, entre temps, des gains, mais aussi des reculs, sont enregistrés. L'Affaire Robin, par exemple, se termine faute d'appuis et de moyens.

La Cour d'appel statue, le 16 octobre 1984, qu'un interprète pouvait suffire, qu'un juge n'avait pas besoin de comprendre le français pour mener un procès dans cette langue. Le juge en chef Monnin est en désaccord avec ses collègues et estime qu'un juge peut décider de lui-même de sa compétence linguistique. cinquante-cinq tribunaux administratifs du Manitoba sont touchés par cette décision. Les ressources financières sont incertaines car le Secrétariat d'État, qui avait promis des fonds, a changé de mains avec l'élection du Parti conservateur de Brian Mulroney. La SFM est intéressée à voir la décision portée en appel. Gilbert Robin ne le fera pas immédiatement cependant, en raison du manque de fonds.*

En décembre 1984, la Cour suprême du Canada entend le cas de Duncan MacDonald, homme d'affaires de Montréal, qui a reçu une contravention unilingue française. La ville de Montréal, la province de Québec et le gouvernement fédéral estiment qu'il est possible d'émettre ce genre de contravention, la Société franco-manitobaine, Alliance Québec, entre autres, ne sont pas d'accord. La décision de la Cour suprême du Canada sera rendue conjointement avec celles de Bilodeau et de la Société des Acadiens du Nouveau-Brunswick.

Comme tous les ans, le commissaire aux langues officielles, Max Yalden, compte les Canadiens des deux langues officielles et dépose son bilan. Il y a de moins en moins de francophones qui utilisent leur langue maternelle à la maison, mais il y a de plus en plus d'élèves en classes d'immersion. Le portrait linguistique des francophones hors Québec devient de plus en plus paradoxal: en luttes continuelles pour leurs droits, mais avec une reconnaissance dans les faits d'une certaine partie de la société en général.

Le manque de relève qui avait mené à l'élection de Gilberte Proteau semble se manifester avec moins d'acuité à la fin de son mandat. Réal Sabourin, ancien agent de planification à la SFM, se présente comme candidat.

> [Je] m'engage à ouvrir le dialogue avec les différents groupes. Et je dis bien dialogue: le mot de concertation a été bien abusé

---

*En 1986, trois semaines après la décision Bilodeau, Rémi Smith demandera une audience à la Cour suprême du Canada qui la refusera. Elle venait de statuer qu'un juge pouvait, s'il n'était pas, à la demande de la Société des Acadiens du Nouveau-Brunswick bilingue, utiliser un interprète.

depuis quelques années... Il faut que la SFM ouvre ses portes pour permettre un dialogue à deux sens avec la population. A un moment donné, il faut faire des analyses, les mettre sur papier, véhiculer le document, prendre des décisions, puis avancer.[9]

Cela fait plus d'un an que la crise de l'Article 23 a secoué la province et la communauté. Néanmoins, et en dépit de l'attente qui paralyse plus ou moins la vie politique francophone, la SFM donne comme thème à son assemblée annuelle: "Célébration 85."

Gilberte Proteau y prononce son dernier discours. Son message n'est pas optimiste, car l'avenir n'appartient pas seulement aux tribunaux, il appartient aussi à la communauté:

> Et maintenant, en cette fin de mandat, j'en arrive à vous parler de la profonde tristesse qui m'habite depuis quelque temps. Je regarde le chemin parcouru depuis 1916, et je sais d'où nous venons. Mais quand j'étudie la route sur laquelle nous marchons présentement, je me pose des questions.
>
> L'assimilation des nôtres à l'anglophonie est de plus en plus évidente, mais là n'est pas mon plus grand souci. Non. Ce que je ressens plutôt, dans notre peuple, c'est une certaine lassitude, et peut-être plus que cela, une indifférence presque palpable. ...Indifférence face à la pureté de sa langue. ...Indifférence face aux détails de sa vie quotidienne en français. ...Indifférence face aux services gouvernementaux qu'on a pourtant le droit d'obtenir en français. ...Indifférence face à nos organismes. ...Indifférence face à nos racines. ...L'indifférence me fait peur, car je suis convaincue que nulle force extérieure, seule, peut détruire un peuple. Non. Quand meurt un peuple, c'est que la mort s'est installée au coeur même de sa vie, une mort qui a pour noms, l'indifférence et l'abandon. ...Et nous, où en sommes-nous? Sommes-nous trop las pour continuer la lutte? Nos racines sont-elles en train de mourir, malgré les apparences de vitalité extérieure?
>
> Je n'ai pas de réponse, mais je suis inquiète, et je tiens aujourd'hui à partager cette inquiétude avec vous, pour que nous réfléchissions ensemble, au cours de l'année de cette année centenaire de la mort de Louis Riel.[10]

Réal Sabourin sera élu sans concurrence à la présidence de la SFM. À cette époque, les spéculations veulent que la décision de la Cour suprême du Canada dans la cause Bilodeau et le renvoi fédéral soit rendue le 14 mars. Il faudra, en fait, attendre le 13 juin 1985 pour obtenir une réponse à tant de mois de luttes.

Les juges répondent que les Articles 23 de l'Acte du Manitoba et 133 de la Loi constitutionnelle de 1867 sont impératifs, que les lois et les règlements unilingues de la province du Manitoba sont invalides (mais devront demeurer temporairement valides pour permettre leur traduction, leur adoption, leur impression et leur publication) et que la Loi de 1980 n'a pas restauré l'Article 23 de l'Acte du Manitoba dans sa pleine force juridique, législative et constitutionnelle. La Constitution de 1982, et plus précisément l'Article 52, ne permet pas d'entorse, même si elle a été faite dans le passé. Donc:

> A compter du présent jugement, le système juridique de la province du Manitoba sera invalide et inefficace jusqu'à ce que la Législature soit en mesure de traduire, d'adopter de nouveau, d'imprimer et de publier ses lois actuelles dans les deux langues officielles. [11]

Les lois seront considérées comme temporairement valides et opérantes jusqu'à l'expiration du délai "minimum requis pour traduire, adopter de nouveau, imprimer et publier ces lois." Que faire des lois périmées, abrogées ou actuelles qui accordaient cependant des droits et des obligations? Si certains demeurent "à tout jamais incontestables", il en reste d'autres:

> Il se peut qu'il faille adopter de nouveau, imprimer et publier, pour ensuite abroger, dans les deux langues officielles, les lois abrogées ou périmées de la Législature dont ces droits, obligations et autres effets sont censés avoir découlé. [12]

Il demeure très clair dans l'esprit des juges que les lois adoptées après le 13 juin 1985 dans une seule langue "seront invalides et inopérantes dès le départ."

La Cour ne peut cependant pas déterminer le délai à impartir à l'Assemblée législative du Manitoba pour satisfaire ses obligations constitutionnelles. Les juges informent donc les gouvernements qu'il leur faudra faire une demande dans les cent vingt jours qui suivent le jugement, au cours d'une audience spéciale. Le "chaos juridique" ne pouvait pas continuer indéfiniment.

Le débat des années précédentes avait longuement tourné autour du mot *shall*.

> Employé dans son sens grammatical ordinaire, le terme anglais *shall* (''doit'') est, par présomption, impératif; [...] c'est délibérément et avec soin que le Parlement a choisi le terme *shall* dans le but exprès de rendre obligatoire les exigences de ces articles relatives à la rédaction, à l'impression et à la publication dans les deux langues.[13]

Il restait à faire la distinction entre impératif et directif qui avait fait couler beaucoup d'encre deux ans plus tôt:

> Ce serait une entorse grave à la Constitution que de conclure qu'une disposition en apparence impérative doit être qualifiée de directive pour le motif qu'une conclusion en sens contraire entraînerait des inconvénients ou même le chaos. Lorsqu'il n'y a aucune indication textuelle qu'une disposition constitutionnelle est directive, et lorsqu'il ressort clairement de ses termes qu'elle est impérative, il n'y a pas lieu d'interpréter cette disposition comme étant directive.[14]

Les réactions sont à l'image des acteurs principaux dans toute cette affaire. Roger Bilodeau, qui avait déclenché le processus et s'était toujours tenu de façon périphérique dans le débat, était satisfait des déclarations de la Cour suprême. Le gouvernement Trudeau avait donné au dossier constitutionnel manitobain l'élan nécessaire pour obtenir gain de cause et l'ancien secrétaire d'État, Serge Joyal, qui avait tellement été la cible de la fureur des membres de Manitoba Grassroots, estimait que sa confiance passée et présente dans la Constitution canadienne était bien placée. Néanmoins, à l'instar de bien des intervenants dans ce débat, Serge Joyal pensait encore que l'entente tripartite conclue deux ans auparavant était la meilleure solution pour ce casse-tête juridique. La Société franco-manitobaine pensait de même. Réal Sabourin cherchera immédiatement à se démarquer des obligations imposées par la Cour suprême en matière de traduction. La SFM a toujours préconisé l'implantation de services en français et, de ce fait, n'a pas l'intention de cesser ses revendications. D'autre part, les coûts de la traduction sont un fardeau que la SFM ne veut pas imposer à une population qui s'est révélée hostile en majorité à toute amélioration du sort constitutionnel des Franco-Manitobains. Là aussi, il y a espoir de voir le gouvernement provincial revenir à une entente politique. Le groupe Alliance-Québec, qui avait apporté un appui moral important à la SFM lors des audiences publiques et qui s'était retrouvé à ses côtés en Cour suprême, estimait que les minorités linguistiques avaient remporté une importante victoire: la Cour suprême n'hésiterait pas à imposer la sanction la plus sévère aux gouvernements qui ne respecteraient pas les droits des minorités.

En Chambre, l'acrimonie qui a marqué le débat quelques années auparavant revient brièvement lors de la période de questions. Le premier ministre Howard Pawley fait une brève déclaration:

> Le Manitoba doit passer toutes ses lois en français et en anglais... le Manitoba a l'intention de demander (à la Cour suprême) une audience le plus tôt possible. En tant que premier ministre, je crois qu'il s'agit d'une décision dure avec laquelle le Manitoba peut vivre si la Cour donne à la province suffisamment de temps (pour le délai de traduction.)
>
> La décision peut décevoir certains et peut frapper les autres comme imposant une obligation trop rigoureuse à la province...
>
> Personne ne devrait être surpris par la décision d'aujourd'hui, car tous les Manitobains savaient qu'il y avait une certaine part d'inconnu à voir la Cour suprême à Ottawa trouver une solution pour nous.
>
> ...Il est évident que nous devons maintenant en accepter le résultat et que nous devons pleinement nous concentrer sur les inquiétudes et les questions de l'heure.
>
> La décision n'affectera en rien la vie quotidienne des Manitobains. La vie dans la province continuera comme par le passé et pour ceux qui ne sont pas francophones, rien ne se passera, leur vie ne changera pas. La décision n'affectera pas non plus la politique provinciale de services en français, une politique établie et poursuivie depuis 1980.
>
> ...Le gouvernement fera tout en son pouvoir pour respecter la décision des juges. En fait, grâce au travail de préparation déjà fait, nous avons augmenté nos possibilités de le faire... Et avec l'aide du gouvernement fédéral nous espérons vraiment pouvoir satisfaire les conditions qui nous sont imposées...
>
> Au cours des prochains jours nous examinerons les implications de cette décision en ce qui regarde le cas Bilodeau, les lois

qui sont, à l'heure actuelle, devant la législature et les traductions des lois périmées...

La décision de la Cour suprême vient clore une période difficile pour les Franco-Manitobains. Nous pouvons, nous devons laisser derrière nous ces choses-là qui nous divisent et travailler ensemble pour ce qui est important pour les Manitobains ordinaires...[14]

Pas un mot au sujet des Franco-Manitobains qui voient leurs revendications satisfaites, leurs droits restaurés une fois pour toutes. Que le gouvernement ne claironne par partout un ''je vous l'avais bien dit'' se comprend, mais on s'étonne de ce manque d'enthousiasme face à une décision qui, somme toute, confirme les craintes, bien sûr, mais aussi la justesse du raisonnement juridique de Roland Penner. On sent que le gouvernement a décidé de faire le dos rond et de laisser passer l'orage.

C'est une tactique qui permet aux conservateurs de crier victoire et ils ne s'en privent pas. Gary Filmon prononcera le discours ''de la réconciliation et des grands principes'' que Pawley a volontairement évité.

La Cour suprême du Canada a confirmé de nouveau ce que nous savions depuis 1979; c'est-à-dire que les lois du Manitoba doivent être imprimées et publiées en anglais et en français. Cette obligation a été reconnue et acceptée par l'ancien gouvernement conservateur de notre province et en 1980 le long processus de traduction a commencé...

Une des responsabilités fondamentales des gouvernements est de maintenir la paix, l'ordre, et l'affabilité sociale parmi la population. Ce que la Cour suprême a démontré c'est que l'administration actuelle au Manitoba a échoué de façon incroyable et n'a pas relevé le défi et ce prérequis fondamental...

Il est évident, à la lumière de la décision de la Cour suprême aujourd'hui, que cette administration néo-démocrate a causé, sans raison, un traumatisme inutile, un affrontement, et une division sociale profonde au sein du peuple du Manitoba, résultante de ses propositions inutiles et mal conçues.

Il faudra beaucoup de temps pour surmonter ce traumatisme et cette convulsion créés par l'enchâssement d'un amendement qui bilinguise totalement notre province et le passage d'une législation de services en français dans tous les ministères, mais cela peut être fait. Ces blessures vont cicatriser mais cette administration néo-démocrate est responsable de les avoir causées en premier lieu. Parce que le gouvernement n'avait pas besoin d'agir comme il a agi [...] la majorité des citoyens du Manitoba n'appuyait pas les actions gouvernementales. Il est regrettable de voir l'arrogance et le manque de sensibilité de cette administration. La décision de la Cour suprême est une solution raisonnable à un problème difficile. Elle reconnaît nos obligations et l'héritage des lois passées par bien des gouvernements qui, sans le savoir, ne respectaient pas l'Article 23 de la Loi du Manitoba, mais en cela elle ne crée pas le chaos juridique; elle n'impose pas une pénalité; et elle n'amende pas notre Constitution et n'impose pas des services bilingues obligatoires dans tous les ministères gouvernementaux.

Quelques observateurs ont fait remarquer que ce jugement, cette décision confirme que nous sommes totalement bilingues. L'Article 23 nous rend aussi bilingues que l'Article 133 de la Constitution fédérale rend le Canada bilingue, c'est-à-dire dans les tribunaux, à la législature, et pour l'impression et la publication de nos lois.

...Ce ne fut pas l'Article 133 de la Constitution fédérale qui a rendu le Canada bilingue. Il a fallu une loi du Parlement passée par le gouvernement Trudeau en 1968 pour faire cela.

...Nous voulons qu'il soit bien clair que notre opposition durant le débat, long et ardu, au sujet de la langue française, de mai 1983 à mars 1984, n'était pas dirigée contre l'obligation de la traduction; nous acceptions cette obligation et nous continuerons à le faire. Notre opposition fondamentale était dirigée contre cette proposition faite par ce gouvernement, proposition mal conçue et non désirée, de changer notre Constitution et d'enchâsser des clauses bilingues contre la volonté de la vaste majorité des gens.

Il n'y a pas plus d'épée [de Damoclès] au-dessus de notre tête maintenant qu'en 1979 et j'encourage fortement le gouvernement à préparer la documentation nécessaire pour montrer à la Cour suprême que nous sommes prêts à satisfaire nos obligations de traduction dans un minimum de temps.[15]

Ce sont donc les conservateurs qui ont le sentiment d'être victorieux, justifiés dans leur opposition, persuadés du bien-fondé de leur obstruction et convaincus que le gouvernement a fait preuve d'une totale incompétence. D'ailleurs, au pays, il est généralement considéré que la victoire des conservateurs, qui a amené la capitulation du gouvernement, "produit ce genre de victoire qui saigne une nation à blanc"[16] [...] "en attendant, et probablement jusqu'à la prochaine élection provinciale les Manitobains vont continuer à remercier les conservateurs de les avoir sauvés de la langue française."[17]

Les réactions du public sont toujours aussi hostiles au bilinguisme et au gouvernement fédéral.[18] En Chambre, les conservateurs essayent d'embarrasser le gouvernement provincial, mais les accusations n'ont plus la virulence de 1984. Seul, Russell Doern continue dans la même veine. Le gouvernement lui répond à peine, sentant qu'il s'agit du chant d'un cygne. Les attaques de Doern portent sur tous les fronts, passés et présents:

> Je tiens à protester contre la façon dont le gouvernement provincial s'est occupé de la question linguistique, au cours de ces dernières années, et d'autant plus maintenant que nous avons une décision de la Cour suprême du Canada.

> ...C'est à cause de l'inaptitude et de l'incompétence du gouvernement que pour commencer le cas Bilodeau s'est rendu en Cour suprême. J'estime, comme beaucoup de gens, que si son cas était allé en Cour, et que simultanément la législation pertinente, c'est-à-dire *la Loi de la voierie* et la *Loi des convictions sommaires* avait été traduite, son cas aurait été inacceptable aux yeux du tribunal; Bilodeau aurait payé sa contravention pour excès de vitesse et la question aurait été réglée. Bilodeau aurait perdu son cas et il pourrait continuer à pratiquer le droit à Moncton, là où il s'est enfui...

> Le gouvernement provincial, ne semble pas vouloir demander au gouvernement fédéral de payer, dans sa totalité, la traduction des lois...

> À mon avis, le plus grand problème posé par le bilinguisme officiel c'est l'esprit de division qui continuerait à régner et qui ne serait pas au bénéfice du ministre de la Santé [Laurent Desjardins] et de tous ces gens qu'il aime tant, la communauté francophone du Manitoba. Cela ne les aiderait pas; on ne peut

pas vraiment tirer bénéfice d'un gain financier tout en perdant son âme ou ses amis. Avoir un bilinguisme officiel tout en ayant de la discorde au sein de la province serait le pire des mondes.

Les gouvernements fédéral et provinciaux doivent lutter pour ces droits des minorités mais aussi pour les droits de tous les Manitobains. Ils ne peuvent pas nous parler de justice pour les Franco-Manitobains uniquement; il faut qu'ils luttent pour obtenir justice au nom de tous les Manitobains...

Il y a quelques personnes à Saint-Boniface qui trouveraient pratique d'exercer le droit en français et peut-être un comptable agréé ou un simple comptable qui trouveraient utiles d'avoir les lois en français. Je suis certain que ces gens parlent parfaitement l'anglais, mais cela peut-être une question de préférence. Cela n'aidera pas les gens à Saint-Boniface et à Saint-Pierre et les Manitobains francophones où qu'ils soient. Ils ne bénéficieront pas de la traduction des lois ni du fait d'ailleurs que la province soit devenue bilingue...

...Voyez ce qui est arrivé récemment. Nous avons vu que la SFM, ce brillant exemple de militantisme, des Manitobains francophones, des gens qui prétendent parler au nom de tous les Manitobains francophones au Manitoba, qu'est-ce qui les inté-resse? Aussitôt que la décision a été divulguée, ils disent qu'ils ne voulaient pas vraiment cela. Non ce qu'ils veulent c'est des services et des emplois, en particulier pour des gens comme eux et comme tous ceux qui sont payés par le gouvernement fédéral depuis longtemps; c'est ça qui les intéresse. Ils veulent, de nou-veau, conclure un autre marché.

Eh bien la réponse est non. Ils ont joué un jeu de poker avec cette administration néo-démocrate, Serge Joyal, Mark MacGuigan, Pierre Elliott Trudeau et la SFM, ils ont joué et gagné. Nous nous rappellerons que c'était le gouvernement libéral, les libéraux fédéraux avec une succursale au Manitoba, la SFM et le NDP qui nous ont mis dans ce beau pétrin en 1983 et en 1984.

Nous ne les écouterons plus dorénavant tout en supposant que nous les ayons déjà écouté. Je ne crois pas, je n'ai jamais cru qu'ils parlent au nom de tous les Manitobains francophones. Je pense qu'ils parlent au nom d'un petit élément de la commu-nauté et qu'ils sont l'aile militante. Il y a d'autres voix modérées dans la communauté.

...Ils ont imploré le gouvernement et le pays, plaidant et pleurant à la télévision, demandant tous ces services dont ils ont besoin et qu'ils veulent, et ils parlent de toutes ces années de souffrance. Je n'accepte pas cette histoire, cette souffrance centenaire des Manitobains francophones. Je pense que c'est un mythe. Il s'agit d'un mythe qui est utilisé comme levier, mais qui contient très peu, sinon aucune vérité.

Ils allaient nous fournir une centaine d'emplois au sein de la fonction publique. Tout ce qu'on y aurait gagné aurait été un groupe de gens amassant de la poussière et des toiles d'araignée. Mais maintenant que cela n'est plus possible ce qu'ils vont avoir c'est une traduction de lois poussiéreuses et moisies...

C'est ce qu'ils veulent, c'est ce que Bilodeau voulait, c'est ce que Forest voulait, c'est ce qu'ils ont eu.

[Et il va falloir payer pour cette traduction. Il faudra prendre l'argent quelque part]. Et si on veut trouver un coupable pour ces coûts de traduction on peut pointer Georges Forest, Roger Bilodeau et tous ceux qui ont tiré les ficelles...

...Nous voulons une justice pour tous dans cette province. Nous ne voulons pas que toute l'attention soit tournée vers le Manitobain qui a soi-disant tant souffert, nous voulons que justice soit faite pour ceux qui s'ont d'origine ukrainienne, polonaise, allemande, islandaise, etc... Nous voulons que justice soit faite, non pas pour une poignée de mécontents ou de fanatiques, mais pour tous.[19]

Grant Russell, de Manitoba Grassroots, est du même avis: le Manitoba n'est pas officiellement bilingue, le jugement l'a indiqué et il n'impose pas au gouvernement un élargissement des services en français. Ces derniers, dit-il, sont d'ailleurs de plus en plus disponibles au niveau municipal, surtout en milieu rural.

Ce que la SFM essaie de faire, c'est de perpétuer un anachronisme historique, l'Article 23 de la Loi du Manitoba. Lorsqu'ils suggèrent que la législation de 1890 a commis un acte vicieux, ils oublient facilement le fait que l'Acte de l'Amérique du Nord britannique permet aux Assemblées législatives de légiférer dans presque tous les domaines...

...La Cour suprême a décidé que nous devons traduire nos lois et il n'y a eu aucun chaos juridique. Bien sûr, cela va coûter cher mais pas aussi cher que ce que proposait le gouvernement Pawley avec sa bilinguisation...

...Les Franco-Manitobains, aidés de quelques partisans, bien assistés de quelques éditorialistes, mènent toute une campagne publique et prônent un retour à l'accord passé à l'origine avec les néo-démocrates...

...La Cour suprême a rendu sa décision. Tous les Manitobains, y compris les Franco-Manitobains doivent se rendre à l'évidence et payer. Si plus tard nous découvrons, comme je le soupçonne, que ce que nous avons est un geste symbolique plutôt que quelque chose d'utile à la communauté franco-manitobaine, et que les coûts n'aident pas l'intérêt public, la SFM et ses partisans devront s'en accommoder. Une majorité de Manitobains a clairement rejeté cette vision, en provenance de l'Est, d'un régime anglais-français pour leur province et imité du modèle fédéral...

...Si on veut être réaliste, le bilinguisme au Manitoba veut dire l'anglais et une autre langue... un gouvernement serait casse-cou s'il essayait d'ouvrir, de nouveau, les blessures de l'an dernier en renouant des ''négociations'' dont le but premier est le pouvoir et l'influence avec un groupe racial à l'intérieur de la mosaïque Manitobaine.[20]

La polémique ne cesse pas aux portes de la Chambre et l'opposition harcèle le gouvernement pour savoir si la province est bilingue. Seul, le premier ministre répond aux questions et par des métaphores bibliques ou des attaques partisanes.

La SFM, quant à elle, concentre ses efforts sur le délai de 120 jours accordé par la Cour suprême:

Nous sommes confiants que le mécanisme suggéré dans la décision sera respecté par nos gouvernements qui se veulent justes et honorables.[21]

Elle continue, à dialoguer avec le gouvernement parce qu'elle tient toujours à obtenir des services. Elle songe même à demander une compensation monétaire pour les torts causés dans le passé, ce qui provoque la consternation. L'idée sera d'ailleurs rapidement abandonnée.

La boucle était bouclée. 1985 avait rejoint 1870 dans la réalité juridique. Tout ce qu'avait affirmé, avec tant de concision, les jugements Prud'homme en 1892 et 1909 et, par la suite, les juges Armand Dureault, Alfred Monnin et les autres, tout ce qu'avaient revendiqué, avec patience et passion, tranquillement ou en levant la voix, tant de générations de Franco-Manitobains, tout ce qu'avaient craint les opposants au bilinguisme s'était avéré juste: d'une loi écrite en 1870 découlaient des droits fondamentaux, constitutionnels, pour la minorité francophone, à cause de son rôle essentiel au siècle dernier et à cause des spoliations subies. Ces droits allaient plus loin que la déclaration de principe. Ils touchaient à tous les niveaux de la vie courante, telle qu'on la connaissait en 1870. Les juges de la Cour suprême du Canada avaient précisé aussi largement que possible le sens du mot *"shall"* et n'avaient pas reculé là où les cours manitobaines avaient craint de s'aventurer, affirmant ainsi sans équivoque leur rôle de protecteurs du droit, de la Constitution et de la justice. Il n'y avait plus de demi-mesure, ni d'échappatoire possibles: un droit est inaliénable, qu'il soit coûteux ou non, embarassant ou non. Il ne peut être mis de côté pour des raisons de nombre, de désirs ou encore de politiques de convenance. Et, dans ce cas-ci, il est rétroactif.

En rendant cette décision, les juges de la Cour suprême faisaient peser le poids de l'histoire sur les hommes politiques qui, obstinément, avaient refusé de voir et d'accepter le fait que des injustices avaient été commises et que nul ne pouvait impunément continuer à violer la Constitution.

En même temps, ils fustigeaient les pouvoirs politiques, dans leur ensemble, pour avoir imposé tant de pérégrinations juridiques à une minorité qui ne demandait qu'à vivre en état de tolérance et de bon voisinage.

Le jugement confirmait enfin que les intentions politiques de 1980 n'étaient pas aussi limpides que les conservateurs avaient bien voulu le laisser croire pendant toute la fureur de l'Affaire Bilodeau et que le tout avait été laissé au niveau le plus élémentaire: celui de la courtoisie.

La patience des Franco-Manitobains avait été récompensé, certes, mais le prix qu'ils avaient payé aurait semblé exorbitant à leurs ancêtres. Et ils n'avaient toujours pas ce qui pouvait assurer une survivance épanouie: une garantie juridique pour des services qui découlent des lois, des services qui, pendant presque deux ans, avaient paru pratiquement à portée de main, prêts à être enchâssés, jusqu'à ce que le gouvernement Pawley recule devant la vague de fanatisme et d'intolérance qui avait secoué le Manitoba à cette époque. Après avoir obtenu, par une voie détournée, la confirmation de la justesse de sa vision face au problème constitutionnel du Manitoba, le gouvernement Pawley faisait le dos rond devant un orage qui ne vint jamais. Ceci permit aux conservateurs de Gary Filmon d'adopter une attitude de conciliation, brouillant immédiatement la clareté du jugement: il y avait eu violations et connivences au cours des années passées et il fallait faire un geste ou deux de réparations, rapidement, pour que le contrat passé entre les deux peuples fondateurs du pays ait encore une signification.

NOTES

1.   Proteau, Gilberte, entrevue accordée à l'auteur, 6 août 1986.

2.   *Ibid.*

3.   Rushing to the court, *Winnipeg Free Press*8, March 14, 1984.

4.   Proteau, Gilberte, *Ibid.*

5.   Mémoire du Procureur-Général, renvoi à la Cour Suprême, 10 mai 1984.

6.   Factum SFM, 19 mai 1984, p. 53.

7.   Factum Gouvernement fédéral, 10 mai 1984, p. 51-53.

8.   Factum Gouvernement du Manitoba, p. 2-4.

9.   Sabourin, Réal, *La Liberté*, 22 février 1985.

10. Proteau, Gilberte, Assemblée annuelle de la SFM, 21 mars 1985.

11. Décision Cour Suprême du Canada, 13 juin 1985, p.

12. *Ibid.*

13. *Ibid.*

14. Pawley, Howard, Debates and proceedings, June 13, 1985, p. 2920.

15. Filmon, Gary, *Ibid.*, p. 2921.

16. A miscalculation, *Globe and Mail*, June 14, 1985.

17. Russell, Frances, Pawley turns fail and runs on language issue, *Winnipeg Free Press*, June 16, 1985.

18. *Winnipeg Free Press*, June 22, 1985.

19. Doern, Russell, Debates and proceedings, June 14, 1985, p. 2988-2992.

20. Russell, Grant, Debating bilingualism, *Winnipeg Free Press, June 23, 1985.*

21. *Société Franco-Manitobaine, Un pas vers l'égalité, La Liberté*, 21 au 27 juin 1985.

UN PAS VERS L'ÉGALITÉ...

Nous avons toujours maintenu que l'Article 23 est obligatoire et que l'anglais et le français sont les deux langues officielles de cette province. Le jeudi 13 juin dernier, le plus haut tribunal du Canada a confirmé ce principe qui est pour nous la pierre angulaire sur laquelle Louis Riel, le père du Manitoba, fondait cette province.

La décision ne fait qu'entériner les points suivants:

— L'Article 23 est impérative et je cite, «Cette obligation a pour effet de protéger les droits fondamentaux de tous les Manitobains à l'égalité de l'accès à la loi dans l'une ou l'autre des langues française ou anglaise».

— En plus, elle a déclaré que l'Article 23 et l'Article 133 de l'Acte de l'Amérique britannique du Nord sont compatibles. Ceci veut dire que les Francophones du Manitoba ont les mêmes droits et privilèges que les anglophones du Québec.

— Ceci veut aussi dire que toutes les lois adoptées depuis 1890 et y inclus celles qui découlent du Bill 2 de 1980 sont invalides et inopérantes.

Toutefois, pour ne pas mettre la province dans un état chaotique, le délai minimal pour respecter la décision de la Cour suprême n'a pas été précisé. Nous sommes confiants que le mécanisme suggéré dans la décision sera respecté par nos gouvernements qui se veulent justes et honorables.

La Société franco-manitobaine, au nom de la communauté franco-manitobaine, s'engage à s'impliquer dans les développements de cette question et est prête à entamer un dialogue avec les gouvernements.

Notre position a toujours été claire et aujourd'hui nous voulons la réitérer. Permettez-moi de citer un passage du document déposé par la SFM au gouvernement en 1981: «la communauté veut l'accès à des services réellement bilingues, tout en demeurant raisonnable, pratique et flexible dans son application.»

Société franco-manitobaine
C.P. 145
Bureau 212
383, boulevard Provencher
Saint-Boniface (Manitoba) R2H 3B4

Réal Sabourin
Président

Le point de vue francophone au sujet de la décision de la Cour suprême du Canada en juin 1985. (*La Liberté*, 21 au 27 juin 1985).

Le point de vue anglophone au sujet de cette même décision. (*Winnipeg Free Press*, June 22, 1985).

Chapitre XIV

Vers une orientation nouvelle

*Le bilinguisme, c'est quelque chose de
quotidien, non quelque chose qu'on laisse
dans les archives.*

Réal Sabourin
Le 5 novembre 1985

La décision du 13 juin 1985 avait contourné, avec habileté, la question la plus épineuse, après le verdict d'invalidité: les lois manitobaines sont invalides mais elles doivent, pour des raisons évidentes, demeurer valides. Pendant combien de temps? C'est sur ce point très spécifique que vont porter les prochaines négociations entre les gouvernements provincial, fédéral et la SFM. La Cour suprême doit émettre une ordonnance et les parties ont 120 jours pour s'entendre sur la durée de cette validité temporaire.

Même si le dossier est nettement placé sur le plan juridique, il n'en demeure pas moins aux premiers rangs des préoccupations publiques et politiques. Frank Cameron, le chef du Western Canada Concept, reprend le flambeau d'un Manitoba Grassroots[1] ou d'un Russell Doern, continue de jeter encore plus de confusion au sujet de l'Article 23 et tente de relancer le débat au sujet de *shall, may, either* et *must*. D'autre part, deux ministres du Cabinet Pawley, Laurent Desjardins et Gérard Lécuyer, préféreraient voir un élargissement des services en français plutôt qu'une traduction des lois. Les deux ministres sont cependant prudents et ne rejettent pas les obligations imposées par la Cour suprême du Canada.

Lorsque la session législative se termine, à la mi-juillet 1985, le gouvernement n'a toujours pas énoncé de politiques précises au sujet de la langue française. Pawley s'en tient à l'ordre de traduire toutes les lois depuis 1870 et au délai de validité temporaire. Le 29 juillet 1985, la SFM demande au gouvernement provincial, par l'intermédiaire de ses avocats, un dossier qui permettrait d'établir ou de calculer ce délai. Cette demande sera suivie, le 7 août 1985, d'un dépôt de requête en Cour suprême pour avoir certains dossiers qui paraissent "essentiels à la détermination du délai".[2] L'audience est fixée au 15 novembre 1985.

Lorsque l'Assemblée législative avait prorogé ses travaux, en février 1984, la SFM avait promis que les revendications juridiques ne cesseraient pas mais qu'elles deviendraient collectives. Pourtant, des particuliers continuent à remettre en question l'application des lois qui, en principe, accordent des services en français. Roger Lafrenière, à l'instar de bien des francophones, se plaint de la lenteur des services municipaux destinés aux francophones. Le représentant au Manitoba du commissaire aux langues officielles, Maurice Gauthier, l'appuie et fustige la lenteur de la ville de Winnipeg dans ce secteur. Le maire Norrie est d'accord mais invoque le manque de personnel. D'autres, comme Austin Algee, considèrent que les panneaux de stationnement sont illégaux parce qu'unilingues. Un seul de ces cas initiés par des particuliers ira en cour, celui de Terence David Waite. Il invoque la nouvelle Loi de la voirie, promulguée après la décision de la Cour suprême du Canada, mais partiellement promulguée en français. (La promulgation n'a pas été totalement inscrite en français aux procès-verbaux et au feuilleton parlementaire, la loi n'a pas été imprimée et publiée en français.) Il en est de même pour la Loi des convictions sommaires. La cause est en Cour du banc de la Reine. Waite devra attendre la fin de l'année pour obtenir une réponse à ses revendications.

Entre temps, le gouvernement après avoir fait le compte des lois à traduire envoie à la SFM, le 17 septembre 1985, son dossier qui

s'avère incomplet, ne permet pas un mémoire ou une
arguentation raisonnables pour déterminer le délai [de validité
temporaire.][3]

Le 25 septembre 1985, la SFM demande par écrit l'information
qui manque et met en garde le gouvernement provincial devant un
retour à la Cour suprême si l'information n'est pas reçue dans les huit
jours.

Le 30 septembre 1985, la SFM reçoit le mémoire du gouvernement
provincial et quelques déclarations sous serment, ce qui constitue
partiellement l'information demandée.

C'est à ce moment-là que le gouvernement du Manitoba
nous a proposé de discuter d'une entente possible au sujet des
délais de traduction.[4]

La SFM refuse parce que le dossier est incomplet.

Il fallait, en d'autres mots, fixer notre propre position avant
de voir ce qui était négociable et voir finalement quels seraient
les avantages pour la SFM d'entrer dans une négociation.[5]

Ce que le gouvernement provincial demande à la Cour suprême
du Canada, et qui est encore inacceptable aux yeux de la SFM, se divise
ainsi:

- délai de traduction des lois en usage; 5 ans pour 15 millions et
demi de mots; ceci comprendrait la dernière révision des lois, celle de
1970, et toutes les lois promulguées depuis;

- les avocats provinciaux passeraient au peigne fin les statuts actuels
et ne garderaient que l'essentiel pour faciliter le travail de traduction;

- le gouvernement provincial demande la permission de ne pas traduire le Hansard, soit 97 000 pages avec environ 80 millions de mots;

- enfin, même si la province demande un délai de 5 ans, c'est-à-
dire jusqu'en 1990, elle cherche également à obtenir une prolongation
en cas d'imprévus.

La SFM, de son côté, a des demandes légèrement différentes:

- il suffit d'un délai de deux ans pour traduire toutes les lois en
vigueur au Manitoba;

- il est possible d'accepter un délai additionnel de deux ans pour la traduction de toutes les lois périmées ou désuètes;

- une publication des lois dans un même volume sur deux colonnes, symbole à son avis, d'une égalité totale.

La SFM applique des principes fondamentaux au cours de ces négociations . Tout d'abord, elle tient à l'accessibilité, à la disponibilité et à la visibilité des deux langues officielles dans le processus législatif. Ensuite, elle fait une distinction très nette entre les lois en vigueur et les lois désuètes puisqu'à ses yeux il est important que les Franco-Manitobains se servent des lois quotidiennement et y aient accès dans les deux langues:

> Nous pensions aussi que, s'il était possible de négocier encore plus tard l'obtention de services et qu'il serait éventuelleent possible de repenser à un amendement constitutionnel, eh bien que celui-là pourrait porter sur les lois désuètes et par conéquent, il était important de pouvoir les distinguer d'une loi vivante pour laquelle aucun compromis n'était évidemment possible.[6]

La SFM reçoit une date d'audience spéciale à la Cour suprême du Canada, soit le 15 octobre 1985, audience au cours de laquelle elle exigera que la province du Manitoba fournisse le dossier requis. Mais, le 14 octobre 1985, le gouvernement provincial indique à la SFM son intention de fournir, dès la semaine suivante, toutes les informations demandées et aimerait voir la requête annulée. Plutôt qu'une annulation, il y aura report d'une semaine. Le gouvernement prend au sérieux la requête de la SFM mais, en dépit de cela, le dossier s'avère encore incomplet. Il y aura de nouveau report de la requête.

Si la discussion sur les documents se poursuit, il n'en reste pas moins que la SFM a nettement l'impression que le gouvernement se montre plus intéressé à une proposition qui pourrait faire l'objet d'une entente.

Le 4 novembre 1985, les avocats de la SFM, d'Alliance-Québec, de la FFHQ, des gouvernements fédéral, provincial et de Roger Bilodeau sont présents en Cour suprême une semaine plus tôt que la date fixée en août 1985. L'entente est conclue de telle façon que les parties impliquées peuvent, chacune de leur côté, considérer qu'elles ont gagné la dernière manche:

- les lois en vigueur depuis 1970 seront traduites en 3 ans, toutes les autres en 5 ans;

- la publication sur deux colonnes, une anglaise, l'autre française, de ces lois est également appliquée aux règlements, aux règles de cour et des tribunaux administratifs. Les lois seraient publiées au fur et à mesure de leur adoption;

La SFM a encore quelques inquiétudes car il y a dans l'entente une clause qui permet au gouvernement provincial de revenir devant la Cour. Néanmoins, les occasions sont limitées à des cas d'urgence, des cas de force majeure dus à une force extérieure, indépendante de la volonté gouvernementale.

Le 5 novembre 1985, la SFM a convoqué la communauté pour dévoiler le contenu de l'entente. Certaines voix se font entendre et elles critiquent sévèrement le fait que la SFM n'ait pas attendu le 15 novembre et ait cherché à conclure un accord politique, entériné par la Cour suprême, plutôt que d'avoir une décision juridique imposée par ce tribunal. Encore une fois, les mêmes éléments de discorde se retrouvent au sein d'une assemblée francophone: la SFM, prise entre le fait d'avoir à négocier un dossier lourd de conséquence pour la communauté et le fait d'avoir à informer cette même communauté, est invariablement accusée d'avoir négocié en secret. Cette fois encore, cette accusation est portée, mais Réal Sabourin, président de la SFM, n'accepte pas les accusations de Georges Forest notamment. Aux yeux de Sabourin, s'il avait informé le grand public francophone, cela aurait équivalu à négocier par le biais de la presse. Or, la SFM le sait depuis 1983, cela revient pratiquement à un suicide politique, quelles que soient les intentions de toutes les parties concernées. D'autres critiques seront adressées par des avocats francophones, car certains d'entre eux ne sont pas d'accord avec l'entente qui, estiment-ils, pourrait permettre au gouvernement de ne pas obéir totalement à l'ordonnance de la Cour suprême. Selon Réal Sabourin, l'engagement du gouvernement provincial est le même que s'il avait reçu un ordre direct de la Cour, sans consensus politique préalable.

Qui plus est, une épée de Damoclès est suspendue au-dessus des gouvernements provinciaux, actuels et futurs. En effet, l'entente concernait toutes les lois de la codification permanente, les règlements, les règles de cour et les règles des tribunaux administratifs. Mais l'accord ne concernait pas les lois privées. Donc tout ce qui ne sera pas traduit sera considéré comme invalide. Néanmoins, l'entente pourrait permettre d'atteindre le but tellement recherché d'obtenir des services:

> Pour le moment la décision concerne la traduction de toutes les lois adoptées depuis 1970, y compris la consolidation de 1970, ce qui porte sur environ 1,750,000 mots. Il ne faut pas perdre de vue que l'infrastructure juridique à l'obtention des services constitue une chose très importante. A partir du moment où les formulaires vont être traduits, il me semble découler naturellement que le gouvernement devra avoir des personnes capables de les lire et de les recevoir, et c'est peut-être une façon d'obtenir gratuitement des services qu'on pourra revendiquer et dont on pourra négocier l'intention.[7]

C'est, en effet, ce point de vue pratique qui n'est jamais totalement perdu de vue: la traduction des lois devra amener une infrastructure qui, à la longue, donnera des services réclamés depuis si longtemps, si difficiles à obtenir. La SFM et le gouvernement font la même analyse: les services découlent des lois. C'est pourquoi, le 5 novembre, Réal Sabourin invite les personnes présentes ''à une réflexion à longue échéance sur nos institutions'':

> Pour pouvoir fonctionner dans notre langue il nous faut:
>
> - un réseau d'écoles françaises selon les termes de la Loi scolaire et la Charte des droits et libertés;
>
> - des services en français par les gouvernements fédéral, provincial et municipal;
>
> - les institutions qui desservent notre population (hôpitaux, foyers, commissions scolaires, centres récréatifs) doivent pouvoir fonctionner en français;
>
> - il est important que nos institutions économiques locales fonctionnent en français...
>
> Tant et aussi longtemps que la population manitobaine refuse d'accepter que la langue française a un statut égal à celui de la langue anglaise, nous ne pourrons que nous appuyer sur la Constitution canadienne et la Loi fondamentale du Manitoba.[8]

Et pour convaincre cette population manitobaine, majoritairement anglophone, Réal Sabourin a déjà entamé le dialogue public dès le 4 novembre 1985. À en juger par les questions qui lui sont posées, le travail ne manquera pas. Pourtant, il fallait qu'il fasse, à l'image de ses prédécesseurs, un traité d'histoire du Manitoba telle qu'elle est vécue et comprise par les Franco-Manitobains.

> "*Kevin Evans*: Are you telling them (les Manitobains), Mr. Sabourin, that by the year 1990. when this translation exercise is completely over, that after all that is said and done, the Society franco-manitobaine, the Franco-Manitoban community of this province will have won what it wanted all along?"

> *Réal Sabourin*: No, the Manitoba people will have won, because this is not a French thing, this is not a French issue, it is a constitutional issue and it is the ultimate law of the land. We have to adhere to our Constitution, so Manitobans and Canadians will have won.

> There are two things we will have done: we will have shown there are ways of finding solutions to any constitutional matter. There are solutions out there.

> *Kevin Evans*: And number three, will you be able to say to your children that we got what we should have had all along?

> *Réal Sabourin*: Of course, of course, in a reasonable way.

> *Kevin Evans*: This then is a victory in your view, this is the end of the story.

> *Réal Sabourin*: Oh no, it is the beginning. This I said were the last pages of the June 13th decision, end of this book, now we are opening a new one, it's a brand new beginning.

> *Kevin Evans*: And that book is all about?

> *Réal Sabourin*: All about the respect of the Constitution of Canada.

> *Kevin Evans*: And in a practical sense, all about?

> *Réal Sabourin*: All about the respect of its official minority.

> *Kevin Evans*: And all about a bilingual province.

Réal Sabourin: And a bilingual country. See up until now the onus of bilingualism and the onus of the respect of the Constitution has been on the backs of minorities. The majority will have to take hold of its responsibility also and it's about time they start.

Kevin Evans: Will Manitoba now in your mind be a truly bilingual province?

Réal Sabourin: It was always a truly bilingual province. Now we have to find ways to make it practical.[9]

C'est en effet le défi qui se pose à toutes les parties impliquées dans cette entente. La possibilité, pour l'un ou l'autre des intervenants, de retourner en Cour suprême, s'il y a insatisfaction, est à la fois une garantie et une menace, car la Cour se voit attribuer un rôle de surveillance. Il est entendu que le tribunal n'interviendra pas pour des motifs mineurs mais seulement en cas d'urgence. Il est également acquis que le manque de traducteurs qualifiés ne sera pas une excuse valable de la part du gouvernement manitobain pour ralentir la traduction.

La première conséquence pratique pour les Franco-Manitobains est l'assurance de voir les lois traduites et donc l'obtention d'un cadre juridique qui permettra de voir les services découler des lois. Le gouvernement Pawley a laissé entendre qu'avec ou sans cette entente, il avait l'intention de continuer à offrir des services en langue française, là où le nombre le justifie. La différence pour les francophones réside dans le fait qu'avec des lois traduites en français, il faudra bien des fonctionnaires pour comprendre les formulaires issus de ces lois et pour les appliquer. Il reviendra donc aux francophones de justifier, auprès du gouvernement provincial, les revendications incessantes de la SFM, depuis des années, au sujet des services en langue française.

Une autre conséquence concerne Roger Bilodeau. En effet, ce dernier contestait la validité de deux lois rédigées uniquement en anglais. L'entente en maintient la validité temporaire pour une durée de trois ans. Donc Bilodeau voit ses chances de victoire réduites. Une question fondamentale demeurait cependant: un citoyen francophone avait-il droit à des services en français au Manitoba et un anglophone à des services en anglais au Québec? C'est la seule question qui demeure à l'ordre du jour des juges de la Cour suprême. Ils ont déjà prévenu qu'ils liaient les cas Bilodeau au Manitoba et MacDonald au Québec.

Enfin, dernière conséquence de cette entente: tout ce qui n'est pas traduit d'ici 1990 devient invalide. Le gouvernement provincial décidera quelles sont les lois privées qui seront traduites. Cet aspect de l'entente est extrêmement important car il n'affecte pas que les francophones mais tous les Manitobains en général. Seul l'avenir pourra apporter la réponse aux questions et aux perspectives que ce dernier aspect soulève.

Treize jours après la décision de la Cour suprême du Canada, le gouvernement Pawley avait promulgué très rapidement la Loi de la voierie et celle des convictions sommaires. Terence David Waite en avait contesté la validité pour cause de bilinguisme sommaire donc, à ses yeux, inconstitutionnel. Le juge Armand Dureault de la Cour du banc de la Reine décidait, le 20 décembre 1985, que la loi était valide en dépit de ses défauts constitutionnels. Si le juge félicitait l'Assemblée législative manitobaine pour sa docilité face à ses impératifs constitutionnels, il ne la mettait pas moins en garde contre des transgressions futures et contre une certaine lenteur à publier des lois dans les deux langues.*

Il ne restait plus qu'à attendre le jugement dans les cas Bilodeau-MacDonald. La SFM tentait de se définir au sein d'un Manitoba qu'elle considérait comme bilingue constitutionnellement. Le gouvernement Pawley, de son côté, se dirigeait lentement vers des élections. Certains membres du gouvernement sont en difficulté, comme le président de la Chambre, Jim Walding, qui emporte de peu sa mise en nomination dans sa circonscription. Comprenant que son avenir politique est en jeu, Walding annonce sa démission du poste de président dès que les élections provinciales sont déclenchées. Un groupe du nom de ''One nation- One language Inc.'' fait circuler une pétition contre le bilinguisme auprès des députés provinciaux et fédéraux par le biais de l'Union des municipalités du Manitoba. L'Union sera sévèrement critiquée pour avoir servi de véhicule à la pétition tout en professant une totale neutralité. Ottawa décide de ne pas intervenir immédiatement et d'observer la suite des événements. La SFM, quant à elle, s'étonne que la pétition ait été endossée par certaines municipalités. Certains Manitobains pensent pourtant que les bigots et les racistes sont les pro-francophones et les accusent de vouloir être différents et spéciaux à tout prix.[10] Russell Doern se met de la partie et

---

*Ce verdict sera confirmé par la Cour d'appel du Manitoba en juin 1987.

déclenche une campagne pour faire du Manitoba une province unilingue anglophone. Mais, en dépit de tous ces efforts, la question linguistique fera à peine partie des grands thèmes de la campagne électorale et cela pour différentes raisons qui aboutissent au même résultat: les conservateurs sont perçus comme ceux qui ont bloqué jusqu'à la dernière minute un compromis qui était devenu de plus en plus limité; les néo-démocrates comme un parti dont la naïveté et le manque de vision politique globale ont créé de la discorde en son sein et celui de la province. Aucun des deux partis ne veut réellement rappeler aux électeurs que la question aurait pu être réglée si les néo-démocrates avaient attendu la fin des deux semaines de ''débrayage'' conservateur, forcé un vote sur toute cette affaire et limité ainsi les sorties intempestives de leurs collègues.

La SFM connaît également une période électorale. L'appel lancé par Gilberte Proteau en 1985 semble avoir été entendu: Réal Sabourin et Gilbert Laberge se présentent tous deux au poste de président. C'est la première fois depuis 1978 qu'il y a contestation pour ce poste. Réal Sabourin n'aura cependant aucune difficulté à être reconduit dans ses fonctions. Son rapport de président donne une première idée de l'orientation future de la SFM, tout en faisant un bilan de 95 ans de luttes:

> On a atteint un objectif qu'on s'était fixé il y a 95 ans. La Loi de 1890 abolissant le français comme langue officielle est devenue du folklore. Le jugement de la Cour suprême en juin est un point tournant dans la revendication linguistique au Manitoba et aussi au Canada. Avec les événements des dernières années, on peut recommencer à avoir confiance dans les institutions de notre pays. L'ordonnance par consentement de novembre dernier est un modèle de bonne volonté, comme on n'en voit pas souvent sur une question constitutionnelle...

> Le Manitoba ne peut plus nous ignorer, nous sommes Manitobains et Manitobaines! Notre gouvernement ne veut plus aller en Cour: il sait de quel bois se chauffe la justice au Canada...

> ...nos lois en français, on va les avoir, on sait quand et on sait sous quelle forme...

> ...c'est le temps de changer de style...

> ...maintenant, on doit passer à la prochaine étape: il faut décider quel sera notre prochain mandat. La SFM a-t-elle encore

la même raison d'être? En tant que communauté rassemblée ici aujourd'hui, on a un nouveau défi. Jusqu'à dernièrement on savait ce qu'on voulait. On voulait ce qu'on avait perdu en 1890. Avec le jugement de la Cour suprême du 13 juin, nous l'avons notre province bilingue! On a fini de faire du rattrapage. On est sur du terrain inconnu. qu'allons nous viser maintenant?

Regarder l'avenir avec anticipation, c'est embêtant quand on n'en a pas l'habitude! Mais c'est bien plus le fun que de se tracasser avec les ravages de l'assimilation,... la SFM ne veut plus s'éparpiller dans toutes les directions... On veut se concentrer sur la revendication politique dans tous les secteurs. [11]

La SFM a d'ailleurs changé de style dans ses revendications auprès des autorités politiques. C'est ainsi qu'il est révélé qu'un sondage fait en décembre 1985 démystifiait une attitude anti-francophone largement répandue et affirmait que 80% des répondants favorisaient la livraison de services quelconques en français. De plus, le gouvernement provincial s'était engagé à faire l'inventaire des services en français dans les divers ministères et une étude pour préciser la demande pour ces services. La SFM retrouve donc le style de revendications basées sur un appui collectif et sur une bonne volonté gouvernementale qui ne s'étale pas sur la place publique.

La SFM fait également un examen de conscience public de son fonctionnement, de son image et de sa crédibilité car ses dirigeants envisagent des Etats généraux qui continuent la tradition philosophique de l'Association d'Éducation des Canadiens-Français du Manitoba et des rallyes des années 60. Il y a, à la disposition du public, deux documents: l'un datant de 1982, un document d'orientation jamais divulgué à cause des pressantes questions constitutionnelles et un autre datant du 31 janvier 1986, intitulé *La SFM: son orientation, son image, sa crédibilité*, fruit du travail du comité de communications. Il est caractéristique que, dix ans après le début de l'Affaire Forest, donc du début du rétablissement des droits constitutionnels des Franco-Manitobains et après avoir été secouée dans ses assises, critiquée sérieusement de l'extérieur et de l'intérieur, la SFM ait eu la maturité de prendre un temps d'arrêt et de faire un examen en profondeur et, par là, de tenter de retrouver le contact avec ses membres.

Le mandat du comité de communications de la SFM permettait d'ailleurs un examen intérieur très large pour en arriver à un but extérieur primordial pour la survie de l'organisme. Pour apporter un changement profond, tel que souhaité, il a fallu connaître les problèmes auxquels fait face la SFM. Il s'avère que cela va plus loin que les simples divergences de points de vue et qu'il y a manque de consensus quant "au but commun, à la vision de vivre en français au Manitoba, parce que la SFM n'a jamais adopté de vues d'ensemble." Ces carences ont provoqué une crise d'identité et une paralysie au sein de la communauté et surtout une image floue et donc il "est d'autant plus difficile de déterminer si la SFM précède ou suit la communauté." La SFM, au cours des dernières années, a eu publiquement deux orientations principales: la revendication politique et les services à la communauté dans les programmes dits de développement économique et communautaire. C'est un rôle de "suppléance", un rôle mal compris et incomplet qui ajoutait à la confusion à cause du dédoublement avec d'autres organismes. "Pourtant c'est ainsi qu'on définissait le développement communautaire" mais la SFM "doit définir, pour elle-même, ce qu'est le développement communautaire". Il y a également confusion du côté politique, car la SFM est perçue comme s'ingérant par rapport aux autres organismes. Le comité recommande donc une re-définition d'orientation de la part de la SFM car, de cet exercice, dépend son leadership au sein de la communauté. Ce dernier est un problème incessant causé par un manque "de contenu clairement élaboré et des outils en place pour le développer et le véhiculer. [...] Même si, dans plusieurs cas, cette situation est plutôt apparente que réelle, cette perception existe et s'explique par un manque de renouveau." Les conflits d'intérêt sont une des résultantes du manque de leadership à cause de l'absence de politique claire à ce sujet. D'autre part, le manque de représentativité a souvent été un reproche, à cause de la structure du conseil d'administration et du manque d'expertise professionnelle. Depuis toujours, la SFM a à sa disposition des moyens pour améliorer son image, donc sa crédibilité, mais son manque de stratégies de communications, d'informations et de mise en marché cause un handicap majeur qui l'empêche de jouer un rôle éducatif et la place en position défensive. La SFM se doit "de refléter la nouvelle société [franco-manitobaine] et la traduire dans le vécu quotidien des Manitobains d'expression française. Il incombe à ces Manitobains d'assumer les obligations et les responsabilités qui découlent des droits récemment acquis." Tous ces problèmes sont reflétés au niveau de la structure: conseil d'administration qui n'est pas un reflet de la réalité démographique, assemblées annuelles qui ne servent plus à des débats constructifs ou qui sont tenues trop tard dans l'année, membership "que la SFM n'a jamais utilisé.[12]

Le comité recommande donc un processus de consultation à l'échelle de la communauté pour définir une vision et une orientation communes. Cependant, les recommandations, pour primordiales qu'elles soient, ne règlent pas de façon plus spécifique les problèmes identifiés. Lest donc suggéré un développement de "politiques cadres sur le bilinguisme, l'éducation française, la gestion des écoles françaises, le multiculturalisme, une restriction de l'activité de la SFM au domaine politique, un rôle de coordination et de concertation auprès des autres organismes, une structure plus représentative au sein du conseil d'administration, une stratégie de communications, l'identification des besoins en ressources et en expertise et la formation conséquente et enfin une étude du membership actuel et le développement d'une stratégie de recrutement de ses membres.''[13]

Pour la première fois pratiquement depuis sa fondation, la SFM poussée, non pas par les gouvernements qui la financent, mais par les critiques venant de sa propre communauté, fait face à elle-même et procède à un examen approfondi de sa raison d'être. Car son dilemme est simple: elle fait souvent double emploi avec les organismes dont elle a encouragé la naissance mais avec lesquels elle n'a pas coupé tous les liens. Doit-elle englober tous ces groupes qui renâclent sous cette tutelle mal ajustée ou doit-elle se détacher et devenir l'arbitre francophone par excellence, celui qu'on consulte à cause de sa sagesse, de son expertise et de son professionnalisme? Elle a choisi la deuxième voie qui s'adapte mieux à la vision que les gouvernements ont d'elle. Ceci lui permettra de véhiculer une image plus ferme et plus unie qui correspond mieux aux tendances des années 1980.

Un autre facteur entre en jeu: la SFM n'a plus à revendiquer quelque chose d'aboli en 1890, sur le plan législatif tout au moins. Il lui faut maintenant aller chercher une vision d'elle-même au plus profond de la communauté. Les luttes menées sur tous les plans étaient l'expression naturelle d'une récupération de biens arbitrairement retirés. Après le 4 novembre 1985, il ne fallait plus tabler sur le passé mais commencer à définir la forme de l'avenir. Ce virage n'est pas facile à prendre et la SFM, en annonçant des États généraux, va chercher tous les appuis dont elle a besoin, en espérant que les communications ne sont pas totalement coupées avec le grand public francophone.

Néanmoins, la vie politique de la SFM est encore tributaire de la vie politique manitobaine en général et il faudra donc attendre pour que toutes les recommandations faites par le comité des communications soient discutées et implantées. En attendant, les Manitobains vont aux urnes et lorsque les bureaux de vote auront fermé leurs portes, le 18 mars 1986, le gouvernement Pawley voit sa majorité réduite: 30 néo-démocrates, 26 conservateurs et un libéral élus. Deux acteurs principaux de la crise législative, Andy Anstett et Russell Doern, perdent leurs sièges.* Pendant quelques semaines, l'ancien président de la Chambre, Jim Walding, laisse entendre qu'il pourrait bien abandonner les rangs gouvernementaux, réduisant encore plus la majorité néo-démocrate. Mais le coeur n'y est pas vraiment car Walding sait le sort qui attend les transfuges de parti.

Le premier mai 1986, la Cour suprême du Canada rendait les derniers jugements dans les cas conjoints Bilodeau-MacDonald et celui de la Société des Acadiens du Nouveau-Brunswick. Elle déterminait ainsi les paramètres de la revendication francophone au Manitoba et hors Québec, anglophone au Québec. Les trois cas présentés intéressaient au plus haut point les représentants des minorités officielles. Les cas Bilodeau-MacDonald contestaient les sommations unilingues, le cas de la Société des Acadiens du Nouveau-Brunswick contestait la connaissance du français, insuffisante à son avis, d'un juge de la Cour d'appel de cette province. Les décisions surprenaient par l'interprétation étroite de la Charte canadienne des droits et libertés: en effet, les juges ont estimé préférable, mais pas nécessairement obligatoire, que les contraventions soient bilingues. Il en est de même pour les juges qui entendent ces causes.

Dans les deux jugements de dissidence, le juge Bertha Wilson se place nettement du côté des minorités officielles. Selon elle, l'Article 23 de l'Acte du Manitoba de 1870 garantit des services gouvernementaux bilingues et elle suggère une façon pratique de remplir ces obligations:

---

*Filmon n'est plus dans l'ombre de Lyon (qui sera nommé à la veille de Noël 1986 juge à la Cour d'appel du Manitoba, ce qui creusera un fossé de plus entre le gouvernement Mulroney et le gouvernement Pawley.) Russell Doern verra sa défaite politique se terminer en tragédie personnelle lorsque, moins d'un an plus tard, il se suicidera.

L'obligation de l'État peut être remplie en ajoutant à la sommation une note rédigée dans l'autre langue officielle, informant le destinataire de la nature et de l'importance du document et de la possibilité d'obtenir une traduction auprès des fonctionnaires du tribunal. [14]

Ses collègues ne sont pas de cet avis, l'Article 23 n'a pas ce pouvoir.

L'Article 23 de la *Loi de 1870 sur le Manitoba*, qui est semblable à l'Article 133 de la *Loi constitutionnelle de 1867* n'exige pas qu'une sommation délivrée par un tribunal manitobain soit bilingue ou imprimée dans la langue choisie de son destinataire. [15]

Dans le cas de Duncan MacDonald, le juge Wilson s'est appuyée sur l'Article 133 pour étayer son raisonnement:

Le droit conféré à un justiciable par cet article d'utiliser sa propre langue au cours de procédures judiciaires impose une obligation correspondante à l'État de respecter ce droit et d'y donner suite. [...] L'histoire législative des lois antérieures indique clairement que la préoccupation principale était d'accorder aux utilisateurs des deux langues officielles un accès réel au système judiciaire. L'Article 133 exprime une préoccupation analogue. [16]

Ses collègues ne le voient pas ainsi et estiment, encore une fois, que la sommation est valide:

Dans les affaires devant les tribunaux visés par l'Article 133, les droits linguistiques garantis sont ceux des justiciables, des avocats, des témoins, des juges et autres officiers de justice qui prennent effectivement la parole, non ceux des parties ou autres personnes à qui l'on s'adresse; ce sont aussi ceux des rédacteurs et des auteurs des actes et pièces de procédure, non ceux de leur destinataire ou de leur lecteur. [...] Il peut bien être souhaitable ou juste que les sommations soient bilingues pour assurer que leur destinataire les comprenne, mais ce n'est pas une obligation imposée par la disposition expresse de l'Article 133. Cet article n'a pas introduit un système de bilinguisme officiel global, mais plutôt une forme limitée de bilinguisme obligatoire au niveau législatif, combinée à une forme encore plus limitée d'unilinguisme optionnel dans les débats parlementaires et dans les procédures judiciaires. Ce système incomplet, mais précis, constitue un minimum constitutionnel résultant d'un compromis historique intervenu entre les fondateurs quand ils ont convenu des dualités de l'Union fédérale. Le système est formulé en des termes susceptibles de comporter les implications nécessaires et qui peuvent être complétées par la législation fédérale et provinciale; c'est aussi un système qui peut être changé par voie de modification constitutionnelle. Mais il n'appartient pas aux tribunaux, sous couvert d'interprétation, d'améliorer ce compromis constitutionnel historique, d'y ajouter ou de le modifier.[17]

La parenthèse juridique ouverte en 1976 pouvait être refermée: avec les Affaires Forest et Bilodeau, les francophones du Manitoba avaient récupéré tout ce qu'il y avait à récupérer au plan des droits constitutionnels. Les verdicts du premier mai 1986 ont fait sursauter ceux qui croyaient que les tribunaux pouvaient encore élargir les droits déjà existants sur le plan linguistique. Mais le temps des luttes juridiques se terminait avec ces verdicts: les juges estimaient d'une part avoir tout dit sur l'interprétation, la force et la portée des Articles 23 et 133 et d'autre part, sur la validité des lois affectées par ces articles. Au mois de juin 1985, les juges avaient statué sur le mot *shall* et, après l'avoir trouvé obligatoire, ils pouvaient donc difficilement trouver que *may* était de la même nature. A toutes fins pratiques, les juges donnent un message très simple: les règlements linguistiques sont le résultat de compromis politiques qui sont, par définition et volontairement, flous, quelquefois incomplets. Il n'appartient pas aux tribunaux d'interpréter ces flous ou ces manquements, de régler les litiges qui ont été créés au départ pour des raisons politiques. Les juges renvoient au gouvernement, manitobain en l'occurence, mais aussi aux organismes francophones, le dossier de la négociation. C'est pourquoi la parenthèse juridique ouverte au Manitoba pouvait être refermée.

La SFM et tous les organismes francophones, nés depuis la période de réveil des années soixante, doivent reprendre le bâton du pèlerin, jamais complètement remisé, et retourner dans les antichambres du pouvoir. Le virage amorcé en mars 1986 replaçait en perspective ce que devrait être l'orientation de la SFM. Cette orientation future prévoit de passer par la communauté. Il n'est pas certain cependant que les partis politiques soient prêts à transiger et à accorder plus de services que ce qui a été accordé en 1982. La simple prudence a écarté la question des services en français de la campagne électorale de 1986 et aucun parti politique ne veut réellement rallumer les flammes de la controverse linguistique. Que les juges de la Cour suprême aient décidé qu'il ne leur appartenait pas d'élargir les droits linguistiques des minorités n'incitera pas nécessairement les politiciens à combler les vides décelés par ces mêmes minorités. Est-ce à dire que les minorités devront tester les tribunaux de nouveau sur la qualité de la traduction, sur la compétence linguistique d'un juge ou d'un jury? Peut-être devront-elles le faire. Peut-être devront-elles choisir la voie de la négociation. La SFM en tout cas semble avoir choisi cette voie et de façon collective:

> Notre tâche collective sera de demander des services en français aux niveaux et dans les domaines que nous choisirons en favorisant un certain étapisme. Notre prochain défi, c'est l'organisation d'un vaste réseau de revendications pour les services bilingues.[18]

NOTES

1. Cameron, F.R. chef du Western Canada Concept, One language, *Winnipeg Free Press*, July 6, 1985.

2. Bastarache, Michel, Assemblée spéciale de la SFM, 5 novembre 1985.

3. *Ibid.*

4. *Ibid.*

5. *Ibid.*

6. Ibid.

7. *Ibid.*

8. Réal Sabourin, 5 novembre 1985.

9. 24 hours, CBWT-Winnipeg, November 5, 1985.

10. Douglas, Ken, Aggravating, *Winnipeg Free Press*, Feb. 2, 1986, New Bound, Patrick, Back 20 years, *Winnipeg Free Press* Feb. 6, 1986, McPherson, Ian, Only solution, *Winnipeg Free Press*, Feb. 14, 1986, Cameron, F.R., W.CL., *Winnipeg Free Press*, Feb. 13, 1986.

11. Sabourin, Réal, Assemblée annuelle SFM, 1 mars 1986.

12. Société franco-manitobaine; la SFM: son orientation, son image, sa crédibilité, rapport du comité des communications, 31 janvier 1986, p. 22.

13. *Ibid.*, p. 2.

14. Cour suprême du Canada, décision Bilodeau, 1 mai 1986, p. 2.

15.   *Ibid.*, p. 4.

16.   Cour Suprême du Canada, décision MacDonald, 1 mai 1986, p. 8.

17.   *Ibid.*, p. 6.

18.   Sabourin, Réal, Pas de ticket pour excès du vision, *La Liberté*, 22 mai 1986.

En guise de conclusion

À travers de tout cela, la petite communauté franco-manitobaine a su tenir le coup, et puis je pense qu'on a survécu, et puis si on a su survivre à tout ça pendant deux ans, je pense que l'avenir est garanti. Notre communauté n'est pas prête à mourir en dépit de ce qui peut nous être fait. Il faut cependant garantir les droits des minorités dans la loi.

Léo Robert. Mai 1986

Quoiqu'il en soit, même si on a perdu bien de nos procès, il n'en reste pas moins qu'on a changé le visage [législatif] du Manitoba, et c'est ça qui compte.

Rémi Smith. Juillet 1986

En 1986, la communauté franco-manitobaine est à la croisée des chemins. Depuis 1890, elle n'a cessé de lutter pour obtenir ce qu'elle avait eu d'emblée, grâce aux articles 22 et 23 insérés dans l'Acte du Manitoba de 1870. Les protections constitutionnelles scolaires et linguistiques permettaient aux francophones de participer activement à la vie politique manitobaine, après avoir joué un rôle primordial dans la fondation de la Confédération canadienne.

Les premiers coups de canif donnés à la Constitution manitobaine le seront pour des raisons économiques, d'où l'abolition du Conseil législatif en 1876 et, plus tard, en 1879, la tentative d'abolir l'impression de documents gouvernementaux en français. Les francophones sont, à cette époque tout au moins, convaincus que le gouvernement fédéral ne permettrait pas qu'on porte atteinte à leurs droits constitutionnels.

La coexistence, pacifique en dépit de ces escarmouches, subit un très dur coup lorsqu'en 1885 Louis Riel, symbole pour bien des Canadiens de la dualité nationale, et fondateur du Manitoba, est pendu à Régina. Dès lors, les enjeux prennent une autre dimension. Le schisme qui s'est produit avec la corde de Régina a éveillé des passions qui ne s'éteindront pas. Le Manitoba devient plus particulièrement la cible de Dalton McCarthy et de *la Equal Rights Association* qui veulent éliminer complètement les écoles confessionnelles pour les remplacer par des écoles nationales (unilingues et laïques). En 1890, les lois promulguées par le gouvernement Greenway effacent des années de coexistence politique. Les francophones perdent leurs écoles confessionnelles, l'égalité devant la loi, une fonction publique bilingue, des publications gouvernementales bilingues, des tribunaux bilingues.

Parce que les lois scolaires touchent au coeur de la vie francophone et catholique, les francophones placent leurs luttes sur ce plan-là d'abord, car il s'agit d'une question de philosophie, de style de vie, de culture, de vision d'avenir. Mais les francophones n'ont pas le contrôle des leviers politiques. Ce sont des premiers ministres anglophones qui forgent cette vision de l'avenir et ils ne souscrivent pas nécessairement au Manitoba tel qu'il a été fondé en 1870. Ce que Davis, Norquay et Greenway changent surtout, c'est la perspective que les Manitobains ont face à leur gouvernement, lequel cherche, de plus en plus, à jouer un rôle efficace dans la vie législative et politique de la province. C'est ce rôle, de plus en plus présent, que les francophones n'acceptent pas totalement. Ils sont profondément attachés à leur langue et leur foi et acceptent que le clergé et les parents, non pas l'État, aient la responsabilité de l'éducation de leurs enfants. Les anglophones, de leur côté, rejettent le Manitoba bilingue et biculturel de 1870 parce qu'il a évolué avec les politiques d'immigration énoncées par Ottawa. Ils sont simplement en accord avec leur temps.

Les luttes scolaires ont donné aux francophones du Manitoba un message très clair: les tribunaux, à n'importe quel niveau, et en dépit d'une intervention fédérale mesurée, ne sont pas nécessairement un lieu de protection des minorités.

Lorsque le juge Prud'homme déclare, à deux reprises, que la Loi de 1890 faisant de l'anglais la langue officielle de la province est anti-constitutionnelle, le gouvernement du Manitoba ne relève pas le défi, ne cherche pas à faire débouter les causes. Les francophones, ressentant moins d'urgence que dans la question scolaire, ont moins d'ingéniosité et ne revendiquent pas le gain.

En 1916, après des années de calme relatif et un accord Laurier-Greenway défectueux mais dont on devait s'accommoder, le climat politique change au point où l'enseignement bilingue, donc de la langue française (et d'autres langues), est rayé des lois du Manitoba. C'est ce qui provoque la fondation de l'Association d'Éducation des Canadiens-Français du Manitoba. L'AECFM jettera les bases de la survivance franco-manitobaine, avec pragmatisme: il faut travailler dans les faits. L'"action" de Dumas vient à un moment des plus inopportun car elle sous-entend une lutte devant les tribunaux et une lutte individuelle. Or, il s'agit de l'avenir d'une communauté qui se doit de sacrifier les intérêts particuliers pour les intérêts collectifs. Retourner devant les tribunaux ne garantit pas une victoire dans le domaine législatif et les membres de l'Association d'Éducation savent qu'il ne faut plus attirer l'attention publique sur eux s'ils veulent réussir dans leur entreprise de résistance qui mise, d'abord, sur le secret.

La communauté francophone n'est pas totalement démunie à cette époque et les atouts qu'elle a en mains lui permettront de survivre durant les années 1916 à 1966, les années de la patience et de la traversée du désert.

Le système scolaire francophone, bien que relevant officiellement du gouvernement provincial, est, en fait, contrôlé par les commissions scolaires et l'Association d'Éducation des Canadiens-Français du Manitoba qui a une forte emprise morale. Le gouvernement, de son côté, a une attitude bienveillante et une indifférence relative. Le Collège de Saint-Boniface, le Cercle Molière, *La Liberté*, entre autres, assurent une vie intellectuelle et culturelle aux francophones. Sur le plan politique, le gouvernement non-partisan de John Bracken permet aux francophones de réintégrer le monde politique provincial.

Il n'en reste pas moins que, pour assurer le succès de cette survivance, le francophone du Manitoba doit se replier sur lui-même et se méfier de tout ce qui est extérieur, sur tous les plans, qu'ils soient législatif, culturel ou technologique. L'établissement de CKSB-Radio Saint-Boniface est un exemple de cet isolement, des obstacles à surmonter et du sens collectif à trouver.

Lorsqu'il sera question de modifier les frontières des commissions scolaires, les menaces de changement au *statu quo* se feront plus précises, car modifier l'équilibre de la population scolaire, c'est accroître les chances de mariages exogamiques.

La langue française n'a pas la même place juridique ou législative que la langue anglaise à l'échelle du Canada même. Le français n'est pas la langue officielle telle que la Loi des Langues officielles l'imposera en 1969. Le statut juridique ou législatif n'est pas encore là. Le Manitoba procède, avec beaucoup de prudence, à l'ouverture au bilinguisme en autorisant, dès 1955, l'enseignement du français de la quatrième à la sixième année. Il faudra attendre 1959 pour voir une distinction dans les manuels scolaires pour anglophones et francophones. Et le gouvernement Roblin annoncera, en 1962, qu'il a l'intention de rétablir l'enseignement du français en première, deuxième et troisième année. Il devra agir avec tellement de prudence que la Loi 59 ne verra le jour qu'en 1967.

L'Association d'Éducation des Canadiens-Français du Manitoba a vu les temps et les mentalités la rattraper et la Société franco-manitobaine prendre la relève. Le gouvernement provincial change radicalement de mains et le Parti néo-démocrate d'Edward Schreyer suscite bien des espoirs à plusieurs niveaux au Manitoba. L'adoption de la Loi des Langues officielles au niveau fédéral draine rapidement la communauté franco-manitobaine de ses forces vives et de ces bilingues qui soudainement retrouvent une pleine valeur sur le plan politique ou sociologique.

Le concept double de la langue gardienne de la foi n'est plus, dans ces années-là, ce qu'il était auparavant. En se détachant du clergé, la communauté franco-manitobaine peut se diriger vers une période plus activiste dans les revendications.

La naissance même de la Société franco-manitobaine laisse voir une apathie qui n'est pas de bon augure et qui ne ressemble en rien à la ferveur perçue lors de la fondation de l'Association d'Éducation des Canadiens-Français du Manitoba. Les Franco-Manitobains sont très conscients du danger que représente cette apathie. C'est pourquoi la visite de Gérard Pelletier et le discours qu'il prononce sont un tel point tournant. Lorsque cette ouverture d'esprit se concrétise jusque sur les plans provincial et législatif par la Loi 113, les francophones sentent qu'il leur faut exercer de plus en plus de pressions auprès du gouvernement provincial. Les relations deviennent houleuses à cause des ravages de l'assimilation et des menaces de plus en plus précises posées par les progrès de la technologie. Lorsque le Bureau de l'Éducation française est fondé, les Franco-Manitobains saluent la fin de soixante ans de luttes et mesurent le chemin parcouru dans la mentalité politique.

C'est au nom de ce même désir d'évolution que le gouvernement provincial réunira en un seul conseil municipal Winnipeg et ses banlieues. Il s'agira d'une arme à double tranchant: positif à cause de la présence de l'Article 80(3) dans la Loi de Winnipeg et qui permet un bilinguisme finalement assez limité; négatif parce que Saint-Boniface y perd une partie de son identité très particulière. Enfin, la fondation de la Fédération des Francophones hors Québec conclut cette décennie fertile en événements qui ont bouleversé la tranquillité de la communauté franco-manitobaine. La FFHQ tentera de porter, à l'échelle nationale, le combat de ceux dont on dit, de plus en plus, qu'ils sont l'autre peuple fondateur, sans pour autant que leur rôle soit reconnu dans les législatures provinciales respectives sauf au Nouveau-Brunswick.

Lorsque Georges Forest entame ses procédures, essentiellement les mêmes que Pellant en 1892, Bertrand en 1909, Dumas en 1916, il ouvre une parenthèse juridique qui ne se refermera qu'en 1986. Ce qu'il ne sait pas à cette époque, c'est qu'il aura à surmonter beaucoup de scepticisme de la part des siens et d'indifférence de la part du gouvernement et dans un certain cas d'un tribunal.

La Société franco-manitobaine, même si elle comprend, confusément au début, puis plus clairement par la suite, que Georges Forest pourrait bien faire retrouver à la langue française sa juste valeur juridique et législative, n'en prend pas moins une attitude qui est semblable à celle de l'Association d'Éducation un demi-siècle plus tôt: la question scolaire a la primeur, l'assimilation fait trop de ravages chez les jeunes générations pour aller combattre ce qui est, en 1976, un moulin à vent. Dumas avait connu la même attitude. La victoire de Georges Forest, dans ce cas-ci, ne serait "qu'une victoire morale" qui semble manquer d'applications concrètes dans la vie quotidienne du Franco-Manitobain moyen. La SFM cherche plutôt à changer l'attitude et la perception de la majorité anglophone face à la minorité francophone. Pourtant, la Loi donne raison à Georges Forest et, de plus, il a pu trouver l'astuce qui lui a permis de relancer son cas devant les cours supérieures. Car le gouvernement provincial, comme en 1892 et en 1909, a décidé de ne pas en appeler de la décision Dureault. Il est évident, déjà en 1976, que le silence entourant les deux décisions Prud'homme ne porte pas le gouvernement et le grand public à comprendre les revendications d'un Georges Forest. Ce manque de connaissances pèsera lourdement dans la balance de 1976 à 1986. Car, même si le gouvernement provincial change, il n'en demeure pas moins que l'ignorance du passé est là et que, si ce passé est invoqué, c'est pour en gommer les passages les plus frappants du point de vue francophone. De plus, la question du nombre, si souvent évoquée en 1983-84, est très présente à cette époque dans les arguments gouvernementaux. Enfin, cette même ignorance du passé se retrouve, jusqu'à un certain point, au sein de la communauté franco-manitobaine. Il faudra un jugement du Juge Monnin pour que l'on redécouvre celui de 1909. Mais le parcours de Georges Forest, parce qu'il emprunte des voies sinueuses, n'est pas totalement compris.

La Province de Québec n'avait pas, à la fin du XIXe siècle, favorisé l'immigration que les Franco-Manitobains réclamaient à grands cris. En 1976 cependant, le gouvernement Lévesque, sans le vouloir, amènera, de façon inattendue et inespérée, de l'eau au moulin juridique de Georges Forest en adoptant la Loi 101. Immédiatement, les enjeux changent car, si le gouvernement fédéral tient à être fidèle à sa politique de bilinguisme et de biculturalisme, il ne peut tolérer une répétition québécoise de la Loi de 1890 faisant de l'anglais la langue officielle du Manitoba. Lorsque les lois manitobaine et québécoise sont déboutées en Cour suprême du Canada, il se crée au Manitoba une illusion tant chez les francophones que chez le anglophones. Les anglophones croient avoir réglé, à tout jamais, le problème constitutionnel grâce au retour en force de l'Article 23 et à l'adoption de la Loi 2 qui rétablit le français et l'anglais comme langues officielles. Les francophones, de leur côté, tout en sachant qu'ils n'ont pas vraiment tout récupéré sur le plan législatif ou juridique, ne croient pas qu'il leur soit possible de revendiquer davantage sans s'aliéner une possible bonne volonté gouvernementale. Seul, un petit groupe de francophones sait que la Cour suprême n'a rien donné de concret car l'application du jugement n'a pas été précisée par les juges d'Ottawa. Le juge Freedman avait effleuré ce qui sera au coeur de l'Affaire Bilodeau en disant que l'Article 23 n'imposait rien dans le domaine juridique et qu'il y avait une nécessité de légiférer de façon à ce que l'Article 23 soit efficace.

Lorsque Sterling Lyon établit le secrétariat des services en français et adopte la Loi 2, son attitude reflète un désir de respecter, sans plus, le jugement de la Cour suprême mais il ne semble pas comprendre vraiment les revendications des Franco-Manitobains. Il invoquera souvent la question du nombre assez restreint des Franco-Manitobains et des frais que leurs revendications, les traductions de lois et les services en français, entraîneraient. De plus en plus, également, le monde juridique cherche à savoir comment appliquer, pratiquement et quotidiennement, le jugement Forest car la Cour suprême a été bien silencieuse. Le gouvernement provincial, de son côté, ne tient pas à en devancer l'interprétation.

Cette interprétation sera recherchée car il apparaît rapidement que la traduction des lois se fera très lentement et qu'il faudra forcer la main au gouvernement provincial, débusquer une volonté politique à un niveau qui compte, celui de la législation ou, sinon, retourner sur le plan juridique.

Seul Roger Bilodeau se rendra jusqu'en Cour suprême du Canada. Son parcours secouera profondément le Manitoba et mettra à genoux le gouvernement Pawley, à la merci de l'opposition conservatrice. Bilodeau est allé jusqu'à la Cour suprême du Canada parce que la Cour d'appel du Manitoba avait décidé, dans un jugement majoritaire, que "*shall*" voulait dire "*may*", que les législateurs avaient envisagé que la Loi ne serait peut être pas respectée, que le chaos juridique et législatif en résulterait. Le Juge Monnin avait été en complet désaccord avec ses collègues. Le gouvernement Pawley ne pouvait pas avoir la même position philosophique que le gouvernement Lyon et, de plus, souscrivait à l'esprit de la Constitution canadienne de 1982, donc à la Charte des droits et libertés. En outre, Roger Bilodeau ne pouvait pas accepter que l'Article 133 de la Loi du Canada de 1867 veuille dire une chose au Québec et une autre au Manitoba. Ce sont ces différences qui vont permettre au dossier Bilodeau de prendre une couleur politique. Après des mois de démarches et de pourparlers, une entente tripartite est conclue: il y aura un amendement constitutionnel qui donne, entre autres, un statut officiel à la langue française au Manitoba et des services gouvernementaux en français. L'opposition, si elle n'est pas unie, n'en est pas mois virulente dans certains cas. L'opinion publique, bien différente dans ce cas-ci des opinions des éditorialistes, ne comprend pas exactement ce que fait que le gouvernement, croit qu'il y a eu ingérence fédérale et pense qu'il y a possibilité de revenir sur l'entente.

Il sera effectivement possible de changer les termes de l'entente conclue entre la SFM, Ottawa et le gouvernement provincial. Les amendements se succéderont, pour des raisons diverses. Les audiences publiques et la campagne référendaire municipale auront un impact dévastateur sur la cause des francophiles et des francophones, même si le grand rassemblement de Sainte-Anne permet aux Franco-Manitobains de montrer au grand jour leur esprit communautaire et leur solidarité. Sainte-Anne n'a cependant pas fait contrepoids à l'acrimonie observée lors de l'ensemble des audiences publiques ailleurs dans la province, en dépit de bien des témoignages sympathiques aux francophones et des propositions gouvernementales. La naissance d'un groupe comme Manitoba 23, même s'il sert bien les intérêts de ceux qui veulent un amendement constitutionnel, n'en a pas moins des couleurs d'opportunisme qui agaceront et même irriteront leurs opposants. Les objections apportées à l'entente tripartite amèneront les premiers coups de canif et le vote référendaire donnera une idée exacte du sentiment public. Alerté, le gouvernement fédéral essaiera de remettre un peu de calme, de dignité et de sens patriotique dans le processus. Cela aura l'effet inverse, car le geste fédéral sera perçu comme une ingérence.

Le changement de chef conservateur provincial a amené beaucoup d'espoirs qui n'aboutiront pas car, si Filmon n'a pas l'éloquence et la virulence d'un Sterling Lyon, il n'en a pas moins les convictions de son prédécesseur. C'est sous la direction de Filmon que l'opposition aux propositions gouvernementales, même amendées et diluées, atteindra son paroxysme. Les cloches du Palais législatif sonneront pendant 263 heures parce que les conservateurs ne peuvent pas se résoudre à accepter que les francophones aient leurs droits reconnus dans la Constitution. Le gouvernement Pawley, de son côté, ne parvient pas à reprendre le contrôle des travaux de l'Assemblée législative et de ses réactions. La SFM assiste, impuissante, à la destruction de ce qui aurait pu être l'aboutissement de tant d'années de luttes. Même si elle demande à la communauté, dans un dernier effort, d'entériner les propositions gouvernementales, elle ressent depuis des mois que rien ne sera accepté par l'opposition politique et publique. Manitoba Grassroots a été la réponse à Manitoba 23, chacun essayant d'annuler les victoires de l'autre. En dernier lieu, le combat s'est terminé en Chambre où le président, Jim Walding, décidait de ne pas trancher en n'imposant pas un vote aux conservateurs. Une deuxième résolution fédérale n'avait pas amené, de nouveau, l'effet escompté.

Lorsque Gilberte Proteau accède à la présidence de la SFM, il lui revient, d'une part, d'assurer la transition après des mois difficiles et, d'autre part, de mettre en branle, le plus tôt possible, le dossier de renvoi fédéral. Entre temps, l'Affaire Robin suscite une question juridique intéressante et importante. Malentendu ou manque d'intérêt? Le dossier n'est pas appuyé aussi complètement qu'il aurait fallu. Quoiqu'il en soit, la question de la compétence d'un juge ne sera pas complètement testée devant les tribunaux manitobains et Robin obtiendra un règlement hors cour.

La lutte intense qui a mené Roger Bilodeau, la SFM et la communauté à la Cour suprême a causé une lassitude générale qui se fait sentir dans le discours d'adieu de Gilberte Proteau, discours révélateur à plus d'un titre de la réalité franco-manitobaine.

La Cour suprême du Canada prendra beaucoup de temps pour répondre aux questions du renvoi des droits linguistiques au Manitoba mais elle y répond sans ambages: *shall* ne veut pas dire *may*, toutes les lois du Manitoba sont bien inconstitutionnelles et le gouvernement provincial a 120 jours pour trouver un moyen de respecter les droits constitutionnels de la minorité francophone. Les parties concernées reprendront donc les pourparlers qui aboutiront le 4 novembre 1985. La SFM juge cet accord important car il précise les modalités d'application du jugement du mois de juin 1985. Il ne restait plus qu'à attendre la décision de la Cour suprême du Canada dans l'Affaire Bilodeau et c'est ce qui sera fait en mai 1986. Le contenu va beaucoup déconcerter: les sommations telles que celle que Roger Bilodeau avait reçu ne devraient pas être nécessairement bilingues. Ce n'est pas un jugement unanime mais c'est celui qui prévaudra.

L'histoire législative et juridique du fait français au Manitoba, c'est l'histoire du ''NON'' manitobain au Canada, du ''NON'' à la dualité canadienne. La communauté franco-manitobaine est la conscience des gouvernements manitobains en matière de respect de la constitution canadienne. Chaque fois que la minorité tente de faire valoir ses droits, elle tente de modifier des tendances historiques et elle n'y arrive pas toujours parce qu'au Manitoba, comme au Canada, la langue c'est le pouvoir: si les francophones ont trop de droits, les anglophones croient perdre leur hégémonie nationale. Après tout, les ethnies parlent l'anglais, la langue la plus utilisée au pays. Ceux qui s'opposent au bilinguisme provincial ou fédéral ont un sentiment de perte lorsque les minoritaires avancent un peu plus vers l'égalité linguistique, juridique ou constitutionnelle. De la même façon, ceux qui sont en faveur du bilinguisme savent qu'il y a perte nationale et personnelle chaque fois qu'une minorité, anglophone ou francophone, voit ses droits spoliés ou réduits.

À la base de tous les conflits linguistiques au Manitoba, il y a eu l'élément de pouvoir, réel et perçu, que ce soit du côté francophone aussi bien que du côté anglophone. Le gouvernement Greenway se sert de son pouvoir en ne donnant pas suite à la première décision Prud'homme, car cela serait défaire ce que les lois de 1890 ont instauré. En ne faisant pas appel, le gouvernement refuse la dualité canadienne et établit à la fois un précédent moral et le début d'une tendance historique. Le gouvernement Roblin se sert du même pouvoir avec la deuxième décision Prud'homme en décidant de ne pas faire appel. Si on avait pensé accuser le gouvernement Greenway de partisanerie politique, l'accusation pouvait donc être également appliquée au gouvernement Roblin. L'usage du pouvoir de la majorité face à la minorité n'était plus l'apanage d'un parti. Quant à la communauté franco-manitobaine, elle ne revendique pas les gains car, ayant fait la part du feu, elle a décidé de prendre soin de la question scolaire d'abord et linguistique ensuite, sans savoir vraiment quand sera cet ''ensuite''.

Toutes les parties perdent dans ces deux épisodes car chacune prend l'habitude de ne pas reconnaître ou de ne pas revendiquer une décision d'un tribunal en matière linguistique. Le gouvernement Greenway, d'ailleurs, ignorera plus d'une décision de ce genre et ce faisant, va circonscrire les luttes des francophones au seul plan politique. Le gouvernement Roblin suivra le même chemin. En refusant de reconnaître les décisions d'un tribunal, les gouvernements perdent l'occasion de montrer l'exemple.

Aussi, lorsqu'en 1916 les lois scolaires sont promulguées, au détriment des francophones en partie, ces derniers, à l'instar des gouvernements, décident de ne pas respecter ces lois et de constituer un ministère parallèle de l'Éducation. Les Canadiens-Français s'assurent ainsi d'un avenir culturel et linguistique, à défaut d'un avenir législatif.

Et c'est parce que cette survivance doit être planifiée dans le secret et circonscrite à des périmètres bien précis que l'action de Dumas est une des plus inopportunes car elle met la communauté au grand jour. Les francophones sont les perdants, encore une fois, dans cette affaire: en ne choisissant pas la voie judiciaire, ils abondent dans le même sens que le gouvernement provincial qui n'a pas voulu dans le passé entendre parler d'une décision du tribunal. Par contre, l'Association d'Éducation ne fait que respecter le voeu de ses membres qui veulent que la lutte se déroule d'abord dans le domaine scolaire. Elle a également reçu un mandat qui lui permet de décider que l'action de Dumas restera individuelle. Dans ces conditions, le gouvernement pouvait-il faire autrement que de fermer les yeux? Se modelant sur les anglophones, les francophones agissent dans les faits, de façon pragmatique et appliquent de façon concrète l'idéologie de la survivance.

Cette idéologie donnera une mentalité bien particulière au Franco-Manitobain. Il cherchera à obtenir, par la voie politique puis législative, des services bien précis. La coexistence, pour pacifique qu'elle soit, n'en est pas moins un exemple d'exercice du pouvoir de la part de la majorité sur la minorité. En donnant aux Franco-Manitobains des services petit à petit, au compte-gouttes, le gouvernement ignore ainsi les réalités historiques canadiennes et perpétue l'injustice et l'ignorance tout en paraissant généreux. Les Franco-Manitobains, en ne revendiquant pas ces victoires linguistiques constitutionnelles, font le jeu des gouvernements et oublient eux-mêmes (à quelques exceptions près) qu'ils ont un autre terrain de luttes.

Tout cela explique la réaction de la Société franco-manitobaine et d'une partie de la communauté, lorsque Georges Forest entame ses revendications juridiques. Les gains dans le domaine scolaire sont tels qu'il paraît imprudent d'aller revendiquer quelque chose d'aussi important que le rétablissement de l'Article 23. Les tribunaux n'ont pas donné satisfaction dans le passé et il n'y a aucune garantie qu'ils le fassent en 1976. N'est-il pas plus rentable d'aller solliciter les gouvernements étant donnée la tradition historique des tribunaux? Certains répondent que oui. D'autre part, c'est bien dans l'Ouest que le sentiment anti-bilinguisme, donc anti-francophone, a été le plus ressenti par les membres de la commission d'enquête sur le bilinguisme et le biculturalisme. Le Franco-Manitobain de 1976 sait bien que la Loi fédérale des langues officielles n'est pas vraiment acceptée dans les mentalités politiques du Manitoba et que certaines étapes ne sont pas franchies. Et enfin, si Georges Forest obtient gain de cause, le gouvernement se sentira-t-il tenu de respecter la décision? Historiquement, le gouvernement ne l'a pas fait, tout au moins en ce qui concerne les droits constitutionnels des francophones. Donc Georges Forest, n'appartenant à aucune faction politique gouvernementale ou de la communauté, peut bien être laissé à lui-même.

Néanmoins, les mentalités ont changé au point que les tribunaux peuvent réparer les infractions politiques et se conformer ainsi à la vocation de dualité du Canada. Le gouvernement provincial n'a cependant pas changé à ce point et, fidèle aux traditions, tente d'ignorer la décision Dureault. On peut spéculer sur les raisons politiques qui motivent ainsi l'administration Schreyer. Il n'en demeure pas moins que l'ignorance de l'importance du fait français est à la base de ce comportement. L'ignorance peut toujours être compensée cependant. Mais, ce qui peut difficilement être accepté, c'est la place que prendraient alors les francophones au sein de la société manitobaine. En effet, il s'agit d'une société où les ethnies ont plus d'importance démographiquement que les Franco-Manitobains n'en auront jamais. Alors, pourquoi leur accorder des droits qui ne profiteront pas à la majorité de la population? Il ne semble pas même nécessaire d'en appeler d'une décision favorable aux francophones car le temps arrange bien des choses. D'ailleurs, Forest n'a pas l'appui unanime de sa communauté, il est donc plus simple d'employer la force d'inertie. La majorité perçoit que Georges Forest, et ceux qui sont d'accord avec ses revendications, ont un pouvoir potentiel, celui de bouleverser l'ordre établi, l'état de fait. Il faudra donc placer des obstacles sur leur chemin et user du pouvoir qui va à celui qui dirige un gouvernement.

Si les tribunaux donnent raison à Georges Forest, ils n'en donnent pas moins une victoire presque vide de sens pratique puisque les modalités d'application ne sont pas précisées. Les mentalités des tribunaux ont donc changé, évolué, mais le pragmatisme prudent est très présent.

L'Article 23 a cependant plein droit de cité et les Franco-Manitobains devraient, par conséquent, espérer que les revendications soient choses du passé. Or, l'histoire se répète et l'obéissance gouvernementale n'est pas à la hauteur des attentes. Encore une fois, la conception du Canada n'est pas la même des deux côtés de la dualité linguistique. Le gouvernement Lyon affirme restaurer les droits spoliés mais, en réalité, n'oblige pas la législature et les autres services gouvernementaux à utiliser les langues française et anglaise dans les lois: il prévoit simplement la traduction des lois, si le gouvernement veut produire des lois dans les deux langues. Il n'y a pas là de respect de la Constitution, mais plutôt une apparence de respect. Et lorsque Roger Bilodeau entame ses revendications, le gouvernement, à toutes fins pratiques, renouvelle la violation de l'Article 23 en affirmant, devant les tribunaux, qu'il est trop difficile de respecter cet article et que le gouvernement devrait obtenir un passe-droit. En d'autres mots, le gouvernement demande au tribunal, la Cour d'appel du Manitoba, d'ignorer l'histoire du Manitoba et d'abolir, de nouveau, l'Article 23.

La Cour d'appel du Manitoba accepte les arguments du gouvernement Lyon et affirme que le bilinguisme doit demeurer lettre morte et que même un tribunal ne pourrait forcer le gouvernement à respecter la Loi qui n'a d'ailleurs pas été écrite pour être respectée. Tout se passe comme si les jugements dans l'Affaire Forest n'avaient pas fait redécouvrir le rôle historique des Franco-Manitobains ou encore, comme si ces jugements étaient une menace pour la majorité par les changements qu'ils présupposent. La Cour d'appel du Manitoba, en donnant gain de cause au gouvernement Lyon, aidera les conservateurs à perpétuer l'impression que les Franco-Manitobains ont déjà eu tout ce qu'ils devaient avoir, constitutionnellement parlant, et que tout le reste n'est qu'une question de courtoisie.

La Cour d'appel du Manitoba aidera également les conservateurs à penser comme ils l'ont fait pendant le débat linguistique en 1983. La Loi n'a pas été écrite pour être respectée, alors pourquoi aller la changer et donner à une minorité, qui n'est pas très nombreuse, des droits qui vont déranger l'ordre établi et faire passer au deuxième rang ceux qui sont vraiment les fondateurs de cette province? En adoptant cette attitude, les conservateurs de Sterling Lyon rejettent, encore une fois, le Canada bilingue et biculturel.

Pour mener à bien cette entreprise, ils feront la guerre en Chambre, une guerre pour le pouvoir, le contrôle de la Chambre et de l'opinion publique. La lutte en Chambre a démontré que, si l'ignorance avait été involontaire quelques années plus tôt, elle n'avait plus, en 1983, de raison d'être. Pourtant, ceux qui ne voudront pas savoir choisiront de ne voir qu'une partie du problème constitutionnel. Ce faisant, ils malmèneront la démocratie parlementaire parce qu'ils ne veulent pas lutter dans les limites constitutionnelles.

En sortant de la Chambre, en laissant sonner les cloches, les conservateurs sortent de la tradition parlementaire et n'hésitent pas à dire au reste du Canada que la dualité culturelle et linguistique ne s'applique pas au Manitoba. Leur refus a eu des conséquences paradoxales car, en imposant la Cour suprême à Bilodeau, ils imposaient un bilinguisme provincial plus large que celui qui avait été conclu entre Ottawa, la SFM et le gouvernement provincial. Ils invitaient également les Franco-Manitobains à retourner à l'avenir devant les tribunaux pour obtenir un bilinguisme aux niveaux municipal et scolaire. Lyon et ses députés ont également mené une lutte des plus anti-démocratiques en affirmant que les gouvernements avaient plus de droits que les particuliers. Chef de la dissidence provinciale lors de la question constitutionnelle fédérale, Lyon ne pouvait pas admettre qu'une nouvelle Constitution réduise les droits provinciaux. Pour cela, il mena sa lutte jusqu'en Cour suprême du Canada. Il refusait ce même droit de revendications aux particuliers qui voyaient leurs droits abrogés. Les conservateurs tournaient ainsi le dos au Canada et à leur parti fédéral pour des gains éphémères.

À plusieurs reprises également, les conservateurs ont manifesté un déplaisir profond face à la méthode choisie par le gouvernement Pawley: l'enchâssement constitutionnel. Grand défenseur des traditions canadiennes, Sterling Lyon ne pouvait pas accepter celle qui rendait aux Franco-Manitobains leurs droits et plaçait la langue française au Canada un peu plus en évidence.

Peu de Canadiens furent réellement convaincus que les conservateurs manitobains respectaient les francophones. Peu de Canadiens ont accepté l'argument voulant que les 60 000 Franco-Manitobains soient réellement une menace pour le million de Manitobains dont la langue est, de toutes les façons, l'anglais. En refusant le bilinguisme, les conservateurs ont refusé, au nom des générations futures de Manitobains, une ouverture d'esprit sur le reste du pays et sur l'autre culture officielle. Ce faisant, ils ont entraîné dans leur sillage ceux qui, parce qu'ils ne font pas partie de cette autre culture officielle, ne voulaient pas avoir un sentiment d'échec et prônaient donc un unilinguisme provincial, à défaut de national.

Le débat linguistique de 1983-1984 a dévoilé, crûment quelquefois, les vraies motivations derrière les grands principes généreux. Si la majorité des Manitobains ignoraient les décisions Prud'homme, quelqu'un au sein du gouvernement Schreyer savait qu'en ne faisant pas appel, la cause Forest "pourrait rester dans les greffes". Lorsque l'entêtement de Georges Forest a dérangé le plan qui avait si bien fonctionné dans le passé, le gouvernement a tenté de mettre sur les épaules d'un particulier le fardeau d'une traduction qui est de ressort gouvernemental. N'est-ce pas ce même gouvernement qui, quelques années plus tard, invoquera très souvent des arguments financiers pour justifier l'enchâssement constitutionnel? Les frais de traduction semblent tellement exorbitants au gouvernement qu'il a préféré donner plutôt des services à cette minorité remuante.

Attitude pragmatique s'il en fût, il n'en demeure pas moins que les motivations patriotiques ne sont pas l'une des plus pressantes priorités du gouvernement, puisque le premier ministre Pawley admet que la question linguistique porte le numéro 58 dans une liste de 61 priorités gouvernementales. En trivialisant ainsi la question des droits constitutionnels des Franco-Manitobains, le gouvernement Pawley donne le pouvoir à ses opposants car il accepte la légitimité de leur opposition. Une partie du gouvernement ne semble pas convaincue que les Franco-Manitobains ont réellement des droits historiques et choisit d'ignorer ceux de leurs collègues qui croient à la dualité canadienne.

Les audiences publiques auraient dû pallier des défaillances historiques mais elles devinrent vite un forum idéal d'accusations portées contre le gouvernement. Toutes les volte-face gouvernementales y furent exposées, sans merci: les négociations dans un secret assez relatif, le refus d'audiences publiques alors qu'il était encore temps d'expliquer le problème, la tenue d'audiences publiques alors que le débat avait pris une vilaine tournure, le refus d'imposer la guillotine ce qui permettait ainsi à la question linguistique d'entrer sur la scène municipale (sans réelle pertinence), le refus d'avoir des amendements à l'entente pour ensuite les imposer de façon unilatérale. Tout cela a donné une perception qui ne correspond pas aux intentions exprimées. De plus, en tentant d'aller à l'encontre des tendances historiques, le gouvernement Pawley est entré de plain-pied dans le cauchemar linguistique qui, jusque-là, avait été l'apanage des gouvernements manitobains du XIXᵉ siècle ou du Québec ou encore du gouvernement fédéral. La controverse qu'il déclenche l'emportera dans une vague de fond qui n'avait pas été prévue.

Si l'opinion publique avait senti que la détermination gouvernementale était très ferme, les tentatives de modification, les refus d'entériner l'entente n'auraient pas changé aussi radicalement le ton du débat. En n'imposant pas sa volonté comme gouvernement au pouvoir, le cabinet Pawley a indiqué, tacitement, que le pouvoir appartient à l'opposition donc à ceux qui ne sont pas élus pour gouverner mais qui dirigent l'opinion publique. Il a laissé également entendre que la minorité francophone lui a forcé la main pour arriver à une entente.

La faiblesse apparente des convictions idéologiques ne peut pas être compensée par des raisons économiques. Les volte-face qui s'ensuivent prouveront combien les concessions étaient plus importantes que les intentions et les convictions. Cependant, en faisant des concessions, le gouvernement a perpétué l'ignorance au sujet du passé et des torts à redresser, ce qui n'a pas permis aux Franco-Manitobains de prendre la place à laquelle ils ont réellement droit. Accusés d'usurper une partie du pouvoir, ils doivent disputer aux ethnies une position qui devrait leur revenir de droit. Leur nombre et leur présence sont une menace aux yeux de ceux qui forment la majorité, démographiquement.

Lorsque le gouvernement Pawley capitule devant les opposants à son projet d'amendement, il remet entre les mains des francophones et ultimement de la Cour suprême du Canada, le pouvoir de changer le cours de l'histoire. Lorsque le jugement est rendu, en faveur de la minorité francophone, une question se pose: le gouvernement va-t-il respecter le jugement ou bien faire comme bien de ses prédécesseurs, l'ignorer ou l'appliquer sans grandes convictions? Il faudra attendre plusieurs années avant de connaître l'ampleur de la réponse. La controverse entourant le bilinguisme officiel de la province après la décision du 13 juin 1985 laisse prévoir que les convictions ne vaincront pas l'ignorance qui a prévalu au cours du débat.

La parenthèse juridique est-elle fermée? Les Franco-Manitobains ont-ils récupéré, en 1985, comme communauté, ce que les lois de 1890 leur avaient enlevé: un présent et un avenir bilingues? Et les Franco-Manitobains peuvent-ils comme communauté, maintenant qu'ils ont obtenu des tribunaux un redressement des torts causés, vivre sans relâcher leurs efforts et leurs luttes? Y-a-t-il encore urgence? Y-a-t-il encore un intérêt public pour les luttes traditionnelles: anglophones contre francophones? Écoles françaises? Commissions scolaires franco-phones? Services gouvernementaux en français? Est-ce que les Franco-Manitobains sont équipés dans leur mentalité collective pour reven-diquer leur juste place au sein de la province du Manitoba? Et quelle est cette place?

Autant de questions qui, à un moment donné, recevront une réponse. Il a en a déjà quelques éléments dans l'histoire du Manitoba.

Les Franco-Manitobains ont, comme communauté, récupéré les éléments législatifs et juridiques dont ils ont besoin pour un bilinguisme de plus en plus fonctionnel. C'est un bilinguisme qui prendra du temps à s'établir quotidiennement. Certaines voix s'élèvent déjà pour dire qu'un tel objectif n'est pas très réaliste. La Loi fédérale des Langues officielles existe depuis 1969 et il est évident que rares sont les Canadiens qui entendent, vivent et pratiquent les deux langues officielles du pays, quotidiennement: le Manitoba peut-il réussir là où le Canada n'a pas tout à fait réussi? La réponse est entre les mains de la communauté franco-manitobaine, le gouvernement provincial, l'opposition et l'opi-nion publique. Or, la communauté franco-manitobaine a toujours, à quelques exceptions près, estimé que des services gouvernementaux valaient plus, concrètement, que des principes.

Cela dit, les lois existent et il faut les appliquer. Il y a fort à parier que les Franco-Manitobains garderont la vigilance héritée de l'Associa-tion d'Éducation des Canadiens-Français du Manitoba et poursuivie par la Société franco-manitobaine, notamment dans le domaine sco-laire. Cette vigilance a donné dans le passé une mentalité bien spéciale au Franco-Manitobain. Cependant 1986 n'est pas 1916. La religion et la langue, les deux piliers de la survivance, ne sont plus un seul et même concept: la langue est au premier plan. La cohésion que sous-entendait la lutte pour la survivance a commencé à s'effriter au moment où l'aspect religieux a cédé le pas à l'aspect linguistique. Il y a donc risque d'apathie au sein de la communauté francophone du Manitoba.

Il est bien connu que lorsqu'un peuple n'a plus à lutter pour sa survivance, il a de fortes chances de disparaître à cause de l'abandon de sa vigilance. Le fait ne s'est pas encore produit au Canada en dépit des tentatives faites dans le passé. Le Canadien-Français et le Canadien-Anglais vivent côte à côte depuis des générations. Les relations vont de la simple politesse à l'hostilité ouverte dans certains cas, aux bonnes relations le plus souvent, surtout lorsqu'il y a un but commun à atteindre ou un ennemi à combattre. Ce sont des relations basées sur la nécessité: chaque groupe linguistique a le pouvoir en imposant sa volonté, de mener la Confédération à sa perte ou en collaborant, de mener la Confédération à un plus grand épanouissement.

Mais les conflits linguistiques sont ceux qui séparent le plus les Canadiens des deux langues officielles, car ce sont des conflits qui mettent en jeu le contrôle de la société et de l'identité politique. La majorité, quelle qu'elle soit, voit dans le contrôle de la législation linguistique une façon d'amener la minorité à cesser d'être différente et à accepter les valeurs de l'autre groupe linguistique. De son côté, la minorité y voit, au contraire, l'unique façon de conserver, protéger et même accroître les droits et les pouvoirs que ces droits octroient. En d'autres mots, chaque groupe linguistique a sa propre vision de la société et c'est cette vision qui est acceptée ou refusée. Les Franco-Manitobains ont fait cette expérience lorsque la question de l'amendement constitutionnel a été présentée à l'Assemblée législative. Les conservateurs, représentant une partie de la société manitobaine, ont refusé cette vision du Manitoba, au nom de la stabilité, la continuité et l'intégrité du tissu social. Le projet a été retiré après des mois de bruit et de fureur, laissant chaque camp frustré et amer.

Chacun a revendiqué, au nom du même passé, une solution et un résultat différents à cause d'une divergence profonde et fondamentale quant à la vision du Manitoba, qu'elle soit passée ou présente. Si toutes les parties en jeu avaient eu la même approche face au problème constitutionnel et juridique posé par les revendications de Roger Bilodeau, le projet aurait été approuvé sans cette rancoeur, ces divisions et ces prises de position qui ne laissaient pas de place aux compromis.

On peut spéculer longuement sur le rôle joué par Ottawa, par Trudeau en mai 1983, par le gouvernement Pawley ou par toutes les parties en jeu. Pourtant, à la racine de toutes les querelles, se trouve l'ignorance du passé et de l'histoire de la dualité manitobaine. Si cette connaissance avait existé, la compréhension aurait suivi. Or, les opposants au projet constitutionnel ne comprenaient la résistance francophone et invoquaient la loi du nombre pour justifier leur refus. Ils ne pouvaient pas comprendre que les chefs de file et ceux qui les appuyaient étaient les héritiers de ceux qui avaient jeté les bases de la résistance, d'une résistance qui, initialement et durant cinquante ans, avait défié les lois de la logique et du nombre.

Ce que les opposants ne pouvaient pas comprendre, et dans certains cas admettre, c'était que les francophones estimaient que le rétablissement de l'Article 23 leur était dû, qu'il ne devait pas y avoir d'atermoiements à ce sujet. Les opposants ne voyaient que l'agitation, les dépenses à encourir et le fait que les ethnies étaient reléguées au second plan. Le gouvernement provincial, de son côté, n'a jamais appliqué une volonté politique très forte face à ses obligations constitutionnelles. Les francophones ont souvent eu l'impression, au cours du débat, que le gouvernement Pawley avait entamé des négociations en vue d'un amendement constitutionnel parce que le cas Bilodeau était tellement menaçant sur le plan constitutionnel qu'il valait mieux trouver un arrangement à l'amiable. De leur côté, les opposants partaient du principe que, puisque les tribunaux et les gouvernements successifs avaient ignoré impunément les différentes décisions favorables aux francophones, il en serait de même en Cour suprême du Canada.

Tout se passait comme si l'esprit d'équité, qui avait soufflé lors de la promulgation de la Loi déférale des Langues officielles, était ignoré par les opposants au projet d'amendement. Ils se conduisaient en héritiers de Dalton McCarthy et de l'Equal Rights Association. L'incompréhension, l'ignorance et les intérêts politiques ont fait reculer les principes et les intentions.

Le fait que la Cour suprême du Canada ait donné raison et tort à Roger Bilodeau permettra aux conflits de continuer à l'avenir car chacun des deux camps, convaincu du bien-fondé de ses arguments luttera pas à pas et souvent par le biais des tribunaux. Tout porte à croire que la volonté politique devra être alimentée par des décisions juridiques.

La communauté franco-manitobaine ressentira-t-elle le désir de poursuivre ce genre de luttes? Il lui faudra d'abord établir sur quel terrain ces luttes et ces revendications porteront. Là encore, des jalons ont déjà été posés et ils diffèrent sensiblement de ceux de 1916. A cette époque le repli, le secret, la cohésion, la solidarité et la résistance étaient recommandés. En 1984, Léo Robert recommandait une ouverture sur le Manitoba entier, une diffusion appropriée de l'information, une cohésion et une solidarité qui ne seraient pas incompatibles avec l'esprit d'individualisme nécessaire à toute revendication juridique et une résistance à ceux que le bilinguisme dérange.

Il est impossible que le Franco-Manitobain de la fin du XX° siècle vive replié sur lui-même, culturellement, intellectuellement. Il lui faudra donc repenser sa philosophie de survivance, les outils qu'il devra utiliser. La cohésion et la solidarité sont les deux éléments qui devraient être les plus fondamentaux pour lutte contre l'apathie. Lorsque la ''résistance'' a été organisée en 1916, tout était à récupérer et présupposait certaines attitudes de la part des Franco-Manitobains: la langue gardienne de la foi, donc une présence extrêmement forte du clergé, un système scolaire quasiment illégal, une économie basée sur l'agriculture et un regard extrêmement prudent face à la technologie. Ces attitudes ont disparu, avec le temps et les luttes.

La communauté franco-manitobaine est à la croisée des chemins car il lui faut inventer un avenir commun sans revendications basées sur des violations passées: un avenir où le repli sur soi est presque impossible à un âge où la technologie a fait du monde un ''village global''; un avenir où la présence du clergé n'est pas toujours souhaitée; un avenir où l'éthique personnelle ne recommande plus nécessairement l'effort et la lutte mais plutôt le loisir et la détente; un avenir où l'abnégation personnelle et collective n'est plus aussi favorisée; un avenir où la place du francophone est très minoritaire avec des droits de partenaire à part presqu'égale juridiquement.

Une évidence apparaît de plus en plus: la communauté franco-manitobaine est, plus que jamais, fragile, en proie à des dissensions internes qui pourraient la briser plus que les attaques de l'extérieur ne l'ont jamais fait. Il lui faudra donc puiser dans son passé les éléments de son avenir et les points communs avec la majorité qui l'entoure parce qu'elle détient le pouvoir législatif. Il lui faudra surtout continuer à exercer un rôle de vigilance face aux gouvernants, un rôle de conscience pour éviter que le Manitoba continue à refuser la dualité canadienne et les principes confédératifs.

Chronologie des événements

MAI 1870	Le Manitoba entre dans la Confédération.
SEPTEMBRE 1870	Alfred Boyd et Marc-Amable Girard sont nommés par le Gouverneur Archibald au poste de conseillers au Conseil exécutif de la province. Boyd est à la tête du Conseil.
JANVIER 1871	Le Conseil exécutif reçoit trois membres de plus.
MARS 1871	Ouverture du premier Parlement manitobain. Le discours du Trône est bilingue et lu dans les deux langues. Joseph Royal est élu président de la Chambre.
SEPTEMBRE 1871	Alexandre-Antonin Taché est nommé archevêque de Saint-Boniface.
DÉCEMBRE 1871	Marc-Amable Girard prend la place de Boyd.
MARS 1872	Henry James Clarke remplace Girard.
1873	La Loi des Municipalités précise que les publications dans La *Gazette du Manitoba* seront bilingues. !
JUILLET 1874	Marc-Amable Girard devient premier ministre du Manitoba.
DÉCEMBRE 1874	Robert Atkinson Davis succède à Girard.
1875	La Loi électorale du Manitoba prévoit l'usage de l'anglais et du français dans les instructions aux électeurs, la proclamation des élections et la préparation des listes d'électeurs.

AVRIL 1875   Le Parti français accepte que cette loi ne soit pas totalement appliquée, pour des raisons d'économie.

JANVIER 1876   Abolition du Conseil législatif pour des raisons d'économie également.

1876   L'Acte concernant les jurés et les jurys du Manitoba précise qu'en cas de demande de procès en français, le tribunal peut imposer la composition d'un jury mi-anglais mi-français.

OCTOBRE 1878   Élection de John Norquay (tendances conservatrices) comme premier ministre.

MAI 1879   Le caucus du Parti anglais suggère, entre autres, que l'impression en français des documents officiels soit abolie.

JUIN 1879   La question est débattue en Chambre mais le Lieutenant-gouverneur Cauchon refusera de signer la loi.

NOVEMBRE 1885   Louis Riel, ''Père du Manitoba'' est pendu à Régina.

DÉCEMBRE 1887   David Howard Harrison succède à John Norquay, démissionnaire.

JANVIER 1888   Élection de Thomas Greenway, libéral.

AOÛT 1889   Dalton McCarthy, chef du *Equal Rights Association,* promet, à Portage la Prairie, en présence du procureur général du Manitoba, Joseph Martin, que lors de la reprise des travaux parlementaires, le gouvernement provincial se pencherait sur les questions des écoles confessionnelles et du statut juridique et législatif de la langue française.

SEPTEMBRE 1889   Le gouvernement Greenway cesse d'imprimer en français La *Gazette du Manitoba*, par mesure d'économie.

FÉVRIER 1890   L'Article 23 de la Loi de 1870 est abolie. Le français n'est plus une des deux langues officielles de la province du Manitoba.

MARS 1890   Les lois 12 et 13 concernant le domaine scolaire sont promulguées. L'enseignement sera désormais laïque et l'infra-structure administrative dans le domaine scolaire est radicalement modifiée.

OCTOBRE 1891   La Cour suprême du Canada décrète, à l'unanimité, que la législation scolaire de 1890 au Manitoba est *ULTRA VIRES.*

MARS 1892   Premier jugement Prud'homme déclarant la Loi de 1890, abolissant l'Article 23, *ULTRA VIRES.*

JUILLET 1892   Le Conseil privé des Lords britannique décide que la législation scolaire de 1890 n'enfreignait aucune loi de l'époque de l'entrée dans la Confédération du Manitoba, puisqu'en 1870, il n'y avait pas de loi régissant l'éducation et puisque les catholiques, à cette époque, finançaient leurs établissements scolaires.

FÉVRIER 1894   La Cour suprême du Canada n'accorde pas aux catholiques manitobains ce qu'ils demandaient avec la cause Brophy, c'est-à-dire un appel auprès du gouvernement provincial.

JANVIER 1895   Le Comité judiciaire du Conseil privé à Londres juge les lois de 1890 constitutionnelles, mais ayant néanmoins lésé les droits et les privilèges de la minorité catholique. Le gouvernement fédéral se doit de remédier à la situation.

MAI 1895   Le gouvernement manitobain reçoit l'ordre de rétablir le système scolaire confessionnel.

JUIN 1895   Le gouvernement Greenway refuse et défend le nouveau système scolaire, tout en exprimant des doutes quant à l'efficacité du système scolaire catholique.

JUILLET 1895   Ottawa estime que les arguments du Manitoba sont spécieux et fait valoir le fait qu'étant intervenu au moins une fois, le gouvernement fédéral a pleine juridiction. Le gouvernement émet un ordre en Conseil intimant le rétablissement des écoles confessionnelles.

DÉCEMBRE 1895   Le gouvernement manitobain refuse d'obtempérer.

FÉVRIER 1896   A Ottawa, le gouvernement fédéral propose un projet de loi remédiateur. Les libéraux, avec à leur tête Wilfrid Laurier, mènent un tel filibuster en Chambre que la Loi ne put jamais arriver au stade de la troisième lecture.

JUIN 1896   Wilfrid Laurier est élu premier ministre du Canada.

NOVEMBRE 1896   L'accord Laurier-Greenway est conclu: il permettait l'enseignement religieux entre 15h30 et 16h00 par un membre d'un ordre religieux, à la demande des parents de dix élèves en campagne et vingt-cinq en ville et avec l'autorisation de la commission scolaire locale. Également, et dans les mêmes proportions démographiques, un professeur catholique pouvait être embauché. La clause de la langue d'instruction eut la plus grande répercussion et permettait à dix élèves ou plus, francophones, ou parlant toute autre langue que l'anglais, de recevoir un enseignement dans leur langue.

DÉCEMBRE 1897   Publication de l'Encyclique ''Affari Vos'' qui tentait de mettre fin à toutes les querelles ayant surgi du ''compromis Laurier-Greenway''.

JANVIER 1900   Élection de Hugh John Macdonald (conservateur) comme premier ministre du Manitoba.

OCTOBRE 1900 — Rodmond P. Roblin (conservateur) lui succède.

JANVIER 1909 — Deuxième jugement Prud'homme déclarant la Loi de 1890, qui abolissait l'Article 23, *ULTRA VIRES*.

MAI 1913 — Fondation du journal *La Liberté*.

MAI 1915 — Élection de T.C. Norris, libéral, premier ministre du Manitoba.

FÉVRIER 1916 — Dépôt d'un projet de loi qui prévoit l'abolition de l'enseignement bilingue, donc qui menace les francophones.

Formation d'un comité de vigilance, précurseur de l'Association d'Éducation des Canadiens-Français.

MARS 1916 — Le gouvernement Norris abolit la clause permettant l'enseignement bilingue conclue lors de l'entente Laurier-Greenway.

JUIN 1916 — Congrès de fondation de l'Association d'Éducation des Canadiens-Français du Manitoba. Le juge James Prendergast est nommé président.

Monseigneur Arthur Béliveau prononce son premier sermon comme archevêque de Saint-Boniface.

Joseph Dumas dépose en cour des documents en français, ce que le protonotaire refuse. Il rencontre l'opposition de la communauté francophone et doit abandonner.

AOÛT 1922 — John Bracken (United Farmers) est élu premier ministre du Manitoba.

JUIN 1923 — Premier concours annuel de français organisé par l'Association d'Éducation des Canadiens-Français du Manitoba.

JUIN 1937	Fondation du Comité permanent de la Survivance française. L'organisme est basé à Québec.
JANVIER 1943	Stuart S. Garson (libéral) devient premier ministre du Manitoba.
MAI 1946	Ouverture de CKSB - Radio Saint-Boniface, premier poste francophone hors Québec, établi grâce à une souscription tenue à l'échelle nationale.
NOVEMBRE 1948	Douglas L. Campbell (libéral) est élu premier ministre du Manitoba.
MAI 1955	Le gouvernement provincial autorise l'enseignement du français de la quatrième à la sixième années. Le frère Bruns avait préparé un rapport sur l'enseignement du français pour les 6 premières années de scolarité deux ans plus tôt.
JUIN 1958	Duff Roblin (conservateur) est élu premier ministre du Manitoba.
OCTOBRE 1958	La loi établissant les grandes divisions scolaires au niveau secondaire est approuvée.
1959	Une Commission Royale d'Enquête sur l'éducation recommande que l'on puisse enseigner le français à partir de la première année. Le ministère de l'éducation approuve également une liste de manuels d'enseignement qui font la distinction entre manuels pour anglophones et manuels pour francophones.
JUILLET 1962	Le gouvernement Roblin annonce son intention de rétablir l'enseignement du français en première, deuxième et troisième années.
JUILLET 1963	Le député Desjardins, dans une lettre ouverte au premier ministre Roblin, demande au gou-

vernement de reconnaître le principe du bilinguisme scolaire, de former des professeurs francophones et de permettre l'enseignement en français dans des matières autres que le français. L'Association des commissaires de langue française abonde dans le même sens.

MARS 1967	Présentation du projet de Loi 59 après cinq ans de gestation.
AVRIL 1967	La Loi 59 est votée. Elle autorise l'emploi du français comme langue d'enseignement de toute matière pendant la moitié de la journée scolaire au plus.
JUILLET 1967	*La Liberté* publie les résultats du dernier concours annuel de français organisé par l'AECFM.
OCTOBRE 1967	Dépôt du premier volume du rapport de la Commission sur le Bilinguisme et le Biculturalisme.
NOVEMBRE 1967	Walter Weir (conservateur) succède à Duff Roblin.
DÉCEMBRE 1968	Fondation de la Société franco-manitobaine. Maurice Gauthier est élu président.
JUIN 1969	Élection d'Edward Schreyer comme premier ministre néo-démocrate.
DÉCEMBRE 1969	Étienne Gaboury est élu président de la Société franco-manitobaine.
JUILLET 1970	Amendement de l'Article 258 de la Loi des écoles publiques pour faire place à la Loi 113, qui permet l'enseignement, à égalité, de l'anglais et du français.
NOVEMBRE 1970	Albert Lepage est élu président de la Société franco-manitobaine.
MARS 1971	Eclat '71: La Société franco-manitobaine proteste contre les miettes financières du gouvernement fédéral.

DÉCEMBRE 1971   Roger Collet est élu président de la Société franco-manitobaine.

JUIN 1973   Dépôt du Rapport Tremblay qui avait étudié la situation scolaire.

SEPTEMBRE 1973   Les recommandations du Rapport Tremblay sont approuvées en principe.

MARS 1974   Philippe Jubinville est élu président de la Société franco-manitobaine.

AVRIL 1974   Nomination d'un coordonnateur des programmes de l'éducation française.

JANVIER 1975   Démission de Philippe Jubinville et nomination du docteur Gérard Archambault à la présidence de la Société franco-manitobaine.

MARS 1975   Georges Forest reçoit une contravention, rédigée en anglais seulement, pour stationnement illégal.

MAI 1975   Le Gouvernement Schreyer entérine la création du Bureau de l'Éducation Française.

OCTOBRE 1975   La Ville de Winnipeg informe Georges Forest que la Loi de Winnipeg ne couvre pas sa contravention.

NOVEMBRE 1975   Fondation de la Fédération des Francophones hors Québec.

                   Le Bureau de l'Éducation Française soumet le document intitulé ''Pour un réseau d'écoles française au Manitoba'', document qui ne sera jamais implanté.

FÉVRIER 1976   Georges Forest reçoit une autre contravention unilingue.

MARS 1976   Lors de l'assemblée annuelle de la Société franco-manitobaine, le ministre Laurent Desjardins annonce la création du poste de sousministre adjoint responsable de l'éducation française.

AVRIL 1976 — Présentation par la Fédération des Francophones hors Québec du document ''Un nouveau départ'' demandant des changements de structure au sein du Secrétariat d'État.

JUILLET 1976 — Le juge Walker décrète que la contravention de Forest est un document juridique et comme tel tombe sous le coup de la Loi de 1890, qui fait de l'anglais la seule langue officielle de la province.

SEPTEMBRE 1976 — Georges Forest fait appel de la décision Walker.

DÉCEMBRE 1976 — Le juge Armand Dureault de la Cour de comté de Saint-Boniface décrète que la Loi du Manitoba de 1890 est *ULTRA VIRES*.

La Société franco-manitobaine décide d'appuyer moralement Georges Forest et de lui offrir un service de secrétariat.

JANVIER 1977 — Le gouvernement Schreyer décide de ne pas faire appel quant à la décision Dureault.

FÉVRIER 1977 — Le gouvernement provincial offre à Georges Forest une traduction des lois pertinentes à son cas contre la somme de 17 000 $.

MARS 1977 — Alain Hogue (avocat de Forest) tente de déposer des documents en français en Cour du banc de la Reine. Les documents sont refusés. Le même geste en Cour d'appel du Manitoba obtient le même résultat.

AVRIL 1977 — Dépôt du premier volume des *Héritiers de Lord Durham* de la Fédération des Francophones hors Québec.

Élection d'André Fréchette à la présidence de la Société franco-manitobaine.

Dépôt du Livre Blanc (sur la langue à l'Assemblée Nationale du Québec.)

MAI 1977	Schreyer déclare ne pas avoir l'intention d'abroger la Loi de 1890.
JUIN 1977	La Cour d'appel du Manitoba rejette la demande de Georges Forest et lui intime de se présenter en Cour du banc de la Reine. Le juge Alfred Monnin écrit un jugement de dissidence, en faveur de Forest.
AOÛT 1977	L'Assemblée Nationale approuve formellement la Charte de la langue française au Québec.
JANVIER 1978	Jugement Deschênes dans le cas de la Charte de la langue française au Québec. Certains articles sont déclarés *ULTRA VIRES.*
FÉVRIER 1978	Avis d'interrogation au cours duquel toutes les parties impliqués dans la poursuite Forest se rencontrent.
MARS 1978	Le Secrétariat d'Etat offre de l'aide financière à Georges Forest et à tous ceux qui ont des poursuites d'ordre constitutionnel.
MAI/JUIN 1978	Audiences en Cour du banc de la Reine dans le cas Forest.
JUILLET 1978	La Cour du banc de la Reine refuse de statuer sur la Loi de 1890, déclarant que Georges Forest n'a aucun intérêt légitime dans cette affaire.
AOÛT 1978	Georges Forest porte sa cause devant la Cour d'appel du Manitoba.
OCTOBRE 1978	Rémi Smith reçoit une contravention pour excès de vitesse. Il conteste l'unilinguisme du *HIGHWAY TRAFFIC ACT.*
NOVEMBRE 1978	Le jugement Deschênes est conformé par la Cour d'appel du Québec.

FÉVRIER 1979	Audiences en Cour d'appel. Les juges estiment que Georges Forest a un intérêt légitime.
MARS 1979	René Piché est élu président de la Société franco-manitobaine.
AVRIL 1979	La Cour d'appel du Manitoba confirme le jugement de la Cour de comté et donne raison à Georges Forest.
DÉCEMBRE 1979	Les juges de la Cour suprême du Canada déclarent que la Loi de 1890 du Manitoba est invalide.
FÉVRIER 1980	La Cour de comté de St-Boniface déclare que l'Article 23 n'est pas obligatoire, mais seulement indicatif. Rémi Smith ne poursuivra pas son cas devant les tribunaux.
MARS 1980	Assemblée annuelle de la Société franco-manitobaine, le procureur général Gérald Mercier y déclare que les services en français prennent du temps, qu'il est difficile de trouver des traducteurs qualifiés, et que le gouvernement Lyon consacrera un demi-million à la traduction des lois.
	Gilberte Proteau est élu présidente de la Société franco-manitobaine.
AVRIL 1980	Dépot du projet de Loi 2 qui, en principe, rétablit le bilinguisme au niveau provincial. La Société franco-manitobaine s'y objecte.
MAI 1980	Référendum sur la Souveraineté-Association au Québec. La Société franco-manitobaine se prononce en faveur du oui (oui à la négociation et non pas "oui" à la séparation).
	Roger Bilodeau reçoit une contravention pour excès de vitesse, contravention unilingue. Il reprend les mêmes démarches que Rémi Smith.

AOÛT 1980 — Décision Jewers dans l'Affaire Bilodeau: le juge estime que l'Article 23 est de nature indicative et non pas obligatoire.

MARS 1981 — Le gouvernement Lyon annonce la création d'un secrétariat des services en français.

JUILLET 1981 — La Cour d'appel du Manitoba statue dans le cas Bilodeau: les juges arrivent à la même conclusion que le juge Jewers. Le juge Monnin publie un jugement de dissidence.

NOVEMBRE 1981 — Premier procès en français au Manitoba en Cour de comté.

Roger Bilodeau reçoit l'autorisation de présenter son cas en Cour suprême du Canada.

Howard Pawley (N.P.D.) est élu premier ministre du Manitoba.

JANVIER 1982 — Premier procès en français en Cour du banc de la Reine.

La Société franco-manitobaine présente au gouvernement Pawley le document *"Vers des services en langue française."*

MARS 1982 — Assemblée annuelle de la Société franco-manitobaine: le premier ministre Howard Pawley offre des services en français dans les régions à forte concentration francophone, une correspondance gouvernementale dans la langue du choix, formulaires et administration bilingues, etc...

Léo Robert est élu président de la Société franco-manitobaine.

JUIN 1982 — La Société franco-manitobaine rencontre le gouvernement provincial pour discuter d'un amendement constitutionnel, et ce, à cause des poursuites intentées par Roger Bilodeau.

AOÛT 1982   La Société franco-manitobaine consulte les avocats francophones et les anciens présidents de la Société franco-manitobaine.

DÉCEMBE 1982   La Société franco-manitobaine et le gouvernement en arrivent à un accord de principe.

Début des travaux de la législature: la traduction simultanée est offerte pour la première fois.

JANVIER 1983   Première réunion publique de consultation de la communauté au sujet de l'Article 23 et des modifications constitutionnelles négociées par et avec le gouvernement Pawley.

Incendie des bureaux de la Société franco-manitobaine: l'enquête prouvera que l'incendie était d'origine criminelle.

MARS 1983   Serge Joyal, secrétaire d'État est invité à l'assemblée annuelle de la Société franco-manitobaine. Il incite le gouvernement Pawley à adhérer aux articles 16 à 20 de la Charte des Droits et Libertés, articles qui assurent l'égalité du français et de l'anglais dans les institutions du Parlement canadien et du Nouveau-Brunswick.

MAI 1983   600 personnes ratifient, à la Salle Martial-Caron du Collège de Saint-Boniface, l'entente constitutionnelle conclue entre la Société franco-manitobaine et le gouvernement provincial.

Le cas Bilodeau, présenté devant la Cour suprême, est reporté.

L'entente constitutionnelle est divulguée en partie par la province et prévoit notamment un amendement constitutionnel et un accord de coûts partagés pour la traduction des lois provinciales.

JUIN 1983 — Le gouvernement Pawley cède devant la pression publique et annonce qu'il y aura des audiences au sujet des propositions d'amendement constitutionnel.

Un sondage fait par le Centre de recherches d'opinion publique révèle que 52% des Manitobains sont opposés au bilinguisme aux niveaux fédéral et provincial; 39% sont en faveur d'un bilinguisme provincial; 40% sont en faveur d'un bilinguisme fédéral; 55% ne se sentent pas concernés par les difficultés que rencontrent les Franco-Manitobains pour maintenir leur langue et leur culture.

JUILLET 1983 — L'entente constitutionnelle est dévoilée en Chambre.

Les municipalités rurales et urbaines du Manitoba, les fonctionnaires provinciaux, Russell Doern, les conservateurs s'opposent avec virulence aux projets gouvernementaux.

Les cloches sonneront pendant les dix jours d'impasse à l'Assemblée législative.

AOÛT 1983 — Naissance de ''Manitoba 23'', groupe composé de minorités ethniques qui a l'intention d'expliquer les amendements à l'Article 23 et d'appuyer publiquement les Franco-Manitobains.

Russel Doern quitte le caucus néo-démocrate à cause de son désaccord avec le gouvernement provincial en matière linguistique.

SEPTEMBRE 1983 — Le gouvernement Pawley annonce des changements à l'entente constitutionnelle.

Le conseil municipal de Winnipeg décide de tenir un référendum sur la question linguistique lors des prochaines élections municipales. Le gouvernement provincial annonce qu'il ne se sentira pas lié par les résultats.

Les francophones se réunissent en très grand nombre à Sainte-Anne-des-Chênes pour demander au gouvernement provincial de s'en tenir à l'entente du 16 mai 1983 et non pas aux changements du début du mois.

OCTOBRE 1983 Fin des travaux du comité parlementaire qui a reçu plus de 400 mémoires au sujet de l'amendement constitutionnel.

Première résolution tripartite portant sur les droits constitutionnels de la minorité franco-manitobaine à la Chambre des communes.

Résultat du référendum municipal: à l'extérieur de Winnipeg 79% des répondants disent non à un bilinguisme enchâssé et 21% oui. À Winnipeg 76.5% sont en faveur d'un recours en Cour suprême et 21% votent pour une entente tripartite - Société franco-manitobaine/ Ottawa/Manitoba.

NOVEMBRE 1983 Le rapport du comité permanent des privilèges et élections recommande que le gouvernement Pawley aille de l'avant avec la proposition d'enchâssement constitutionnel des droits des Franco-Manitobains et que des amendements soient apportés à l'entente de mai 1983, sans toutefois en préciser la nature.

DÉCEMBRE 1983 Gary Filmon est élu chef du Parti conservateur.

Le gouvernement provincial change l'accord passé en mai 1983: plus d'enchâssement des services, qui sont placés dans une loi statutaire; le libellé du statut des langues anglaise et française est atténué; création d'un *"Language Services Advisory Council"*; mise en place d'un ombudsman; définition de demande importante.

Bilodeau décide d'inscrire son cas en Cour suprême: la date est portée au 15 janvier 1984.

Joseph Magnet, avocat de la Société franco-manitobaine, rejette les amendements gouvernementaux à cause du manque de garanties offertes aux Franco-Manitobains.

JANVIER 1984   Fondation de ''Manitoba Grassroots'', groupe anti-bilinguisme.

Dépôt du projet de loi 115, sur les services en français.

Nombreux ''débrayages'' conservateurs.

JANVIER 1984   Réunion à la Salle Martial-Caron du Collège de Saint-Boniface. 800 personnes sont présentes. 506 votent en faveur des changements tels que proposés par le gouvernement provincial, et 112 contre.

FÉVRIER 1984   Grand rassemblement organisé par ''Manitoba Grassroots'' au Centre des Congrès.

Léo Robert rencontre le premier ministre Trudeau et lui demande de l'aide pour résoudre l'impasse manitobaine. La question d'un renvoi fédéral est également examinée.

Deuxième résolution tripartite portant sur les droits constitutionnels de la minorité franco-manitobaine à la Chambre des communes.

Le gouvernement Pawley retire les projets d'enchâssement de loi statutaire, et ajourne les travaux de la Chambre.

MARS 1984   Gilberte Proteau est élue présidente de la Société franco-manitobaine.

Russell Doern quitte le parti néo-démocrate.

Début de l'affaire Robin.

La Société franco-manitobaine demande au gouvernement fédéral un renvoi direct à la Cour suprême pour obtenir une réponse définitive sur la portée de l'Article 23.

Le renvoi fédéral est divulgué.

JUIN 1984 — Audiences en Cour suprême sur la portée de l'Article 23.

OCTOBRE 1984 — La Cour d'appel statue, dans l'affaire Robin, qu'un juge n'a pas besoin de comprendre le français pour mener un procès dans cette langue - Gilbert Robin ne fera pas appel immédiatement.

MARS 1985 — Réal Sabourin est élu à la présidence de la Société franco-manitobaine.

JUIN 1985 — La Cour suprême du Canada rend sa décision: toutes les lois du Manitoba son déclarées inconstitutionnelles, la province a un délai de 120 jours pour laisser savoir à la Cour combien de temps il lui faudra pour traduire les lois déclarées inopérantes mais ayant une validité temporaire. La Loi 2 de 1980 est déclarée invalide.

JUILLET 1985 — La Société franco-manitobaine demande au gouvernement provincial un dossier permettant d'établir et de calculer le délai de traduction.

AOÛT 1985 — L'avocat de la Société franco-manitobaine présente en Cour suprême du Canada une requête spécifiant la nature des dossiers demandés au gouvernement provincial.

SEPTEMBRE 1985 — Le gouvernement provincial envoie un dossier que la Société franco-manitobaine juge incomplet.

La Société franco-manitobaine met en garde le gouvernement provincial: si le matériel requis n'est pas fourni, il y aura représentation à la Cour suprême du Canada.

Le nouveau dossier que le gouvernement provincial envoie est incomplet.

OCTOBRE 1985   Le gouvernement provincial demande l'annulation de la requête et indique à la Société franco-manitobaine son intention de fournir un dossier complet.

NOVEMBRE 1985   Divulgation de l'entente intervenue entre la Société franco-manitobaine et le gouvernement Pawley et sanctionnée par la Cour suprême du Canada: le délai de traduction sera fixé à trois ans; la publication sur deux colonnes sera apliquée aux règlements, aux règles de cour et aux règles des tribunaux administratifs.

MAI 1986   La Cour suprême du Canada estime préférable, mais pas nécessairement obligatoire, que les contraventions soient bilingues. Roger Bilodeau perd donc sa cause.

DÉCEMBRE 1986   Sterling Lyon, qui a mené une lutte acharnée contre l'enchâssement constitutionnel, est nommé juge à la Cour d'appel du Manitoba. Il y siègera en compagnie de Kerr Twaddle, avocat ayant défendu la position gouvernementale dans les affaires Forest et Bilodeau, nommé quelques mois plus tôt.

FÉVRIER 1987   Russell Doern se suicide.

MARS 1987   Lucille Blanchette est élue présidente de la Société franco-manitobaine.

JUIN 1987   La Cour d'appel du Manitoba décrète, dans le cas Waite, que le gouvernement provincial n'est pas coupable même si la Loi du code de la route est incomplètement traduite.

Annexes

ANNEXE I

No. 8

THE MANITOBA ACT, 1870

33 Victoria, c. 3 (Canada)

An Act to amend and continue the Act 32 and 33 Victoria, chapter 3; and to establish and provide for the Government of the Province of Manitoba

[Assented to 12th May, 1870]

Whereas it is probable that Her Majesty The Queen may, pursuant to the British North America Act, 1867, be pleased to admit Rupert's Land and the North-Western Territory into the Union or Dominion of Canada, before the next Session of the Parliament of Canada:

And Whereas it is expedient to prepare for the transfer of the said Territories to the Government of Canada at the time appointed by the Queen for such admission:

And Whereas it is expedient also to providce for the organization of part of the said Territories as a Province, and for the establishment of a Government therefor, and to make provision for the Civil Government of the remaining part of the said Territories, not included within the limits of the Province:

No 8

ACTE DU MANITOBA, 1870

33 Victoria, c. 3 (Canada)

Acte pour amender et continuer l'acte trente-deux et trente-trois Victoria, chapitre trois, et pour établir et constituer le gouvernement de la province de Manitoba

[Sanctionné le 12 Mai 1870]

Considérant qu'il est probable qu'il plaira à Sa Majesté la Reine, conformément à l'Acte de l'Amérique du Nord britannique, 1867, d'admettre la Terre de Rupert et le Territoire du Nord-Ouest dans l'Union ou la Puissance du Canada, avant la prochaine session du parlement canadien;

Et considérant qu'il importe, en vue du transfert, de ces territoires au gouvernement du Canada, d'adopter certaines mesures pour l'époque qui sera fixée par la Reine pour leur admission dans l'Union;

Et considérant qu'il est également expédient d'organiser en province une partie de ces territoires, et d'y fonder un gouvernement, et d'établir des dispositions pour le gouvernement civil de la partie restante de ces territoires qui ne sera pas comprise dans les limites de la province:

Therefore Her Majesty, by and with the advice and consent of the Senate and House of Commons of Canada, enacts as follows:

1.   On, from and after the day upon which the Queen, by and with the advice and consent of Her Majesty's Most Honorable Privy Council, under the authority of the 146th Section of the British North America Act, 1867, shall, by Order in Council in that behalf, admit Rupert's Land and the North-Western Territory into the Union or Dominion of Canada, there shall be formed out of the same a Province, which shall be one of the Provinces of the Dominion of Canada, and which shall be called the Province of Manitoba, and be bounded as follows: that is to say, commencing at the point where the meridian of ninety-six degrees west longitude from Greenwich intersects the parallel of forty-nine degrees north latitude,—thence due west along the said parallel of forty-nine degrees north latitude (which forms a portion of the boundary line between the United States of America and the said North-Western Territory) to the meridian of ninety-nine degrees of west longitude,—thence due north along the said meridian of ninety-nine degrees west longitude, to the intersection of the same with the parallel of fifty degrees and thirty minutes north latitude,—thence due east along the said parallel of fifty degrees and thirty minutes north latitude to its intersection with the before-mentioned meridian of ninety-six degrees west longitude,—thence due south along the said meridian of ninety-six degrees west longitude to the place of beginning.

[NOTE: Boundaries extended by 44 Vict., c. 14 (Canada).]

A ces causes, Sa Majesté par et de l'avi et du consentement du Sénat et de l Chambre des Communes du Canada, dé crète ce qui suit:

1.   Le, depuis et après le jour auque la Reine, par et de l'avis et du consente ment du très-honorable conseil privé de S Majesté sous l'autorité du 146e article d l'Acte de l'Amérique du Nord britan nique, 1867, admettra, par ordre en con seil rendu à cet effet, la Terre de Rupert e le Territoire du Nord-Ouest dans l'Unio ou la Puissance du Canada, il sera consti tué dans ces territoires une province qu sera l'une des provinces de la Puissance d Canada, et qui sera dénommée la provinc de Manitoba, et bornée comme suit, sa voir: Partant du point où le méridien d quatre-vingt-sizième degré de longitud à l'ouest de Greenwich traverse le parallèl du quarante-neuvième degré de latitud nord,—courant à l'ouest, dans le sens d dit parallèle du quarante-neuvième degr de latitude nord (lequel fait partie de l ligne frontière qui divise les Etats-Uni d'Amérique et le dit Territoire du Nord Ouest), jusqu'au méridien du quatre vingt-dix-neuvième degré de longitude l'ouest;—de là, courant au nord, dans l sens du dit méridien du quatre-vingt-dix neuvième degré de longitude ouest, jus qu'au point où il traverse une ligne situé au cinquantième degré et trente minute de latitude nord; de là, courant à l'est dan le sens du dit parallèle du cinquantième degré et trente minutes de latitude nord jusqu'au point où il traverse le méridien d quatre-vingt-seizième degré de longitud ouest, mentionné ci-haut; puis de là cou ront au sud, dans les sens du dit méridier du quatre-vingt-seizième degré ouest d longitude, jusqu'au point de départ.

[NOTE: Le territoire de la province fu agrandi par 44 Vict., c. 14 (Canada).]

2. On, from and after the said day on which the Order of the Queen in Council shall take effect as aforesaid, the provisions of the British North America Act, 1867, shall, except those parts thereof which are in terms made, or, by reasonable intendment, may be held to be specially applicable to, or only to affect one or more, but not the whole of the Provinces now composing the Dominion, and except so far as the same may be varied by this Act, be applicable to the Province of Manitoba, in the same way, and to the like extent as they apply to the several Provinces of Canada, and as if the Province of Manitoba had been one of the Provinces originally united by the said Act.

3. The said Province shall be represented in the Senate of Canada by two Members, until it shall have, according to decennial census, a population of fifty thousand souls, and from thenceforth it shall be represented therein by three Members, until it shall have, according to decennial census, a population of seventy-five thousand souls, and from thenceforth it shall be represented therein by four Members.

4. The said Province shall be represented, in the first instance, in the House of Commons of Canada, by four Members, and for that purpose shall be divided by proclamation of the Governor General, into four Electoral Districts, each of which shall be represented by one Member: Provided that on the completion of the census in the year 1881, and of each decennial census afterwards, the representation of the said Province shall be re-adjusted according to the provisions of the fifty-first section of the British North America Act, 1867.

2. Le, depuis et après le jour ci-dessus énoncé auquel l'ordre de la Reine en conseil prendra effet comme il est dit ci-haut, les dispositions de l'Acte de l'Amérique du Nord britannique, 1867 seront,— sauf les parties de cet acte qui, sont, en termes formels, ou qui, par une interprétation raisonnable, peuvent être réputées spécialement applicables à une ou plus mais non à la totalité des provinces constituant actuellement la Puissance, et sauf et tant qu'elles peuvent être modifiées par le présent acte—applicables à la province de Manitoba, de la même manière et au même degré qu'elles s'appliquent aux différentes provinces du Canada, et que si la province de Manitoba eût été, dès l'origine, l'une des provinces confédérées sous l'autorité de l'acte précité.

3. Cette province sera représentée au Sénat du Canada par deux membres, jusqu'à ce que le chiffre de sa population, d'après le recensement décennal, atteigne cinquante mille âmes, alors qu'elle y sera représentée par trois membres jusqu'à ce que le chiffre de la population, d'après le recensement décennal, atteigne soixante-quinze mille âmes, alors qu'elle y sera représentée par quatre membres.

4. Cette province sera, en premier lieu, représentée dans la Chambre des Communes du Canada par quatre membres, et à cet effet elle sera, par proclamation du gouverneur-général, partagée en quatre districts électoraux, chacun desquels sera représenté par un membre; mais après la confection du recensement en l'année 1881 et de chaque recensement décennal subséquent, la représentation de cette province sera répartie de nouveau, d'accord avec les dispositions du cinquante et unième article de l'Acte de l'Amérique du Nord britannique, 1867.

5. Until the Parliament of Canada otherwise provides, the qualification of voters at Elections of Members of the House of Commons shall be the same as for the Legislative Assembly hereinafter mentioned: And no person shall be qualified to be elected, or to sit and vote as a Member for any Electoral District, unless he is a duly qualified voter within the said Province.

6. For the said Province there shall be an officer styled the Lieutenant-Governor, appointed by the Governor General in Council by instrument under the Great Seal of Canada.

7. The Executive Council of the Province shall be composed of such persons, and under such designations, as the Lieutenant-Governor shall, from time to time, think fit; and, in the first instance, of not more than five persons.

8. Unless and until the Executive Government of the Province otherwise directs, the seat of Government of the same shall be at Fort Garry, or within one mile thereof.

9. There shall be a Legislature for the Province, consisting of the Lieutenant-Governor, and of two Houses, styled respectively, the Legislative Council of Manitoba, and the Legislative Assembly of Manitoba.

10. The Legislative Council shall, in the first instance, be composed of seven Members, and after the expiration of four years from the time of the first appointment of such seven Members, may be increased to not more than twelve Members. Every Member of the Legislative Council shall be appointed by the Lieutenant-Governor in the Queen's name by Instrument under the Great Seal of Manitoba,

5. Jusqu'à ce que le parlement du Canada en ordonne autrement, la qualification des votants aux élections des membres de la Chambre des Communes sera la même que pour l'assemblée législative ci-dessus mentionnée; et nul ne pourra être élu ou siéger et voter comme membre pour un district électoral à moins qu'il ne possède la qualité d'électeur dans les limites de la province.

6. Il y aura, pour la province, un officier appelé lieutenant-gouverneur, lequel sera nommé par le gouverneur-général en conseil par instrument sous le grand sceau du Canada.

7. Le conseil exécutif de la province sera composé des titulaires que le lieutenant-gouverneur jugera, de temps à autre à propos de nommer, et, en premier lieu de pas plus de cinq personnes.

8. A moins et jusqu'à ce que le gouvernement exécutif de la province en ordonne autrement, le siège du gouvernement sera établi à Fort Garry, ou dans un rayon d'un mille de ce lieu.

9. Il y aura, pour la province, une législature composée du lieutenant-gouverneur et de deux Chambres appelées le Conseil Législatif de Manitoba et l'Assemblée Législative de Manitoba.

10. Le conseil législatif sera, en premier lieu, composé de sept membres, et à l'expiration de quatre années à compter de l'époque de la première nomination de ce sept membres, le nombre pourra en être porté à pas plus de douze; chaque membre du conseil législatif sera nommé par le lieutenant-gouverneur au nom de la Reine par instrument sous le grand sceau de Manitoba; il sera nommé à vie, à moins e

and shall hold office for the term of his life, unless and until the Legislature of Manitoba otherwise provides under the British North America Act, 1867.

11. The Lieutenant-Governor may, from time to time, by Instrument under the Great Seal, appoint a Member of the Legislative Council to be Speaker thereof, and may remove him and appoint another in his stead.

12. Until the Legislature of the Province otherwise provides, the presence of a majority of the whole number of the Legislative Council, including the Speaker, shall be necessary to constitute a meeting for the exercise of its powers.

13. Questions arising in the Legislative Council shall be decided by a majority of voices, and the Speaker shall, in all cases, have a vote, and when the voices are equal the decision shall be deemed to be in the negative.

14. The Legislative Assembly shall be composed of twenty-four Members, to be elected to represent the Electoral Divisions into which the said Province may be divided by the Lieutenant-Governor, as hereinafter mentioned.

15. The presence of a majority of the Members of the Legislative Assembly shall be necessary to constitute a meeting of the House for the exercise of its powers; and for that purpose the Speaker shall be reckoned as a Member.

16. The Lieutenant-Governor shall (within six months of the date of the Order of Her Majesty in Council, admitting Rupert's Land and the North-Western Territory into the Union), by Proclama-

jusqu'à ce que la législature de Manitoba en ordonne autrement, sous l'autorité de l'Acte de l'Amérique du Nord britannique, 1867.

11. Le lieutenant-gouverneur pourra, de temps à autre, par instrument sous le grand sceau, nommer un membre du conseil législatif comme orateur de ce corps, et également le révoquer et en nommer un autre à sa place.

12. Jusqu'à ce que la législature de la province en ordonne autrement, la présence de la majorité du nombre entier des membres du conseil législatif, y compris l'orateur, sera nécessaire pour constituer une assemblée du conseil dans l'exercice de ses fonctions.

13. Les questions soulevées dans le conseil législatif seront décidées à la majorité des voix, et, dans tous les cas, l'orateur aura voix délibérative; quand les voix seront également partagées, la décision sera considérée comme rendue dans la négative.

14. L'assemblée législative sera composée de vingt-quatre membres qui seront élus pour représenter les divisions électorales en lesquelles la province pourra être partagée par le lieutenant-gouverneur tel que plus bas énoncé.

15. La présence de la majorité des membres de l'assemblée législative sera nécessaire pour constituer une assemblée de la chambre dans l'exercice de ses pouvoirs, et, à cette fin, l'orateur sera compté comme un membre.

16. Le lieutenant-gouverneur devra (dans les six mois de la date de l'ordre rendu par Sa Majesté en conseil à l'effet d'admettre la Terre de Rupert et le Territoire du Nord-Ouest dans l'Union) parta-

tion under the Great Seal, divide the said Province into twenty-four Electoral Divisions, due regard being had to existing Local Divisions and population.

17. Every male person shall be entitled to vote for a Member to serve in the Legislative Assembly for any Electoral Division, who is qualified as follows, that is to say, if he is:—

1. Of the full age of twenty-one years, and not subject to any legal incapacity:

2. A subject of Her Majesty by birth or naturalization:

3. And a *bona fide* householder within the Electoral Division, at the date of the Writ of Election for the same, and has been a *bona fide* householder for one year next before the said date; or,

4. If, being of the full age of twenty-one years, and not subject to any legal incapacity, and a subject of Her Majesty by birth or naturalization, he was, at any time within twelve months prior to the passing of this Act, and (though in the interim temporarily absent) is at the time of such election a *bona fide* householder, and was resident within the Electoral Division at the date of the Writ of Election for the same:

But this fourth sub-section shall apply only to the first election to be held under this Act for Members to serve in the Legislative Assembly aforesaid.

18. For the first election of Members to serve in the Legislative Assembly, and until the Legislature of the Province otherwise provides, the Lieutenant-Governor shall cause writs to be issued, by such

ger, par proclamation sous le grand sceau, la province en vingt-quatre divisions électorales, en tenant compte, toutefois, des divisions locales actuelles de la population.

17. Tout homme aura droit de voter à l'élection d'un député à l'assemblée législative pour toute division électorale, s'il possède les qualités suivantes, savoir;—

1. S'il est âgé de vingt-et-un ans révolus, et n'est atteint d'aucune incapacité légale;

2. S'il est sujet de Sa Majesté, de naissance ou par naturalisation;

3. S'il tient, *bona fide*, feu et lieu dans les limites de la division électorale à la date du bref d'élection, et s'il a *bona fide*, tenu feu et lieu pendant l'année précédant immédiatement, cette date, ou,—

4. Si, étant âgé de vingt-et-un ans révolus, et non atteint d'aucune incapacité légale, et sujet de Sa Majesté, de naissance ou par naturalisation, il a tenu feu et lieu en aucun temps dans les douze mois antérieurs à la passation du présent acte, et si (bien que dans l'interim il ait été temporairement absent) il tient feu et lieu, *bona fide*, à l'époque de telle élection, et résidait dans la division électorale à la date du bref de l'élection pour telle division;

Mais ce quatrième paragraphe ne s'appliquera qu'à la première élection des membres de l'assemblée législative susdite devant avoir lieu sous l'autorité du présent acte.

18. Pour la première élection des membres de l'assemblée législative, et jusqu'à ce que la législature de la province en ordonne autrement, le lieutenant-gouverneur fera émettre les brefs par telle per-

person, in such form, and addressed to such Returning Officers as he thinks fit; and for such first election, and until the Legislature of the Province otherwise provides, the Lieutenant-Governor shall, by Proclamation, prescribe and declare the oaths to be taken by voters, the powers and duties of Returning and Deputy Returning Officers, the proceedings to be observed at such election, and the period during which such election may be continued, and such other provisions in respect to such first election as he may think fit.

19. Every Legislative Assembly shall continue for four years from the date of the return of the writs for returning the same (subject nevertheless to being sooner dissolved by the Lieutenant-Governor), and no longer; and the first Session thereof shall be called at such time as the Lieutenant-Governor shall appoint.

20. There shall be a Session of the Legislature once at least in every year, so that twelve months shall not intervene between the last sitting of the Legislature in one Session and its first sitting in the next Session.

21. The following provisions of the British North America Act, 1867, respecting the House of Commons of Canada, shall extend and apply to the Legislative Assembly, that is to say:—Provisions relating to the election of a Speaker, originally, and on vacancies,—the duties of the Speaker,—the absence of the Speaker and the mode of voting, as if those provisions were here re-enacted and made applicable in terms to the Legislative Assembly.

22. In and for the Province, the said Legislature may exclusively make Laws in

sonne et selon telle forme qu'il jugera à propos et les fera adresser aux officiers-rapporteurs qu'il désignera,—et pour cette première élection et jusqu'à ce que la législature de la province en ordonne autrement, le lieutenant-gouverneur, ordonnera et prescrira, par proclamation, les serments des votants,—les pouvoirs et devoirs des officiers-rapporteurs, le mode de procéder à l'élection,—le temps que celle-ci pourra durer, et toutes autres dispositions, relativement à cette première élection, qu'il pourra juger à propos.

19. La durée de l'assemblée législative ne sera que de quatre ans, à compter du jour du rapport des brefs d'élections, à moins qu'elle ne soit plut tôt dissoute par le lieutenant-gouverneur, et la première session en sera convoquée à l'époque que le lieutenant-gouverneur fixera.

20. Il y aura une session de la législature, une fois au moins chaque année, de manière à ce qu'il ne s'écoule pas un intervalle de douze mois entre la dernière séance d'une session de la législature et sa première séance dans la session suivante.

21. Les dispositions suivantes de l'Acte de l'Amérique du Nord britannique, 1867, concernant la Chambre des Communes du Canada, s'étendront et s'appliqueront à l'assemblée législative, savoir: les dispositions relatives à l'élection d'un orateur en première instance et lorsqu'il surviendra des vacances,— aux devoirs de l'orateur,—à l'absence de ce dernier,—et au mode de votation,—tout comme si ces dispositions étaient ici décrétées et expressément rendues applicables à l'assemblée législative.

22. Dans la province, la législature pourra exclusivement décréter des lois

relation to Education, subject and according to the following provisions:—

(1)   Nothing in any such Law shall prejudicially affect any right or privilege with respect to Denominational Schools which any class of persons have by Law or practice in the Province at the Union:—

(2)   An appeal shall lie to the Governor General in Council from any Act or decision of the Legislature of the Province, or of any Provincial Authority, affecting any right or privilege of the Protestant or Roman Catholic minority of the Queen's subjects in relation to Education:

(3)   In case any such Provincial Law, as from time to time seems to the Governor General in Council requisite for the due execution of the provisions of this section, is not made, or in case any decision of the Governor General in Council on any appeal under this section is not duly executed by the proper Provincial Authority in that behalf, then, and in every such case, and as far only as the circumstances of each case require, the Parliament of Canada may make remedial Laws for the due execution of the provisions of this section, and of any decision of the Governor General in Council under this section.

23.   Either the English or the French language may be used by any person in the debates of the Houses of the Legislature, and both those languages shall be used in the respective Records and Journals of those Houses; and either of those languages may be used by any person, or in any Pleading or Process, in or issuing from any Court of Canada established under the

relatives à l'éducation, sujettes et con formes aux dispositions suivantes:—

(1)   Rien dans ces lois ne devra préju dicier à aucun droit ou privilège conféré lors de l'Union, par la loi ou par la cou tume à aucune classe particulière de per sonnes dans la province, relativement aux écoles séparées (*denominational schools*).

(2)   Il pourra être interjeté appel au gouverneur-général en conseil de tout acte ou décision de la législature de la province ou de toute autorité provinciale affectan quelqu'on des droits ou privilèges de la minorité protestante ou catholique ro maine des sujets de Sa Majesté relative ment à l'éducation.

(3)   Dans le cas où il ne serait pas dé crété telle loi provinciale que, de temps autre, le gouverneur-général en consei jugera nécessaire pour donner suite et exé cution aux dispositions du présent article —ou dans le cas où quelque décision du gouverneur-général en conseil, sur appe interjeté en vertu de cet article, ne serai pas dûment mise à exécution par l'auto rité provinciale compétente,—alors et en tout tel cas, et en tant seulement que le circonstances de chaque cas l'exigeront, le parlement du Canada pourra décréter de lois propres à y remédier pour donne suite et exécution aux dispositions du pré sent article, ainsi qu'à toute décision ren due par le gouverneur-général en consei sous l'autorité du même article.

23.   L'usage de la langue française ou de la langue anglaise sera facultatif dan les débats des Chambres de la législature mais dans la rédaction des archives, pro cès-verbaux et journaux respectifs de ce chambres, l'usage de ces deux langues ser obligatoire; et dans toute plaidoirie ou pièce de procédure par devant les tribu naux ou émanant des tribunaux du Cana

British North America Act, 1867, or in or from all or any of the Courts of the Province. The Acts of the Legislature shall be printed and published in both those languages.

24. Inasmuch as the Province is not in debt, the said Province shall be entitled to be paid, and to receive from the Government of Canada, by half-yearly payments in advance, interest at the rate of five per centum per annum on the sum of four hundred and seventy-two thousand and ninety dollars.

25. The sum of thirty thousand dollars shall be paid yearly by Canada to the Province, for the support of its Government and Legislature, and an annual grant, in aid of the said Province, shall be made, equal to eighty cents per head of the population, estimated at seventeen thousand souls; and such grant of eighty cents per head shall be augmented in proportion to the increase of population, as may be shown by the census that shall be taken thereof in the year one thousand eight hundred and eighty-one, and by each subsequent decennial census, until its population amounts to four hundred thousand souls, at which amount such grant shall remain thereafter, and such sum shall be in full settlement of all future demands on Canada, and shall be paid half-yearly, in advance, to the said Province.

26. Canada will assume and defray the charges for the following services:—

1. Salary of the Lieutenant-Governor.

2. Salaries and allowances of the Judges of the Superior and District or County Courts.

da, qui sont établis sous l'autorité de l'Acte de l'Amérique du Nord britannique, 1867, et par devant tous les tribunaux ou émanant des tribunaux de la province, il pourra être également fait usage, à faculté, de l'une ou l'autre de ces langues. Les actes de la législature seront imprimés et publiés dans ce deux langues.

24. Comme la province n'est pas endettée, elle aura droit d'exiger et de recevoir du gouvernement du Canada, par paiements semestriels et d'avance, un intérêt au taux de cinq pour cent par année sur la somme de quatre cent soixante-douze mille quatre-vingt-dix piastres.

25. La somme de trente mille piastres sera payée annuellement par le Canada à la province pour le maintien de son gouvernement et de sa législation, et il sera aussi accordé une subvention annuelle, pour aider à la province, égale à quatre-vingts centins par tête de sa population, portée au chiffre de dix-sept mille âmes; et cette subvention de quatre-vingts centins par tête sera augmentée en proportion de l'accroissement de la population qui pourra être constaté par le recensement qui en sera fait en l'année mil huit cent quatre-vingt-un, et par chaque recensement décennal subséquent, jusqu'à ce que la population s'élève à quatre cent mille âmes, chiffre auquel la subvention demeurera dès lors fixée; et cette somme libérera à toujours le Canada de toutes autres réclamations et sera payée semestriellement et d'avance à la province.

26. Le Canada assumera et ac tera les dépenses occasionnées par l vices suivants:

1. Salaire du lieutenant-gouvereneur;

2. Salaires et indemnités des juges des cours supérieures et des cours de district ou de comté;

3. Charges in respect of the Department of the Customs.

4. Postal Department.

5. Protection of Fisheries.

6. Militia.

7. Geological Survey.

8. The Penitentiary.

9. And such further charges as may be incident to, and connected with the services which, by the British North America Act, 1867, appertain to the General Government, and as are or may be allowed to the other Provinces.

27. The Customs duties now by Law chargeable in Rupert's Land, shall be continued without increase for the period of three years from and after the passing of this Act, and the proceeds of such duties shall form part of the Consolidated Revenue Fund of Canada.

28. Such provisions of the Customs Laws of Canada (other than such as prescribe the rate of duties payable) as may be from time to time declared by the Governor General in Council to apply to the Province of Manitoba, shall be applicable thereto, and in force therein accordingly.

29. Such provisions of the Laws of Canada respecting the Inland Revenue, including those fixing the amount of duties, as may be from time to time declared by the Governor General in Council applicable to the said Province, shall apply thereto, and be in force therein accordingly.

30. All ungranted or waste lands in the Province shall be, from and after the

3. Dépenses du département de douanes;

4. Dépenses du département de postes;

5. Protection des pêcheries;

6. Milice;

7. Exploration géologique;

8. Pénitencier;

9. Et toutes autres dépenses incidemment liées aux services qui, aux termes de l'Acte de l'Amérique du Nord britannique, 1867, relevant du gouvernement général et dont les autres provinces sont ou pourront être exonérées.

27. Les droits de douane actuellement imposés par la loi dans la Terre de Rupert, continueront d'exister sans être augmentés pendant la période de trois ans à compter de la passation du présent acte et les revenus provenant de ces droits formeront partie du fonds consolidé du revenu du Canada.

28. Les dispositions des lois de douane du Canada (autres que celles qui fixent le tarif des droits payables) qui pourront, de temps à autre, être par le gouverneur-général en counseil déclarées applicables à la province de Manitoba, s'y appliqueront et y seront en vigueur en conséquence.

29. Les dispositions des lois du Canada concernant le revenu de l'intérieur, y compris celles fixant le montant des droits, qui pourront, de temps à autre, être par le gouverneur-général en conseil déclarées applicables à la province, s'y appliqueront et y seront en vigueur en conséquence.

30. Toutes les terres non concédées ou incultes dans la province seront, à dater

date of the said transfer, vested in the Crown, and administered by the Government of Canada for the purposes of the Dominion, subject to, and except and so far as the same may be affected by, the conditions and stipulations contained in the agreement for the surrender of Rupert's Land by the Hudson's Bay Company to Her Majesty.

31. And whereas, it is expedient, towards the extinguishment of the Indian Title to the lands in the Province, to appropriate a portion of such ungranted lands, to the extent of one million four hundred thousand acres thereof, for the benefit of the families of the half-breed residents, it is hereby enacted, that, under regulations, to be from time to time made by the Governor General in Council, the Lieutenant-Governor shall select such lots or tracts in such parts of the Province as he may deem expedient, to the extent aforesaid, and divide the same among the children of the half-breed heads of families residing in the Province at the time of the said transfer to Canada, and the same shall be granted to the said children respectively, in such mode and on such conditions as to settlement and otherwise, as the Governor General in Council may from time to time determine.

32. For the quieting of titles, and assuring to the settlers in the Province the peaceable possession of the lands now held by them, it is enacted as follows:—

(1) All grants of land in freehold made by the Hudson's Bay Company up to the eighth day of March, in the year 1869, shall, if required by the owner, be confirmed by grant from the Crown.

du transfert, réunies à la couronne et administrées par le gouvernement du Canada pour l'avantage de la Puissance, mais subordonnées aux conditions et stipulations énoncées dans l'acte de cession de la Terre de Rupert consenti par la compagnie de la Baie d'Hudson à Sa Majesté.

31. Et considérant qu'il importe, dans le but d'éteindre les titres des Indiens aux terres de la province, d'affecter une partie de ces terres non concédées, jusqu'à concurrence de 1,400,000 acres, cu bénéfice des familles des Métis résidants, il est par le présent décrété que le lieutenant-gouverneur, en vertu de règlements établis de temps à autre par le gouverneur-général en conseil, choisira des lots ou étendues de terre dans les parties de la province qu'il jugera à propos, jusqu'à concurrence du nombre d'acres ci-dessus exprimé, et en fera le partage entre les enfants des chefs de famille métis domiciliés dans la province à l'époque à laquelle le transfert sera fait au Canada, et ces lots seront concédés aux dits enfants respectivement d'après le mode et aux conditions d'établissement et autres conditions que le gouverneur-général en conseil pourra de temps à autre fixer.

32. Dans le but de confirmer les titres et assurer aux colons de la province la possession paisible des immeubles maintenant possédés par eux, il est décrété ce qui suit:

(1) Toute concession de terre en franc-alleu (*freehold*) faite par la compagnie de la Baie d'Hudson jusqu'au huitième jour de mars de l'année 1869, sera, si le propriétaire le demande, confirmée par une concession de la couronne;

(2)   All grants of estates less than freehold in land made by the Hudson's Bay Company up to the eighth day of March aforesaid, shall, if required by the owner, be converted into an estate in freehold by grant from the Crown.

(3)   All titles by occupancy with the sanction and under the license and authority of the Hudson's Bay Company up to the eighth day of March aforesaid, of land in that part of the Province in which the Indian Title has been extinguished, shall, if required by the owner, be converted into an estate in freehold by grant from the Crown.

(4)   All persons in peaceable possession of tracts of land at the time of the transfer to Canada, in those parts of the Province in which the Indian Title has not been extinguished, shall have the right of pre-emption of the same, on such terms and conditions as may be determined by the Governor in Council.

(5)   The Lieutenant-Governor is hereby authorized, under regulations to be made from time to time by the Governor General in Council, to make all such provisions for ascertaining and adjusting, on fair and equitable terms, the rights of Common, and rights of cutting Hay held and enjoyed by the settlers in the Province, and for the commutation of the same by grants of land from the Crown.

33.   The Governor General in Council shall from time to time settle and appoint the mode and form of Grants of Land from the Crown, and any Order in Council for that Purpose when published in the *Canada Gazette*, shall have the same force and effect as if it were a portion of this Act.

(2)   Toute concession d'immeubles autrement qu'en franc-alleu, faite par la compagnie de la Baie d'Hudson jusqu'au huitième jour de mars susdit, sera, si le propriétaire le demande, convertie en franc-alleu par une concession de la couronne;

(3)   Tout titre reposant sur le fait d'occupation, avec la sanction, permission et autorisation de la compagnie de la Baie d'Hudson jusqu'au huitième jour de mars susdit, de terres situées dans cette partie de la province dans laquelle les titres des Indiens ont été étients, sera, si le propriétaire le demande, converti en franc-alleu par une concession de la couronne;

(4)   Toute personne étant en possession paisible d'étendues de terre, à l'époque du transfert au Canada, dans les parties de la province dans lesquelles les titres des Indiens n'ont pas été éteints, pourra exercer le droit de préemptions à l'égard de ces terres, aux termes et conditions qui pourront être arrêtés par le gouverneur en conseil;

(5)   Le lieutenant-gouverneur est par le présent autorisé, en vertu de règlements qui seront faits de temps à autre par le gouverneur-général en conseil, à adopter toutes les mesures nécessaires pour constater et régler, à des conditions justes et équitables, les droits de commune et les droits de couper le foin dont jouissent les colons dans la province, et pour opérer la commutation de ces droits au moyen de concessions de terre de la couronne.

33.   Le gouverneur-général en conseil établira et règlera, de temps à autre, le mode et la formule d'après lesquels se feront les concessions des terres de la couronne; et tout ordre en conseil rendu à cet égard, lorsqu'il sera publié dans la *Gazette du Canada*, aura la même force et le même effet que s'il faisait partie du présent acte.

34. Nothing in this Act shall in any way prejudice or affect the rights or properties of the Hudson's Bay Company, as contained in the conditions under which that Company surrendered Rupert's Land to Her Majesty.

35. And with respect to such portion of Rupert's Land and the North-Western Territory, as is not included in the Province of Manitoba, it is hereby enacted, that the Lieutenant-Governor of the said Province shall be appointed, by Commission under the Great Seal of Canada, to be the Lieutenant-Governor of the same, under the name of the North-West Territories, and subject to the provisions of the Act in the next section mentioned.

36. Except as hereinbefore is enacted and provided, the Act of the Parliament of Canada, passed in the now last Session thereof, and entitled, ''An Act for the Temporary Government of Rupert's Land, and the North-Western Territory when united with Canada,'' is hereby re-enacted, extended and continued in force until the first day of January, 1871, and until the end of the Session of Parliament then next succeeding.

34. Rien de contenu au présent acte ne préjudiciera ni ne portera en quoi que ce soit atteinte aux droits ou aux propriétés de la compagnie de la Baie d'Hudson, tels qu'énumérés dans les conditions auxquelles cette compagnie a cédé la Terre de Rupert à Sa Majesté.

35. Et à l'égard de cette partie de la Terre de Rupert et du Territoire du Nord-Ouest qui n'est pas comprise dans la province de Manitoba, il est par le présent décrété, que le lieutenant-gouverneur de la province sera nommé, par commission sous le grand sceau du Canada, comme lieutenant-gouverneur de cette région qui sera dénommée Territoires du Nord-Ouest, et assujétie aux dispositions de l'acte mentionné dans l'article suivant.

36. Sauf tel que ci-dessus prescrit, l'acte du parlement du Canada, passé durant la dernière session, et intitulé: «Acte concernant le gouvernement provisoire de la Terre de Rupert et du Territoire du Nord-Ouest, après que ces territoires auront été unis au Canada», est par le présent décrété de nouveau, étendu et maintenu en vigueur jusqu'au premier jour de janvier 1871, et jusqu'à la fin de la session du parlement alors suivante.

ANNEXE II

Act to Provide that the English Language shall be the Official Language of the Province of Manitoba.

[*Assented to 31st March, 1890.*]

HER MAJESTY, by and with the advice and consent of the Legislative Assembly of the Province Manitoba, enacts as follows:

1   Any statute or law to the contrary notwithstanding the English language only shall be used in the records and journals of the House of Assembly for the Province of Manitoba, and in any pleadings or process in or issuing from any court in the Province of Manitoba. The Acts of the Legislature of the Province of Manitoba need only be printed and published in the English language.

2   This Act shall only apply so far as this Legislature has jurisdiction so to enact, and shall come into force on the day it is assented to.

179   In cases where, before the coming into force of this Act, Catholic school districts have been established as in the next preceding section mentioned, such Catholic school districts shall, upon the coming into force of this Act, cease to exist, and all the assets of such Catholic school districts shall belong to, and all the liabilities thereof be paid by the public school district. In case the liabilities of any such Catholic school district exceed its assets then the difference shall be deducted from the amount to be allowed as an exemption, as provided in the next preceding section. In case the assets of any such Catholic school district exceed its liabilities, the difference shall be added to the amount to be allowed as an exemption, as provided in the next preceding section.

ANNEXE III

LOI MODIFIANT LA LOI SUR L'APPLICATION DE L'ARTICLE 23 DE L'ACTE DU MANITOBA AUX TEXTES LEGISLATIFS, 1980, C.3

DEFINITION DE L'EXPRESSION "LANGUE OFFICIELLE".

1   Dans la présente loi, "langue officielle" désigne le français ou l'anglais.

Interprétation en cas de conflits.

2   Lorsque les deux versions d'une disposition d'une loi rédigée dans les deux langues officielles n'ont pas le même sens, se contredisent ou sont incompatibles

    a)   la disposition rédigée dans la langue officielle dans laquelle le projet de loi a été imprimé et distribué initialement aux députés de l'Assemblée à l'Assemblée l'emporte sur la disposition correspondante rédigée dans l'autre langue officielle; et

    b)   dans le cas où le projet de loi a été imprimé et distribué initialement aux députés de l'Assemblée à l'Assemblée dans les deux langues officielles, la version qui, d'après l'esprit, l'intention et le sens véritable de la loi considérée globalement, assure le mieux la réalisation de son projet a préséance sur l'autre.

Attestation de dépôt du projet de loi.

3(1)   Lorsqu'un projet de loi déposé devant la Législature est imprimé et distribué initialement aux députés de l'Assemblée à l'Assemblée dans une seule langue officielle, le Greffier de la Chambre doit signer sur le projet de loi une attestation indiquant que la langue du projet de loi est la langue officielle dans laquelle le projet de loi a été imprimé et distribué initialement aux députés de l'Assemblée à l'Assemblée et, si le projet de loi est adopté, cette attestation doit être imprimée sur toutes les copies de cette loi imprimées et publiées par le gouvernement ou en son nom.

Langue de distribution des anciennes lois.

3(2)   Pour éviter toute ambiguïté dans l'interprétation des lois de la province adoptées jusqu'à présent, les projets de loi des lois adoptées jusqu'à présent sont, par les présentes, irrévocablement présumés avoir été imprimés et distribués initialement aux députés de l'Assemblée à l'Assemblée dans la langue anglaise.

Entrée en vigueur présumée des traductions.

4(1)   Lorsqu'un projet de loi déposé devant la Législature et imprimé dans une seule langue officielle est adopté avant que sa traduction dans l'autre langue officielle ne soit disponible, la traduction de la loi est réputée, à toute fin que de droit, à compter de la date de l'adoption de la loi, avoir la même valeur légale et produire le même effet que la version de la loi établie dans la langue officielle dans laquelle le projet de loi correspondant a été imprimé, lorsqu'une traduction de la loi dans l'autre langue officielle, attestée quant à son exactitude par la personne désignée par l'Orateur pour vérifier la traduction de la loi et attester son exactitude, est subséquemment déposée devant le Greffier de la Chambre.

Publication de la traduction.

4(2)   Lorsque la traduction d'une loi dans une langue officielle est déposée devant le Greffier de la Chambre conformément au paragraphe (1), le Greffier de la Chambre doit signer sur le texte traduit une attestation indiquant que la traduction, attestée par la personne désignée par l'Orateur pour vérifier la traduction de la loi et en attester l'exactitude, a été déposée; cette attestation et celle de la personne désignée par l'Orateur pour vérifier la traduction de la loi et en attester l'exactitude doivent être imprimées sur tous les textes de la loi traduite imprimés et publiés par le gouvernement ou en son nom.

Mention de lignes dans une loi.

5   Lorsque, dans une loi de la Législature adoptée avant le 1er janvier 1981, il est mentionné une ligne précise d'un article, d'un paragraphe, d'une disposition, d'une sous-disposition, d'une sous-sous-disposition, d'un alinéa, d'un sous-alinéa, d'une annexe, d'une formule ou d'une autre partie de ladite loi ou de toute autre loi de la Législature adoptée avant le 1er janvier 1981 (appelée la ''loi désignée'' au présent article), et que la mention semble faire appararaître une contradiction ou une ambiguïté du fait que la ligne de la loi désignée imprimée dans une langue officielle ne correspond pas à la même ligne de la loi désignée imprimée dans l'autre langue officielle, la mention est réputée être une mention de la ligne en question de la loi désignée imprimée dans la langue anglaise.

Classement dans la codification permanente.

6   La présente loi est le chapitre S207 de la codification permanente des Lois du Manitoba.

Abrogation.

7   La loi prévoyant que la langue anglaise est la langue officielle de la province du Manitoba, chapitre 010 des Lois revisées, est abrogée.

Entrée en vigueur de la loi.

8   La présente loi entre en vigueur le jour de la sanction royale.

La loi a été modifiée en 1982 par l'adjonction du paragraphe suivant:

Absence ou empêchement d'agir de l'Orateur.

4(3)   Lorsque l'Orateur est absent ou empêché pour toute autre raison de désigner une personne pour vérifier la traduction d'une loi et en attester l'exactitude, l'Orateur suppléant peut désigner une personne à cette fin. Lorsqu'il n'y a ni Orateur ni Orateur suppléant, ou en cas d'absence ou d'empêchement de ces derniers, le procureur général peut procéder à cette désignation. *Loi modifiant la Loi sur l'application de l'article 23 de l'Acte du Manitoba aux textes législatifs*, 1982 (Man), chap. 3. art. 1.

ANNEXE IV

MOTION de résolution autorisant Son Excellence le gouverneur général à prendre une proclamation portant modification de la Constitution du Canada.

Considérant que la Loi constitutionnelle de 1982 prévoit que la Constitution du Canada peut, conformément à l'article 43 de cette loi, être modifiée par proclamation du gouverneur général sous le grand sceau du Canada, autorisée par des résolutions du Sénat et de la Chambre des communes et par une résolution de l'assemblée législative de la province concernée.

L'Assemblée législative de la province du Manitoba a résolu d'autoriser Son Excellence le gouverneur général à prendre, sous le grand sceau du Canada, une proclamation modifiant la Constitution du Canada comme il suit:

PROCLAMATION MODIFIANT LA CONSTITUTION DU CANADA

1.   La Loi de 1870 sur le Manitoba est modifiée par insertion, après l'article 23, de ce qui suit.

Liberté d'emploi du français et de l'anglais

23.1   Vu que le français et l'anglais sont les langues officielles du Manitoba, la liberté d'employer l'une ou l'autre, existant en vertu du droit du Manitoba lors de l'entrée en vigueur du présent article, ne peut être abolie ni restreinte par une loi de la Législature du Manitoba ou en application d'une de ses lois.

Égalité des deux versions des lois

23.(1)   Les versions française et anglaise des lois adoptée dans les deux langues par la Législature du Manitoba ont également force de loi.

Définition de ''loi''

(2)   Au présent article et aux articles 23.3 et 23.6, ''loi'' s'entend au sens de ''act'' à l'article 23.

Publication dans les deux langues officielles des lois adoptées après le 31 décembre 1985

23.3(1)   Sous réserve de l'article 23.6 les lois de la Législature du Manitoba adoptées après le 31 décembre 1985 sont inopérantes si elles ne sont pas imprimées et publiées dans les deux langues officielles.

Exception

(2)   Par dérogation à l'article 23, mais sous réserve des articles 23.4 et 23.5, les lois de la Législature du Manitoba adoptées avant le 1er janvier 1986 ne sont pas inopérantes du seul fait de n'avoir été imprimées et publiées que dans une langue officielle.

Publication dans les deux langues officielles des lois d'intérêt public

34.4(1)   Les lois d'intérêt public figurant dans le recueil de 1970 des lois révisées du Manitoba et celles adoptées après le 1er janvier 1970 au plus tôt appartenant à une catégorie normalement assujettie à révision générale sont inopérantes si elles ne sont pas imprimées et publiées dans les deux langues officielles pour le 31 décembre 1993 au plus tard.

Révision générale des lois d'intérêt public

(2)   Une révision générale des lois d'intérêt public du Manitoba adoptée après l'entrée en vigueur du présent article est inopérante si elle n'est pas imprimée et publiée dans les deux langues officielles.

Date limite de la révision

(3)   Une révision générale des lois d'intérêt public du Manitoba est à imprimer et publier pour le 31 décembre 1993 au plus tard.

Date limite pour les lois de l'annexe

23.5(1)   Les lois figurant à l'annexe, ainsi que les lois qui les modifient ou les remplacent, sont inopérantes après le 31 décembre 1993 si elles ne sont pas imprimées et publiées dans les deux langues officielles à cette date au plus tard.

Date limite pour certains règlements

(2)   Les règlements adoptés avant le 1er janvier 1986 qui, s'ils étaient adoptés à cette date au plus tôt, seraient inopérants par application du paragraphe 23.3(1) faute d'être imprimés et publiés dans les deux langues officielles sont inopérants après le 31 décembre 1993 s'ils ne sont pas imprimés et publiés dans ces deux langues à cette date au plus tard.

Exception pour les lois modificatives

23.6   Par dérogation à l'article 23, les lois de la Législature du Manitoba adoptées avant le 1er janvier 1994 et qui ne font que modifier des lois de cette législature elles-mêmes en vigueur bien qu'elles n'aient été imprimées et publiées que dans une langue officielle ne sont pas inopérantes du seul fait de n'avoir été imprimées et publiées que dans une langue officielle.

Maintien des droits

23.7   Les articles 23.1 ou 23.2 n'ont pas pour effet de porter atteinte aux droits garantis par l'article 23.

Autorités locales

23.8   Sous réserve de l'article 23, les municipalités, les divisions et districts scolaires ou les institutions constitués en collectivités ou administrations de compétence locale en vertu d'une loi de la Législature du Manitoba ne sont pas tenus d'adopter, d'imprimer ou de publier leurs arrêtés, règlements, règles ou résolutions en français et en anglais.

Langues autres que le français ou l'anglais

23.9(1)   Les article 23.1 à 23.8 n'ont pas pour effet de porter atteinte aux droits et privilèges, antérieurs ou postérieurs à l'entrée en vigueur du présent article et découlant de la loi ou de la coutume, des langues du Manitoba autres que le français ou l'anglais.

Maintien du patrimoine multiculturel

(2)   Toute interprétation du présent article doit concorder avec l'objectif de promouvoir le maintien et la valorisation du patrimoine multiculturel des Manitobains.

Maintien du patrimoine multiculturel

(2)   Toute interprétation du présent article doit concorder avec l'objectif de promouvoir le maintien et la valorisation du patrimoine multiculturel des Manitobains.

ANNEXE V

B I L L 115

AN ACT RESPECTING THE OPERATION OF SECTION 23
OF THE MANITOBA ACT

PROJET DE LOI 115

LOI CONCERNANT LA MISE EN APPLICATION
DE L'ARTICLE 23 DE LA LOI DE 1870 SUR LE MANITOBA

2e session, 32e Législature, 32 Elizabeth, II, 1983

L'Hon. M. Anstett

PROJET DE LOI 115

LOI CONCERNANT LA MISE EN APPLICATION
DE L'ARTICLE 23 DE LA LOI DE 1870 SUR LE MANITOBA

(Sanctionnée le   )

SA MAJESTÉ, conformément à l'avis de l'Assemblée législative du Manitoba décrèrte:

Définitions

1   Les définitions suivantes s'appliquent à la présente loi.
''bureau d'administration principal'' S'entend, en ce qui concerne une institution, du bureau d'administration central de l'institution, à l'exclusion des bureaux régionaux de celle-ci.
''Conseil'' Le Conseil consultatif des services dans les langues officielles constitué en vertu de la présente loi.
''corporation de la Couronne'' Une personne morale constituée en vertu d'une loi de la Législature et dont tous les membres ou dont tous les membres du conseil d'administration ou du conseil de direction

> (i)   sont désignés en vertu d'une loi de la Législature ou par décret du lieutenant-gouverneur en conseil, et
> (ii)   exercent leurs fonctions à titre d'officiers publics ou de préposés de la Couronne, ou relèvent, directement ou indirectement, de la Couronne dans l'exercice de leurs fonctions.

''directeur'' ou ''directeur d'une institution'' S'entend

    (i)   dans le cas d'un ministère, du ministre chargé de l'adminis-
           tration du ministère,

   (ii)   dans le cas d'un tribunal du Manitoba, du juge en chef du
           tribunal,

 (iii)   dans le cas du bureau du Directeur général des élections du
           Directeur général des élections,

 (iv)   dans le cas des bureaux de l'Ombudsman de la province du
           Manitoba désigné en vertu de la Loi sur l'Ombudsman, de
           l'Ombudsman de la province du Manitoba, et

  (v)   dans tous les autres cas, du directeur général de l'institution.

''institution'' S'entend d'une ou de plusieurs des entités suivantes:

    (i)   un ministère,

   (ii)   un tribunal du Manitoba,

 (iii)   une juridiction quasi-judiciaire du gouvernement,

 (iv)   une corporation de la Couronne,

  (v)   un organisme du gouvernement,

 (vi)   le bureau du Directeur général des élections, et

(vii)   les bureaux de l'Ombudsman de la province du Manitoba
           désigné en vertu de la Loi sur l'Ombudsman.

''ministère'' Une ministère du gouvernement du Mantioba.

''Ministre'' Le membre du Conseil exécutif chargé de l'application
de la présente loi par le lieutenant-gouverneur en conseil.

''municipalité'' comprend un district d'administration locale.

''Ombudsman'' L'Ombudsman aux services dans les langues officielles désigné en vertu de la présente loi.

''organisme du gouvernement'' Une régie, une commission, une
association ou autre corps constitué en vertu d'une loi de la Législature et dont tous les membres ou dont tous les membres du conseil d'administration ou du conseil de direction

    (i)   sont désignés en vertu d'une loi de la Législature ou par
           décret du lieutenant-gouverneur en conseil; et

   (ii)   exercent leurs fonctions à titre d'officiers publics ou de pré-
           posés de la Couronne ou relèvent directement ou indirecte-
           ment, de la Couronne dans l'exercice de leurs fonctions.

''plaignant'' Une personne, à l'exception de l'Ombudsman, qui
dépose une plainte formulée en vertu de la présente loi.

''tribunal du Manitoba'' s'entend de la Cour d'Appel, de la Cour
du Banc de la Reine et de la Cour provinciale.

''zone de services dans les langues officielles'' Une municipalité,
à l'exception de la Ville de Winnipeg, où

(i) au moins 800 des résidents ou 8% des résidents ont appris l'anglais en premier dans leur enfance et le comprennent toujours, et

(ii) au moins 800 des résidents ou 8% des résidents ont appris le français en premier dans leur enfance et le comprennent toujours.

Conseil consultatif

2(1)   Est constitué par les présentes un conseil nommé le ''Conseil consultatif des services dans les langues officielles'' et formé d'au moins 13 membres que le Ministre désigne et dont le Ministre fixe la durée du mandat.

Formation du Conseil

2(2)   Le Ministre désigne à titre de membres du Conseil

a) 2 cadres supérieurs de corporations de la Couronne;

b) 2 cadres supérieurs de ministères;

c) 1 cadre supérieur de la Commission de la Fonction publique;

d) 2 représentants de la communauté franco-manitobaine;

e) 2 particuliers ne faisant pas partie de la communauté franco-manitobaine;

f) 4 représentants des syndicats des employés de la Fonction publique et des employés d'autres institutions parties à des conventions collectives, dont au moins 2 représentants du Manitoba Government Employees Association; et

g) les autres personnes dont il estime la participation souhaitable afin que le Conseil remplisse ses fonctions.

Président

3   Les membres du Conseil élisent un président issu de leurs rangs.

Réunions

4(1)   A la demande du Ministre ou de sa propre initiative, le Conseil se réunit afin de remplir ses fonctions. Le Conseil doit cependant se réunir au moins 2 fois l'an.

Quorum

4(2)   Six membres du Conseil forment le quorum pour les délibérations du Conseil.

Fonctions

5(1) Le Conseil agit à titre de conseiller du Ministre quant aux méthodes à utiliser afin d'appliquer la présente loi de manière adéquate et efficace et, notamment, quant

a) aux mesures à prendre afin de fournir des ressources suffisantes, y compris des employés possédant une connaissance d'usage du français et de l'anglais, dans le but de respecter les exigences de la présente loi; et

b) à l'opportunité de modifier la présente loi ou les règlements.

Caractère consultatif exclusivement

5(2) Nul conseil, décision ou recommandation du Conseil ne lie le Ministre ou une autre personne touchée par ce conseil, cette décision ou cette recommandation.

Ombudsman aux services dans les deux langues officielles

6 Sur recommandation du Comité permanent de l'Assemblée sur les privilèges et les élections, lieutenant-gouverneur en conseil désigne un Ombudsman aux services dans les langues officielles, lequel doit exercer les pouvoirs et remplir les fonctions que la présente lui attribue.

Compétences linguistiques

7 Pour être désigné Ombudsman, il faut avoir une bonne connaissance du français et de l'anglais.

Durée du mandat

8(1) Sous réserve du présent article le mandat de l'Ombudsman dure 5 ans et est renouvelable.

Démission

8(2) L'Ombudsman peut démissionner en faisant parvenir un avis écrit de démission à l'Orateur de l'Assemblée, ou au Greffier de l'Assemblée si l'Orateur est absent ou si son poste est vacant.

Destitution ou suspension

8(3) Sur résolution de l'Assemblée adoptée au 2/3 des suffrages exprimés, le lieutenant-gouverneur en conseil peut suspendre ou destituer de ses fonctions l'Ombudsman.

Suspension en dehors des sessions

8(4)   En dehors des sessions de la Législature, le lieutenant-gouverneur en conseil peut suspendre l'Ombudsman pour incapacité, pour manquement aux devoirs de sa charge ou pour inconduite. Ces faits doivent avoir été prouvés à la satisfaction du lieutenant-gouverneur en conseil. Toutefois, la suspension ne peut produire ses effets que jusqu'à la fin de la session suivante.

Ombudsman intérimaire

9   Lorsque la charge d'Ombudsman est vacante ou que l'Ombudsman est suspendu en vertu du paragraphe 8(4), le lieutenant-gouverneur en conseil désigne un Ombudsman intérimaire qui occupe sa charge jusqu'à ce qu'un nouvel Ombudsman ait été désigné en vertu de l'article 6 ou que l'Assemblée ait pris une décision au sujet de la suspension.

Recommandations du Comité

10(1)   Le Président du Conseil exécutif doit convoquer une réunion du Comité permanent de l'Assemblée sur les privilèges et les élections, lorsque se présente l'un des cas suivants:

  a) la charge d'Ombudsman est vacante:
  b) le mandat de l'Ombudsman expie dans les 12 mois;
      ou
  c) l'Ombudsman a offert sa démission et celle-ci doit entrer en vigueur dans les 12 mois; le Comité doit alors établir une liste des personnes convenables et disponibles afin d'occuper le poste d'Ombudsman et faire ses recommandations au Président du Conseil exécutif.

Réunion du Comité permanent

10(2)   Le Comité permanent de l'Assemblée sur les privilèges et les élections peut, afin de remplir, les fonctions que le présent article lui attribue, se réunir en tout temps, sauf lorsque l'Assemblée est dissoute.

Officier de l'Assemblée

11   L'Ombudsman est un officier de l'Assemblée législative et ne peut être candidat à une élection en vue de devenir membre de l'Assemblée, ni être élu ou siéger à titre de membre de l'Assemblée.

Dépenses de l'Ombudsman

12(1)   Les sommes qui doivent être dépensées aux fins de l'exercice des fonctions et des pouvoirs que la présente loi attribue à l'Ombudsman sont payées à même le Trésor avec les sommes dont la dépense est autorisée à cette fin par une loi de la Législature.

Traitement de l'Ombudsman

12(2)   L'Ombudsman reçoit le traitement que fixe le lieutenant-gouverneur en conseil et ce traitement ne peut être réduit que sur résolution de l'Assemblée adoptée au 2/3 des suffrages exprimés.

Employés relevant de l'Ombudsman

13(1)   Sous réserve du paragraphe (2), la Loi sur la Fonction publique s'applique aux employés relevant de l'Ombudsman.

Application de la Loi sur la Fonction publique

13(2)   Lorsqu'une disposition de la Loi sur la Fonction publique ou des règlements adoptés en vertu de celle-ci entre en conflit ou est incompatible avec une ordonnance rendue, une règle prescrite ou un règlement adopté en vertu de la présente loi et ayant rapport ou touchant soit aux employés relevant de l'Ombudsman soit à la surveillance ou à la direction de ceux-ci, l'ordonnance rendue, la règle prescrite ou le règlement adopté en vertu de la présente loi a priorité.

Application à l'Ombudsman

14   L'Ombudsman n'est pas soumis à la Loi sur la Fonction publique, à l'exception de l'article 44 de celle-ci. Il a cependant droit aux privilèges et aux émoluments, y compris les congés durant les jours fériés, les vacances, les congés de maladie et les indemnités de départ, auxquels ont droit les employés de la Fonction publique qui ne sont pas partie à une convention collective.

Loi sur la pension de retraite de la Fonction publique

15   L'Ombudsman et tous les employés relevant de lui sont des employés au sens de la Loi sur la pension de retraite de la Fonction publique.

Communication et services

16   Toute personne a droit à l'emploi du français ou de l'anglais pour communiquer avec les institutions suivantes ou pour recevoir les services de celles-ci:

   a)   le bureau d'administration principal d'un ministère;

b)   le bureau d'administration principal
   (i)   d'un tribunal du Manitoba,
   (ii) d'une juridiction quasi-judiciaire du gouvernement,
   (iii) d'une corporation de la Couronne, ou
   (iv) d'un organisme du gouvernement;
c)   le bureau du Directeur général des élections; et
d)   les bureaux de l'Ombudsman de la province du Manitoba désigné en vertu de la Loi sur l'Ombudsman.

Autres bureaux de certaines institutions

17(1)   Toute personne a droit à l'emploi du français ou de l'anglais pour communiquer avec les autres bureaux des institutions visées aux alinéas 16a) et b) et pour recevoir les services de ceux-ci, lorsque l'emploi du français et de l'anglais se justifie par la vocation du bureau.

Certains bureaux touchés

17(2)   Sans préjudice du paragraph (1), le droit prévu au présent article peut être exercé auprès des bureaux suivants:
a)   le Secrétariat des services en langue française;
b)   le Bureau de l'éducation française;
c)   le Service de traduction;
d)   le bureau de l'Agent culturel auprès des francophones de la Direction du développement culturel; et
e)   les bureaux de l'Ombudsman.

Droits plus étendus dans des régions définies

18   En plus des droits prévus aux articles 16 et 17, toute personne a droit à l'emploi du français ou de l'anglais pour communiquer avec les bureaux des institutions visées aux alinéas 16a) et b) et pour recevoir les services de ceux-ci, lorsque le bureau est situé dans les régions suivantes ou y fournit des services:
a)   une zone de services dans les deux langues officielles;
b)   le district de Saint-Boniface et Saint-Vital institué en vertu de la Loi sur la Ville de Winnipeg; ou
c)   la partie de la Ville de Winnipeg anciennement connue sous le nom de Saint-Norbert.

Plainte

19   Lorsqu'une personne prétend qu'un droit prévu à la présente loi lui est nié, elle peut déposer une plainte auprès de l'Ombudsman.

Formulation des plaintes par écrit

20   Toute plainte adressé à l'Ombudsman doit être formulée par écrit.

Plainte à l'initiative de l'Ombudsman

21   Lorsque l'Ombudsman a des motifs raisonnables de croire que des droits prévus à la présente loi sont niés à une personne, l'Ombudsman peut lui-même rédiger une plainte.

Enquête sur les faits allégués

22(1)   Sur réception d'une plainte ou après avoir lui-même rédigé une plainte, l'Ombudsman doit, sous réserve du paragraphe (2), enquêter immédiatement sur les faits allégués dans la plainte et, à cette fin, il jouit de la protection et des pouvoirs d'un commissaire nommé en vertu de la partie V de la Loi sur la preuve au Manitoba. Toutefois les articles 87 et 88 de cette loi ne s'appliquent pas à l'enquête que mène l'Ombudsman en vertu de la présente loi.

Refus d'enquête

22(2)   L'Ombudsman peut refuser ou cesser d'enquêter sur les faits allégués dans une plainte lorsque, à son avis,
   a)   la plainte est frivole ou vexatoire, n'a pas été faite de bonne foi ou ne porte pas sur un sujet sérieux; ou
   b)   les circonstances visées par la plainte ne nécessitent pas une enquête.

Rapport de refus d'enquête

22(3)   Lorsque l'Ombudsman refuse ou cesse d'enquêter sur les faits allégués dans une plainte, il doit en informer, par écrit, le plaignant et toute autre personne intéressée.

Droit au contrôle judiciaire

22(4)   Dans l'avis expédié en vertu du paragraphe (3), l'Ombudsman doit informer le plaignant du droit de celui-ci de présenter en vertu de l'article 28, une demande de jugement déclaratoire.

Auditions, etc.

23(1)   Afin d'enquêter sur les faits allégués dans une plainte, l'Ombudsman peut tenir des auditions, recevoir ou obtenir des renseignements de quiconque et procéder aux recherches qu'il estime appropriées.

Droit d'être entendu

23(2)   S'il apparaît à l'Ombudsman qu'il existe des motifs suffisants pour faire un rapport ou une recommandation à l'égard d'une question et que cela pourrait porter préjudice à une personne ou à une institution soumise à l'application de la présente loi, l'Ombudsman doit fournir à la personne ou à l'institution l'occasion de se faire entendre à l'égard de la question, laquelle personne ou institution peut se faire entendre par l'entremise d'un avocat ou autrement.

Conclusions de l'enquête

24   Après enquête sur les faits allégués dans une plainte, l'Ombudsman doit faire parvenir au plaignant, au Ministre, au Conseil, au directeur de l'institution concernée par la plainte et à toute autre personne intéressée un rapport qui contient

a)   les conclusions de l'enquête;

b)   les recommandations qu'il estime appropriées à l'égard des circonstances visées par la plainte;
     et

c)   un avis du droit du plaignant de présenter, en vertu de l'article 28, une demande de jugement déclaratoire.

Médiation

25(1)   Malgré toute disposition de la présente loi, afin de résoudre les problèmes visés par des plaintes ou d'éviter des plaintes possibles, l'Ombudsman doit procéder, informellement et conformément à l'esprit de la présente loi, à la médiation entre les plaignants ou les plaignants possibles et les institutions qui auraient enfreint la présente loi. L'Ombudsman peut procéder à cette médiation

a)   avait le dépôt formel d'une plainte; ou

b)   après l'envoi d'un rapport d'enquête en vertu de l'article 24.

Autres enquêtes

25(2)   L'Ombudsman peut enquêter au sujet d'une question qui touche l'application adéquate de la présente loi, même si aucune plainte n'a été déposée à ce sujet.

Rapport annuel à l'Assemblée

26(1)   L'Ombudsman doit présenter à l'Assemblée, par l'entremise de l'Orateur, un rapport annuel sur l'exercice des pouvoirs et des fonctions que lui attribue la présente loi.

Publication des rapports

26(2)   Dans l'intérêt public ou dans l'intérêt d'une personne ou d'une institution, l'Ombudsman peut faire publier un rapport qui porte, de manière générale, sur l'exercice des pouvoirs et fonctions que la présente loi lui attribue ou sur une affaire particulière qui fait l'objet d'une de ses enquêtes, que les questions à aborder dans le rapport aient fait l'objet ou non d'un rapport présenté à l'Assemblée en vertu du paragraphe (1).

Infraction et peine

27   Est coupable d'une infraction et passible, sur déclaration sommaire de culpabilité, d'une amende d'au plus 500 $ quiconque

    a)   sans excuse légitime, sciemment entrave ou gêne l'Ombudsman ou une autre personne ou résiste à ceux-ci dans l'exercice des pouvoirs ou fonctions que la présente loi leur attribue;

    b)   sans excuse légitime, refuse ou omet sciemment de se conformer à une exigence légitime, formulée en vertu de la présente loi, de l'Ombudsman ou d'une autre personne; ou

    c)   sciemment induit en erreur ou tente d'induire en erreur l'Ombudsman ou une autre personne ou fait une fausse déclaration à l'un de ceux-ci dans l'exercice des pouvoirs et fonctions que la présente loi leur attribue.

Déclaration des droits

28(1)   Sous réserve du paragraphe (2), un plaignant peut présenter une demande à la Cour du Banc de la Reine afin qu'elle déclare qu'un droit dont le plaignant jouit en vertu de la présente loi lui a été nié.

Délais à respecter

28(2)   Le plaignant ne peut présenter une demande en vertu du paragraphe (1) avant que l'Ombudsman ne lui fasse parvenir un rapport en vertu du paragraphe 22(3) ou de l'article 24, selon le cas. Dans l'un ou l'autre cas, le plaignant doit preésenter sa demande dans l'année de la réception du rapport de l'Ombudsman.

Directeur intimé

28(3)   Le directeur de l'institution concernée par la plainte est l'intimé dans une demande présentée en vertu du paragraphe (1).

Décision après audition

29   Après avoir entendu une demande de jugement déclaratoire présentée en vertu du paragraphe 28(1) et toute preuve qui a pu lui être

présentée, la Cour peut déclarer qu'un droit, dont le plaignant jouit en vertu de la présente loi, a ou n'a pas été nié. Elle peut accorder ou refuser d'accorder des dépens dans l'un ou l'autre cas.

Municipalités et divisions scolaires

30(1)   La présente loi ne s'applique pas

a)   aux municipalités de la province ou aux commissions, organismes ou autres organisations leur étant subordonnés;

b)   aux divisions scolaires ou districts scolaires, ou aux commissions, organismes ou autres organisations leur étant subordonnés.

Égalité linguistique

30(2)   Aucune disposition de la présente loi ne limite l'autorité de la Législature, d'une municipalité, d'une division scolaire ou d'un district scolaire de la province de favoriser l'égalité de statut et d'utilisation du français et de l'anglais.

Interprétation

31(1)   La présente loi doit être interprétée de manière à rendre ses dispositions compatibles avec le principe de la conservation et de l'amélioration du patrimoine multiculturel des Manitobains.

Autres langues

31(2)   Les droits et privilèges, qu'ils découlent de la loi ou de la coutume, acquis ou exercés au Manitoba avant ou après l'entrée en vigueur de la présente loi, relativement à toute autre langue que le français ou l'anglais ne sont ni abrogés ni modifiés par la présente loi.

Règlements

32   Afin d'appliquer les dispositions de la présente loi conformément à leur esprit, le Ministre peut établir des règlements d'application qui ne sont pas incompatibles avec celles-ci, lesquels règlements ont force de loi.

Codification permanente

33   La présente loi est le chapitre M25 de la Codification permanente des lois du Manitoba.

Abrogation

34   La Loi concernant l'application de l'article 23 de l'Acte du Manitoba aux textes législatifs, chapitre 3 des Lois du Manitoba de 1980, est abrogée.

Entrée en vigueur

35   Les dispositions de la présente loi, à l'exception de l'article 34 et du présent article, entrent en vigueur le 1e janvier 1987 ou à une date antérieure fixée par proclamation. L'article 34 et le présent article entrent en vigueur le jour de la sanction royale de la présente loi.

Imprimée par l'Imprimeur de la Reine du Manitoba

Bibliographie

Arès, Richard, S-J. *Qui fera l'avenir des minorités francophones au Canada?*, Saint-Boniface, La Société Historique de Saint-Boniface, 1972.

Audet, Louis-Philippe, Stamp, Robert M. Robert, Wilson, Donald J., *Canadian Education: A History,* Scarborough, Prentice-Hall of Canada, 1970.

Baudoux, Mgr. Maurice. *Les Franco-Canadiens de l'Ouest: Constitutifs d'une société francophone canadienne,* Tiré de mémoires de la Société Royale du Canada, Quatrième série, Tome XIII, 1975.

Bercuson, David. J, Buckner, Philip A. *Eastern and Western Perspectives Papers from the Joint Atlantic Canada/Western Canadian Studies Conference,* Toronto, University of Toronto Press, 1981.

Clark Lovell. *The Manitoba School Question: Majority Rule or Minority Rights?,* Toronto, University of Toronto Press, 1968.

Comeault, Gilbert, Louis *La Question des Ecoles du Manitoba - Un Nouvel éclairage,* Revue d'Histoire de l'Amérique Française, Volume 33, No. 1, juin 1979.

Comeault, Gilbert-Louis. *Les rapports de Mgr L.P.A. Langevin avec les groupes ethniques minoritaires et leurs répercussions sur le statut de la langue française au Manitoba, 1895-1916,* Extraits du volume ''Sessions d'étude 1975'', Étude présentée au Congrès annuel de la Société Canadienne d'Histoire de l'Eglise catholique, le 21 septembre 1975, à l'Université de Sudbury.

Creighton, Donald. *John A. Macdonald. Le 1er Premier Ministre du Canada,* Volumes I et II, Les Éditions de l'Homme, Montréal, 1981.

Deschênes, Jules. *Ainsi Parlèrent les Tribunaux... Conflits Linguistiques au Canada 1968-1980,* Montréal, Wilson et Lafleur Limitée, 1980.

Dorge, Lionel. *Introduction à l'étude des Franco-Manitobains. Essai historique et bibliographique,* Saint-Boniface, La Société Historique de Saint-Boniface, 1973.

Elliott, Jean-Léonara. *Immigrant Groups,* Scarborough, Prentice-Hall, 1971.

La Fédération des Francophones Hors Québec. *Les Héritiers de Lord Durham,* volumes I et II, avril 1977.

La Fédération des Francophones Hors Québec. *Pour ne plus être sans pays,* Ottawa, 1979.

Harvey, Cameron. *Chief Justice Samuel Freedman, A Great Canadian Judge,* The Law Society of Manitoba, Winnipeg 1983.

Joy Richard. *Languages in conflict. The Canadian Experience,* Toronto McClelland and Stewart, 1972.

Kwavnick, David. *The Tremblay Report. Report of the Royal Commission of Inquiry on Constitutional Problems,* Toronto, McClelland and Stewart, 1973.

McLeod Arnopoulos, Sheila. *Hors du Québec Point de Salut,* Montréal, Libre Expression, 1982.

Morton, Desmond. *The Queen vs Louis Riel Canada's Greatest State Trial,* Toronto, University of Toronto, January 1, 1974.

Morton, William, L. *Manitoba A History,* Toronto, University of Toronto, 1957.

Morton, William, L. *The Critical Years: the Union of British North-America, 1857-1873,* Toronto, McClelland and Stewart, 1964.

Morton, William, L. *Manitoba: the Birth of a Province,* Volume I, Manitoba Record Society Publication, 1984.

Osler, E.B. *Louis Riel, Un Homme à Pendre,* Montréal, Les Éditions du Jour, 1962.

Radwanski, George. *Trudeau,* Toronto, McMillan of Canada, 1978.

Rémillard, Gil. *Le Fédéralisme Canadien: Élements Constitutionnels de Formation et d'Évolution,* Montréal, Ed. Québec/Amérique, 1980.

Robin, Martin. *Canadian Provincial Politics, the Party Systems of the Ten Provinces,* Scarborough, Prentice-Hall, 1978.

Scott, Frank, R. *Essays on the Constitution,* Toronto, University of Toronto, 1977.

Sheppard, Claude-Armand. *The Law of Languages in Canada, Studies of the Royal Commission on Bilingualism and Biculturalism,* Ottawa, Information Canada, 1971.

Silver, Arthur, T. *The French Canadian Idea of Confédération 1864-1900,* Toronto, University of Toronto Press, 1982.

Simeon, Richard. *Federal Provincial Diplomacy The Making of Recent Policy,* Toronto, University of Toronto Press, 1972.

Simpson, Jeffrey. *Discipline of Power, The Conservative Interlude and the Liberal Restoration,* Toronto, Personal Library Publishers, 1980.

Stanley, George B.G. *The Birth of Western Canada: A History of The Riel Rebellions,* Toronto, University of Toronto, 1961.

Stanley, G.F.G. *Manitoba 1870, Une réalisation Métisse,* Winnipeg, University of Winnipeg, 1972.

Sweeney, Alastair. *Georges-Étienne Cartier A Biography,* Toronto.

Taillefer, Jean-Marie. *La Paroisse St-Joachim de LaBroquerie, 1803-1983,* Steinbach, La Liberté, 1983.

Trémaudan, Auguste-Henri de. *Histoire de la Nation Métisse dans l'Ouest Canadien,* Saint-Boniface, Les Éditions des Plaines, 1979.

Troyer, Warner. *Joe Clark 200 Days in Power,* Toronto, Personal Library Publishers, 1980.

Trudeau, Pierre-Elliott. *Federalism and French Canadians,* Toronto, MacMillan of Canada, 1968.

Vien, Rossel. *Radio Française dans l'Ouest,* Cahiers du Québec, Montréal, Hurtubise, HMH, 1977.

Waite, P.B. *The Confederation Debates in the Province of Canada, 1865,* Toronto, McClelland and Stewart Ltd, 1963.

Young, Brian. *George-Étienne Cartier, Montréal Bourgeois,* Kingston & Montreal, McGill & Queen's University Press, 1981.

OUVRAGES SECONDAIRES CONSULTÉS

Armstrong, Elizabeth. *The Crisis of Québec 14-18,* Toronto, McClelland and Stewart, 1974.

Bell, David, et Tepperman, Lorne. *The Roots of Diversity, A look at Canadian Political Culture,* Toronto, McClelland and Stewart, 1979.

Berger, Carl. *The Writing of Canadian History. Aspects of English-Canadian historical writing 1900-1970,* Toronto, Oxford University Press, 1976.

Berger, Carl, et Cook, Ramsay. *The West and the nation,* Toronto McClelland and Stewart, 1976.

Bothwell, Robert, Drummond, Ian, et English, John, *Canada since 1945, Power, Politics and Provincialism,* Toronto, University of Toronto, Press, 1981.

Brown, Robert Craig et Cook, Ramsay. *Canada 1896-1921, A Nation Transformed,* Toronto, McClelland and Stewart, 1974.

Commissaire aux Langues Officielles. *Rapport annuel 1981,* Ministre des Approvisionnements et Services, 1982.

Commissaire aux Langues Officielles. *Rapport annuel 1982,* Ministre des Approvisionnements et Services, Canada, 1983.

Commissaire aux Langues Officielles. *Rapport annuel 1983,* Ministre des Approvisionnements et Services, Canada, 1984.

Cook, Ramsay. *Canada and the French Canadian Question,* MacMillan of Canada, Toronto, 1966.

Cook, Ramsay. *French Canadian Nationalism an Anthology,* Toronto, Mac-Millan of Canada, 1969.

Craig, G.M. *The Lord Durham's Report,* Ottawa, McClelland and Stewart, 1982.

Genuist, Paul. *La Faillite du Canada Anglais,* Les Quinze Editeurs, Montréal, 1980.

Gwyn, Richard. *The Northern Magus Pierre Trudeau & Canadians*, Toronto, McClelland and Stewart, 1980.

Hall, D.K. *Clifford Sifton: Volume I The Young Napoleon 1861-1900,* Vancouver and London, University of British Columbia Press, 1981.

Lederman, W.R. *The Courts and the Canadian Constitution,* Toronto, McClelland and Stewart, 1964.

McWhinney, Edward. *Canada and the Constitution 1979-1982, Patriation and the Charter of Rights,* Toronto, University of Toronto, 1982.

Martin, Yves et Rioux, Marcel. *French-Canadian Society,* Volume I, Toronto, McClelland and Stewart, 1964.

Morton, W.L. *The Canadian Identity,* Toronto, University of Toronto, 1961.

Meekison, Peter. *Canadian Federalism Myth or Reality,* Toronto, McClelland, 1971.

Owrane, Doug. *Promise of Eden, the Canadian Expansionist Movement and the Idea of the West, 1856-1900,* Toronto, University of Toronto, 1981.

Painchaud, Robert. *Les exigences linguistiques dans le recrutement d'un Clergé pour l'Ouest Canadien, 1818-1920,* Extrait du volume ''Sessions d'Étude, 1975''. Étude présentée au Congrès annuel de la société Canadienne d'Histoire de l'Eglise catholique, le 21 septembre 1975, à l'Université de Sudbury.

Painchaud, Robert. *Les origines des peuplements de langue française dans l'Ouet Canadien, 1870-1920, Mythes et Réalités.* Tiré de mémoires de la société Royale du Canada, quatrième série, Tome XIII, 1975.

Pearson, Lester B. *Mike: Memoirs*, Volumes 1, 2, 3, Toronto, University of Toronto, 1975.

Smiley, Donald V. *Canada a Question of Federalism in the Eighties,* Toronto, McGraw, Hill, Ryerson Ltd, 1980.

THÈSES CONSULTÉES

Leblanc, Paul-Émile. *L'Enseignement Français au Manitoba, 1916-1968,* Ottawa, Université d'Ottawa, 1968.

Taillefer, Jean-Marie. *Les Franco-Manitobains et les Grandes Unités Scolaires,* Winnipeg, Université du Manitoba, 1979.

ARTICLES CONSULTÉS

Gauthier, Hubert. ''Les Francophones Hors Québec ont-ils un avenir?'' in *Language and society,* No. 8, automne 1982.

L'État de la Recherche et de la Vie Française dans l'Ouest Canadien, Les actes du premier Colloque du Centre d'Études Franco-Canadiennes de l'Ouest tenu au Collège Universitaire de Saint-Boniface, 20-21 novembre 1981.

L'État de la Recherche et de la Vie Française dans l'Ouest Canadien, Les actes du deuxième Colloque du Centre d'Études Franco-Canadiennes de l'Ouest tenu à la Faculté Saint-Jean (Edmonton), 3 et 4 décembre 1982.

Painchaud, Robert. ''French-Canadian Historiography and Franco-Catholic Settlement in Western Canada 1870-1915,'' *Canadian Historical Review,* Volume LIX, number 4, December 1978.

ENTREVUES

Archambault, Gérard, Dr, 15-16 décembre 1976.

Baudoux, Maurice, Mgr, juillet-août 1983, Archives CKSB.

Bédard, Armand, mai 1983, Archives personnelles.

Bilodeau, Roger, mai 1986, Archives personnelles.

Chaput, Hélène, Sr, mai 1983, Archives personnelles.

Collet, Roger, février 1984, Archives CKSB.

Couture, Roland, 17 février 1984, Archives personnelles.

Desaulniers, Maxime, Archives personnelles concernant surtout la période de l'Association d'Éducation des Canadiens-Français du Manitoba, durant la fin des années soixante et la préparation du Bill 59.

Desjardins, Laurent, Archives personnelles, concernant la période des années soixante à la Législature du Manitoba.

Desjardins, Laurent, 20 janvier 1984, Archives personnelles.

Forest, Georges, mars-avril 1984, Archives personnelles.

Forest, Georges, Archives personnelles concernant l'Affaire Dumas et son cas personnel devant les tribunaux.

Gauthier, Maurice, février 1984, Archives CKSB.

Guyot, Henri, Dr, circa 1980, Archives CKSB.

Guyot, Léonie, 15 janvier 1983, Archives personnelles.

Monnin, Alfred, Juge, 13 janvier 1984, Archives personnelles.

Proteau, Gilberte, juillet 1986, Archives personnelles.

Robert, Léo, mai 1986, Archives personnelles.

Roblin, Duff, Sénateur, 2 avril 1984, Archives personnelles.

Sabourin, Réal, mai 1986, Archives personnelles.

Smith, Rémi, juillet 1986, Archives personnelles.

Table des matières